Les Femmes et la tradition littéraire

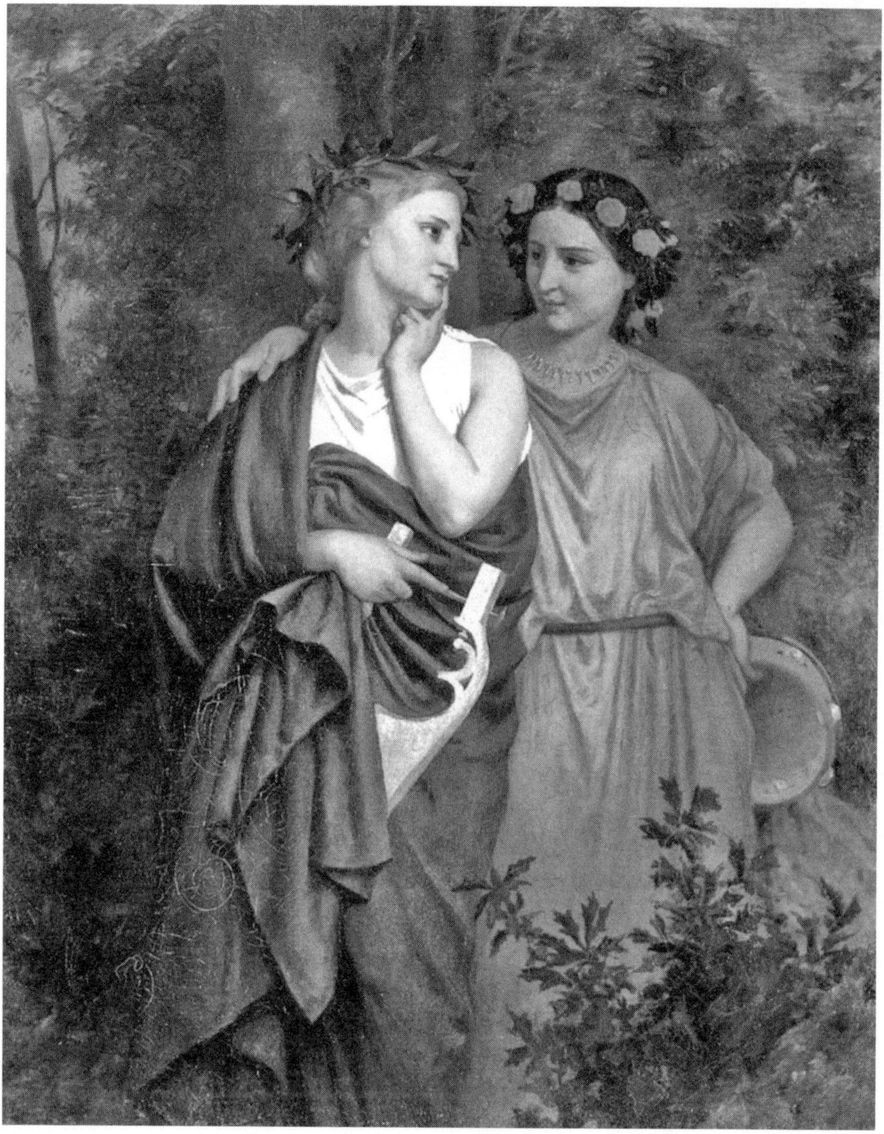

Les Femmes et la tradition littéraire

Anthologie du Moyen Âge à nos jours

Seconde partie: XIXe–XXIe siècles

Vicki Mistacco

Yale University Press • New Haven and London

Publisher: Mary Jane Peluso
Development Editor: Brie Kluytenaar
Manuscript Editor: Noreen O'Connor-Abel
Production Editor: Ann-Marie Imbornoni
Production Controller: Aldo Cupo
Marketing Manager: Timothy Shea

Set in Scala type by Duke & Company, Devon, Pennsylvania.
Printed in the United States of America by Vail-Ballou Press, Binghamton, New York.

The Library of Congress has cataloged the first volume as follows:
Library of Congress Cataloging-in-Publication Data
Les femmes et la tradition littéraire : anthologie du Moyen Age à nos jours / Vicki Mistacco.
p. cm.
Includes bibliographical references.
Contents: 1re. pt. XIIe–XVIIIe siècles
ISBN 0-300-11443-5 (alk. paper)—ISBN 0-300-10844-3 (pbk. : alk. paper)
1. French literature—Women authors. I. Mistacco, Vicki, 1942–
PQ1107.F46 2006
840.8'09287—dc22 2005049917

Vol. 2 contents: Seconde partie XIXe–XXIe siècles
ISBN-13: 978-0-300-11441-6 (alk. paper)
ISBN-10: 0-300-11441-9 (alk. paper)
ISBN-13: 978-0-300-10845-3 (pbk : alk. paper)
ISBN-10: 0-300-10845-1 (pbk : alk. paper)

A catalogue record for this book is available from the British Library.

The paper in this book meets the guidelines for permanence and durability of the Committee on Production Guidelines for Book Longevity of the Council on Library Resources.

10 9 8 7 6 5 4 3 2 1

Frontispiece: Elizabeth Gardner Bouguereau, *Philomèle et Procné* (collection particulière; Art Renewal Center)

À la mémoire de ma mère, Lucia Lalli Mistacco, couseuse et brodeuse de mon enfance, qui m'a fait venir à la parole en m'écoutant

À mon père, en reconnaissance de son soutien infaillible

Table des matières

Préface

Avec *De la littérature* (1800), Germaine de Staël ouvre le XIXe siècle sur un constat lapidaire du sort des femmes qui cultivent les lettres ne laissant en rien anticiper leur envol prochain hors des contraintes patriarcales: «Dans les monarchies, elles ont à craindre le ridicule, et dans les républiques la haine.» Les femmes, on le sait, furent les laissées pour compte de la Révolution de 1789. Effectivement marginalisées par les *Droits de l'homme,* exclues de la place publique et renvoyées au foyer dès la période révolutionnaire, elles furent entièrement soumises à l'autorité de leur père ou de leur mari et assimilées aux enfants et aux fous par le Code civil de Napoléon (1804). Comme bien des philosophes des Lumières, Germaine de Staël avait épousé l'idée du progrès; mais, si elle avait misé sur la Révolution, l'expérience l'obligea à reconnaître que pour les femmes en général, et les femmes écrivains en particulier, ce bouleversement historique n'avait marqué qu'un recul. Le XIXe siècle des femmes s'ouvre donc sur un ton élégiaque. Pendant la première moitié du siècle, l'intensification de la répression à l'encontre de la voix féminine dans l'espace public suscita non seulement un mouvement collectif d'émancipation féminine, mais une réaction véhémente de la part de femmes écrivains telles que Germaine de Staël et George Sand, et, paradoxalement, une démultiplication de leur nombre.

Nous retrouvons alors la situation archétypale de la femme écrivain interdite de parole mais pourtant résistante que Marie de France fut la première à mettre en scène au XIIe siècle, dès l'origine de la tradition littéraire féminine française, par le biais du mythe de Philomèle[1]. Rappelons les grandes lignes du mythe tel qu'Ovide le raconte dans *Les Métamorphoses*[2]. Térée, roi de Thrace, a épousé Procné, fille de Pandion, roi d'Athènes. Après cinq ans de mariage et la naissance d'un fils, Itys, Procné désire revoir sa sœur, la vierge Philomèle. Térée va la chercher chez Pandion, s'enflamme à sa vue et, de retour dans son pays, la viole. Quand elle jure de le dénoncer, il lui coupe la langue pour l'empêcher de dévoiler le crime et l'emprisonne dans une bergerie au milieu d'une forêt. Privée de parole, Philomèle trouve néanmoins une astuce «féminine» pour s'exprimer: elle confectionne un métier rudimentaire et tisse «à travers ses fils blancs des lettres de pourpre qui dénoncent le crime», puis elle signifie par gestes à une femme de porter le tissu à Procné. Ayant su déchiffrer ce «texte», Procné revêt le costume rituel des mystères de Bacchus pour aller dans la forêt délivrer Philomèle de sa prison. De retour au palais, les sœurs se vengent en tuant Itys, le découpant en morceaux pour le faire cuire, et en servant cet horrible repas à Térée. Aussitôt qu'il comprend ce qu'il vient de consommer, hors de lui, il se met à poursuivre les deux sœurs que les dieux sauvent en les métamorphosant en oiseaux, Philomèle en rossignol et Procné en hirondelle, selon la tradition latine. Ovide précise seulement que Térée est transformé en huppe, oiseau qui souille son propre nid.

Les femmes écrivains de Marie de France jusqu'au milieu du XIXe siècle ont eu recours à ce mythe terrible de la suppression brutale de la voix féminine et du châtiment de la femme vengeresse pour figurer leur assujettissement culturel, mais aussi pour souligner précisément ce qui est escamoté par l'horreur de l'infanticide et du cannibalisme dans la version d'Ovide: le tissage en tant que résistance habile au silence forcé et, par-delà le dénouement traditionnel, le chant des femmes-oiseaux. Sous le couvert d'équivalents verbaux du tissage de Philomèle, à savoir, de genres dits féminins—lettres d'amour, contes de fées, conversations écrites, romans, traités d'éducation[3]—et d'attitudes «féminines» requises—la modestie, l'adresse supposée exclusive de leurs écrits à des femmes, la fidélité aux travaux d'aiguille, la défense de la chasteté, la valorisation de la maternité[4]—elles ont pu réagir à la violence exercée sur elles par la culture: elles ont pu contourner la demande patriarcale de silence et se dire. Ainsi, jusqu'au milieu du XIXe siècle, ce mythe métaphorise—qu'il soit évoqué explicitement ou non, qu'il soit repris dans son intégralité ou seulement dans ses motifs—une longue phase de sédition et de réaction à la contrainte patriarcale chez les femmes écrivains. Si dans cette perspective Philomèle symbolise la femme écrivain transformant un art féminin en une parole alternative et recouvrant son pouvoir narratif, Procné figure la lectrice féministe, capable de déchiffrer le texte-tissu ambigu qui à la fois cache et révèle le malheur de Philomèle, vouée à lui rendre sa voix, à restaurer par la mémoire le corp(u)s de la littérature féminine, mais aussi à le continuer et l'alimenter à son tour. Dans cette relation sororale peut se lire l'ébauche d'une tradition littéraire féminine et le triomphe progressif sur le silence d'une communauté et d'une continuité de femmes écrivains. Les métamorphoses du mythe de Philomèle dans la littérature féminine française articulent poétiquement l'évolution de l'écriture des femmes à travers les siècles et leur rapport à la tradition littéraire.

Par sa mise au point au début du XIXe siècle de la situation intenable de la femme de génie qui cultive les lettres, Staël manifeste le versant déprimant du mythe. Même sa Corinne, héroïne du roman éponyme (1807) et incarnation de la femme écrivain reconnue publiquement pour son génie[5], inspiration et modèle pour tant de lectrices et écrivaines de son temps à l'étranger comme en France, finira victime de l'ordre des pères. Vers le milieu du siècle, dans la poésie de Marceline Desbordes-Valmore se trace enfin un mouvement libérateur hors de la contrainte ovidienne, hors de la référence à l'oppression patriarcale. À la phase de réaction succède une phase de transformation des données de ce mythe pour suggérer—ou enfanter—la condition nouvelle de la femme écrivain, en vol et en chant, et de nouveaux rapports à la tradition littéraire, même si les attaques misogynes contre «la femme auteur» continuent de son temps à proliférer[6]. La poète part d'évocations du mythe à travers des images d'oiseaux, notamment de rossignols et d'hirondelles, à l'identité et à la sexuation mobiles, en une première tentative pour se délivrer des identités rigides associées au mythe et à la culture dominante. Le ton reste néanmoins plaintif et élégiaque, et ces images ravivent encore le souvenir de l'origine du chant, le viol et la suppression violente de la voix féminine, comme dans ces vers d'un poème, que Desbordes-Valmore, «Sans droit ni place au banquet étranger», dédie à Pauline Duchambge, son amie musicienne qui composa souvent des romances sur ses vers:

> Je te cherchais, comme par la campagne,
> Quelque hirondelle, échappée aux autans,
> Monte rapide au toit d'une compagne
> Lui raconter ses secrets palpitants. [...]
> Qui regardait sous mon aile blessée,
> Le dard ... celui qui me fait mal encor? [...]
> Comme aujourd'hui, c'était toi, mon autre âme [...][7].

En présentant Pauline Duchambge comme une âme sœur ou une nouvelle Procné, Desbordes-Valmore laisse entrevoir une interprétation positive d'une des données du mythe: la relation sororale devenue une source de créativité, l'emblème de la sororité des artistes et de leur rôle réciproque de muse.

C'est dans «Les Roses de Saadi» (*Poésies inédites*, 1860) que Desbordes-

Valmore se débarrasse pleinement du contexte violent du mythe et annonce les transformations futures de la métaphore Philomèle-écrivaine. Par l'intermédiaire de Saadi[8] les rossignols s'y assimilent à des roses qui s'envolent: «Les nœuds ont éclaté. Les roses envolées/ Dans le vent, à la mer s'en sont toutes allées./ Elles ont suivi l'eau pour ne plus revenir.» Sous la plume de la poète, les roses-rossignols revêtent un symbolisme entièrement tourné vers les femmes: des roses plurielles déplacent la rose singulière, passive et silencieuse à la beauté éphémère chantée par le poète masculin, pour figurer une féminité multiforme non conditionnée par l'homme. Elles évoquent en même temps les roses de Piéria, terre des Muses, chantées par Sapho, leur dispersion sur la mer, fond matriciel, suggérant non seulement l'enfantement des poèmes mais aussi la transmission d'une tradition poétique gynocentrique. Ceci d'autant plus qu'au début du XXe siècle, Renée Vivien, nouvelle figuration de Procné en tant que lectrice-écrivaine, les «recueille» et les chante à son tour dans «Roses du soir», poème inspiré par celui de Desbordes-Valmore: «J'aspire ta beauté./ [...]/ Et te voici venue en m'apportant des roses.../ Ô roses dans le ciel et le soir! Ô mes roses!» (*Évocations,* 1903)[9]. De même chez des écrivaines futures comme Colette (notamment dans *Les Vrilles de la vigne,* 1908) ou Monique Wittig, la violence et la vieille complainte ont disparu. À l'instar de la femme poète, ces roses-rossignols-Philomèles maintenant délivrées de leurs associations conventionnelles sont en vol, en chant et en métamorphose.

De plus, par le jeu de mots implicite rose/rossignol, Desbordes-Valmore annonce chez des écrivaines récentes comme Monique Wittig et Hélène Cixous la substitution d'un travail sur les mots à un travail de broderie ou de tissage symbolique, emblème d'une féminité conventionnelle, et la délivrance de la voix non par la métamorphose des corps mais par celle des mots et des textes. Ainsi, en inventant pour un personnage des *Guérillères* (1969) le nom de Philomèle *Sarte,* jeu de mots complexe reposant en partie sur le latin *sartor,* signifiant tailleur, Wittig a métamorphosé la broderie en mot. Philomèle Sarte n'a pas non plus été violée, elle n'a été ni mutilée ni transformée en oiseau, et elle n'est pas privée de parole. Au contraire, elle reste debout grâce à son chant continu. Si elle se fatigue et tombe, elle est relevée non par des ailes, mais par des *elles*[10]. De même, Hélène Cixous imagine des «sorties»[11] ou effractions hors des structures phallocentriques et du confinement mythique en métamorphosant les données du mythe en jeux de mots ou en phrases. Dans *Limonade tout était si infini* (1982), par exemple, la «phrase-femelle» avance vers «sa voix hirondelle [...] le souffle de sa voix délivrée» pour aboutir à des «âmes métamorphosées en phrases» et à des «phrases pures: hirondelles» et enfin, dans un avenir utopique, à une «phrase libre. Toutes les questions *iront d'elle* à leurs réponses, sans détours» (nous soulignons). Dans «Le Rire de la Méduse» (1975), son texte le plus influent quant à la théorisation de l'écriture féminine, elle travaille les sens multiples de *voler, vol, voleur, voleuses*—la variante attendue *violées* ayant disparu—pour envisager un sujet féminin nouveau, *illes,* à la fois femme, voleur, voleuse et oiseau, en vol et en effraction dans la langue. Avec les mots *vol* et *voler,* Cixous joue peut-être aussi sur la polysémie d'un autre mot associé au mythe: *rossignol.* Car un des sens du mot *rossignol* est justement instrument pour crocheter les portes, comme dans l'exemple «le rossignol du cambrioleur», ce qui renforce l'idée de la femme écrivain en effraction dans la langue, mais aussi, telle l'oiseau, en chant et en vol[12].

Le tableau de Philomèle et Procné par Elizabeth Gardner Bouguereau[13] qui sert de frontispice à ce volume résume en une image frappante la phase de transformation et les métamorphoses modernes de ce mythe, pour refléter la situation transformée de la femme écrivain[14]. Bien qu'il soit de facture classique, c'est-à-dire qu'il adopte la technique et les motifs de la peinture académique française du XIXe siècle, ce tableau présente une image peu conventionnelle du mythe. D'habitude, les rares représentations visuelles (comme celles de Rubens et de Picasso) mettent l'accent sur la violence: le viol, la mutilation, l'infanticide, le cannibalisme, Térée face à la tête d'Itys ou poursuivant les deux sœurs. Ici la violence et les métamorphoses en oiseaux ont disparu, de même que la tapisserie ou la broderie, remplacées par des symboles artistiques, et Philomèle et Procné, leurs corps de femme intègres, sont représentées en muses. Philomèle porte une lyre, emblème de la poésie, et une couronne de laurier, récompense des écrivains de génie, tandis que Procné tient à la main un tambourin, évocation discrète des rites de Bacchus qui, chez Ovide, lui servent de prétexte pour se rendre dans la forêt chercher sa sœur, mais aussi emblème d'Érato, Muse qui préside à la poésie érotique. Procné porte une couronne de roses, allusion possible aux roses de Piéria, terre des Muses, et symbole de la féminité. Bien que ce tableau de Gardner soit une copie d'un tableau du même titre de son mentor et futur mari William Bouguereau, reproduisant la pose des deux figures, l'iconographie, la draperie classique et le cadre forestier, il y a des différences sensibles[15]. Tandis que son tableau à lui paraît surtout décoratif, par son format ovale, ses couleurs claires, le sourire placide de Procné, l'échange de regards sans émotion précise entre les deux sœurs, créant un effet de distanciation, Gardner met l'accent, par le regard, le sourire et spécialement par le geste de Procné sur la tendresse sororale. Élargissant l'espace, intensifiant les couleurs, elle confère une sorte d'immédiateté à la solidarité entre les sœurs qui renouvelle le sens du mythe. À la représentation quelque peu androgyne de Procné chez Bouguereau, rappelant—sans rapport évident à ce mythe—les belles figures d'éphèbe dans l'art grec classique, Gardner substitue une figure moins classique et franchement féminine, au visage arrondi et aux traits adoucis. Une modification légère de la position des têtes, une ligne plus courbe pour tracer un visage, un éclairage plus vif sur la figure de Philomèle, l'isolement des figures dans un espace plus vaste, la contrainte de l'ovale brisée par le format rectangulaire, tout souligne dans son tableau à elle des sens nouveaux et profonds: comme pour les femmes écrivains françaises sorties de l'enceinte ovidienne, l'histoire de Philomèle et Procné est devenue un mythe féminin de la sororité des artistes et du triomphe, sur la suppression violente de l'expression des femmes, d'une productivité artistique féminine soutenue par une communauté sororale.

Un mot, pour finir, sur l'organisation de ce volume et sur une absence notable. À sa place chronologique, Germaine de Staël offre une mise au point des rapports entre les femmes et l'écriture au début du XIXe siècle. En revanche, la partie sur les XXe et XXIe siècles s'ouvre de manière anachronique avec des extraits du «Rire de la Méduse» d'Hélène Cixous, texte qui ne date que de 1975. Si cette nouvelle réflexion sur les rapports entre les femmes et l'écriture occupe dans ce volume cette position de charnière entre deux siècles, c'est qu'elle renvoie à certains traits de l'écriture féminine observables déjà chez Desbordes-Valmore au milieu du XIXe siècle et chez des écrivaines du XXe siècle précédant Hélène Cixous, comme Anna de Noailles, Colette et Marguerite Duras. «Le Rire de la Méduse» sert ainsi à stimuler la réflexion sur l'avant et l'après 1900. Exhortant les femmes à (s')écrire, Cixous prône une écriture de la différence ou de la spécificité féminine, altérité tenue pour porteuse de valeurs positives face aux valeurs mortifères de la culture dominante patriarcale. Dans ce manifeste révolutionnaire, la revendication de l'altérité s'assimile à une arme contre le phallocentrisme, ordre du Même fondé précisément sur le refoulement de l'autre. Cixous représente donc le *féminisme de la différence,* un des deux pôles théoriques de la pensée féministe en France aux XXe et XXIe siècles. Parmi les différencialistes, on trouve des théoriciennes influentes comme Luce Irigaray (*Speculum de l'autre femme,* 1975, et *Ce sexe qui n'en est pas un,* 1977, pour ne citer que ses œuvres ayant contribué le plus à l'essor des féminismes français) et des écrivaines comme Chantal Chawaf.

L'autre pôle théorique est représenté par Simone de Beauvoir. Dans son livre capital *Le Deuxième sexe* (1949), elle prône plutôt un *féminisme de l'égalité.* Elle fait ainsi pendant à Hélène Cixous. Si elle est absente de ce volume, c'est qu'elle a servi de point de départ controversé à toute cette anthologie et qu'elle est placée, de manière aussi anachronique qu'Hélène Cixous, en position liminaire, avant même le Moyen Âge, pour provoquer la réflexion[16]. Dans *Le Deuxième sexe,* Beauvoir dénonce la condition de la femme comme l'Autre, passive et dominée, face à l'homme Sujet, transcendant et actif[17]. Et elle affirme que la femme ne sera vraiment un sujet égal à l'homme tant qu'elle n'aura pas assumé sa liberté et épousé les mêmes valeurs difficiles de transcendance que lui. Son idée la plus influente se résume dans cette formule frappante du *Deuxième sexe:* «On ne naît pas femme: on le devient.» C'est dire que la condition subordonnée de la femme n'est pas un fait de nature, mais de *culture,* une donnée de sa situation socio-historique, et qu'elle peut par conséquent changer. En avance sur son temps, elle anticipe la distinction féministe entre sexe et genre: «Aucun destin biologique, psychique, économique, ne définit la figure que revêt au sein de la société la femelle humaine: c'est l'ensemble de la civilisation qui élabore ce produit intermédiaire entre le mâle et le castrat, qu'on qualifie de féminin.» Par contre, ses conclusions sur les rapports entre les femmes et l'écriture, étant bien de son temps, paraissent aujourd'hui rétrogrades: «Il y a des femmes qui sont folles et il y a des femmes de talent: aucune n'a cette folie dans le talent qu'on appelle le génie.[...] Comment les femmes auraient-elles jamais eu du génie alors que toute possibilité d'accomplir une œuvre géniale—ou même une œuvre tout court—leur était refusée?» Les deux volumes de cette anthologie permettent certainement de la réfuter.

Notes

1. Pour une illustration plus complète de la pertinence de ce mythe pour comprendre l'évolution des rapports entre les femmes et la tradition littéraire du Moyen Âge à nos jours, voir l'introduction générale à cette anthologie, «Philomèle et les sœurs de Procné», et «La critique féministe, Philomèle et la femme écrivain» ([I] 1–58). Sur ce mythe chez Marie de France, notamment dans son lai *Le Laüstic,* voir [I] 81. Nous signalons les renvois à la première partie des *Femmes et la tradition littéraire* par [I] et à la seconde par [II].

2. Livre VI, v. 412–674. La traduction du mythe par Georges Lafaye est reproduite intégralement dans les annexes, petit choix de textes d'auteurs masculins indispensables pour comprendre la démarche de certaines écrivaines. Pour les annexes, l'on se reportera au supplément à cette anthologie sur Internet, <www.yalebooks.com/lesfemmes>, où l'on trouvera également des questions sur nos sélections.

3. Rappelons quelques exemples antérieurs à 1800 (voir aussi «Philomèle et les

sœurs de Procné» et les introductions à ces auteurs dans [I]). Parmi les lettres d'amour, citons, sur le mode fictif, *Les Lettres d'une Péruvienne* (1747) de Françoise de Graffigny et les lettres authentiques de Julie de Lespinasse au comte de Guibert (1774–76). La lettre était considérée comme un genre féminin, car on attribuait aux femmes une aptitude particulière pour la correspondance familière: les lettres de Sévigné au XVIIe siècle qui conjuguent un genre et un thème—la maternité—codés féminins sont à cet égard exemplaires. Ses lettres à sa fille constituent en effet la partie la plus originale de sa correspondance et un modèle pour les écrivaines futures. Pour les contes de fées, voir surtout *L'Oiseau bleu* de Marie-Catherine d'Aulnoy—c'est elle qui inaugure le genre du conte de fées littéraire—et *Riquet à la Houppe* de Catherine Bernard à la fin du XVIIe siècle ainsi que les versions de *La Belle et la Bête* de Gabrielle de Villeneuve et de Jeanne Marie Le Prince de Beaumont au XVIIIe. Pour les conversations écrites, voir les propos des devisants dans *L'Heptaméron* de Marguerite de Navarre à la Renaissance, les romans et autres écrits de Madeleine de Scudéry et les bons mots de Ninon de Lenclos au XVIIe siècle. Comme la lettre familière, le roman était tenu pour un genre féminin et ce sont les femmes qui inventent ce genre: voir surtout Hélisenne de Crenne au XVIe siècle et Madeleine de Scudéry au siècle suivant. Au XVIIIe siècle, des écrivaines comme Graffigny, Isabelle de Charrière et Marie-Jeanne Riccoboni (*Lettres de Mistriss Fanni Butlerd,* 1757, et *Lettres de Milady Juliette Catesby,* 1759) vont exploiter dans leurs romans par lettres *deux* genres dits féminins. On concédait aussi aux femmes le rôle de pédagogue: voir, entre autres, les «miroirs des princes» du Moyen Âge (Christine de Pizan), *Le Magasin des enfants* de Jeanne Marie Le Prince de Beaumont (1756) et *Avis d'une mère à sa fille* d'Anne-Thérèse de Lambert (composés à la fin du XVIIe siècle et publiés en 1728). Ce thème est parfois développé aussi dans leurs romans, comme chez Stéphanie-Félicité de Genlis (*Adèle et Théodore, ou Lettres sur l'éducation,* 1782) ou Isabelle de Charrière (*Lettres écrites de Lausanne,* 1785, parmi d'autres).

4. Les femmes écrivains de la période antérieure à 1800, et même après, affectent souvent une humilité de circonstance pour excuser la transgression que leur prise de plume signifie. Ainsi, elles qualifient leurs écrits tantôt de «bagatelles» (Aulnoy), tantôt de «passe-temps» (Louise Labé), tantôt d'«amusements» (Lambert), allant jusqu'à minorer leurs capacités intellectuelles en traitant leur œuvre de «petite» et «de rude et obnubilé esprit» (Hélisenne de Crenne). En dédiant ses *Angoisses douloureuses qui procèdent d'amours* (1538) à «toutes honnêtes dames» et en y défendant ostensiblement la chasteté et la fidélité conjugale, Hélisenne de Crenne illustre en même temps deux autres ruses dont les femmes écrivains se sont servies pour se conformer à l'image sociale des femmes tout en s'exprimant: le confinement prétendu de leurs écrits dans un gynécée et la défense de la morale sociale. Pour la fidélité aux travaux d'aiguille, voir les dames des Roches, et en particulier le sonnet «À ma quenouille» où Catherine des Roches revendique le droit, tout en faisant l'éloge de sa quenouille, de tenir «dedans la main, le fuseau, et la plume» ([I], 17–19). Marceline Desbordes-Valmore perpétuera cette tradition au XIXe siècle en qualifiant sa poésie devant un homme poète de «pauvres

petites broderies de femme» (lettre à Auguste Brizeux, 1853). Même quand cette humilité toute féminine ne sera plus de mise aux XXe et XXIe siècles, écriture et travaux d'aiguille continueront à s'assimiler, comme chez Colette et Chantal Chawaf (voir ci-dessous les introductions consacrées à ces auteurs et [I] 20). Avec *La Princesse de Clèves* (1678) de Marie-Madeleine de Lafayette et surtout les lettres de Sévigné à sa fille se posent les premiers jalons d'une revendication du maternel comme critique implicite de l'ordre patriarcal. Isabelle de Charrière développe ce thème au XVIIIe siècle dans *Lettres écrites de Lausanne.*

5. Corinne, qui a assumé ce nom d'une femme poète grecque, rivale de Pindare, est couronnée au Capitole dans le chapitre du roman reproduit plus loin. Cependant, cette apothéose de la femme écrivain de génie et la reconnaissance à travers son triomphe d'une tradition littéraire féminine effacée par la culture dominante y sont déjà minées par l'ambiguïté.

6. Sur «la femme auteur» comme «construction idéologique et fantasmatique» au XIXe siècle, voir Christine Planté, *La Petite Sœur de Balzac.*

7. «À Pauline Duchambge», *Pauvres fleurs,* 1839. Voir aussi [I] 34–35. Sur le mythe de Philomèle dans la poésie de Desbordes-Valmore, voir Michael Danahy, «Marceline Desbordes-Valmore and the Engendered Canon». Des rossignols et des hirondelles apparaissent également dans une élégie de 1820, dans «Une lettre de femme», «La voix perdue» et «À M. Alphonse de Lamartine» (poèmes reproduits ci-dessous dans le chapitre consacré à Desbordes-Valmore). Dans un poème de 1819, «Le ver luisant», un ver luisant grandiloquent, dédaigneux de «vers roturiers», symbole ironique du Poète masculin glorieux, finit en pâture d'une Philomèle—c'est ainsi que Desbordes-Valmore désigne le rossignol, pour mettre l'accent sur l'identification avec la *femme* poète—qui «S'en nourrit, pour chanter plus longtemps sa douleur». Sur ce poème révélateur des rapports de Desbordes-Valmore avec la tradition poétique, voir aussi [I] 53 n90.

8. Poète persan du XIIIe siècle, auteur du *Gulistan* (*Le Jardin des roses*) où il raconte le rêve de roses d'un sage et les amours du rossignol et de la rose. Ce texte inspira beaucoup d'auteurs du XIXe et du début du XXe siècle, y compris la poète Anna de Noailles (voir l'introduction à Noailles plus loin) qui écrivit une préface pour une traduction nouvelle en français du *Gulistan* et reprit dans sa poésie le thème orientaliste des amours du rossignol et de la rose, en variant sans arrêt les identifications sexuelles et poétiques de chacun. Ces métamorphoses et permutations constantes renvoient chez Noailles à un vœu de liberté et de dépassement nietzschéen des identités sexuelles prescrites et à l'ouverture permanente à l'autre. Voir aussi [I] 36.

9. Les poèmes «Les Roses de Saadi» et «Roses du soir» sont reproduits intégralement ci-dessous, dans les chapitres consacrés à Desbordes-Valmore et à Vivien, respectivement. Voir également [I] 35–36 et 54n93.

10. Voir [I] 4, 37–38, et plus loin l'introduction à Wittig et les apparitions du prénom Philomèle dans *Les Guérillères.* Quant au déplacement d'intérêt vers le médium, notons que Philomèle («Philomela») est également une fonte de style Renaissance. Elle fut créée en

2000 par le typographe Lars Bergquist. Voir <www.psyops.com/html/library_philomela .html>.

11. Titre de son essai dans *La Jeune née* (1975). Sur la métamorphose des mots chez Cixous, voir aussi [I] 37.

12. Grâce aux efforts des écrivaines et des lectrices féministes modernes pour nous apprendre à apprécier les écrits de femme, le mot *rossignol* a perdu dans ce contexte les sens péjoratifs suivants: «*Fam.* (1835). Livre invendu, sans valeur (qui reste perché sur les plus hauts casiers comme le rossignol dans l'arbre).—Objet démodé, marchandise invendable» (*Le Petit Robert*).

13. Elizabeth Jane Gardner Bouguereau (1837–1922), peintre américaine, née à Exeter dans le New Hampshire, fit des études d'art au Lasell Seminary dans le Massachusetts. En 1864, voulant dépasser cette formation de dilettante pour jeune femme bien née, en quête de réussite financière et de renommée internationale, elle suivit l'exemple de sa professeur Imogene Robinson, qui avait déjà étudié l'art à Dusseldorf, et partit avec elle pour Paris, pôle d'attraction alors pour les artistes américains et européens. Gardner remporta son premier succès en 1868 quand deux de ses toiles furent choisies pour le Salon de l'Académie; elle devint ainsi la première femme américaine à exposer ses peintures au Salon (avec Mary Cassatt et Eliza Haldeman qui se présentèrent la même année), comme elle deviendra, en 1877, la première et la seule Américaine à recevoir une médaille de cette institution. Elle recevra également une médaille de bronze à l'Exposition Universelle de 1889. Exclue en tant que femme de l'École des Beaux-Arts, elle dut prendre des leçons particulières et étudia notamment avec Hugues Merle (1823–1881), académicien alors très populaire. En 1865, elle s'associa aussi à un des rares collectifs de femmes artistes; soucieuses de leur avancement professionnel, elles partageaient un atelier où elles travaillaient le soir sur des modèles vivants. Ses cheveux courts lui permettant de passer pour un garçon, c'est ainsi travestie—avec l'autorisation de la police parisienne—qu'elle fut admise en 1873, seule femme, à la Manufacture des Gobelins pour l'étude du dessin. Au même titre que ses camarades masculins, elle y cherchait un entraînement rigoureux et la possibilité de dessiner des modèles nus. C'est sans doute grâce à son exemple audacieux que les portes de la prestigieuse Académie Julian furent ouvertes ensuite aux femmes. Sans travestissement cette fois, Gardner s'y inscrivit. Depuis le milieu des années 1860 elle avait aussi pour professeur Adolphe-William Bouguereau (1825–1905), peintre à succès de sujets mythologiques, religieux et domestiques. À partir de 1871, ils étaient voisins rue Notre-Dame-des-Champs. Fiancés secrètement en 1877, et officiellement en 1879, ils ne se marièrent qu'en 1896, après la mort de la mère de Bouguereau qui s'était opposée à leur union, jugeant que l'existence de deux peintres sous le même toit était incompatible avec le bonheur domestique. Gardner était plutôt d'accord. Elle n'était pas pressée de se marier. Elle chérissait sa liberté et souhaitait se dédier pendant quelque temps encore à sa propre réussite professionnelle. Son fiancé secondait ses ambitions. Une fois mariée, elle arrêta de peindre pour se consacrer à la carrière de son mari, mais elle reprit le pinceau à la mort de celui-ci en 1905 et

n'abandonna définitivement la peinture qu'à la veille de la première guerre mondiale, pour des raisons de santé. On reprocha à Elizabeth Gardner d'être trop influencée par le style et la technique de son mentor, mais elle rétorqua qu'elle préférerait être connue comme la meilleure imitatrice de Bouguereau à n'être personne. Sa réussite professionnelle fut en effet due en grande partie à cette appropriation et adaptation à ses propres fins du style de ce maître, stratégie qui n'est pas sans rappeler l'imitation—ou plutôt la répétition «différente»—de modèles masculins chez des écrivaines françaises, notamment à la Renaissance. («Prête-moi donc ton éloquent savoir/ Pour te louer ainsi que tu me loues!» Pernette du Guillet, *Rymes,* 1545.) Ambitieuse, Elizabeth Gardner s'illustra dans des sujets et dans un style monumental généralement associés aux artistes masculins. Et elle eut l'assurance de réclamer le droit au même succès professionnel que ses confrères, ouvrant la voie à d'autres femmes artistes. Son tableau *Philomèle et Procné* date sans doute des années 1870; il s'agit d'une copie—comportant cependant des différences subtiles—d'un tableau ovale de Bouguereau sur le même sujet (1861). Pour la mise au point des détails de sa biographie et des précisions importantes sur son rapport professionnel avec Bouguereau, je remercie vivement Charles Pearo, historien de l'art et spécialiste de l'œuvre d'Elizabeth Gardner.

14. Il va sans dire que nous parlons surtout de la femme écrivain de France ayant une formation européenne et classique. L'évolution que nous retraçons ici ne s'applique pas forcément à des écrivaines d'autres cultures francophones pour qui la délivrance de la voix est souvent bien moins que certaine et la référence pour se dire à l'Antiquité gréco-romaine bien moins probable.

15. L'effacement de la violence du mythe dans le tableau de Bouguereau correspond à une stratégie commerciale, à la volonté délibérée chez ce peintre de plier son art au goût d'une clientèle riche, peu friande de l'horrible et du frénétique, préférant plutôt des Vénus et des Cupidons idéalisés, décoratifs et plaisants.

16. Voir [I] 59–71.

17. «L'humanité est mâle et l'homme définit la femme non en soi mais relativement à lui; elle n'est pas considérée comme un être autonome.[...] Et elle n'est rien d'autre que ce que l'homme en décide; ainsi on l'appelle "le sexe" voulant dire par là qu'elle apparaît essentiellement au mâle comme un être sexué: pour lui, elle est sexe, donc elle l'est absolument. Elle se détermine et se différencie par rapport à l'homme et non celui-ci par rapport à elle; elle est l'inessentiel en face de l'essentiel. Il est le Sujet, il est l'Absolu: elle est l'Autre» (Introduction, *Le Deuxième sexe*).

XIXe Siècle

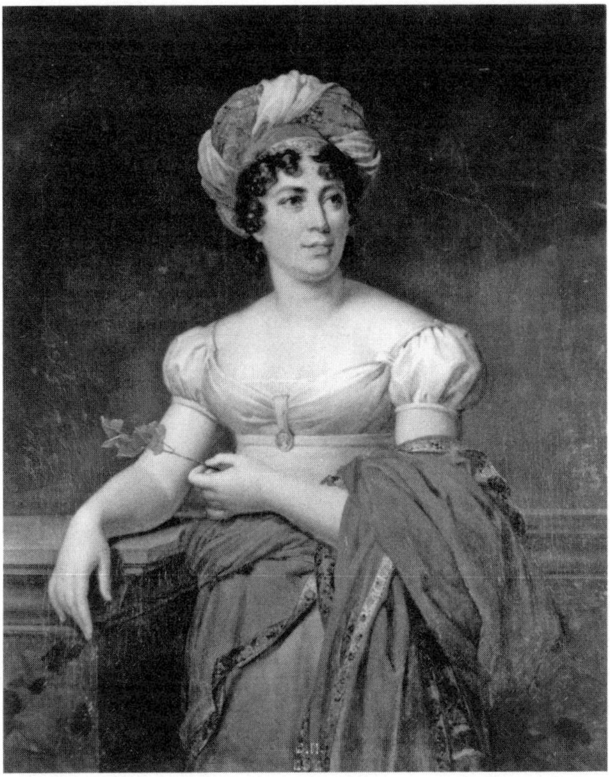

Germaine de Staël

(1766–1817)

Femme exceptionnelle à une époque où les lois et les mentalités se durcissent contre son sexe, Germaine de Staël joue un rôle de premier plan dans la vie politique et littéraire du XIXe siècle. Auteur d'une œuvre riche et variée (essais philosophiques et politiques, théorie littéraire, romans, nouvelles, théâtre, mémoires) dédiée à la liberté des individus et des nations, associant raison et sentiment, elle allie la philosophie des Lumières à la sensibilité romantique, le goût des idées abstraites et de la pensée systématique à l'enthousiasme et

Germaine de Staël (Bibliothèque nationale de France)

l'exaltation du moi, la foi dans le progrès à la mélancolie et l'inquiétude. Avec ses essais, *De la littérature considérée dans ses rapports avec les institutions sociales* (1800) et *De l'Allemagne* (1813), elle lance en France le mouvement romantique et contribue à l'élaboration d'une nouvelle poétique, remportant un succès qui l'établit comme une des grandes personnalités de son temps. Exilée en Suisse sous la Terreur puis par Napoléon, elle fit de son château à Coppet «les États-Généraux de la pensée européenne» (Stendhal), le point de rencontre international des écrivains et intellectuels de l'opposition libérale. Dans ses romans, *Delphine* (1802) et surtout *Corinne ou l'Italie* (1807), qui connut de nombreuses éditions au XIXe siècle, elle créa pour incarner la destinée féminine un type nouveau, celui de la femme de génie, libre et indépendante, qui se heurte à l'opinion, et fit ainsi rêver des générations de femmes à l'étranger comme en France. Pour des femmes de lettres comme George Sand, George Eliot, Jane Austen, Charlotte Brontë, Elizabeth Barrett Browning, Harriet Beecher Stowe, Margaret Fuller, Kate Chopin et Willa Cather, la figure originale de Corinne devint un modèle héroïque et une référence.

Reconnue comme l'écrivaine la plus importante et la plus discutée de son époque, Germaine de Staël est avec George Sand la seule femme à avoir été retenue parmi les auteurs canoniques du XIXe siècle. Néanmoins, la place qui lui est traditionnellement accordée est relativement secondaire: celle de précurseur et théoricienne du romantisme, figure de transition entre le siècle des Lumières et l'époque romantique, celle, non d'auteur originale, mais de simple vulgarisatrice en France de la nouvelle poétique allemande. Cette place fut, de plus, longtemps minée par la misogynie: dès les comptes rendus virulents de ses livres dans la presse napoléonienne, l'usage se fit de dénigrer son œuvre en s'attaquant à sa personne, en soulignant le scandale de ses liaisons adultères, en la traitant de monstre sexuel, d'homme-femme ou d'«idéologue femelle» (Napoléon), tant par sa vie, par ses capacités intellectuelles, par son idée qu'une femme pouvait avoir du génie et exercer du pouvoir, elle heurtait les attentes d'infériorité, de modestie et de soumission féminines. Par ailleurs, la critique traditionnelle, en insistant sur ses essais, eut pour effet d'occulter ses romans, qui finirent par tomber dans l'oubli au XXe siècle, avant d'être redécouverts par la critique féministe et restitués à leur place essentielle dans une tradition littéraire féminine, de même occultée, qui va de Scudéry, Lafayette et Charrière jusqu'à Beauvoir et Wittig. L'institution universitaire française, pour sa part, ne jugea *Corinne* vraiment digne de la mémoire culturelle qu'en 1999–2000, en mettant ce roman au programme de l'agrégation.

Anne Louise Germaine Necker, fille unique de parents suisses protestants, naît à Paris le 22 avril 1766 dans un milieu privilégié. Son père, Jacques Necker, riche banquier genevois, deviendra directeur général des Finances sous Louis XVI; sa mère, née Suzanne Curchod, fille d'un pasteur vaudois, tient l'un des derniers grands salons littéraires et philosophiques du XVIIIe siècle. Ainsi Germaine grandit dans une société cosmopolite parmi les grands esprits de son temps. Elle reçoit de sa mère des leçons de latin et d'anglais et analyse avec elle des sermons et des œuvres littéraires. D'une intelligence précoce, la jeune fille lit Montesquieu, Rousseau et Voltaire. Admise avant l'âge de onze ans dans le salon de sa mère, elle séduit par sa conversation brillante et la gravité de ses propos. Surtout, elle y parfait son éducation en fréquentant gens de cour et de gouvernement, diplomates, Encyclopédistes (Diderot, d'Alembert, Helvétius et Buffon sont ses amis), hommes de lettres, et salonnières (Geoffrin, du Deffand, Lespinasse).

Très tôt elle révèle des dispositions pour l'écriture; son père, qui juge ses ambitions littéraires peu conformes à son sexe, s'en inquiète et se moque d'elle, la surnommant «Monsieur de Saint-Écritoire». Suzanne Necker lui a déjà sacrifié l'écriture. Pour lui plaire, qu'elle s'en tienne comme sa mère à la conversation, activité plus féminine. La jeune fille va intérioriser cette désapprobation, d'autant plus qu'elle idolâtre son père: «De tous les hommes de la terre, c'est lui que j'aurais souhaité pour amant» (1785, *Mon Journal*). L'ombre de son père et l'exemple de sa mère vont planer sur sa vie, tempérant par la culpabilité et le doute de soi ses audaces littéraires et provoquant une crise d'identité sexuelle qui se retrouvera chez ses héroïnes. Car, d'une part, elle épouse l'idéal féminin patriarcal—culturel autant que familial—et désire se faire adorer en tant que femme passive, douce et soumise, ayant besoin de protection masculine; de l'autre, elle veut écrire et triompher publiquement, comme un homme (triompher comme son père, rappelé d'exil en juillet 1789 et acclamé en sa présence par 200 000 Français). Ce dilemme lui paraîtra toujours insoluble: «La gloire elle-même ne saurait être pour une femme qu'un deuil éclatant du bonheur», conclura-t-elle dans *De l'Allemagne*. Si elle ne capitule jamais elle-même devant cette alternative, il lui faudra néanmoins du temps pour surmonter la culpabilité attachée à l'écriture. Pendant presque toute sa vie, elle écrira à la sauvette, debout ou sur des tables de fortune, comme pour camoufler la transgression. Ce n'est qu'en 1810, à l'âge de quarante-quatre ans, bien après la mort de son père, alors que sa célébrité littéraire est depuis longtemps établie et *Corinne* a connu un succès retentissant à travers l'Europe, qu'elle pourra s'octroyer enfin une véritable «écritoire»: «J'ai bien envie d'avoir une grande table», confiera-t-elle à sa cousine, «il me semble que j'en ai le droit à présent.»

En 1786 elle épouse le baron Éric-Magnus de Staël-Holstein, ambassadeur de Suède, dont elle aura une fille, Gustavine, qui mourra avant l'âge de deux ans. Grâce à sa nouvelle situation sociale, elle ouvre son propre salon, rue du Bac; son éloquence et sa conversation inspirée—son ami Guibert l'appelle une «prêtresse d'Apollon»—y attirent, à la veille de la Révolution, une réunion brillante d'hommes politiques et de gens de lettres, de bourgeois et d'aristocrates libéraux, d'étrangers et de diplomates. Mais le mariage n'est pas heureux et le couple se sépare. Les amants se succéderont: au moment de la Révolution, Louis de Narbonne dont elle aura deux fils et qu'elle travaillera à introduire au gouvernement en 1791; Adolphe Ribbing, l'un des responsables de l'assassinat du roi de Suède; Benjamin Constant, écrivain et homme politique, rencontré en 1794, avec qui elle aura une fille, Albertine, en 1797; Prosper de Barante, historien et homme politique. Tous finiront par la rejeter, jusqu'à ce qu'elle rencontre, à la fin de sa vie, un officier de hussards de vingt-trois ans, John Rocca, dont elle aura un fils en 1812 et qu'elle épousera secrètement à Coppet l'année avant sa mort.

Ambitieuse, accoutumée par la situation de Necker à être proche du pouvoir, Germaine de Staël entend prendre une part active à la vie politique. Elle partage les idées libérales de son père et se montre favorable à la Révolution, mais ses prises de position modérées en faveur d'une monarchie constitutionnelle l'obligent à s'exiler pour éviter la mort, en 1792, au moment de la Terreur. Elle rédige alors des *Réflexions sur le procès de la reine* (1793) où, en femme, elle prend la défense d'une autre femme humiliée et calomniée, Marie-Antoinette, dénonçant courageusement les accusations injustes qui l'ont condamnée à mourir et en appelant à la communauté des femmes. Dans ses *Réflexions sur la paix, adressées à M. Pitt et aux Français* (1794) et ses *Réflexions sur la paix intérieure* (composées en 1795), elle lutte pour la paix et la réconciliation contre le fanatisme et la violence, s'appuyant sur sa foi en le progrès irrésistible de la raison et des lumières. De retour à Paris en 1795, elle écrit *De l'influence des passions sur le bonheur des individus et des nations* (1798), interrogation sur le bonheur à l'échelle personnelle et sociale qui est aussi une apologie de la liberté et de l'indépendance. Les passions ne pouvant procurer qu'un bonheur fugitif, elle conclut: «Le seul système vrai pour éviter la douleur, c'est de ne diriger sa vie que d'après ce qu'on peut faire pour les autres, mais non d'après ce qu'on attend d'eux. Il faut que l'existence parte de soi au lieu d'y revenir, et que sans jamais être le centre, on soit toujours la force impulsive de sa propre destinée.» Dans *Des circonstances actuelles qui peuvent terminer la Révolution et des principes qui doivent fonder la république en France* (1798), vu la tragédie politique, elle parie maintenant pour un gouvernement républicain.

Elle s'enthousiasme au début pour Napoléon Bonaparte qui lui semble capable d'incarner les vrais idéals de la Révolution. Quand il prend le pouvoir en 1799, elle croit à la victoire des modérés. Mais elle perd vite ses illusions lorsque se déclarent les aspirations monarchiques du Premier Consul. Commence alors une lutte acharnée entre ces deux fortes personnalités qui va aboutir, de 1802 à 1814, à l'exil de Staël à quarante lieues au moins de Paris et plus tard, avec une surveillance policière redoublée, hors de France. Napoléon la juge vraiment dangereuse, l'accuse de monter l'opposition contre lui dans son salon parisien, où elle défend éloquemment la liberté et la république devant une élite lettrée et puissante, et au Tribunat, par l'intermédiaire de son amant Benjamin Constant (entré grâce à elle au gouvernement) qui réclame l'indépendance parlementaire. En 1802, elle participera en effet à un complot ayant pour but de renverser le Premier Consul. De plus en plus, elle verra en lui l'incarnation de la tyrannie et lui verra en elle une intrigante trop puissante qu'il faut réduire au silence.

L'hostilité de Bonaparte est empreinte d'une misogynie féroce qui témoigne de l'énorme régression sociale des femmes au lendemain de la Révolution. Car, si quelques privilégiées ont joui d'un certain entregent sous l'Ancien Régime et si, au moment de la Révolution, les femmes ont pu espérer, au même titre que les hommes, faire reconnaître leurs droits (voir Olympe de Gouges, *Déclaration des droits de la femme et de la citoyenne*, 1791 [I]), elles sont maintenant renvoyées à leur rôle d'épouse et de mère. Le Code Napoléon (1804), qui assimile les femmes aux mineurs et aux fous, va renforcer leur infériorité sociale. Ce contexte hostile permet de mieux apprécier les frustrations et les ambiguïtés, mais aussi la témérité de Germaine de Staël. À un dîner officiel, elle aurait demandé à Napoléon quelle était à ses yeux la femme la plus célèbre. Sa réplique lapidaire: «celle qui a eu le plus d'enfants». Il n'est guère étonnant, alors, que Napoléon ait pris en haine cette femme qui, dépassant l'enceinte de la maison et se réclamant de la responsabilité sociale de l'écrivain, ose exprimer publiquement sa pensée.

Le premier grand livre de Staël, qui paraît en 1800 et établit sa renommée internationale, n'est pas fait pour apaiser le Premier Consul. Fidèle aux Lumières et ouvert vers l'avenir, *De la littérature* épouse l'idée du progrès et de la perfectibilité. À une époque où Bonaparte donne en modèle artistique le classicisme du siècle de Louis XIV inspiré de l'antiquité gréco-romaine, Staël prône le développement de littératures nationales et propose à la France de puiser dans son propre passé pour se renouveler, réhabilitant le Moyen Âge chrétien comme source d'inspiration. Elle soutient que le protestantisme est la religion du progrès, au moment où Bonaparte est en train de resserrer les liens entre l'état et l'Église catholique. Elle oppose la littérature du Nord à celle du Midi, celle d'Ossian à celle d'Homère, et, ouvrant la voie au romantisme, elle donne sa préférence à la première. Car, l'imagination du Nord, empreinte de mélancolie et du «sentiment douloureux de l'incomplet» de la destinée humaine, se plaisant «sur le bord de la mer, au bruit des vents, dans les bruyères sauvages» «porte vers l'avenir, vers un autre monde, l'âme fatiguée de sa destinée». Elle défend le génie et la relativité du goût contre l'absolutisme des règles classiques. Étudiant chaque siècle et chaque pays depuis l'antiquité, elle développe une théorie des rapports réciproques entre la littérature—au sens large, écrits philosophiques compris—et les institutions sociales, politiques et religieuses et affirme que «Ce n'est que dans les états libres que l'on peut réunir le génie de l'action à celui de la pensée.» Enfin, dans ce texte fondateur de la littérature comparée, première grande œuvre de théorie littéraire écrite par une femme, elle vante, à l'encontre de Bonaparte, le multinationalisme, la différence, et la modernité. Le livre fait l'objet d'attaques violentes dans la presse.

Delphine, premier roman de Germaine de Staël, paraît en 1802, l'année du complot contre Bonaparte et de la publication par son père des *Dernières vues de politique et de finances,* vive dénonciation des projets du Premier Consul. Dédié hardiment à «la France silencieuse», ce long roman épistolaire aborde, sous le couvert d'une intrigue sentimentale, des sujets politiques et sociaux des plus dangereux. Par l'intermédiaire de ses personnages, Staël défend la liberté («la seule gloire de l'ordre social»), plaide en faveur du divorce, critique le catholicisme, déplore la situation des femmes dans la société. Femme exceptionnelle comme l'auteur, l'héroïne perd son amour et finit par se suicider, victime d'une société rigide qui compte seulement pour des défauts son intelligence, son enthousiasme, et son indépendance: «Un homme doit savoir braver l'opinion, une femme s'y soumettre» (l'épigraphe est une phrase de sa mère, Suzanne Necker). Excédé, Bonaparte ordonne l'exil de l'auteur loin de Paris.

Exil qui sera pour Staël une chance: elle voyage—en Allemagne, en Italie, en Russie, en Scandinavie, en Angleterre—élargissant ses connaissances d'autres cultures et d'autres «mentalités» et établissant le fondement de deux grandes œuvres, *Corinne* et *De l'Allemagne.* Entre les voyages, elle règne à Coppet sur une société cultivée, ouverte à tous les courants d'idées, à toutes les classes et toutes les nationalités (elle accueille Lord Byron, Sir James Mackintosh, les frères Schlegel, Constant, Juliette Récamier, Vincenzo Monti...) et son château devient un des grands foyers européens de l'opposition romantique et libérale.

En 1807, *Corinne ou l'Italie* jouit d'un succès d'opposition dans toute l'Europe. Napoléon, furieux, proclame le roman anti-français: situant l'action dans une

Italie d'avant ses conquêtes militaires, la romancière ne mentionne même pas son nom. Qui plus est, elle suggère que l'Italie doit s'inspirer de sa gloire ancienne pour reconquérir son indépendance et faire son unité. Et, à travers l'analogie entre l'Italie et la femme, elle souligne sa mise en accusation féministe: Corinne, femme supérieure et indépendante, acclamée d'abord comme l'Italie pour son génie artistique (voir «Corinne au Capitole»), souffrira et mourra, vaincue par l'ordre des pères qui voue les femmes à la soumission.

Le conflit entre Staël et Napoléon s'aggrave quand, en 1810, elle soumet *De l'Allemagne* à la censure. Récusant l'esthétique classique et les règles du goût, ce premier manifeste romantique en France exalte le génie, met l'accent sur le mystère de la beauté, sur les impressions subjectives et le sentiment religieux. L'auteur revendique l'enthousiasme—«Dieu en nous»—né du sentiment de l'infini et source de beauté, de poésie, de lumières, de bonheur. Développant l'opposition entre la littérature du Midi (classique et païenne) et celle du Nord (romantique et chrétienne), Staël invite les Français à s'inspirer de l'exemple allemand pour créer une littérature «moderne et nationale, chrétienne, lyrique» animée par «l'inquiétude et l'exaltation du moi». Les dernières lignes, appelant la France à ne jamais renoncer à l'enthousiasme en faveur du calcul et du raisonnement, sinon «Une intelligence active, une impétuosité savante vous rendraient les maîtres du monde; mais vous n'y laisseriez que la trace des torrents de sables, terribles comme les flots, arides comme le désert», sont de celles qui excitent le plus l'indignation de la police impériale qui déclare le livre, une fois de plus, anti-français. Staël reçoit l'ordre de quitter la France dans les quarante-huit heures, les formes sont rompues, les manuscrits et les épreuves confisqués et détruits, et 10 000 exemplaires imprimés livrés au pilon. *De l'Allemagne* ne sera publié qu'en 1813, en Angleterre, et enfin à Paris l'année suivante, après la chute de Napoléon. Son succès sera immédiat—la première édition sera épuisée en trois jours—et son influence sur la génération romantique immense.

Véritable prisonnière politique, Staël s'évadera de Coppet en 1812, traversera l'Europe attisant partout la lutte contre la tyrannie. La Restauration la ramène à Paris où elle rouvre son salon. Elle mourra dans son sommeil le 14 juillet 1817, paralysée par une attaque d'apoplexie, laissant inachevés des mémoires, *Dix années d'exil* (1820), et *Considérations sur les principaux événements de la Révolution française* (1818), premier grand ouvrage d'historiographie révolutionnaire et monument élevé à la gloire de son père. À l'approche de la mort, Germaine de Staël dressera ce bilan de sa vie: «J'ai toujours été la même, vive et triste. J'ai aimé Dieu, mon père et la liberté.»

Les textes qui suivent, tirés de *De la littérature* et de *Corinne*, livrent l'essentiel de la réflexion de Staël sur la condition de la femme de lettres et mettent en relief les souffrances et les ambiguïtés qui résultent de son attachement à la fois à «son père» (l'ordre patriarcal avec ses prescriptions sexuelles rigides) et à «la liberté» (ici, l'épanouissement et l'affirmation publique des facultés féminines sans égard aux convenances). D'où le mélange d'audace et de timidité, d'optimisme et de pessimisme, le double rythme d'affirmation et de mise en doute, qui caractérisent ces textes. Ainsi, dans *De la littérature,* tout en affirmant le rôle civilisateur des femmes à travers l'histoire et leur influence sur l'écriture masculine, Staël limite leur apport à la littérature à des domaines relativement secondaires et conventionnellement féminins. Elle affirme le progrès vers l'égalité des sexes depuis l'établissement du christianisme, mais elle compare la situation actuelle des femmes à celle des affranchis chez les empereurs romains et elle dénonce les privilèges masculins. Dans le chapitre remarquable, «Des femmes qui cultivent les lettres», véritable carrefour du féminisme et du romantisme, féminisant le geste des poètes romantiques qui consiste à exalter en leur héros le génie mal compris, condamné à la solitude par une société médiocre et conformiste, elle cherche à attirer la pitié sur le sort réservé par la société aux femmes supérieures—à des femmes comme elle—sort qu'elle compare à celui des «Parias de l'Inde». Et tout en insistant sur la nécessité de l'éducation des femmes, elle conseille à celles-ci de se consacrer plutôt aux vertus domestiques qu'à la recherche de la gloire, tant son expérience personnelle lui a démontré que pour une femme la rançon de la gloire est toujours la souffrance. Mise en évidence de la vraie histoire des femmes qui est en elle-même un acte d'accusation courageux.

Dans «Corinne au Capitole» ce portrait de la femme de lettres en héroïne romantique prend la valeur d'un mythe. L'apothéose que signifie le couronnement de Corinne est l'expression du rêve ambitieux des femmes de génie d'être reconnues par la culture au même titre que les hommes, de leur désir d'affirmer la puissance d'une parole féminine qui, de Sapho et des sibylles, descend jusqu'à elles. Ainsi, Staël, de même qu'ont pu le faire, pendant tout le XIXe siècle, des lectrices et des écrivaines innombrables en mal de modèles positifs, s'identifie à son héroïne et à travers elle à cette continuité féminine effacée par la culture dominante. Mais l'histoire de Corinne est aussi celle, tragique, du conflit entre ce rêve de gloire et la recherche du bonheur, celle du désarroi et de la solitude de la femme intelligente et autonome, celle de son sacrifice par—et pour—un monde patriarcal qui redoute le génie féminin. Alors le mythe de Corinne devient le réquisitoire oblique mais passionné dressé contre cet ordre par une femme héroïque qui a compris pour son compte que «les jouissances de l'esprit sont faites pour calmer les orages du cœur» (1814, seconde préface aux *Lettres sur les ouvrages et le caractère de J.-J. Rousseau*, 1788), par une femme écrivain réelle et triomphante, Germaine de Staël.

De la littérature
(Extraits)

DE L'INVASION DES PEUPLES DU NORD, DE L'ÉTABLISSEMENT DE LA RELIGION CHRÉTIENNE ET DE LA RENAISSANCE DES LETTRES

[...] Dans les siècles corrompus de l'empire romain, la licence la plus effrénée avait arraché les femmes à la servitude par la dégradation; mais c'est le christianisme qui, du moins dans les rapports moraux et religieux, leur a accordé l'égalité. Le christianisme, en faisant du mariage une institution sacrée, a fortifié l'amour conjugal, et toutes les affections qui en dérivent. Le dogme de l'enfer et du paradis annonce les mêmes peines, promet les mêmes récompenses aux deux sexes. L'Évangile qui commande des vertus privées, une destinée obscure, une humilité pieuse, offrait aux femmes autant qu'aux hommes les moyens d'obtenir la palme de la religion. La sensibilité, l'imagination, la faiblesse disposent à la dévotion. Les femmes devaient donc souvent surpasser les hommes, dans cette émulation de christianisme qui s'empara de l'Europe durant les premiers siècles de l'histoire moderne.

La religion et le bonheur domestique fixèrent la vie errante des peuples du Nord; ils s'établirent dans une contrée, ils demeurèrent en société. La législation de la vie civile se réforma selon les principes de la religion. C'est donc alors que les femmes commencèrent à être de moitié dans l'association humaine. C'est alors aussi que l'on connut véritablement le bonheur domestique. Trop de puissance déprave la bonté, altère toutes les jouissances de la délicatesse; les vertus et les sentiments ne peuvent résister d'une part à l'exercice du pouvoir, de l'autre à l'habitude de la crainte. La félicité de l'homme s'accrut de toute l'indépendance qu'obtint l'objet de sa tendresse; il put se croire aimé; un être libre le choisit; un être libre obéit à ses désirs. Les aperçus de l'esprit, les nuances senties par le cœur se multiplièrent avec les idées et les impressions de ces âmes nouvelles, qui s'essayaient à l'existence morale, après avoir longtemps langui dans la vie.

Les femmes n'ont point composé d'ouvrages véritablement supérieurs; mais elles n'en ont pas moins éminemment servi les progrès de la littérature, par la foule de pensées qu'ont inspirées aux hommes les relations entretenues avec

ces êtres mobiles et délicats. Tous les rapports se sont doublés, pour ainsi dire, depuis que les objets ont été considérés sous un point de vue tout à fait nouveau. La confiance d'un lien intime en a plus appris sur la nature morale que tous les traités et tous les systèmes qui peignaient l'homme tel qu'il se montre à l'homme, et non tel qu'il est réellement. [...]
Première partie, ch. VIII

DE L'ESPRIT GÉNÉRAL DE LA LITTÉRATURE CHEZ LES MODERNES

[...] Les femmes ont découvert dans les caractères une foule de nuances, que le besoin de dominer ou la crainte d'être asservies leur a fait apercevoir: elles ont fourni au talent dramatique de nouveaux secrets pour émouvoir. Tous les sentiments auxquels il leur est permis de se livrer, la crainte de la mort, le regret de la vie, le dévouement sans bornes, l'indignation sans mesure, enrichissent la littérature d'expressions nouvelles. Les femmes n'étant point, pour ainsi dire, responsables d'elles-mêmes, vont aussi loin dans leurs paroles que les sentiments de l'âme les conduisent. La raison forte, l'éloquence mâle peuvent choisir, peuvent s'éclairer dans ces développements, où le cœur humain se montre avec abandon. De là vient que les moralistes modernes ont en général beaucoup plus de finesse et de sagacité dans la connaissance des hommes que les moralistes de l'antiquité.

Quiconque, chez les anciens, ne pouvait atteindre à la renommée, n'avait aucun motif de développement. Depuis qu'on est deux dans la vie domestique, les communications de l'esprit et l'exercice de la morale existent toujours, au moins dans un petit cercle; les enfants sont devenus plus chers à leurs parents par la tendresse réciproque qui forme le lien conjugal; et toutes les affections ont pris l'empreinte de cette divine alliance de l'amour et de l'amitié, de l'estime et de l'attrait, de la confiance méritée, et de la séduction involontaire. [...]

Une sensibilité rêveuse et profonde est un des plus grands charmes de quelques ouvrages modernes; et ce sont les femmes qui, ne connaissant de la vie que la faculté d'aimer, ont fait passer la douceur de leurs impressions dans le style de quelques écrivains. En lisant les livres composés depuis la renaissance des lettres, l'on pourrait marquer à chaque page quelles sont les idées qu'on n'avait pas avant qu'on eût accordé aux femmes une sorte d'égalité civile.

La générosité, la valeur, l'humanité, ont pris, à quelques égards, une acception différente. Toutes les vertus des anciens étaient fondées sur l'amour de la patrie; les femmes exercent leurs qualités d'une manière indépendante. La pitié pour la faiblesse, la sympathie pour le malheur, une élévation d'âme, sans autre but que

la jouissance même de cette élévation, sont beaucoup plus dans leur nature que les vertus politiques. Les modernes, influencés par les femmes, ont facilement cédé aux liens de la philanthropie; et l'esprit est devenu plus philosophiquement libre, en se livrant moins à l'empire des associations exclusives. [...]
Première partie, ch. IX

DES FEMMES QUI CULTIVENT LES LETTRES

L'existence des femmes en société est encore incertaine sous beaucoup de rapports. Le désir de plaire excite leur esprit; la raison leur conseille l'obscurité; et tout est arbitraire dans leur succès comme dans leurs revers.

Il arrivera, je le crois, une époque quelconque, dans laquelle des législateurs philosophes donneront une attention sérieuse à l'éducation que les femmes doivent recevoir, aux lois civiles qui les protègent, aux devoirs qu'il faut leur imposer, au bonheur qui peut leur être garanti; mais, dans l'état actuel, elles ne sont, pour la plupart, ni dans l'ordre de la nature, ni dans l'ordre de la société. Ce qui réussit aux unes perd les autres; les qualités leur nuisent quelquefois, quelquefois les défauts leur servent; tantôt elles sont tout, tantôt elles ne sont rien. Leur destinée ressemble, à quelques égards, à celle des affranchis chez les empereurs; si elles veulent acquérir de l'ascendant, on leur fait un crime d'un pouvoir que les lois ne leur ont pas donné; si elles restent esclaves, on opprime leur destinée.

Certainement il vaut beaucoup mieux, en général, que les femmes se consacrent uniquement aux vertus domestiques; mais ce qu'il y a de bizarre dans les jugements des hommes à leur égard, c'est qu'ils leur pardonnent plutôt de manquer à leurs devoirs que d'attirer l'attention par des talents distingués. Ils tolèrent en elles la dégradation du cœur en faveur de la médiocrité de l'esprit; tandis que l'honnêteté la plus parfaite pourrait à peine obtenir grâce pour une supériorité véritable.

Je développerai les diverses causes de cette singularité. Je commence d'abord par examiner quel est le sort des femmes qui cultivent les lettres dans les monarchies, et quel est aussi leur sort dans les républiques. Je m'attache à caractériser les principales différences que ces deux situations politiques doivent produire dans la destinée des femmes qui aspirent à la célébrité littéraire, et je considère ensuite d'une manière générale quel bonheur la gloire peut promettre aux femmes qui veulent y prétendre.

Dans les monarchies, elles ont à craindre le ridicule, et dans les républiques la haine.

Il est dans la nature des choses que, dans une monarchie où le tact des convenances est si finement saisi, toute action extraordinaire, tout mouvement pour sortir de sa place, paraisse d'abord ridicule. Ce que vous êtes forcé de faire par votre état, par votre position, trouve mille approbateurs; ce que vous inventez sans nécessité, sans obligation, est d'avance jugé sévèrement. La jalousie naturelle à tous les hommes ne s'apaise que si vous pouvez vous excuser, pour ainsi dire, d'un succès par un devoir; mais si vous ne couvrez pas du prétexte de votre situation et de votre intérêt la gloire même, si l'on vous croit pour unique motif le besoin de vous distinguer, vous importunerez ceux que l'ambition amène sur la même route que vous.

En effet, les hommes peuvent toujours cacher leur amour-propre et le désir qu'ils ont d'être applaudis sous l'apparence ou la réalité des passions plus fortes et plus nobles; mais quand les femmes écrivent, comme on leur suppose en général pour premier motif le désir de montrer de l'esprit, le public leur accorde difficilement son suffrage. Il sent qu'elles ne peuvent s'en passer, et cette idée fait naître en lui la tentation de le refuser. Dans toutes les situations de la vie, l'on peut remarquer que dès qu'un homme s'aperçoit que vous avez éminemment besoin de lui, presque toujours il se refroidit pour vous. Quand une femme publie un livre, elle se met tellement dans la dépendance de l'opinion, que les dispensateurs de cette opinion lui font sentir durement leur empire. [...]

Une partie de ces inconvénients ne peut se retrouver dans les républiques, et surtout dans une république qui aurait pour but l'avancement des lumières. Peut-être serait-il naturel que, dans un tel état, la littérature proprement dite devînt le partage des femmes, et que les hommes se consacrassent uniquement à la haute philosophie.

On a dirigé l'éducation des femmes, dans tous les pays libres, selon l'esprit de la constitution qui y était établie. À Sparte, on les accoutumait aux exercices de la guerre; à Rome, on exigeait d'elles les vertus austères et patriotiques. Si l'on voulait que le principal mobile de la république française fût l'émulation des lumières et de la philosophie, il serait très raisonnable d'encourager les femmes à cultiver leur esprit, afin que les hommes pussent s'entretenir avec elles des idées qui captiveraient leur intérêt.

Néanmoins, depuis la révolution, les hommes ont pensé qu'il était politiquement et moralement utile de réduire les femmes à la plus absurde médiocrité; ils ne leur ont adressé qu'un misérable langage sans délicatesse comme sans esprit; elles n'ont plus eu de motifs pour développer leur raison: les mœurs n'en sont pas devenues meilleures. En bornant l'étendue des idées, on n'a pu rendre la simplicité des premiers âges; il en est seulement résulté que moins d'esprit a conduit à moins de délicatesse, à moins de respect pour l'estime publique, à moins de moyens de supporter la solitude. Il est arrivé ce qui s'applique à tout dans la disposition actuelle des esprits: on croit toujours que ce sont les lumières qui font le mal, et l'on veut le réparer en faisant rétrograder la raison. Le mal des lumières ne peut se corriger qu'en acquérant plus de lumières encore. [...]

Plusieurs avantages d'une grande importance pour la morale et le bonheur d'un pays, se trouveraient perdus si l'on parvenait à rendre les femmes tout à fait insipides ou frivoles. Elles auraient beaucoup moins de moyens pour adoucir les passions furieuses des hommes; elles n'auraient plus, comme autrefois, un utile ascendant sur l'opinion: ce sont elles qui l'animaient dans tout ce qui tient à l'humanité, à la générosité, à la délicatesse. Il n'y a que ces êtres en dehors des intérêts politiques et de la carrière de l'ambition, qui versent le mépris sur toutes les actions basses, signalent l'ingratitude et savent honorer la disgrâce quand de nobles sentiments l'ont causée. [...]

Éclairer, instruire, perfectionner les femmes comme les hommes, les nations comme les individus, c'est encore le meilleur secret pour tous les buts raisonnables, pour toutes les relations sociales et politiques auxquelles on veut assurer un fondement durable.

L'on ne pourrait craindre l'esprit des femmes que par une inquiétude délicate sur leur bonheur. Il est possible qu'en développant leur raison, on les éclaire sur les malheurs souvent attachés à leur destinée; mais les mêmes raisonnements s'appliqueraient à l'effet des lumières en général sur le bonheur du genre humain, et cette question me paraît décidée.

Si la situation des femmes est très imparfaite dans l'ordre civil, c'est à l'amélioration de leur sort, et non à la dégradation de leur esprit, qu'il faut travailler. Il est utile aux lumières et au bonheur de la société que les femmes développent avec soin leur esprit et leur raison. Une seule chance véritablement malheureuse pourrait résulter de l'éducation cultivée qu'on doit leur donner: ce serait si quelques-unes d'entr'elles acquéraient des facultés assez distinguées pour éprouver le besoin de la gloire; mais ce hasard même ne porterait aucun préjudice à la société, et ne serait funeste qu'au très petit nombre de femmes que la nature dévouerait au tourment d'une importune supériorité.

S'il existait une femme séduite par la célébrité de l'esprit, et qui voulût chercher à l'obtenir, combien il serait aisé de l'en détourner s'il en était temps encore! On lui montrerait à quelle affreuse destinée elle serait prête à se condamner. Examinez l'ordre social, lui dirait-on, et vous verrez bientôt qu'il est tout entier armé contre une femme qui veut s'élever à la hauteur de la réputation des hommes.

Dès qu'une femme est signalée comme une personne distinguée, le public en général est prévenu contre elle. Le vulgaire ne juge jamais que d'après certaines règles communes, auxquelles on peut se tenir sans s'aventurer. Tout ce qui sort de ce cours habituel déplaît d'abord à ceux qui considèrent la routine de la vie comme la sauvegarde de la médiocrité. Un homme supérieur déjà les effarouche; mais une femme supérieure, s'éloignant encore plus du chemin frayé, doit étonner, et par conséquent importuner davantage. Néanmoins un homme distingué ayant presque toujours une carrière importante à parcourir, ses talents peuvent devenir utiles aux intérêts de ceux mêmes qui attachent le moins de prix aux charmes de la pensée. L'homme de génie peut devenir un homme puissant, et sous ce rapport, les envieux et les sots le ménagent; mais une femme spirituelle n'est appelée à leur offrir que ce qui les intéresse le moins, des idées nouvelles ou des sentiments élevés: sa célébrité n'est qu'un bruit fatigant pour eux.

La gloire même peut être reprochée à une femme, parce qu'il y a contraste entre la gloire et sa destinée naturelle. L'austère vertu condamne jusqu'à la célébrité de ce qui est bien en soi, comme portant une sorte d'atteinte à la perfection de la modestie. Les hommes d'esprit, étonnés de rencontrer des rivaux parmi les femmes, ne savent les juger, ni avec la générosité d'un adversaire, ni avec l'indulgence d'un protecteur; et dans ce combat nouveau, ils ne suivent ni les lois de l'honneur, ni celles de la bonté.

Si, pour comble de malheur, c'était au milieu des dissensions politiques qu'une femme acquît une célébrité remarquable, on croirait son influence sans bornes alors même qu'elle n'en exercerait aucune; on l'accuserait de toutes les actions de ses amis; on la haïrait pour tout ce qu'elle aime, et l'on attaquerait d'abord l'objet sans défense avant d'arriver à ceux que l'on pourrait encore redouter[1]. [...]

Un homme peut, même dans ses ouvrages, réfuter les calomnies dont il est devenu l'objet: mais pour les femmes, se défendre est un désavantage de plus; se justifier, un bruit nouveau. Les femmes sentent qu'il y a dans leur nature quelque chose de pur et de délicat, bientôt flétri par les regards mêmes du public: l'esprit, les talents, une âme passionnée, peuvent les faire sortir du nuage qui devrait toujours les environner; mais sans cesse elles le regrettent comme leur véritable asile. [...]

Dans ce tableau, je n'ai encore parlé que de l'injustice des hommes envers

1. Pour ses activités politiques pendant la Révolution, Staël dut subir des accusations et des attaques de ce genre, notamment dans la presse périodique.

les femmes distinguées: celle des femmes aussi n'est-elle point à craindre? N'excitent-elles pas en secret la malveillance des hommes? Font-elles jamais alliance avec une femme célèbre pour la soutenir, pour la défendre, pour appuyer ses pas chancelants?

Ce n'est pas tout encore: l'opinion semble dégager les hommes de tous les devoirs envers une femme à laquelle un esprit supérieur serait reconnu: on peut être ingrat, perfide, méchant envers elle, sans que l'opinion se charge de la venger. *N'est-elle pas une femme extraordinaire?* Tout est dit alors; on l'abandonne à ses propres forces, on la laisse se débattre avec la douleur. L'intérêt qu'inspire une femme, la puissance qui garantit un homme, tout lui manque souvent à la fois: elle promène sa singulière existence, comme les Parias de l'Inde, entre toutes les classes dont elle ne peut être, toutes les classes qui la considèrent comme devant exister par elle seule, objet de la curiosité, peut-être de l'envie, et ne méritant en effet que la pitié.

Seconde partie, ch. IV

Corinne ou l'Italie

LIVRE II

CORINNE AU CAPITOLE

Chapitre Premier

Oswald se réveilla dans Rome. Un soleil éclatant, un soleil d'Italie frappa ses premiers regards, et son âme fut pénétrée d'un sentiment d'amour et de reconnaissance pour le ciel, qui semblait se manifester par ces beaux rayons. Il entendit résonner les cloches des nombreuses églises de la ville: des coups de canon, de distance en distance, annonçaient quelque grande solennité: il demanda quelle en était la cause; on lui répondit qu'on devait couronner le matin même, au Capitole, la femme la plus célèbre de l'Italie, Corinne, poète, écrivain, improvisatrice[2], et l'une des plus belles personnes de Rome. Il fit quelques questions

2. Staël avait en effet entendu en Italie des improvisatrices de grand renom. Corinne est en partie inspirée de la légendaire Corilla Olimpica (pseudonyme de Maria Maddalena Morelli Fernandez, 1727–1800), la poète la plus célèbre de son temps, seule femme jamais couronnée au Capitole (1776). Cette reconnaissance publique d'une femme écrivain de génie fut bientôt minée par des attaques contre ses mœurs et par le mépris de ses talents; l'opinion se répandit que Corilla Olimpica n'avait pas mérité sa couronne. Notons que c'est ici la première apparition de Corinne dans le roman.

sur cette cérémonie, consacrée par les noms de Pétrarque[3] et du Tasse[4], et toutes les réponses qu'il reçut excitèrent vivement sa curiosité.

Il n'y avait certainement rien de plus contraire aux habitudes et aux opinions d'un Anglais, que cette grande publicité donnée à la destinée d'une femme; mais l'enthousiasme qu'inspirent aux Italiens tous les talents de l'imagination, gagne, au moins momentanément, les étrangers; et l'on oublie les préjugés même de son pays, au milieu d'une nation si vive dans l'expression des sentiments qu'elle éprouve. Les gens du peuple à Rome connaissent les arts, raisonnent avec goût sur les statues; les tableaux, les monuments, les antiquités, et le mérite littéraire porté à un certain degré, sont pour eux un intérêt national.

Oswald sortit pour aller sur la place publique; il y entendit parler de Corinne, de son talent, de son génie. On avait décoré les rues par lesquelles elle devait passer. Le peuple, qui ne se rassemble d'ordinaire que sur les pas de la fortune ou de la puissance, était là presqu'en rumeur pour voir une personne dont l'esprit était la seule distinction. Dans l'état actuel des Italiens[5], la gloire des beaux-arts est l'unique qui leur soit permise; et ils sentent le génie en ce genre avec une vivacité qui devrait faire naître beaucoup de grands hommes, s'il suffisait de l'applaudissement pour les produire, s'il ne fallait pas une vie forte, de grands intérêts et une existence indépendante, pour alimenter la pensée.

Oswald se promenait dans les rues de Rome en attendant l'arrivée de Corinne. À chaque instant on la nommait, on racontait un trait nouveau d'elle, qui annonçait la réunion de tous les talents qui captivent l'imagination. L'un disait que sa voix était la plus touchante d'Italie, l'autre que personne ne jouait la tragédie comme elle, l'autre qu'elle dansait comme une nymphe, et qu'elle dessinait avec autant de grâce que d'invention; tous disaient qu'on n'avait jamais écrit ni improvisé d'aussi beaux vers, et que, dans la conversation habituelle, elle avait tour à tour une grâce et une éloquence qui charmaient tous les esprits. On se disputait pour savoir quelle ville d'Italie lui avait donné la naissance, mais les Romains soutenaient vivement qu'il fallait être né à Rome pour parler l'italien avec cette pureté. Son nom de famille était ignoré. Son premier ouvrage avait

3. Poète italien du XIVe siècle, auteur du *Canzoniere,* couronné au Capitole en 1341.

4. Poète italien du XVIe siècle, auteur de l'*Aminta* et de la *Jérusalem délivrée.* Il mourut alors qu'on se préparait à le couronner poète lauréat au Capitole. Pour les romantiques, le Tasse symbolise l'homme de génie accablé par sa propre grandeur.

5. L'action du roman se déroule en 1790–91, mais l'allusion à une Italie privée de sa puissance militaire et de son indépendance par les conquêtes de Napoléon est évidente.

paru cinq ans auparavant, et portait seulement le nom de Corinne[6]. Personne ne savait où elle avait vécu, ni ce qu'elle avait été avant cette époque; elle avait maintenant à peu près vingt-six ans. Ce mystère et cette publicité tout à la fois, cette femme dont tout le monde parlait, et dont on ne connaissait pas le véritable nom, parurent à lord Nelvil l'une des merveilles du singulier pays qu'il venait voir. Il aurait jugé très sévèrement une telle femme en Angleterre, mais il n'appliquait à l'Italie aucune des convenances sociales; et le couronnement de Corinne lui inspirait d'avance l'intérêt que ferait naître une aventure de l'Arioste[7].

Une musique très belle et très éclatante précéda l'arrivée de la marche triomphale. Un événement, quel qu'il soit, annoncé par la musique, cause toujours de l'émotion. Un grand nombre de seigneurs romains et quelques étrangers précédaient le char qui conduisait Corinne. *C'est le cortège de ses admirateurs,* dit un Romain.—*Oui,* répondit l'autre; *elle reçoit l'encens de tout le monde, mais elle n'accorde à personne une préférence décidée; elle est riche, indépendante; l'on croit même, et certainement elle a bien l'air, que c'est une femme d'une illustre naissance, qui ne veut pas être connue.*—*Quoi qu'il en soit,* reprit un troisième, *c'est une divinité entourée de nuages.* Oswald regarda l'homme qui parlait ainsi, et tout désignait en lui le rang le plus obscur de la société; mais dans le Midi, l'on se sert si naturellement des expressions les plus poétiques, qu'on dirait qu'elles se puisent dans l'air, et sont inspirées par le soleil.

Enfin les quatre chevaux blancs qui traînaient le char de Corinne se firent place au milieu de la foule. Corinne était assise sur ce char construit à l'antique, et des jeunes filles, vêtues de blanc, marchaient à côté d'elle. Partout où elle passait l'on jetait en abondance des parfums dans les airs; chacun se mettait aux fenêtres pour la voir, et ces fenêtres étaient parées en dehors de pots de fleurs et de tapis d'écarlate; tout le monde criait: *Vive Corinne! vive le génie, vive la beauté!* L'émotion était générale; mais lord Nelvil ne la partageait point encore; et bien qu'il se fût déjà dit qu'il fallait mettre à part, pour juger tout cela,

6. L'héroïne expliquera plus tard à Oswald: «Je ne dis à personne mon véritable nom [...]; je pris seulement celui de Corinne, que l'histoire d'une femme grecque, amie de Pindare, et poète, m'avait fait aimer.» Staël précise dans une note que «Pindare lui-même avait reçu des leçons d'elle». En effet, rivale de Pindare, Corinne (-VIe s.~-Ve s.) l'emporta sur lui dans des concours poétiques. Elle était, après Sapho, la plus célèbre des femmes poètes grecques. Malheureusement, il ne reste de sa poésie que quelques fragments.

7. Poète italien (1474–1533), auteur du *Roland furieux,* parodie de la littérature chevaleresque.

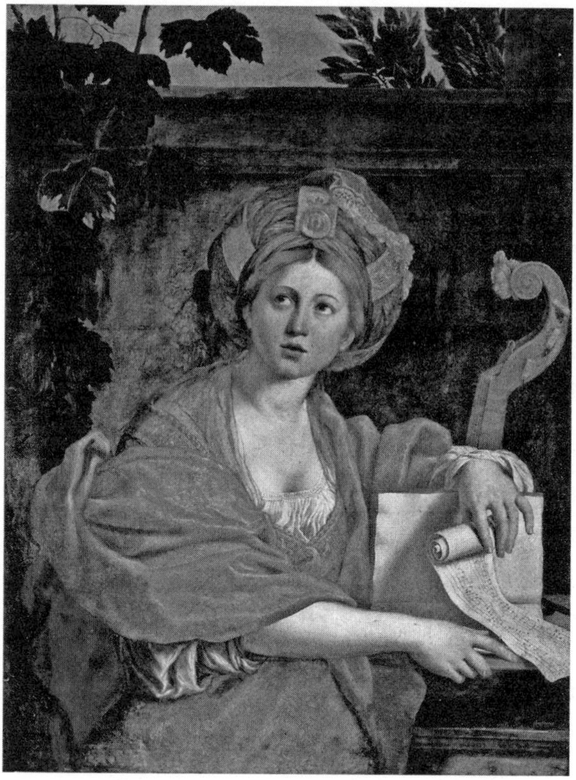

Le Dominiquin (Domenico Zampieri), *Sibylle,* Rome, Galleria Borghese (Scala/Art Resource, NY)

la réserve de l'Angleterre et les plaisanteries françaises, il ne se livrait point à cette fête, lorsqu'enfin il aperçut Corinne.

Elle était vêtue comme la Sibylle du Dominiquin[8], un schall des Indes tourné autour de sa tête, et ses cheveux du plus beau noir entremêlés avec ce schall; sa robe était blanche; une draperie bleue se rattachait au-dessous de son sein, et son costume était très pittoresque, sans s'écarter cependant assez des usages reçus, pour que l'on pût y trouver de l'affectation. Son attitude sur le char

8. Voir l'illustration, à rapprocher du portrait de l'auteur. Dans l'antiquité, les sibylles étaient des devineresses, des femmes inspirées qui prédisaient l'avenir. Ce nom leur fut donné à cause de la grande réputation d'une prêtresse d'Apollon appelée Sibylle. La plus célèbre des sibylles fut celle de Cumes.

était noble et modeste: on apercevait bien qu'elle était contente d'être admirée; mais un sentiment de timidité se mêlait à sa joie, et semblait demander grâce pour son triomphe; l'expression de sa physionomie, de ses yeux, de son sourire, intéressait pour elle, et le premier regard fit de lord Nelvil son ami, avant même qu'une impression plus vive le subjuguât. Ses bras étaient d'une éclatante beauté; sa taille grande, mais un peu forte, à la manière des statues grecques, caractérisait énergiquement la jeunesse et le bonheur; son regard avait quelque chose d'inspiré. L'on voyait dans sa manière de saluer et de remercier pour les applaudissements qu'elle recevait, une sorte de naturel qui relevait l'éclat de la situation extraordinaire dans laquelle elle se trouvait; elle donnait à la fois l'idée d'une prêtresse d'Apollon[9], qui s'avançait vers le temple du Soleil, et d'une femme parfaitement simple dans les rapports habituels de la vie; enfin tous ses mouvements avaient un charme qui excitait l'intérêt et la curiosité, l'étonnement et l'affection.

L'admiration du peuple pour elle allait toujours en croissant, plus elle approchait du Capitole, de ce lieu si fécond en souvenirs. Ce beau ciel, ces Romains si enthousiastes, et par-dessus tout Corinne, électrisaient l'imagination d'Oswald: il avait vu souvent dans son pays des hommes d'état portés en triomphe par le peuple, mais c'était pour la première fois qu'il était témoin des honneurs rendus à une femme, à une femme illustrée seulement par les dons du génie: son char de victoire ne coûtait de larmes à personne; et nul regret, comme nulle crainte, n'empêchait d'admirer les plus beaux dons de la nature, l'imagination, le sentiment et la pensée.

Oswald était tellement absorbé dans ses réflexions, des idées si nouvelles l'occupaient tant, qu'il ne remarqua point les lieux antiques et célèbres à travers lesquels passait le char de Corinne; c'est au pied de l'escalier qui conduit au Capitole que ce char s'arrêta, et dans ce moment tous les amis de Corinne se précipitèrent pour lui offrir la main. Elle choisit celle du prince Castel Forte, le grand seigneur romain le plus estimé par son esprit et son caractère; chacun approuva le choix de Corinne: elle monta cet escalier du Capitole, dont l'imposante majesté semblait accueillir avec bienveillance les pas légers d'une femme. La musique se fit entendre avec un nouvel éclat au moment de l'arrivée de Corinne, le canon retentit, et la Sibylle triomphante entra dans le palais préparé pour la recevoir.

Au fond de la salle où elle fut reçue, étaient placés le sénateur qui devait la couronner et les conservateurs du sénat: d'un côté tous les cardinaux et les femmes

9. Épithète donnée à Staël elle-même pendant sa jeunesse (voir l'introduction).

les plus distinguées du pays, de l'autre les hommes de lettres de l'académie de Rome; à l'extrémité opposée, la salle était occupée par une partie de la foule immense qui avait suivi Corinne. La chaise destinée pour elle était sur un gradin inférieur à celui du sénateur. Corinne, avant de s'y placer, devait, selon l'usage, en présence de cette auguste assemblée, mettre un genou en terre sur le premier degré. Elle le fit avec tant de noblesse et de modestie, de douceur et de dignité, que lord Nelvil sentit en ce moment ses yeux mouillés de larmes; il s'étonna lui-même de son attendrissement: mais au milieu de tout cet éclat, de tous ces succès, il lui semblait que Corinne avait imploré, par ses regards, la protection d'un ami, protection dont jamais une femme, quelque supérieure qu'elle soit, ne peut se passer; et il pensait en lui-même qu'il serait doux d'être l'appui de celle à qui sa sensibilité seule rendrait cet appui nécessaire.

Dès que Corinne fut assise, les poètes romains commencèrent à lire les sonnets et les odes qu'ils avaient composés pour elle. Tous l'exaltaient jusques aux cieux; mais ils donnaient des louanges qui ne la caractérisaient pas plus qu'une autre femme d'un génie supérieur. C'était une agréable réunion d'images et d'allusions à la mythologie, qu'on aurait pu, depuis Sapho[10] jusqu'à nos jours, adresser de siècle en siècle à toutes les femmes que leurs talents littéraires ont illustrées. Déjà lord Nelvil souffrait de cette manière de louer Corinne; il lui semblait déjà qu'en la regardant il aurait fait à l'instant même un portrait d'elle plus vrai, plus juste, plus détaillé, un portrait enfin qui ne pût convenir qu'à Corinne[11].

10. Donnant son nom à un poème de jeunesse et à une tragédie tardive (1811), la figure de Sapho hante toute l'œuvre de Staël. Le sort de la poète grecque y résume la vision staëlienne du conflit qui oppose l'amour à la gloire et la femme exceptionnelle à la société. Sapho, femme de génie, est abandonnée par un homme moins doué qui lui préfère une femme sans talent. Femme de génie et femme abandonnée, la destinée de Corinne-Staël-Sapho se joue entre ces deux images.

11. Ils tomberont amoureux et Corinne initiera Oswald aux beautés de l'Italie. Rentré en Angleterre, Oswald apprendra que son père mort avait songé à le marier à Corinne, mais, craignant ses talents peu féminins, son indépendance, sa mentalité étrangère—anglaise par son père, Corinne est italienne par sa mère, et l'Italie exalte l'art, la créativité, la liberté—il lui avait préféré sa demi-sœur Lucile, entièrement anglaise et dotée des vertus de sa nation: le respect du devoir et de l'opinion publique. Par culpabilité, par lâcheté face aux conventions, et par fidélité posthume aux volontés paternelles, Oswald épousera Lucile. Le chagrin de Corinne fera flétrir ses talents et elle mourra, non sans avoir transmis les secrets de son art à Juliette, fille d'Oswald et de Lucile. Le destin de l'héroïne est déjà inscrit dans sa première rencontre avec Oswald: elle se retourne pour le regarder et ce mouvement fait tomber sa couronne.

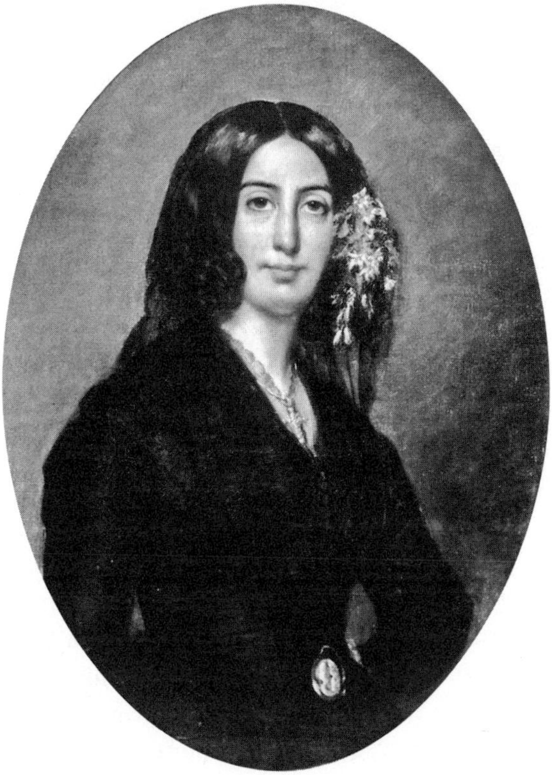

George Sand

(1804–1876)

La légende de George Sand tient en deux images: celle d'une jeune femme scandaleusement indépendante qui vivait de sa plume, s'habillait en homme, fumait le cigare et la pipe, s'affublait d'un nom masculin et affichait sans vergogne ses liaisons adultères (Musset, Chopin...); celle d'une femme âgée, «la bonne dame de Nohant», châtelaine généreuse convertie à l'amour de l'humanité, auteur idéaliste de romans champêtres à l'usage de jeunes lecteurs. Deux images caricaturales qui occultent ou tout simplement amenuisent son

---

Portrait de George Sand par Auguste Charpentier
(© Photothèque des musées de la ville de Paris/Cliché: ANDREANI)

œuvre immense—plus de cent cinquante volumes dont plus de soixante romans, plus de vingt-cinq pièces de théâtre, vingt-six contes et nouvelles, une correspondance de plus de 16 000 lettres, une autobiographie de près de 1 700 pages, des récits de voyage, sans compter des préfaces nombreuses et des essais sur la politique, la littérature, l'art et la musique—œuvre qui fut saluée par ses contemporains en France et à l'étranger (Balzac, Flaubert, Sainte-Beuve, Hugo, Renan, Dostoïevski, Tourgueniev, Elizabeth Barrett Browning, George Eliot, les sœurs Brontë, Margaret Fuller, Walt Whitman) comme l'une des plus grandes du XIXe siècle.

En dépit des lois et de l'opinion qui entravaient la liberté des femmes, George Sand réussit à s'imposer à son époque, même si sa notoriété lui attira la haine de certains lecteurs. Baudelaire la qualifia de «stupide créature» et de «latrine». Nietzsche, exaspéré par sa facilité et son énorme productivité, l'appela une «vache à écrire». Ses romans furent réduits à des autobiographies transposées, son écriture et ses idées mises sur le compte des influences masculines. «Cherchez le style, vous trouverez l'homme», tranchait Barbey d'Aurevilly, la traitant de «pseudo-génie». Son talent fut assimilé à sa «féminité» et son œuvre à sa vie, ce qui revenait à dire qu'elle écrivait sans art. Ainsi commença un travail de sape qui aboutit à l'oubli presque total de son œuvre, en dehors des romans champêtres qui, eux, furent retenus parmi les textes canoniques du XIXe siècle, mais dévalorisés et marginalisés étant classés dans les romans idéalistes, donc «féminins», face au roman réaliste, genre «masculin» dominant. Aujourd'hui sont en cours une réhabilitation de George Sand et une révision de son image dans la tradition littéraire: c'est la grande autobiographe, la romancière novatrice dont l'œuvre monumentale d'une prodigieuse variété mérite de figurer à côté de celle de Balzac, et surtout la grande écrivaine féministe qu'on prise. On redécouvre la George Sand des débuts, celle des romans *Indiana* (1832), *Valentine* (1832), *Lélia* (1833), celle qui fit explosion sur la scène littéraire, qui choqua par son réquisitoire contre l'institution du mariage et la condition féminine, par sa revendication du droit au plaisir sexuel pour la femme, celle qui connut d'immenses succès de librairie et l'admiration des grands écrivains de son temps. La nouvelle *Lavinia* (1833) nous la fait découvrir à cette époque où elle est en train de devenir «George Sand», c'est-à-dire d'assumer son identité d'écrivain(e).

George(s)/écrivain(e): dans ce flottement entre féminin et masculin se désigne une écriture à deux voix et à deux sexes, une écriture qui se place dans les courants masculins dominants, les grands mouvements romantiques et réalistes de son siècle, mais qui dit aussi sa différence, décelant son appartenance à une longue tradition littéraire féminine. Car George Sand s'inscrit dans la lignée de Scudéry par sa critique du mariage, de Lafayette par son idéal de l'amour et le motif de la retraite hors de l'espace patriarcal, des grandes romancières du XVIIIe siècle par ses thèmes féministes et son emploi de la forme épistolaire, de Germaine de Staël par sa peinture romantique d'héroïnes supérieures qui se heurtent aux préjugés sociaux et à des amants médiocres. Et elle s'inscrit également dans un grand mouvement contemporain d'écriture de femmes, lui-même faisant partie d'un mouvement collectif d'émancipation féminine dont témoignent des courants politiques comme le saint-simonisme et la naissance d'un mouvement féministe. Ce mouvement littéraire produisit pendant les années 1830 une véritable armée de romancières issues de toutes les classes qui bouleversèrent la thématique des romans de femmes en remplaçant le drame intime du conflit entre la passion et la vertu par une dénonciation explicite de la condition de la femme dans la société et par la quête de nouvelles identités féminines.

Amantine-Aurore-Lucile Dupin naît à Paris en 1804, fille d'un aristocrate, Maurice Dupin de Francueil, descendant de Maurice de Saxe (héros militaire et fils naturel du roi de Pologne), et d'une femme du peuple, Antoinette-Sophie-Victoire Delaborde, fille d'un marchand d'oiseaux parisien. Elle perd son père à l'âge de quatre ans et est élevée alors par sa grand-mère paternelle à Nohant en Berry, sa mère l'ayant quittée sur les instances de sa grand-mère pour vivre à Paris. Attisée par la différence de classes, la rivalité entre ses «deux mères» toutes deux «avides de [s]on affection» (*Histoire de ma vie,* 1854–55) la déchire et l'éloignement progressif de sa mère la fait souffrir. Fille mal aimée, elle cherchera toujours à se rapprocher de cette «grande artiste manquée» (*Histoire de ma vie*), tour à tour tendre et cruelle: «Ô ma mère, que vous ai-je fait?» écrira-t-elle encore en 1827, «pourquoi ne m'aimez-vous pas?» (*Voyage en Auvergne*). Aurore reçoit des leçons particulières du vieux précepteur de son père, puis, de 1818 à 1820, elle poursuit ses études et apprend les belles manières au couvent des Anglaises à Paris. Des lectures «sans ordre et sans méthode» (*Histoire de ma vie*) dans la bibliothèque familiale de Nohant (Rousseau, Byron, Chateaubriand, Le Tasse, Leibniz, Shakespeare, philosophes, poètes et moralistes) et des conversations avec sa grand-mère complètent son éducation.

En 1822, un an après la mort de celle-ci, pour échapper à la tutelle d'une mère presque folle de rancune contre sa belle-famille, soupçonneuse devant «l'originalité» et «la belle éducation» de sa fille (*Histoire de ma vie*), Aurore épouse le lieutenant Casimir Dudevant, dont elle aura un fils, Maurice, qui sera le grand amour de sa vie. Dudevant est un homme prosaïque et inculte, incapable de partager les intérêts de sa femme. Buveur, chasseur, débauché, il va dilapider les biens de sa famille. Une liaison platonique avec l'élégant avocat Aurélien de Sèze en 1825 permettra à Aurore de mesurer l'abîme entre elle et son époux; une autre non platonique avec Ajasson de Grandsagne, sans doute le père de sa fille, Solange, sera le début de la libération. Le couple se séparera définitivement au bout de treize ans de mariage et un procès retentissant.

En 1831, Aurore Dudevant s'installe à Paris pour y assurer son indépendance et subvenir aux besoins de ses enfants en travaillant. Maîtresse et collaboratrice d'un jeune écrivain Jules Sandeau qui l'introduit dans le monde littéraire parisien, elle écrit des articles de journal et publie avec lui un roman, *Rose et Blanche* (1831), signé Jules Sand. C'est le début de sa carrière d'écrivaine, de ce métier qui, plus qu'un gagne-pain, devient pour elle une «passion [...] violente, presque indestructible» qui remplit son existence (*Correspondance*). En 1832, paraîtra sous le nom G. Sand, un premier roman écrit seule, *Indiana*, qui rencontrera un succès immédiat et lui apportera les ressources nécessaires à son indépendance. La même année elle publie sous le même pseudonyme le roman *Valentine*, puis une nouvelle signée Georges Sand. Enfin, en 1833, avec la publication de *Lélia*, elle adoptera définitivement l'orthographe *George Sand*. Après les attaques violentes de la critique contre la prétendue immoralité de l'auteur de *Lélia*, maintenir ce pseudonyme deviendra pour Sand le gage de sa fidélité à elle-même. Surtout, ce nom ambigu à l'orthographe étrange, curieusement androgyne—ce qui permet d'échapper au ghetto de la *femme auteur* sans tout à fait renoncer à son identité de femme—signifie pour elle sa parfaite autonomie, sa création, par le travail de l'écriture et en dehors de toute détermination sociale ou sexuelle, à la fois de son identité et de son œuvre: «On m'a baptisée, obscure et insouciante, entre le manuscrit d'*Indiana*, qui était alors tout mon avenir, et un billet de mille francs qui était alors toute ma fortune. Ce fut un contrat, un nouveau mariage entre le pauvre apprenti poète que j'étais et l'humble muse qui m'avait consolée dans mes peines. [...] [Le nom] qu'on m'a donné, je l'ai fait moi-même et moi seule, après coup par mon labeur» (*Histoire de ma vie*). De même que ses habits masculins, ce nom symbolise en fin de compte l'appropriation transgressive de la liberté et des prérogatives des hommes.

Si les premières œuvres de George Sand, *Indiana*, *Valentine*, *Lélia*, ainsi que *Lavinia* et d'autres nouvelles, firent scandale, c'est, rappelons-le, qu'elles s'en prennent à l'institution du mariage, la base même de ce système d'échange des femmes entre hommes qui entretient l'ordre patriarcal. Sand dépeint le mariage comme un rapport de maître et d'esclave, comme une «prostitution jurée» (*La*

Comtesse de Rudolstadt, 1843–44) régie par des lois injustes et barbares—le Code Napoléon est toujours en vigueur et le divorce est interdit depuis 1816—et soutenue par l'opinion. Dans sa préface à l'édition de 1832, elle présente Indiana comme «un type; c'est la femme, l'être faible chargé de représenter *les passions* comprimées, ou si vous l'aimez mieux, supprimées par les *lois;* c'est la volonté aux prises avec la nécessité; c'est l'amour heurtant son front aveugle à tous les obstacles de la civilisation». Les passions supprimées par les lois et les obstacles sociaux, voilà qui explique la frigidité de l'héroïne dans *Lélia,* voilà qui éclaire l'attitude de Lavinia devant l'amour. Les héroïnes souffrent d'une version féminine du *mal du siècle,* cette maladie née de la recherche d'un absolu inaccessible, du besoin insatisfait de l'infini, qui tourmenta d'abord les héros romantiques de François-René de Chateaubriand (*René,* 1802) et d'Étienne Pivert de Senancour (*Oberman,* 1804). Ainsi se fondent dans ces premières œuvres sandiennes une peinture romantique de l'héroïne et une peinture réaliste, pour la plupart désespérée, des circonstances sociales. Mais parfois l'esprit de révolte chez la femme dépasse l'amertume impuissante pour déboucher sur un engagement en faveur d'améliorations sociales; alors on entrevoit le socialisme humanitaire qui sera l'orientation future de la romancière. Tel est le cas d'Indiana: la protestation individuelle de cette belle créole devant la brutalité impérieuse de son vieux mari («Je sais que je suis l'esclave et vous le seigneur. La loi de ce pays vous a fait mon maître. Vous pouvez lier mon corps, garrotter mes mains, gouverner mes actions. Vous avez le droit du plus fort et la société vous le confirme; mais sur ma volonté, monsieur, vous ne pouvez rien, Dieu seul peut la courber et la réduire») se transforme, après la mort du mari et une tentative de suicide ratée, en action collective. Elle se retire dans les bois sauvages de l'île Bourbon avec son fidèle cousin pour se consacrer à un idéal d'amour humanitaire, la délivrance de vieux esclaves infirmes.

Malgré sa critique du mariage et sa dénonciation de l'inégalité sexuelle dans toutes les classes et tous les milieux—ses héroïnes sont des aristocrates, des paysannes, des artistes, des ouvrières—et malgré son plaidoyer inlassable en faveur d'une réforme de l'éducation des femmes, le féminisme de George Sand est pour le moins ambigu. Elle ne croit pas au droit de vote pour les femmes tant que leur éducation reste aussi futile, ni à leur participation à la politique tant que la loi les maintient sous la tutelle de leur mari («vous prétendez représenter quelque chose, quand vous n'êtes pas seulement la représentation de vous-même?» 1848, lettre au comité de la gauche qui l'avait inscrite sans son aveu sur la liste des candidats). Elle se dit championne de son sexe, mais garde ses distances vis-à-vis des militantes, récusant leur apologie de la promiscuité et proclamant la sainteté du mariage pourvu que l'union soit égalitaire et consentie. Et si elle croit à l'égalité sexuelle, elle croit en même temps qu'il faut cultiver ces différences qui correspondent aux qualités stéréotypées de chaque sexe: pour les femmes, douceur, compassion, consolation (*Consuelo,* 1842–43), abnégation. Dans son rêve du couple idéal, «les âmes se cherchent dans une sorte d'alliance intellectuelle et morale où chaque sexe apporte ce qui est le complément de l'autre» (*Histoire de ma vie*).

Jamais elle ne cessa de rechercher pour elle-même l'autre moitié de ce couple idéal; sans jamais l'interrompre, ses passions successives alimenteront son travail. Dans *Lettres d'un voyageur* (1837) et *Elle et lui* (1859), elle raconte sa liaison orageuse et son voyage à Venise avec le poète et dramaturge Alfred de Musset, histoire qui fut un des événements du romantisme. Également célèbre, sa liaison avec Frédéric Chopin avec qui elle partagea sa vie pendant plus de huit ans, inspira le récit de voyage *Un hiver à Majorque* (1842) et sans doute le roman *Lucrezia Floriani* (1847).

Entre Musset et Chopin, il y eut Michel de Bourges, plus tard Pierre Leroux, deux théoriciens du socialisme qui, avec son ami l'abbé Félicité de Lamennais, l'aideront à cristalliser sa vision sociale. Elle devint en effet l'une des grandes voix du socialisme du XIXe siècle, vouant sa vie et son art à la cause non seulement des femmes mais de tous les opprimés, proclamant l'affranchissement des pauvres et l'égalité des classes. Son socialisme humanitaire s'exprime dans des romans utopiques tels que *Le Compagnon du tour de France* (1840) ainsi que *Consuelo* et sa suite, *La Comtesse de Rudolstadt,* deux romans qui brassent toute l'Europe du XVIIIe siècle mêlant au récit de l'aventure initiatique d'une cantatrice de génie, Consuelo, incarnation du mythe sandien de la femme, musique, occultisme, mysticisme socio-spiritualiste. Espérant qu'elle instaurerait la république idéale, Sand prit une part active, bien qu'en coulisse, à la Révolution de 1848, en tant que propagandiste du gouvernement provisoire et journaliste politique dans *Le Bulletin de la République, La Cause du peuple, L'Éclaireur.* Désillusionnée par la répression sanglante des insurrections populaires («Je ne crois plus à l'existence d'une république qui commence par tuer ses prolétaires», mai 1848), elle cessa ces activités et retourna à Nohant où elle s'était fixée en 1839.

Là, elle poursuivit son idéal humanitaire en s'intéressant aux paysans de sa région du Berry et en les dépeignant sous une forme idéalisée dans une série de *romans champêtres,* dont les plus célèbres sont *La Mare au diable* (1846), *La*

Petite Fadette (1849), *François le Champi* (1850) et *Les Maîtres sonneurs* (1853). Ces œuvres remarquablement poétiques, d'une grande recherche stylistique et narrative, inaugurent un nouveau genre littéraire, le roman régionaliste. Voulant conserver des coutumes et des dialectes menacés de disparition dans le grand mouvement du siècle vers la centralisation, George Sand fait pénétrer dans le roman la réalité, les histoires, et la langue paysannes. Comme Marie de France et les auteurs de contes de fées aux XVIIe et XVIIIe siècles, c'est toute une tradition populaire orale qu'elle fait entrer ainsi dans la grande littérature.

Après avoir rédigé *Histoire de ma vie*, une des plus grandes autobiographies de son siècle, George Sand continua de faire preuve de son énorme vitalité et de son extraordinaire capacité de renouveler son art, publiant régulièrement jusqu'à sa mort en 1876 deux titres par an, dont *Laura, Voyage dans le cristal* (1865), roman fantastique dans la même veine que le *Voyage au centre de la terre* de Jules Verne, et *Contes d'une grand-mère* (1873). Elle laissa aussi des *Impressions et souvenirs* (1871–76), un *Journal intime* (1926) et une remarquable correspondance littéraire avec le romancier Gustave Flaubert (1904). Elle eut encore des amants—le graveur Manceau, le peintre Marchal—au cours d'une vieillesse épanouie qu'elle compara à un jardin et qu'elle salua comme une «seconde jeunesse» de l'artiste.

C'est la «première jeunesse» de l'artiste que *Lavinia* donne à connaître. Lavinia ou le portrait de l'héroïne en femme écrivain: à travers l'histoire de l'héroïne, c'est en effet la venue à l'écriture de George Sand et son rapport critique à la tradition littéraire que la nouvelle retrace. La juive portugaise Lavinia, comme la femme qui écrit, est en marge; elle est autre, «différente» par rapport au convenu. Lavinia en vient à maîtriser la langue dominante, l'anglais et le français, à s'y affirmer pour rester «invulnérable» à l'égale de ses amants, mais elle préserve dans sa parole cette différence qui en fin de compte fait son prix: «elle n'avait conservé de l'accent étranger et des mauvaises locutions dont jadis Lionel l'avait impitoyablement raillée que ce qu'il fallait pour donner à sa phrase et à sa prononciation une originalité élégante et gracieuse.» De même, si ses brefs billets du début semblent reproduire tout à fait l'intrigue d'une «vieille histoire» d'amour, le scénario prévu de la fin d'une liaison—la femme séduite et abandonnée redemande ses lettres et son portrait à l'ancien amant sur le point d'assurer sa situation sociale en faisant un mariage brillant—la longue lettre finale, qui ne reproduit aucun des dénouements anticipés par la tradition dominante du roman, et particulièrement du roman par lettres, signale en revanche le passage à une écriture originale qui dit sa différence et le refus de l'héroïne-écrivaine de se laisser enfermer dans une intrigue inventée par les hommes. «*Ni l'un ni l'autre*», écrit Lavinia: c'est le refus de tout, de la société avec son marché matrimonial où les femmes circulent comme des marchandises, et, au niveau du récit, de la littérature dominante avec ses intrigues patriarcales qui ne décrètent pour la femme que le mariage ou la mort. Car, comme son héroïne, George Sand maîtrise la langue littéraire dominante, signant ses œuvres d'un nom apparemment masculin et revendiquant son égalité avec les hommes auteurs, mais elle manifeste sa différence en refusant de perpétuer leurs intrigues. Dans son rapport à la littérature, l'écrivain(e) est toujours un être sexué; Sand le rappelle encore à ses critiques dans la préface à l'édition de 1861 des *Nouvelles*. Ainsi, en ce dénouement féminin «invraisemblable» de *Lavinia*, on peut lire un nouvel avatar de cette tradition romanesque du refus où, de Scudéry et Lafayette à Graffigny (*Lettres d'une Péruvienne*, 1747) et Riccoboni (*Lettres de Mistriss Fanni Butlerd*, 1757), se proclame la singularité des femmes.

Face à la dégradation du sentiment en société, face aux hommes du monde vaniteux et superficiels, face à la reproduction littéraire de vieilles histoires et de vieux rôles sexuels, Lavinia-Sand affirme son utopie: un idéal d'amour absolu et une esthétique autre que le réalisme, une esthétique idéaliste, féminine-romantique, mise en évidence dans les descriptions du paysage des Pyrénées, de la beauté «problématique» de Lavinia et surtout de la maison «un peu isolée des autres», plus près de la nature que de la société, que l'héroïne a louée et décorée, et qui figure pour son ancien amant son «esprit romanesque et un peu bizarre». C'est «la chambre à soi» (V. Woolf) de Lavinia, espace utopique, presque pastoral, à la limite du patriarcat, lieu provisoire d'une production esthétique féminine échappant à toute prise: décoration et enfin écriture.

Lavinia

NOUVELLES

Préface à la première édition

C'est la première fois que l'on réunit en volume ces nouvelles écrites en différents pays et à différentes époques[1]. Si quelques-unes sont des fantaisies du moment, d'autres, *Metella* et *Pauline* par exemple, sont des études un peu

1. *Lavinia* est publiée en 1861 avec quatre autres nouvelles des années 1830, *La Marquise*, *Metella*, *Mattea* et *Pauline*.

plus approfondies et mieux faites pour résister aux changements de mode ou d'opportunité dans la forme et la donnée. À ce propos, l'auteur veut, non pas se défendre, mais s'expliquer vis-à-vis de ceux qui lui reprochent encore quelquefois de placer systématiquement la femme au premier plan de ses compositions, et de lui attribuer le meilleur rôle. Il a peut-être le droit de trouver la remarque un peu vieillie à l'heure qu'il est, car il croit avoir apporté, sous ce rapport, plus d'équilibre dans un certain nombre de ses romans. Si on n'en trouve pas encore assez, il répondra simplement ceci: «Donnez-moi le temps.» Mais la réponse demande encore une courte explication.

Il n'y a jamais eu de système chez l'auteur de ces nouvelles, à propos de la priorité d'un sexe sur l'autre. Il a toujours cru à une parfaite égalité naturelle que n'altère en rien la diversité des fonctions, puisque chaque sexe a sa supériorité marquée par la Providence dans l'exercice de la fonction que la nature lui attribue. Mais, sans revenir à des considérations philosophiques trop élémentaires pour être discutables, l'auteur de *Pauline*, de *Metella* et de beaucoup d'autres fictions du même genre peut appeler l'attention du critique et du lecteur sur une circonstance dont il faut tenir compte.

Il est très difficile à une femme de bien comprendre, de bien définir et de bien dépeindre, un homme d'un mérite complet, et surtout de l'*employer* comme personnage actif et principal dans un roman. Pour qu'un écrivain-femme connaisse bien la cause et le jeu des forces morales de l'homme, il faut qu'avec le temps, l'observation et quelques études injustement réputées inutiles à son sexe et à son état, il devienne, non pas homme lui-même, ce qui lui serait impossible, mais un peu moins enfant que ne l'a laissé son éducation première. Il pourra comprendre alors l'importance de certaines préoccupations intellectuelles qui lui étaient étrangères, et ne pas restreindre le rôle masculin à ses rapports avec l'amour ou la famille. Si, de préférence, cet écrivain-femme étudie les passions qui sont le principal ressort du roman moderne, il pourra, du moins, indiquer par quelles applications de sagesse, de courage et de haute raison, un homme de cœur et de savoir peut corriger la fatalité des circonstances et les défaillances mêmes de l'esprit ou de l'âme chez lui et chez les autres.

Bien plus facile est la tâche de ce même écrivain quand il réserve toutes les couleurs de son pinceau pour le type femme. Celui-ci, il le connaît en lui et hors de lui, parce que l'ordre des sentiments et des idées du sexe dont il fait partie rentre dans le point de vue que son œil peut mesurer et embrasser. Pour être juste, disons que les écrivains-hommes éprouvent aussi de grandes difficultés lorsqu'il s'agit pour eux de pénétrer délicatement et impartialement dans le

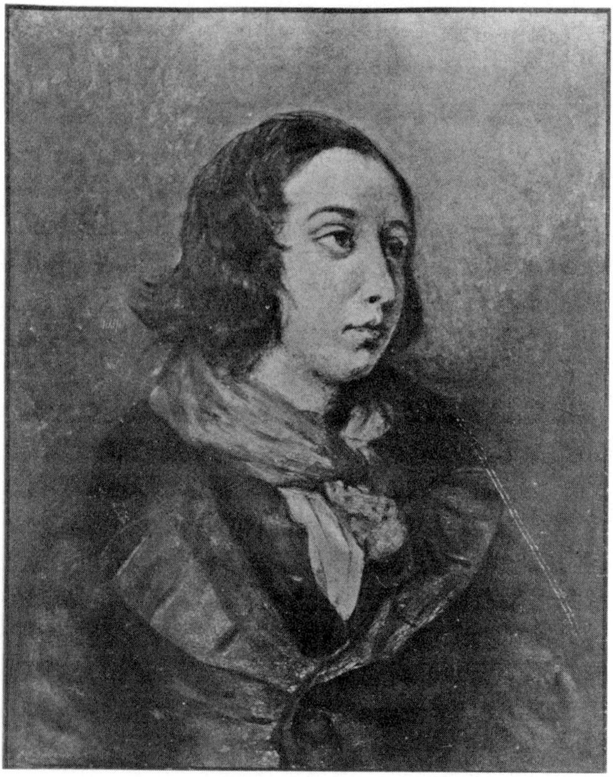

George Sand en 1834, reprod. d'après Delacroix
(Bibliothèque nationale de France)

cœur et dans le cerveau de la femme. Généralement ils la font trop laide ou trop belle, trop faible ou trop forte, et ceux qui ont surmonté les aspérités de ce travail de divination savent que ce n'a pas été peu de chose. Mais disons aussi que, par son éducation plus complète et son raisonnement plus exercé, l'homme peut plus aisément peindre la femme, que la femme ne peut peindre l'homme.

Les nouvelles qu'on va lire appartiennent presque toutes à la jeunesse de l'auteur, et on est toujours indulgent pour la jeunesse. On sent qu'il serait injuste de conclure dogmatiquement contre ce qui est spontané, par conséquent naïf.

GEORGE SAND

Nohant, janvier 1861

Lavinia[2]

BILLET.

«Puisque vous allez vous marier, Lionel, ne serait-il pas convenable de nous rendre mutuellement nos lettres et nos portraits? Cela est facile, puisque le hasard nous rapproche, et qu'après dix ans écoulés sous des cieux différents, nous voilà aujourd'hui à quelques lieues l'un de l'autre. Vous venez, m'a-t-on dit, quelquefois à Saint-Sauveur; moi, j'y passe huit jours seulement. J'espère donc que vous y serez dans le courant de la semaine avec le paquet que je réclame. J'occupe la maison Estabanette, au bas de la chute d'eau. Vous pourrez y envoyer la personne destinée à ce message; elle vous reportera un paquet semblable, que je tiens tout prêt pour vous être remis en échange.»

RÉPONSE.

«Madame,

«Le paquet que vous m'ordonnez de vous envoyer est ici cacheté, et portant votre suscription. Je dois être reconnaissant sans doute de voir que vous n'avez pas douté qu'il ne fût entre mes mains au jour et au lieu où il vous plaira de le réclamer.

«Mais il faut donc, madame, que j'aille moi-même à Saint-Sauveur le porter, pour le confier ensuite aux mains d'une tierce personne qui vous le remettrait? Puisque vous ne jugez point à propos de m'accorder le bonheur de vous voir, n'est-il pas plus simple que je n'aille pas au lieu que vous habitez m'exposer à l'émotion d'être si près de vous? Ne vaut-il pas mieux que je confie le paquet à un messager dont je suis sûr, pour qu'il le porte de Bagnères à Saint-Sauveur? J'attends vos ordres à cet égard: quels qu'ils soient, madame, je m'y soumettrai aveuglément.»

BILLET.

«Je savais, Lionel, que mes lettres étaient par hasard entre vos mains dans ce moment, parce que Henry, mon cousin, m'a dit vous avoir vu à Bagnères et tenir de vous cette circonstance. Je suis bien aise que Henry, qui est un peu menteur, comme tous les bavards, ne m'ait pas trompée. Je vous ai prié d'apporter

2. Quand elle paraît pour la première fois en mars 1833 dans le premier volume des *Heures du soir, Livre des femmes,* la nouvelle a pour titre *Une vieille histoire* et pour sous-titre *An Old Tale*. Sand l'intitulera *Lavinia, an Old Tale* pour la première édition en volume de 1834, comme dans le recueil *Nouvelles* de 1861.

vous-même le paquet à Saint-Sauveur, parce que de tels messages ne doivent pas être légèrement exposés dans des montagnes infestées de contrebandiers qui pillent tout ce qui leur tombe sous la main. Comme je vous sais homme à défendre vaillamment un dépôt, je ne puis pas être plus tranquille qu'en vous rendant vous-même garant de celui qui m'intéresse. Je ne vous ai point offert d'entrevue, parce que j'ai craint de vous rendre encore plus désagréable la démarche déjà pénible que je vous imposais. Mais, puisque vous semblez attacher à cette entrevue une idée de regret, je vous dois et je vous accorde de tout mon cœur ce faible dédommagement. En ce cas, comme je ne veux pas vous faire sacrifier un temps précieux à m'attendre, je vais vous fixer le jour, afin que vous ne me trouviez point absente. Soyez donc à Saint-Sauveur le 15, à neuf heures du soir. Vous irez m'attendre chez moi, et vous me ferez avertir par ma négresse. Je rentrerai aussitôt. Le paquet sera prêt... Adieu!»

Sir Lionel fut désagréablement frappé de l'arrivée du second billet. Elle le surprit au milieu d'un projet de voyage à Luchon, pendant lequel la belle miss Ellis, sa prétendue, comptait bien sur son escorte. Le voyage devait être charmant. Aux eaux, les parties de plaisir réussissent presque toujours, parce qu'elles se succèdent si rapidement, qu'on n'a pas le temps de les préparer; parce que la vie marche brusque, vive et inattendue; parce que l'arrivée continuelle de nouveaux compagnons donne un caractère d'improvisation aux plus menus détails d'une fête.

Sir Lionel s'amusait donc aux eaux des Pyrénées, autant qu'il est séant à un bon Anglais de s'amuser. Il était, en outre, passablement amoureux de la riche stature et de la confortable dot de miss Ellis; et sa désertion, au moment d'une *cavalcade* si importante (mademoiselle Ellis avait fait venir de Tarbes un fort beau navarin gris pommelé, qu'elle se promettait de faire briller en tête de la caravane), pouvait devenir funeste à ses projets de mariage. Cependant la position de sir Lionel était embarrassante; il était homme d'honneur, et des plus délicats. Il alla trouver son ami sir Henry pour lui faire part de ce cas de conscience.

Mais, pour forcer le jovial Henry à lui accorder une attention sérieuse, il commença par le quereller.

—Étourdi et bavard que vous êtes! s'écria-t-il en entrant; c'était bien la peine d'aller dire à votre cousine que ses lettres étaient entre mes mains! Vous n'avez jamais été capable de retenir sur vos lèvres une parole dangereuse. Vous êtes un ruisseau qui répand à mesure qu'il reçoit; un de ces vases ouverts qui ornent les statues des naïades et des fleuves: le flot qui les traverse ne prend pas même le temps de s'y arrêter...

—Fort bien, Lionel! s'écria le jeune homme; j'aime à vous voir dans un accès de colère: cela vous rend poétique. Dans ces moments-là, vous êtes vous-même un ruisseau, un fleuve de métaphores, un torrent d'éloquence, un réservoir d'allégories...

—Ah! il s'agit bien de rire! s'écria Lionel en colère; nous n'allons plus à Luchon.

—Nous n'y allons plus! Qui a dit cela?

—Nous n'y allons plus, vous et moi; c'est moi qui vous le dis.

—Parlez pour vous tant qu'il vous plaira; pour moi, je suis bien votre serviteur.

—Moi, je n'y vais pas, et, par conséquent, ni vous non plus. Henry, vous avez fait une faute, il faut que vous la répariez. Vous m'avez suscité une horrible contrariété; votre conscience vous ordonne de m'aider à la supporter. Vous dînez avec moi à Saint-Sauveur.

—Que le diable m'emporte si je le fais! s'écria Henry; je suis amoureux fou depuis hier au soir de la petite Bordelaise dont je me suis tant moqué hier au matin. Je veux aller à Luchon, car elle y va: elle montera mon yorkshire, et elle fera crever de jalousie votre grande aquilaine Margaret Ellis.

—Écoutez, Henry, dit Lionel d'un air grave; vous êtes mon ami?

—Sans doute; c'est connu. Il est inutile de nous attendrir sur l'amitié dans ce moment-ci. Je prévois que ce début solennel tend à m'imposer...

—Écoutez-moi, vous dis-je, Henry; vous êtes mon ami; vous vous applaudissez des événements heureux de ma vie, et vous ne vous pardonneriez pas légèrement, je suppose, de m'avoir causé un préjudice, un malheur véritable?

—Non, sur mon honneur! Mais de quoi est-il question?

—Eh bien, Henry, vous faites manquer peut-être mon mariage.

—Allons donc! quelle folie! parce que j'ai dit à ma cousine que vous aviez ses lettres, et qu'elle vous les réclame! Quelle influence lady Lavinia peut-elle exercer sur votre vie, après dix ans d'oubli réciproque? Avez-vous la fatuité de croire qu'elle ne soit pas consolée de votre infidélité? Allons donc, Lionel! c'est par trop de remords! le mal n'est pas si grand! il n'a pas été sans remède, croyez-moi bien...

En parlant ainsi, Henry portait nonchalamment la main à sa cravate et jetait un coup d'œil au miroir; deux actes qui, dans le langage consacré de la pantomime, sont faciles à interpréter.

Cette leçon de modestie, dans la bouche d'un homme plus fat que lui, irrita sir Lionel.

—Je ne me permettrai aucune réflexion sur le compte de lady Lavinia, répondit-il en tâchant de concentrer son amertume. Jamais un sentiment de vanité blessée ne me fera essayer de noircir la réputation d'une femme, n'eussé-je jamais eu d'amour pour elle.

—C'est absolument le cas où je suis, reprit étourdiment sir Henry: je ne l'ai jamais aimée, et je n'ai jamais été jaloux de ceux qu'elle a pu mieux traiter que moi; je n'ai, d'ailleurs, rien à dire de la vertu de ma glorieuse cousine Lavinia; je n'ai jamais essayé sérieusement de l'ébranler.

—Vous lui avez fait cette grâce, Henry? Elle doit vous en être bien reconnaissante!

—Ah çà! Lionel, de quoi parlons-nous, et qu'êtes-vous venu me dire? Vous sembliez hier fort peu religieux envers le souvenir de vos premières amours; vous étiez absolument prosterné devant la radieuse Ellis. Aujourd'hui, où en êtes-vous, s'il vous plaît? Vous semblez n'entendre pas raison sur le chapitre du passé, et puis vous parlez d'aller à Saint-Sauveur au lieu d'aller à Luchon! Voyons, qui aimez-vous ici? qui épousez-vous?

—J'épouse miss Margaret, s'il plaît à Dieu et à vous.

—À moi?

—Oui, vous pouvez me sauver. D'abord, lisez le nouveau billet que m'écrit votre cousine... Est-ce fait? Fort bien. À présent, vous voyez, il faut que je me décide entre Luchon et Saint-Sauveur, entre une femme à conquérir et une femme à consoler.

—Halte-là, impertinent! s'écria Henry; je vous ai dit cent fois que ma cousine était fraîche comme les fleurs, belle comme les anges, vive comme un oiseau, gaie, vermeille, élégante, coquette: si cette femme-là est désolée, je veux bien consentir à gémir toute ma vie sous le poids d'une semblable douleur.

—N'espérez pas me piquer, Henry; je suis heureux d'entendre ce que vous me dites. Mais, en ce cas, pourrez-vous m'expliquer l'étrange fantaisie, qui porte lady Lavinia à m'imposer un rendez-vous?

—Ô stupide compagnon! s'écria Henry; ne voyez-vous pas que c'est votre faute? Lavinia ne désirait pas le moins du monde cette entrevue: j'en suis bien sûr, moi; car, lorsque je lui parlai de vous, lorsque je lui demandai si le cœur ne lui battait pas quelquefois, sur le chemin de Saint-Sauveur à Bagnères, à l'approche d'un groupe de cavaliers au nombre desquels vous pouviez être, elle me répondit d'un air nonchalant: «Vraiment! peut-être que mon cœur battrait si je venais à le rencontrer.» Et le dernier mot de sa phrase fut délicieusement modulé par un bâillement. Oui, ne mordez pas votre lèvre, Lionel, un de ces jolis bâillements de femme tout petits, tout frais; si harmonieux, qu'ils semblent polis et caressants, si longs et si traînants, qu'ils expriment la plus profonde apathie et la plus cordiale indifférence. Mais vous, au lieu de profiter de cette bonne disposition, vous ne pouvez pas résister à l'envie de faire des phrases. Fidèle à l'éternel pathos des amants disgraciés, quoique enchanté de l'être, vous semblez pleurer l'impossibilité de la voir, au lieu de lui dire naïvement que vous en étiez le plus reconnaissant du monde...

—De telles impertinences ne peuvent se commettre. Comment aurais-je prévu qu'elle allait prendre au sérieux quelques paroles oiseuses arrachées par la convenance de la situation?

—Oh! je connais Lavinia; c'est une malice de sa façon!

—Éternelle malice de femme! Mais non; Lavinia était la plus douce et la moins railleuse de toutes; je suis sûr qu'elle n'a pas plus envie que moi de cette entrevue. Tenez, mon cher Henry, sauvez-nous tous deux de ce supplice; prenez le paquet, allez à Saint-Sauveur; chargez-vous de tout arranger; faites-lui comprendre que je ne dois pas...

—Quitter miss Ellis à la veille de votre mariage, n'est-ce pas? Voilà une bonne raison à donner à une rivale! Impossible, mon cher; vous avez fait la folie, il faut la boire. Quand on a la sottise de garder dix ans le portrait et les lettres d'une femme, quand on a l'étourderie de s'en vanter à un bavard comme moi, quand on a la rage de faire de l'esprit et du sentiment à froid dans une lettre de rupture, il faut en subir toutes les conséquences. Vous n'avez rien à refuser à lady Lavinia tant que ses lettres seront entre vos mains; et, quel que soit le mode de communication qu'elle vous impose, vous lui êtes soumis tant que vous n'aurez point accompli cette solennelle démarche. Allons, Lionel, faites seller votre poney, et partons, car je vous accompagne. J'ai quelques torts dans tout ceci, et vous voyez que je ne ris plus quand il s'agit de les réparer. Partons!

Lionel avait espéré que Henry trouverait un autre moyen de le tirer d'embarras. Il restait consterné, immobile, enchaîné à sa place par un sentiment secret de résistance involontaire aux arrêts de la nécessité. Cependant il finit par se lever, triste, résigné et les bras croisés sur sa poitrine. Sir Lionel était, en fait d'amour, un héros accompli. Si son cœur avait été parjure à plus d'une passion, jamais sa conduite extérieure ne s'était écartée du code des *procédés,* jamais aucune femme n'avait eu à lui reprocher une démarche contraire à cette condescendance délicate et généreuse qui est le meilleur signe d'abandon que puisse donner un homme bien élevé à une femme irritée. C'est avec la conscience d'une exacte fidélité à ces règles que le beau sir Lionel se pardonnait les douleurs attachées à ses triomphes.

—Voici un moyen! s'écria enfin Henry en se levant à son tour. C'est la coterie de nos belles compatriotes qui décide tout ici. Miss Ellis et sa sœur Anna sont les pouvoirs les plus éminents du conseil d'amazones. Il faut obtenir de Margaret que ce voyage, fixé à demain, soit retardé d'un jour. Un jour ici, c'est beaucoup, je le sais; mais enfin il faut l'obtenir, prétexter un empêchement sérieux, et partir dès cette nuit pour Saint-Sauveur. Nous y arriverons dans l'après-midi; nous nous reposerons jusqu'au soir; à neuf heures, pendant le rendez-vous, je ferai seller nos chevaux, et, à dix heures (j'imagine qu'il ne faut pas plus d'une heure pour échanger deux paquets de lettres), nous remontons à cheval, nous courons toute la nuit, nous arrivons ici avec le soleil levant, nous trouvons la belle Margaret piaffant sur sa noble monture, ma jolie petite madame Bernos caracolant sur mon yorkshire; nous changeons de bottes et de chevaux, et, couverts de poussière, exténués de fatigue, dévorés d'amour, pâles, intéressants, nous suivons nos dulcinées par monts et par vaux. Si l'on ne récompense pas tant de zèle, il faut pendre toutes les femmes pour l'exemple. Allons, es-tu prêt?

Pénétré de reconnaissance, Lionel se jeta dans les bras de Henry. Au bout d'une heure, celui-ci revint.

—Partons, lui dit-il, tout est arrangé; on retarde le départ pour Luchon jusqu'au 16; mais ce n'a pas été sans peine. Miss Ellis avait des soupçons. Elle sait que ma cousine est à Saint-Sauveur, et elle a une aversion effroyable pour ma cousine, car elle connaît les folies que tu as faites jadis pour elle. Mais, moi, j'ai habilement détourné les soupçons; j'ai dit que tu étais horriblement malade, et que je venais de te forcer à te mettre au lit...

—Allons, juste ciel! une nouvelle folie pour me perdre!

—Non, non, du tout! Dick va mettre un bonnet de nuit à ton traversin; il va le coucher en long dans ton lit, et commander trois pintes de tisane à la servante de la maison. Surtout il va prendre la clef de cette chambre dans sa poche, et s'installer devant la porte avec une figure allongée et des yeux hagards; et puis il lui est enjoint de ne laisser entrer personne et d'assommer quiconque essayerait de forcer la consigne, fût-ce miss Margaret elle-même. Hein! le voici déjà qui bassine ton lit. Fort bien! il a une excellente figure; il veut se donner l'air triste, il a l'air imbécile. Sortons par la porte qui donne dans le ravin. Jack mènera nos chevaux au bout du vallon, comme s'il allait les promener, et nous le rejoindrons au pont de Lonnio. Allons, en route, et que le dieu d'amour nous protège!

Ils parcoururent rapidement la distance qui sépare les deux chaînes de montagne, et ne ralentirent leur course que dans la gorge étroite et sombre qui s'étend de Pierrefitte à Luz. C'est sans contredit une des parties les plus austères et les plus caractérisées des Pyrénées. Tout y prend un aspect formidable. Les monts se resserrent, le Gave[3] s'encaisse et gronde sourdement en passant sous les arcades de rochers et de vigne sauvage; les flancs noirs du rocher se couvrent de plantes grimpantes dont le vert vigoureux passe à des teintes bleues sur les plans éloignés, et à des tons grisâtres vers les sommets. L'eau du torrent en reçoit des reflets tantôt d'un vert limpide, tantôt d'un bleu mat et ardoisé, comme on en voit sur les eaux de la mer.

De grands ponts de marbre d'une seule arche s'élancent d'un flanc à l'autre de la montagne, au-dessus des précipices. Rien n'est si imposant que la structure et la situation de ces ponts jetés dans l'espace, et nageant dans l'air blanc et humide qui semble tomber à regret dans le ravin. La route passe d'un flanc à l'autre de la gorge sept fois dans l'espace de quatre lieues. Lorsque nos deux voyageurs franchirent le septième pont, ils aperçurent au fond de la gorge, qui insensiblement s'élargissait devant eux, la délicieuse vallée de Luz, inondée des feux du soleil levant. La hauteur des montagnes qui bordent la route ne permettait pas encore au rayon matinal d'arriver jusqu'à eux. Le merle d'eau faisait entendre son petit cri plaintif dans les herbes du torrent. L'eau écumante et froide soulevait avec effort les voiles de brouillard étendus sur elle. À peine, vers les hauteurs, quelques lignes de lumière doraient les anfractuosités des rochers et la chevelure pendante des clématites. Mais, au fond de ce sévère paysage, derrière ces grandes masses noires, âpres et revêches comme les sites aimés de Salvator[4], la belle vallée, baignée d'une rosée étincelante, nageait dans la lumière et formait une nappe d'or dans un cadre de marbre noir.

—Que cela est beau! s'écria Henry, et que je vous plains d'être amoureux, Lionel! Vous êtes insensible à toutes ces choses sublimes; vous pensez que le plus beau rayon du soleil ne vaut pas un sourire de miss Margaret Ellis.

—Avouez, Henry, que Margaret est la plus belle personne des trois royaumes.

—Oui, la théorie à la main, c'est une beauté sans défaut. Eh bien, c'est celui

3. Cours d'eau, torrent pyrénéen. La description de ce paysage sauvage et, plus loin, celle du bal de Saint-Sauveur, sont inspirées du souvenir d'un voyage de Sand dans les Pyrénées en 1825 avec son mari (voir *Histoire de ma vie*). Au cours de ce voyage, elle fit la connaissance d'un jeune avocat élégant, romantique et sensible, Aurélien de Sèze, sa première grande passion. En villégiature lui aussi, accompagné de sa fiancée et sa famille, se morfondant à la perspective de son mariage arrangé, il tomba amoureux de la jeune Aurore. Outre le cadre pyrénéen, l'histoire de Lavinia et Lionel présente bien des analogies avec celle d'Aurore et Aurélien.

4. Salvator Rosa (1615–73), peintre italien. Ses paysages orageux et nocturnes le font considérer comme un précurseur des paysagistes romantiques.

que je lui reproche, moi. Je la voudrais moins parfaite, moins majestueuse, moins classique. J'aimerais cent fois mieux ma cousine, si Dieu me donnait à choisir entre elles deux.

—Allons donc, Henry, vous n'y songez pas, dit Lionel en souriant; l'orgueil de la famille vous aveugle. De l'aveu de tout ce qui a deux yeux dans la tête, lady Lavinia est d'une beauté plus que problématique; et, moi qui l'ai connue dans toute la fraîcheur de ses belles années, je puis vous assurer qu'il n'y a jamais eu de parallèle possible...

—D'accord; mais que de grâce et de gentillesse chez Lavinia! des yeux si vifs, une chevelure si belle, des pieds si petits!

Lionel s'amusa pendant quelque temps à combattre l'admiration de Henry pour sa cousine. Mais, tout en mettant du plaisir à vanter la beauté qu'il aimait, un secret sentiment d'amour-propre lui faisait trouver du plaisir encore à entendre réhabiliter celle qu'il avait aimée. Ce fut, au reste, un moment de vanité, rien de plus; car jamais la pauvre Lavinia n'avait régné bien réellement sur ce cœur, que les succès avaient gâté de bonne heure. C'est peut-être un grand malheur pour un homme que de se trouver jeté trop tôt dans une position brillante. L'aveugle prédilection des femmes, la sotte jalousie des vulgaires rivaux, c'en est assez pour fausser un jugement novice et corrompre un esprit sans expérience.

Lionel, pour avoir trop connu le bonheur d'être aimé, avait épuisé en détail la force de son âme; pour avoir essayé trop tôt des passions, il s'était rendu incapable de ressentir jamais une passion profonde. Sous des traits mâles et beaux, sous l'expression d'une physionomie jeune et forte, il cachait un cœur froid et usé comme celui d'un vieillard.

—Voyons, Lionel, dites-moi pourquoi vous n'avez pas épousé Lavinia Buenafé, aujourd'hui lady Blake par votre faute? Car enfin, sans être rigoriste, quoique je sois assez disposé à respecter, parmi les privilèges de notre sexe, le sublime droit du bon plaisir, je ne saurais, quand j'y songe, approuver beaucoup votre conduite. Après lui avoir fait la cour deux ans, après l'avoir compromise autant qu'il est possible de compromettre une jeune miss (ce qui n'est pas chose absolument facile dans la bienheureuse Albion)[5], après lui avoir fait rejeter les plus beaux partis, vous la laissez là pour courir après une cantatrice italienne, qui certes ne méritait pas d'inspirer un pareil forfait. Voyons, Lavinia n'était-elle pas spirituelle et jolie? N'était-elle pas la fille d'un banquier portugais,

5. L'Angleterre (emploi ironique).

juif, à la vérité, mais riche? n'était-ce pas un bon parti? ne vous aimait-elle pas jusqu'à la folie?

—Eh! mon ami, voilà ce dont je me plains: elle m'aimait beaucoup trop pour qu'il me fût possible d'en faire ma femme. De l'avis de tout homme de bon sens, une femme légitime doit être une compagne douce et paisible, Anglaise jusqu'au fond de l'âme, peu susceptible d'amour, incapable de jalousie, aimant le sommeil, et faisant un assez copieux abus de thé noir pour entretenir ses facultés dans une assiette conjugale. Avec cette Portugaise au cœur ardent, à l'humeur active, habituée de bonne heure aux déplacements, aux mœurs libres, aux idées libérales, à toutes les pensées dangereuses qu'une femme ramasse en courant le monde, j'aurais été le plus malheureux des maris, sinon le plus ridicule. Pendant quinze mois, je m'abusai sur le malheur inévitable que cet amour me préparait. J'étais si jeune alors! j'avais vingt-deux ans; souvenez-vous de cela, Henry, et ne me condamnez pas. Enfin, j'ouvris les yeux au moment où j'allais commettre l'insigne folie d'épouser une femme amoureuse folle de moi... Je m'arrêtai au bord du précipice, et je pris la fuite pour ne pas succomber à ma faiblesse.

—Hypocrite! dit Henry. Lavinia m'a raconté bien autrement cette histoire: il paraît que, longtemps avant la cruelle détermination qui vous fit partir pour l'Italie avec la Rosmonda, vous étiez déjà dégoûté de la pauvre juive, et vous lui faisiez cruellement sentir l'ennui qui vous gagnait auprès d'elle. Oh! quand Lavinia raconte cela, je vous assure qu'elle n'y met point de fatuité; elle avoue son malheur et vos cruautés avec une modestie ingénue que je n'ai jamais vu pratiquer aux autres femmes. Elle a une façon à elle de dire: «Enfin, je l'ennuyais.» Tenez, Lionel, si vous lui aviez entendu prononcer ces mots, avec l'expression de naïve tristesse qu'elle sait y mettre, vous auriez des remords, je le parierais.

—Eh! n'en ai-je pas eu! s'écria Lionel. Voilà ce qui nous dégoûte encore d'une femme: c'est tout ce que nous souffrons pour elle après l'avoir quittée; ce sont ces mille vexations dont son souvenir nous poursuit; c'est la voix du monde bourgeois qui crie vengeance et anathème, c'est la conscience qui se trouble et s'effraye; ce sont de légers reproches bien doux et bien cruels que la pauvre délaissée nous adresse par les cent voix de la renommée. Tenez, Henry, je ne connais rien de plus ennuyeux et de plus triste que le métier d'homme à bonnes fortunes.

—À qui le dites-vous! répondit Henry d'un ton vaillant, en faisant ce geste de fatuité ironique qui lui allait si bien.

Mais son compagnon ne daigna pas sourire, et il continua à marcher lentement, en laissant flotter les rênes sur le cou de son cheval, et en promenant son regard fatigué sur les délicieux tableaux que la vallée déroulait à ses pieds.

Luz est une petite ville située à environ un mille de Saint-Sauveur. Nos dandys[6] s'y arrêtèrent; rien ne put déterminer Lionel à pousser jusqu'au lieu qu'habitait lady Lavinia: il s'installa dans une auberge et se jeta sur son lit en attendant l'heure fixée pour le rendez-vous.

Quoique le climat soit infiniment moins chaud dans cette vallée que dans celle de Bigorre, la journée fut lourde et brûlante. Sir Lionel, étendu sur un mauvais lit d'auberge, ressentit quelques mouvements fébriles, et s'endormit péniblement au bourdonnement des insectes qui tournoyaient sur sa tête dans l'air embrasé. Son compagnon, plus actif et plus insouciant, traversa la vallée, rendit des visites à tout le voisinage, guetta le passage des cavalcades sur la route de Gavarnie, salua les belles ladies qu'il aperçut à leurs fenêtres ou sur les chemins, jeta de brillantes œillades aux jeunes Françaises, pour lesquelles il avait une préférence décidée, et vint enfin rejoindre Lionel à l'entrée de la nuit.

—Allons, debout, debout! s'écria-t-il en pénétrant sous ses rideaux de serge; voici l'heure du rendez-vous.

—Déjà? dit Lionel, qui, grâce à la fraîcheur du soir, commençait à dormir d'un sommeil paisible; quelle heure est-il donc, Henry?

Henry répondit d'un ton emphatique:

—At the close of the day when the Hamlet is still
And nought but the torrent is heard upon the hill...[7]

—Ah! pour Dieu, faites-moi grâce de vos citations, Henry! Je vois bien que la nuit descend, que le silence gagne, que la voix du torrent nous arrive plus sonore et plus pure; mais lady Lavinia ne m'attend qu'à neuf heures; je puis peut-être dormir encore un peu.

—Non, pas une minute de plus, Lionel. Il faut nous rendre à pied à Saint-Sauveur; car j'y ai fait conduire nos chevaux dès ce matin, et les pauvres animaux sont assez fatigués, sans compter ce qui leur reste à faire. Allons, habillez-vous. C'est bien. À dix heures, je serai à cheval, à la porte de lady Lavinia, tenant en main votre palefroi et prêt à vous offrir la bride, ni plus ni moins que notre

6. Type d'élégant du XIXe siècle; le dandy se pique d'une extrême élégance dans sa mise et dans ses manières.

7. Vers tirés du poème «The Hermit» («L'Ermite») de James Beattie (1735–1803), poète écossais qui influença les romantiques du XIXe siècle, en particulier Lord Byron.

grand William à la porte des théâtres, lorsqu'il était réduit à l'office de jockey[8], le grand homme! Allons, Lionel, voici votre portemanteau, une cravate blanche, de la cire à moustache... Patience donc! Oh! quelle négligence! quelle apathie! Y songez-vous, mon cher? se présenter avec une mauvaise toilette devant une femme que l'on n'aime plus, c'est une faute énorme! Sachez donc bien qu'il faut, au contraire, lui apparaître avec tous vos avantages, afin de lui faire sentir le prix de ce qu'elle perd. Allons, allons! relevez-moi votre chevelure encore mieux que s'il s'agissait d'ouvrir le bal avec miss Margaret. Bien! Laissez-moi donner un coup de brosse à votre habit. Eh quoi! auriez-vous oublié un flacon d'essence de tubéreuse pour inonder votre foulard des Indes? Ce serait impardonnable; non, Dieu soit loué! le voici. Allons, Lionel, vous embaumez, vous resplendissez; partez. Songez qu'il y va de votre honneur de faire verser quelques larmes en apparaissant ce soir pour la dernière fois sur l'horizon de lady Lavinia.

Lorsqu'ils traversèrent la bourgade Saint-Sauveur, qui se compose de cinquante maisons au plus, ils s'étonnèrent de ne voir aucune personne élégante dans la rue ni aux fenêtres. Mais ils s'expliquèrent cette singularité en passant devant les fenêtres d'un rez-de-chaussée d'où partaient les sons faux d'un violon, d'un flageolet et d'un tympanon, instrument indigène qui tient du tambourin français et de la guitare espagnole. Le bruit et la poussière apprirent à nos voyageurs que le bal était commencé, et que tout ce qu'il y a de plus élégant parmi l'aristocratie de France, d'Espagne et d'Angleterre, réuni dans une salle modeste, aux murailles blanches décorées de guirlandes, de buis et de serpolet, dansait au bruit du plus détestable charivari qui ait jamais déchiré des oreilles et marqué la mesure à faux.

Plusieurs groupes de *baigneurs,* de ceux qu'une condition moins brillante ou une santé plus réellement détruite privaient du plaisir de prendre une part active à la soirée, se pressaient devant ces fenêtres pour jeter, par-dessus l'épaule les uns des autres, un coup d'œil de curiosité envieuse ou ironique sur le bal, et pour échanger quelque remarque laudative ou maligne, en attendant que l'horloge du village eût sonné l'heure où tout convalescent doit aller se coucher, sous peine de perdre le *benefit* des eaux minérales.

Au moment où nos deux voyageurs passèrent devant ce groupe, il y eut dans cette petite foule un mouvement oscillatoire vers l'embrasure des fenêtres; et Henry, en essayant de se mêler aux curieux, recueillit ces paroles:

—C'est la belle juive Lavinia Blake qui va danser. On dit que c'est, de toute l'Europe, la femme qui danse le mieux.

8. Henry évoque ici une légende à propos de Shakespeare.

—Ah! venez, Lionel! s'écria le jeune baronnet; venez voir comme ma cousine est bien mise et charmante!

Mais Lionel le tira par le bras; et, rempli d'humeur et d'impatience, il l'arracha de la fenêtre, sans daigner jeter un regard de ce côté.

—Allons, allons! lui dit-il, nous ne sommes pas venus ici pour voir danser.

Cependant il ne put s'éloigner assez vite pour qu'un autre propos, jeté au hasard autour de lui, ne vînt pas frapper son oreille.

—Ah! disait-on, c'est le beau comte de Morangy qui la fait danser.

—Faites-moi le plaisir de me dire quel autre ce pourrait être? répondit une autre voix.

—On dit qu'il en perd la tête, reprit un troisième interlocuteur. Il a déjà crevé pour elle trois chevaux, et je ne sais combien de jockeys.

L'amour-propre est un si étrange conseiller, qu'il nous arrive cent fois par jour d'être, grâce à lui, en pleine contradiction avec nous-mêmes. Par le fait, sir Lionel était charmé de savoir lady Lavinia placée, par de nouvelles affections, dans une situation qui assurait leur indépendance mutuelle. Et pourtant la publicité des triomphes qui pouvaient faire oublier le passé à cette femme délaissée fut pour Lionel une espèce d'affront qu'il dévora avec peine.

Henry, qui connaissait les lieux, le conduisit au bout du village, à la maison qu'habitait sa cousine. Là, il le laissa.

Cette maison était un peu isolée des autres; elle s'adossait, d'un côté, à la montagne, et, de l'autre, elle dominait le ravin. À trois pas, un torrent tombait à grand bruit dans la cannelure du rocher; et la maison, inondée, pour ainsi dire, de ce bruit frais et sauvage, semblait ébranlée par la chute d'eau et prête à s'élancer avec elle dans l'abîme. C'était une des situations les plus pittoresques que l'on pût choisir, et Lionel reconnut dans cette circonstance l'esprit romanesque et un peu bizarre de lady Lavinia.

Une vieille négresse vint ouvrir la porte d'un petit salon au rez-de-chaussée. À peine la lumière vint à frapper son visage luisant et calleux, que Lionel laissa échapper une exclamation de surprise. C'était Pepa, la vieille nourrice de Lavinia, celle que, pendant deux ans, Lionel avait vue auprès de sa bien-aimée. Comme il n'était en garde contre aucune espèce d'émotion, la vue inattendue de cette vieille, en réveillant en lui la mémoire du passé, bouleversa un instant toutes ses idées. Il faillit lui sauter au cou, l'appeler *nourrice,* comme au temps de sa jeunesse et de sa gloire, l'embrasser comme une digne servante, comme une vieille amie; mais Pepa recula de trois pas, en contemplant d'un air stupéfait l'air empressé de Lionel. Elle ne le reconnaissait pas.

—Hélas! je suis donc bien changé? pensa-t-il.

—Je suis, dit-il avec une voix troublée, la personne que lady Lavinia a fait demander. Ne vous a-t-elle pas prévenue?...

—Oui, oui, milord, répondit la négresse; Milady est au bal: elle m'a dit de lui porter son éventail aussitôt qu'un gentleman frapperait à cette porte. Restez ici, je cours l'avertir...

La vieille se mit à chercher l'éventail. Il était sur le coin d'une tablette de marbre, sous la main de sir Lionel. Il le prit pour le remettre à la négresse, et ses doigts en conservèrent le parfum après qu'elle fut sortie.

Ce parfum opéra sur lui comme un charme; ses organes nerveux en reçurent une commotion qui pénétra jusqu'à son cœur, et le fit tressaillir. C'était le parfum que Lavinia préférait: c'était une espèce d'herbe aromatique qui croît dans l'Inde, et dont elle avait coutume jadis d'imprégner ses vêtements et ses meubles. Ce parfum de patchouly, c'était tout un monde de souvenirs, toute une vie d'amour; c'était une émanation de la première femme que Lionel avait aimée. Sa vue se troubla; ses artères battirent violemment: il lui sembla qu'un nuage flottait devant lui, et, dans ce nuage, une fille de seize ans, brune, mince, vive et douce à la fois: la juive Lavinia, son premier amour. Il la vit passer rapide comme un daim, effleurant les bruyères, foulant les plaines giboyeuses de son parc, lançant sa haquenée noire à travers les marais; rieuse, ardente et fantasque, comme Diana Vernon[9] ou comme les fées joyeuses de la verte Irlande.

Bientôt il eut honte de sa faiblesse, en songeant à l'ennui qui avait flétri cet amour et tous les autres. Il jeta un regard tristement philosophique sur les dix années de raison positive qui le séparaient de ces jours d'églogue[10] et de poésie; puis il invoqua l'avenir, la gloire parlementaire et l'éclat de la vie politique sous la forme de miss Margaret Ellis, qu'il invoqua elle-même sous la forme de sa dot; et enfin il se mit à parcourir la pièce où il se trouvait, en jetant autour de lui le sceptique regard d'un amant désabusé et d'un homme de trente ans aux prises avec la vie sociale.

On est simplement logé aux eaux des Pyrénées; mais, grâce aux avalanches et aux torrents qui, chaque hiver, dévastent les habitations, à chaque printemps on voit renouveler ou embellir les ornements et le mobilier. La maisonnette que Lavinia avait louée était bâtie en marbre brut et toute lambrissée en bois résineux à l'intérieur. Ce bois, peint en blanc, avait l'éclat et la fraîcheur du stuc.

9. Diana Vernon: héroïne de *Rob Roy* (1818), roman de Sir Walter Scott. Le jeune héros naïf Osbaldistone aperçoit l'éblouissante Diana Vernon la première fois en amazone, les cheveux au vent, traversant à cheval, intrépide, un paysage sauvage écossais.

10. Petit poème pastoral ou champêtre.

Une natte de jonc, tissue en Espagne et nuancée de plusieurs couleurs, servait de tapis. Des rideaux de basin, bien blancs, recevaient l'ombre mouvante des sapins qui secouaient leur chevelure noire au vent de la nuit, sous l'humide regard de la lune. De petits seaux de bois d'olivier vernis étaient remplis des plus belles fleurs de la montagne. Lavinia avait cueilli elle-même, dans les plus désertes vallées et sur les plus hautes cimes, ces belladones au sein vermeil, ces aconits au cimier d'azur, au calice vénéneux; ces silènes blanc et rose, dont les pétales sont si délicatement découpés; ces pâles saponaires, ces clochettes transparentes et plissées comme de la mousseline, ces valérianes de pourpre, toutes ces sauvages filles de la solitude, si embaumées et si fraîches, que le chamois craint de les flétrir en les effleurant dans sa course, et que l'eau des sources inconnues au chasseur les couche à peine sous son flux nonchalant et silencieux.

Cette chambrette blanche et parfumée avait en vérité, et comme à son insu, un air de rendez-vous; mais elle semblait aussi le sanctuaire d'un amour virginal et pur. La bougie jetait une clarté timide; les fleurs semblaient fermer modestement leur sein à la lumière; aucun vêtement de femme, aucun vestige de coquetterie ne s'était oublié à traîner sur les meubles: seulement, un bouquet de pensées flétries et un gant blanc décousu gisaient côte à côte sur la cheminée. Lionel, poussé par un mouvement irrésistible, prit le gant et le froissa dans ses mains. C'était comme l'étreinte convulsive et froide d'un dernier adieu. Il prit le bouquet sans parfum, le contempla un instant, fit une allusion amère aux fleurs qui le composaient, et le rejeta brusquement loin de lui. Lavinia avait-elle posé là ce bouquet avec le dessein qu'il fût commenté par son ancien amant?

Lionel s'approcha de la fenêtre, et écarta les rideaux pour faire diversion, par le spectacle de la nature, à l'humeur qui le gagnait de plus en plus. Ce spectacle était magique. La maison, plantée dans le roc, servait de bastion à une gigantesque muraille de rochers taillés à pic, dont le Gave battait le pied. À droite tombait la cataracte avec un bruit furieux; à gauche, un massif d'épicéas se penchait sur l'abîme, au loin se déployait la vallée incertaine et blanchie par la lune. Un grand laurier sauvage, qui croissait dans une crevasse du rocher, apportait ses longues feuilles luisantes au bord de la fenêtre, et la brise, en les froissant l'une contre l'autre, semblait prononcer de mystérieuses paroles.

Lavinia entra tandis que Lionel était plongé dans cette contemplation; le bruit du torrent et de la brise empêcha qu'il ne l'entendît. Elle resta plusieurs minutes debout derrière lui, occupée sans doute à se recueillir, et se demandant peut-être si c'était là l'homme qu'elle avait tant aimé; car, à cette heure d'émotion obligée et de situation prévue, Lavinia croyait pourtant faire un rêve. Elle se rappelait le temps où il lui aurait été impossible de revoir sir Lionel sans tomber morte de colère et de douleur. Et maintenant elle était là, douce, calme, indifférente peut-être...

Lionel se retourna machinalement, et la vit. Il ne s'y attendait pas; un cri lui échappa; puis, honteux d'une telle inconvenance, confondu de ce qu'il éprouvait, il fit un violent effort pour adresser à lady Lavinia un salut correct et irréprochable.

Mais, malgré lui, un trouble imprévu, une agitation invincible paralysait son esprit ingénieux et frivole, cet esprit si docile, si complaisant, qui se tenait toujours prêt, suivant les lois de l'amabilité, à se jeter tout entier dans la circulation, et à passer, comme l'or, de main en main pour l'usage du premier venu. Cette fois, l'esprit rebelle se taisait et restait éperdu à contempler lady Lavinia.

C'est qu'il ne s'attendait pas à la revoir si belle... Il l'avait laissée bien souffrante et bien altérée. Dans ce temps-là, les larmes avaient flétri ses joues, le chagrin avait amaigri sa taille; elle avait l'œil éteint, la main sèche, une parure négligée. Elle s'enlaidissait imprudemment alors, la pauvre Lavinia! sans songer que la douleur n'embellit que le cœur de la femme, et que la plupart des hommes nieraient volontiers l'existence de l'âme chez la femme, comme il fut fait en un certain concile de prélats italiens.

Maintenant, Lavinia était dans tout l'éclat de cette seconde beauté qui revient aux femmes quand elles n'ont pas reçu au cœur d'irréparables atteintes dans leur première jeunesse. C'était toujours une mince et pâle Portugaise, d'un reflet un peu bronzé, d'un profil un peu sévère; mais son regard et ses manières avaient pris toute l'aménité, toute la grâce caressante des Françaises. Sa peau brune était veloutée par l'effet d'une santé calme et raffermie; son frêle corsage avait retrouvé la souplesse et la vivacité florissante de la jeunesse; ses cheveux, qu'elle avait coupés jadis pour en faire un sacrifice à l'amour, se déployaient maintenant dans tout leur luxe en épaisses torsades sur son front lisse et uni; sa toilette se composait d'une robe de mousseline de l'Inde et d'une touffe de bruyère blanche cueillie dans le ravin et mêlée à ses cheveux. Il n'est pas de plus gracieuse plante que la bruyère blanche; on eût dit, à la voir balancer ses délicates girandoles sur les cheveux noirs de Lavinia, des grappes de perles vivantes. Un goût exquis avait présidé à cette coiffure et à cette simple toilette, où l'ingénieuse coquetterie de la femme se révélait à force de se cacher[11].

11. Description à rapprocher du portrait de l'auteur par Auguste Charpentier.

Jamais Lionel n'avait vu Lavinia si séduisante. Il faillit un instant se prosterner et lui demander pardon; mais le sourire calme qu'il vit sur son visage lui rendit le degré d'amertume nécessaire pour supporter l'entrevue avec toutes les apparences de la dignité.

À défaut de phrase convenable, il tira de son sein un paquet soigneusement cacheté, et, le déposant sur la table:

—Madame, lui dit-il d'une voix assurée, vous voyez que j'ai obéi en esclave; puis-je croire qu'à compter de ce jour ma liberté me sera rendue?

—Il me semble, lui répondit Lavinia avec une expression de gaieté mélancolique, que, jusqu'ici, votre liberté n'a pas été trop enchaînée, sir Lionel! En vérité, seriez-vous resté tout ce temps dans mes fers? J'avoue que je ne m'en étais pas flattée.

—Oh! madame, au nom du ciel, ne raillons pas! N'est-ce pas un triste moment que celui-ci?

—C'est une vieille tradition, répondit-elle, un dénoûment[12] convenu, une situation inévitable dans toutes les histoires d'amour. Et, si, lorsqu'on s'écrit, on était pénétré de la nécessité future de s'arracher mutuellement ses lettres avec défiance... Mais on n'y songe point. À vingt ans, on écrit avec la profonde sécurité d'avoir échangé des serments éternels: on sourit de pitié en songeant à ces vulgaires résultats de toutes les passions qui s'éteignent; on a l'orgueil de croire que, seul entre tous, on servira d'exception à cette grande loi de la fragilité humaine! Noble erreur, heureuse fatuité d'où naissent la grandeur et les illusions de la jeunesse! n'est-ce pas, Lionel?

Lionel restait muet et stupéfait. Ce langage tristement philosophique, quoique bien naturel dans la bouche de Lavinia, lui semblait un monstrueux contre-sens, car il ne l'avait jamais vue ainsi: il l'avait vue, faible enfant, se livrer aveuglément à toutes les erreurs de la vie, s'abandonner confiante à tous les orages de la passion; et, lorsqu'il l'avait laissée brisée de douleur, il l'avait entendue encore protester d'une fidélité éternelle à l'auteur de son désespoir.

Mais la voir ainsi prononcer l'arrêt de mort sur toutes les illusions du passé, c'était une chose pénible et effrayante. Cette femme qui se survivait à elle-même, et qui ne craignait pas de faire l'oraison funèbre de sa vie, c'était un spectacle profondément triste, et que Lionel ne put contempler sans douleur. Il ne trouva rien à répondre. Il savait bien mieux que personne tout ce qui pouvait être dit en pareil cas, mais il n'avait pas le courage d'aider Lavinia à se suicider.

12. Dénouement.

Comme, dans son trouble, il froissait le paquet de lettres dans ses mains:

—Vous me connaissez assez, lui dit-elle; je devrais dire que vous vous souvenez encore assez de moi, pour être bien sûr que je ne réclame ces gages d'une ancienne affection par aucun de ces motifs de prudence dont les femmes s'avisent quand elles n'aiment plus. Si vous aviez un tel soupçon, il suffirait, pour me justifier, de rappeler que, depuis dix ans, ces gages sont restés entre vos mains, sans que j'aie songé à vous les retirer. Je ne m'y serais jamais déterminée si le repos d'une autre femme n'était compromis par l'existence de ces papiers...

Lionel regarda fixement Lavinia, attentif au moindre signe d'amertume ou de chagrin que la pensée de Margaret Ellis ferait naître en elle; mais il lui fut impossible de trouver la plus légère altération dans son regard ou dans sa voix. Lavinia semblait être invulnérable désormais.

—Cette femme s'est-elle changée en diamant ou en glace? se demanda-t-il. Vous êtes généreuse, lui dit-il avec un mélange de reconnaissance et d'ironie, si c'est là votre unique motif.

—Quel autre pourrais-je avoir, sir Lionel? Vous plairait-il de me le dire?

—Je pourrais présumer, madame, si j'avais envie de nier votre générosité (ce qu'à Dieu ne plaise!), que des motifs personnels vous font désirer de rentrer dans la possession de ces lettres et de ce portrait.

—Ce serait m'y prendre un peu tard, dit Lavinia en riant; à coup sûr, si je vous disais que j'ai attendu jusqu'à ce jour pour avoir des *motifs personnels* (c'est votre expression), vous auriez de grands remords, n'est-ce pas?

—Madame, vous m'embarrassez beaucoup, dit Lionel.

Et il prononça ces mots avec aisance, car, là, il se retrouvait sur son terrain. Il avait prévu des reproches, et il était préparé à l'attaque; mais il n'eut pas cet avantage; l'ennemi changea de position sur-le-champ.

—Allons, mon cher Lionel, dit-elle en souriant avec un regard plein de bonté qu'il ne lui connaissait pas encore, lui qui n'avait connu d'elle que la femme passionnée, ne craignez pas que j'abuse de l'occasion. Avec l'âge, la raison m'est venue, et j'ai fort bien compris, depuis longtemps, que vous n'étiez point coupable envers moi. C'est moi qui le fus envers moi-même, envers la société, envers vous peut-être; car, entre deux amants aussi jeunes que nous l'étions, la femme devrait être le guide de l'homme. Au lieu de l'égarer dans les voies d'une destinée fausse et impossible, elle devrait le conserver au monde en l'attirant à elle. Moi, je n'ai rien su faire à propos; j'ai élevé mille obstacles dans votre vie; j'ai été la cause involontaire, mais imprudente, des longs cris de réprobation qui vous ont poursuivi; j'ai eu l'affreuse douleur de voir vos jours menacés par des vengeurs que je reniais, mais qui s'élevaient malgré moi contre vous; j'ai été le tourment de votre jeunesse et la malédiction de votre virilité. Pardonnez-le-moi, j'ai bien expié le mal que je vous ai fait.

Lionel marchait de surprise en surprise. Il était venu là comme un accusé qui va s'asseoir à contre-cœur sur la sellette, et on le traitait comme un juge dont la miséricorde est implorée humblement. Lionel était né avec un noble cœur; c'était le souffle des vanités du monde qui l'avait flétri dans sa fleur. La générosité de lady Lavinia excita en lui un attendrissement d'autant plus vif qu'il n'y était pas préparé. Dominé par la beauté du caractère qui se révélait à lui, il courba la tête et plia le genou.

—Je ne vous avais jamais comprise, madame, lui dit-il d'une voix altérée; je ne savais point ce que vous valez: j'étais indigne de vous, et j'en rougis.

—Ne dites pas cela, Lionel, répondit-elle en lui tendant la main pour le relever. Quand vous m'avez connue, je n'étais pas ce que je suis aujourd'hui. Si le passé pouvait se transposer, si aujourd'hui je recevais l'hommage d'un homme placé comme vous l'êtes dans le monde...

—Hypocrite! pensa Lionel: elle est adorée du comte de Morangy, le plus *fashionable* des grands seigneurs!

—Si j'avais, continua-t-elle avec modestie, à décider de la vie extérieure et publique d'un homme aimé, je saurais peut-être ajouter à son bonheur, au lieu de chercher à le détruire...

—Est-ce une avance? se demanda Lionel éperdu.

Et, dans son trouble, il porta avec ardeur la main de Lavinia à ses lèvres. En même temps, il jeta un regard sur cette main, qui était remarquablement blanche et mignonne. Dans la première jeunesse des femmes, leurs mains sont souvent rouges et gonflées; plus tard, elles pâlissent, s'allongent, et prennent des proportions plus élégantes.

Plus il la regardait, plus il l'écoutait, et plus il s'étonnait de lui découvrir des perfections nouvellement acquises. Entre autre choses, elle parlait maintenant l'anglais avec une pureté extrême, elle n'avait conservé de l'accent étranger et des mauvaises locutions dont jadis Lionel l'avait impitoyablement raillée que ce qu'il fallait pour donner à sa phrase et à sa prononciation une originalité élégante et gracieuse. Ce qu'il y avait de fier et d'un peu sauvage dans son caractère s'était concentré peut-être au fond de son âme; mais son extérieur n'en trahissait plus rien. Moins tranchée, moins saillante, moins poétique peut-être qu'elle ne l'avait été, elle était désormais bien plus séduisante aux yeux de Lionel; elle était mieux selon ses idées, selon le monde.

Que vous dirai-je? Au bout d'une heure d'entretien, Lionel avait oublié les dix années qui le séparaient de Lavinia, ou plutôt il avait oublié toute sa vie; il se croyait auprès d'une femme nouvelle, qu'il aimait pour la première fois; car le passé lui rappelait Lavinia chagrine, jalouse, exigeante; il montrait surtout Lionel coupable à ses propres yeux; et, comme Lavinia comprenait ce que les souvenirs auraient eu pour lui de pénible, elle eut la délicatesse de n'y toucher qu'avec précaution.

Ils se racontèrent mutuellement la vie qui s'était écoulée depuis leur séparation. Lavinia questionnait Lionel sur ses amours nouvelles avec l'impartialité d'une sœur; elle vantait la beauté de miss Ellis, et s'informait avec intérêt et bienveillance de son caractère et des avantages qu'un tel hymen devait apporter à son ancien ami. De son côté, elle raconta d'une manière brisée, mais piquante et fine, ses voyages, ses amitiés, son mariage avec un vieux lord, son veuvage et l'emploi qu'elle faisait désormais de sa fortune et de sa liberté. Dans tout ce qu'elle disait, il y avait bien un peu d'ironie; tout en rendant hommage au pouvoir de la raison, un peu d'amertume secrète se montrait contre cette impérieuse puissance, se trahissait sous la forme du badinage. Mais la miséricorde et l'indulgence dominaient dans cette âme dévastée de bonne heure, et lui imprimaient quelque chose de grand qui l'élevait au-dessus de toutes les autres.

Plus d'une heure s'était écoulée. Lionel ne comptait pas les instants; il s'abandonnait à ses nouvelles impressions avec cette ardeur subite et passagère qui est la dernière faculté des cœurs usés. Il essayait, par toutes les insinuations possibles, d'animer l'entretien, en amenant Lavinia à lui parler de la situation réelle de son cœur; mais ses efforts étaient vains: la femme était plus mobile et plus adroite que lui. Dès qu'il croyait avoir touché une corde de son âme, il ne lui restait plus dans la main qu'un cheveu. Dès qu'il espérait saisir l'être moral et l'étreindre pour l'analyser, le fantôme glissait comme un souffle et s'enfuyait insaisissable comme l'air.

Tout à coup on frappa avec force: car le bruit du torrent, qui couvrait tout, avait empêché d'entendre les premiers coups; et maintenant on les réitérait avec impatience. Lady Lavinia tressaillit.

—C'est Henry qui vient m'avertir, lui dit sir Lionel; mais, si vous daignez m'accorder encore quelques instants, je vais lui dire d'attendre. Obtiendrai-je cette grâce, madame?

Lionel se préparait à l'implorer obstinément, lorsque Pepa entra d'un air empressé.

—M. le comte de Morangy veut entrer à toute force, dit-elle en portugais à sa maîtresse. Il est là... il n'écoute rien...

—Ah! mon Dieu! s'écria ingénument Lavinia en anglais; il est si jaloux! Que vais-je faire de vous, Lionel?

Lionel resta comme frappé de la foudre.

—Faites-le entrer, dit vivement Lavinia à la négresse. Et vous, dit-elle à sir Lionel, passez sur ce balcon. Il fait un temps magnifique; vous pouvez bien attendre là cinq minutes pour me rendre service.

Et elle le poussa vivement sur le balcon. Puis elle fit retomber le rideau de basin, et, s'adressant au comte qui entrait:

—Que signifie le bruit que vous faites? lui dit-elle avec aisance. C'est une véritable invasion.

—Ah! pardonnez-moi, madame! s'écria le comte de Morangy; j'implore ma grâce à deux genoux. Vous voyant sortir brusquement du bal avec Pepa, j'ai cru que vous étiez malade. Ces jours derniers, vous avez été indisposée; j'ai été si effrayé! Mon Dieu! pardonnez-moi! Lavinia, je suis un étourdi, un fou... mais je vous aime tant, que je ne sais plus ce que je fais...

Pendant que le comte parlait, Lionel, à peine revenu de sa surprise, s'abandonnait à un violent accès de colère.

—Impertinente femme! pensait-il, qui ose bien me prier d'assister à un tête-à-tête avec son amant! Ah! si c'est une vengeance préméditée, si c'est une insulte volontaire, qu'on prenne garde à moi! Mais quelle folie! si je montrais du dépit, ce serait la faire triompher... Voyons! assistons à la scène d'amour avec le sang-froid d'un vrai philosophe.

Il se pencha vers l'embrasure de la fenêtre, et se hasarda à élargir avec le bout de sa cravache la fente que laissaient les deux rideaux en se joignant. Il put ainsi voir et entendre.

Le comte de Morangy était un des plus beaux hommes de France, blond, grand, d'une figure plus imposante qu'expressive, parfaitement frisé, dandy des pieds jusqu'à la tête. Le son de sa voix était doux et velouté. Il grasseyait un peu en parlant; il avait l'œil grand, mais sans éclat; la bouche fine et moqueuse, la main blanche comme une femme, et le pied chaussé dans une perfection indicible. Aux yeux de sir Lionel, c'était le rival le plus redoutable qu'il fût possible d'avoir à combattre; c'était un adversaire digne de lui, depuis le favori jusqu'à l'orteil.

Le comte parlait français, et Lavinia répondait dans cette langue, qu'elle possédait aussi bien que l'anglais. Encore un talent nouveau de Lavinia! Elle écoutait les fadeurs du beau *talon rouge*[13] avec une complaisance singulière. Le comte hasarda deux ou trois phrases passionnées, qui parurent à Lionel s'écarter un peu des règles du bon goût et de la convenance dramatique. Lavinia ne se fâcha point; il n'y eut même presque pas de raillerie dans ses sourires. Elle pressait le comte de retourner au bal le premier, lui disant qu'il n'était pas convenable qu'elle y rentrât avec lui. Mais il s'obstinait à vouloir la conduire jusqu'à la porte, en jurant qu'il n'entrerait qu'un quart d'heure après. Tout en parlant, il s'emparait des mains de lady Blake, qui les lui abandonnait avec une insouciance paresseuse et agaçante.

La patience échappait à sir Lionel.

—Je suis bien sot, se dit-il enfin, d'assister patiemment à cette mystification, quand je puis sortir...

Il marcha jusqu'au bout du balcon. Mais le balcon était fermé, et au-dessous s'étendait une corniche de rochers qui ne ressemblait pas trop à un sentier. Néanmoins Lionel se hasarda courageusement à enjamber la balustrade et à faire quelques pas sur cette corniche; mais il fut bientôt forcé de s'arrêter: la corniche s'interrompait brusquement à l'endroit de la cataracte, et un chamois eût hésité à faire un pas de plus. La lune, montant sur le ciel, montra en cet instant à Lionel la profondeur de l'abîme, dont quelques pouces de roc le séparaient. Il fut obligé de fermer les yeux pour résister au vertige qui s'emparait de lui, et de regagner avec peine le balcon. Quand il eut réussi à repasser la balustrade, et qu'il vit enfin ce frêle rempart entre lui et le précipice, il se crut le plus heureux des hommes, dût-il payer l'asile qu'il atteignait au prix du triomphe de son rival. Il fallut donc se résigner à entendre les tirades sentimentales du comte de Morangy.

—Madame, disait-il, c'est trop longtemps feindre avec moi. Il est impossible que vous ne sachiez pas combien je vous aime, et je vous trouve cruelle de me traiter comme s'il s'agissait d'une de ces fantaisies qui naissent et meurent dans un jour. L'amour que j'ai pour vous est un sentiment de toute la vie; et, si vous n'acceptez le vœu que je fais de vous consacrer la mienne, vous verrez, madame, qu'un homme du monde peut perdre tout respect des convenances et se soustraire à l'empire de la froide raison. Oh! ne me réduisez pas au désespoir, ou craignez-en les effets.

—Vous voulez donc que je m'explique décidément? répondit Lavinia. Eh bien, je vais le faire. Savez-vous mon histoire, monsieur?

13. Nom donné au XVIIe siècle aux nobles élégants qui portaient de hauts talons rouges. Fig.: personne élégante et aux belles manières (*Le Petit Robert*).

—Oui, madame, je sais tout; je sais qu'un misérable, que je regarde comme le dernier des hommes, vous a indignement trompée et délaissée. La compassion que votre infortune m'inspire ajoute à mon enthousiasme. Il n'y a que les grandes âmes qui soient condamnées à être victimes des hommes et de l'opinion.

—Eh bien, monsieur, reprit Lavinia, sachez que j'ai su profiter des rudes leçons de ma destinée; sachez qu'aujourd'hui je suis en garde contre mon propre cœur et contre celui d'autrui. Je sais qu'il n'est pas toujours au pouvoir de l'homme de tenir ses serments, et qu'il abuse aussitôt qu'il obtient. D'après cela, monsieur, n'espérez pas me fléchir. Si vous parlez sérieusement, voici ma réponse: Je suis invulnérable. Cette femme tant décriée pour l'erreur de sa jeunesse est entourée désormais d'un rempart plus solide que la vertu: la méfiance.

—Ah! c'est que vous ne m'entendez pas, madame, s'écria le comte en se jetant à ses genoux. Que je sois maudit si j'ai jamais eu la pensée de m'autoriser de vos malheurs pour espérer des sacrifices que votre fierté condamne...

—Êtes-vous bien sûr, en effet, de ne l'avoir eue jamais? dit Lavinia avec son triste sourire.

—Eh bien, je serai franc, dit M. de Morangy avec un accent de vérité où la *manière* du grand seigneur disparut entièrement. Peut-être l'ai-je eue avant de vous connaître, cette pensée que je repousse maintenant avec remords. Devant vous la feinte est impossible, Lavinia; vous subjuguez la volonté, vous anéantiriez la ruse, vous commandez la vénération. Oh! depuis que je sais ce que vous êtes, je jure que mon adoration a été digne de vous. Écoutez-moi madame, et laissez-moi à vos pieds attendre l'arrêt de ma vie. C'est par d'indissolubles serments que je veux vous dévouer tout mon avenir. C'est un nom honorable, j'ose le croire, et une brillante fortune, dont je ne suis pas vain, vous le savez, que je viens mettre à vos pieds, en même temps qu'une âme qui vous adore, un cœur qui ne bat que pour vous.

—C'est donc réellement un mariage que vous me proposez? dit lady Lavinia sans témoigner au comte une surprise injurieuse. Eh bien, monsieur, je vous remercie de cette marque d'estime et d'attachement.

Et elle lui tendit la main avec cordialité.

—Dieu de bonté! elle accepte! s'écria le comte en couvrant cette main de baisers.

—Non pas, monsieur, dit Lavinia; je vous demande le temps de la réflexion.

—Hélas! mais puis-je espérer?

—Je ne sais pas; mais comptez sur ma reconnaissance. Adieu. Retournez au bal; je l'exige. J'y serai dans un instant.

Le comte baisa le bord de son écharpe avec passion et sortit. Aussitôt qu'il eut refermé la porte, Lionel écarta tout à fait le rideau, s'apprêtant à recevoir de lady Blake l'autorisation de rentrer. Mais lady Blake était assise sur le sofa, le dos tourné à la fenêtre. Lionel vit sa figure se refléter dans la glace placée vis-à-vis d'eux. Ses yeux étaient fixés sur le parquet, son attitude morne et pensive. Plongée dans une profonde méditation, elle avait complètement oublié Lionel, et l'exclamation de surprise qui lui échappa lorsque celui-ci sauta au milieu de la chambre fut l'aveu ingénu de cette cruelle distraction.

Il était pâle de dépit, mais il se contint.

—Vous conviendrez, lui dit-il, que j'ai respecté vos nouvelles affections, madame. Il m'a fallu un profond désintéressement pour m'entendre insulter à dessein peut-être... et pour rester impassible dans ma cachette.

—À dessein? répéta Lavinia en le regardant d'un air sévère. Qu'osez-vous penser de moi, monsieur? Si ce sont là vos idées, sortez!

—Non, non, ce ne sont pas là mes idées, dit Lionel en marchant vers elle et en lui prenant le bras avec agitation. Ne faites pas attention à ce que je dis. Je suis fort troublé... C'est qu'aussi vous avez bien compté sur ma raison en me faisant assister à une semblable scène.

—Sur votre raison, Lionel! Je ne comprends pas ce mot. Vous voulez dire que j'ai compté sur votre indifférence?

—Raillez-moi tant que vous voudrez, soyez cruelle, foulez-moi aux pieds! vous en avez le droit... Mais je suis bien malheureux!...

Il était fortement ému. Lavinia crut ou feignit de croire qu'il jouait la comédie.

—Finissons-en, lui dit-elle en se levant. Vous auriez dû faire votre profit de ce que vous m'avez entendue répondre au comte de Morangy; et pourtant l'amour de cet homme ne m'offense pas... Adieu, Lionel. Quittons-nous pour toujours, mais quittons-nous sans amertume. Voici votre portrait et vos lettres... Allons, laissez ma main, il faut que je retourne au bal.

—Il faut que vous retourniez danser avec M. de Morangy, n'est-ce pas? dit Lionel en jetant son portrait avec colère et en le broyant de son talon.

—Écoutez donc, dit Lavinia un peu pâle, mais calme, le comte de Morangy m'offre un rang et une haute réhabilitation dans le monde. L'alliance d'un vieux lord ne m'a jamais bien lavée de la tache cruelle qui couvre une femme délaissée. On sait qu'un vieillard reçoit toujours plus qu'il ne donne. Mais un homme jeune, riche, noble, envié, aimé des femmes... c'est différent! Cela mérite qu'on y pense, Lionel; et je suis bien aise d'avoir jusqu'ici ménagé le comte. Je devinais depuis longtemps la loyauté de ses intentions.

—Ô femmes! la vanité ne meurt point en vous! s'écria Lionel avec dépit lorsqu'elle fut partie.

Il alla rejoindre Henry à l'hôtellerie. Celui-ci l'attendait avec impatience.

—Damnation sur vous, Lionel! s'écria-t-il. Il y a une grande heure que je vous attends sur mes étriers. Comment! deux heures pour une semblable entrevue! Allons, en route! vous me raconterez cela chemin faisant.

—Bonsoir, Henry. Allez-vous-en dire à miss Margaret que le traversin qui est couché à ma place dans mon lit est au plus mal. Moi, je reste.

—Cieux et terre! qu'entends-je! s'écria Henry; vous ne voulez point aller à Luchon?

—J'irai une autre fois; je reste ici maintenant.

—Mais c'est impossible! Vous rêvez. Vous n'êtes point réconcilié avec lady Blake?

—Non pas, que je sache; tant s'en faut! Mais je suis fatigué, j'ai le spleen, j'ai une courbature. Je reste.

Henry tombait des nues. Il épuisa toute son éloquence pour entraîner Lionel; mais, ne pouvant y réussir, il descendit de cheval, et, jetant la bride au palefrenier:

—Eh bien, s'il en est ainsi, je reste aussi, s'écria-t-il. La chose me paraît si plaisante, que j'en veux être témoin jusqu'au bout. Au diable les amours de Bagnères et les projets de grande route! Mon digne ami sir Lionel Bridgemont me donne la comédie; je serai le spectateur assidu et palpitant de son drame.

Lionel eût donné tout au monde pour se débarrasser de ce surveillant étourdi et goguenard; mais cela fut impossible.

—Puisque vous êtes déterminé à me suivre, lui dit-il, je vous préviens que je vais au bal.

—Au bal? Soit, la danse est un excellent remède pour le spleen et les courbatures.

Lavinia dansait avec M. de Morangy. Lionel ne l'avait jamais vue danser. Lorsqu'elle était venue en Angleterre, elle ne connaissait que le boléro, et elle ne s'était jamais permis de le danser sous le ciel austère de la Grande-Bretagne. Depuis, elle avait appris nos contredanses, et elle y portait la grâce voluptueuse des Espagnoles jointe à je ne sais quel reflet de pruderie anglaise qui en modérait l'essor. On montait sur les banquettes pour la voir danser. Le comte de Morangy était triomphant. Lionel était perdu dans la foule.

Il y a tant de vanité dans le cœur de l'homme! Lionel souffrait amèrement de voir celle qui fut longtemps dominée et emprisonnée dans son amour, celle qui jadis n'était qu'à lui, et que le monde n'eût osé venir réclamer dans ses bras, libre et fière maintenant, environnée d'hommages et trouvant dans chaque regard une vengeance ou une réparation du passé. Lorsqu'elle retourna à sa place, au moment où le comte avait une distraction, Lionel se glissa adroitement auprès d'elle et ramassa son éventail, qu'elle venait de laisser tomber. Lavinia ne s'attendait point à le trouver là. Un faible cri lui échappa, et son teint pâlit sensiblement.

—Ah! mon Dieu! lui dit-elle, je vous croyais sur la route de Bagnères.

—Ne craignez rien, madame, lui dit-il à voix basse; je ne vous compromettrai point auprès du comte de Morangy.

Cependant il n'y put tenir longtemps, et bientôt il revint l'inviter à danser. Elle accepta.

—Ne faudra-t-il pas aussi que j'en demande la permission à M. le comte de Morangy? lui dit-il.

Le bal dura jusqu'au jour. Lady Lavinia était sûre de faire durer un bal tant qu'elle y resterait. À la faveur du désordre qui se glisse peu à peu dans une fête à mesure que la nuit s'avance, Lionel put lui parler souvent. Cette nuit acheva de lui faire tourner la tête. Enivré par les charmes de lady Blake, excité par la rivalité du comte, irrité par les hommages de la foule qui à chaque instant se jetait entre elle et lui, il s'acharna de tout son pouvoir à réveiller cette passion éteinte, et l'amour-propre lui fit sentir si vivement son aiguillon, qu'il sortit du bal dans un état de délire inconcevable.

Il essaya en vain de dormir. Henry, qui avait fait la cour à toutes les femmes et dansé toutes les contredanses, ronfla de toute sa tête. Dès qu'il fut éveillé:

—Eh bien Lionel, dit-il en se frottant les yeux, vive Dieu! mon ami, c'est une histoire piquante que votre réconciliation avec ma cousine; car, n'espérez pas me tromper, je sais à présent le secret. Quand nous sommes entrés au bal, Lavinia était triste et dansait d'un air distrait; dès qu'elle vous a vu, son œil s'est animé, son front s'est éclairci. Elle était rayonnante à la valse quand vous l'enleviez comme une plume à travers la foule. Heureux Lionel! à Luchon, une belle fiancée et une belle dot; à Saint-Sauveur, une belle maîtresse et un grand triomphe!

—Laissez-moi tranquille avec vos balivernes! dit Lionel avec humeur.

Henry était habillé le premier. Il sortit pour voir ce qui se passait, et revint bientôt en faisant son vacarme accoutumé sur l'escalier.

—Hélas! Henry, lui dit son ami, ne perdrez-vous point cette voix haletante et ce geste effaré? On dirait toujours que vous venez de lancer le lièvre et que vous prenez les gens à qui vous parlez pour des limiers découplés.

—À cheval! à cheval! cria Henry. Lady Lavinia Blake est à cheval: elle part pour Gèdres avec dix autres jeunes folles et je ne sais combien de godelureaux, le comte de Morangy en tête... ce qui ne veut pas dire qu'elle n'ait que le comte de Morangy en tête: entendons-nous!

—Silence, *clown*! s'écria Lionel. À cheval en effet, et partons!

La cavalcade avait pris de l'avance sur eux. La route de Gèdres est un sentier escarpé, une sorte d'escalier taillé dans le roc, côtoyant le précipice, offrant mille difficultés aux chevaux, mille dangers très réels aux voyageurs. Lionel lança son cheval au grand galop. Henry crut qu'il était fou; mais, pensant qu'il y allait de son honneur de ne pas rester en arrière, il s'élança sur ses traces. Leur arrivée fut un incident fantastique pour la caravane. Lavinia frémissait à la vue de ces deux écervelés courant ainsi sur le revers d'un abîme effroyable. Quand elle reconnut Lionel et son cousin, elle devint pâle et faillit tomber de cheval. Le comte de Morangy s'en aperçut et ne la quitta plus du regard. Il était jaloux.

C'était un aiguillon de plus pour Lionel. Tout le long de la journée, il disputa le moindre regard de Lavinia avec obstination. La difficulté de lui parler, l'agitation de la course, les émotions que faisait naître le sublime spectacle des lieux qu'ils parcouraient, la résistance adroite et toujours aimable de lady Blake, son habileté à guider son cheval, son courage, sa grâce, l'expression toujours poétique et toujours naturelle de ses sensations, tout acheva d'exalter sir Lionel. Ce fut une journée bien fatigante pour cette pauvre femme obsédée de deux amants entre lesquels elle voulait tenir la balance égale: aussi accueillait-elle avec reconnaissance son joyeux cousin et ses grosses folies lorsqu'il venait caracoler entre elle et ses adorateurs.

À l'entrée de la nuit le ciel se couvrit de nuages. Un orage sérieux s'annonçait. La cavalcade doubla le pas; mais elle était encore à plus d'une lieue de Saint-Sauveur lorsque la tempête éclata. L'obscurité devint complète, les chevaux s'effrayèrent, celui du comte de Morangy l'emporta au loin. La petite troupe se débanda, et il fallut tous les efforts des guides qui l'escortaient à pied pour empêcher que des accidents sérieux ne vinssent terminer tristement un jour si gaiement commencé.

Lionel, perdu dans d'affreuses ténèbres, forcé de marcher le long du rocher en tirant son cheval par la bride, de peur de se jeter avec lui dans le précipice, était dominé par une inquiétude bien plus vive. Il avait perdu Lavinia malgré tous ses efforts, et il la cherchait avec anxiété depuis un quart d'heure, lorsqu'un éclair lui montra une femme assise sur un rocher un peu au-dessus du chemin. Il s'arrêta, prêta l'oreille et reconnut la voix de lady Blake; mais un homme était avec elle: ce ne pouvait être que M. de Morangy. Lionel le maudit dans son âme; et, résolu au moins à troubler le bonheur de ce rival, il se dirigea comme il put vers le couple. Quelle fut sa joie en reconnaissant Henry auprès de sa cousine! Celui-ci, en bon et insouciant compagnon, lui céda la place, et s'éloigna même pour garder les chevaux.

Rien n'est si solennel et si beau que le bruit de l'orage dans les montagnes.

La grande voix du tonnerre, en roulant sur des abîmes, se répète et retentit dans leur profondeur; le vent, qui fouette les longues forêts de sapins et les colle sur le roc perpendiculaire comme un vêtement sur des flancs humains, s'engouffre aussi dans les gorges et y jette de grandes plaintes aiguës et traînantes comme des sanglots. Lavinia, recueillie dans la contemplation de cet imposant spectacle, écoutait les mille bruits de la montagne ébranlée, en attendant qu'un nouvel éclair jetât sa lumière bleue sur le paysage. Elle tressaillit lorsqu'il vint lui montrer sir Lionel assis près d'elle à la place qu'occupait son cousin un instant auparavant. Lionel pensa qu'elle était effrayée par l'orage, et il prit sa main pour la rassurer. Un autre éclair lui montra Lavinia un coude appuyé sur un genou et le menton enfoncé dans sa main, regardant d'un air d'enthousiasme la grande scène des éléments bouleversés.

—Oh! mon Dieu! que cela est beau! lui dit-elle; que cette clarté bleue est vive et douce à la fois! Avez-vous vu ces déchiquetures du rocher rayonner comme des saphirs, et ce lointain livide où les cimes des glaciers se levaient comme de grands spectres dans leurs linceuls? Avez-vous remarqué aussi que, dans le brusque passage des ténèbres à la lumière et de la lumière aux ténèbres, tout semblait se mouvoir, s'agiter comme si ces monts s'ébranlaient pour s'écrouler?

—Je ne vois rien ici que vous, Lavinia, lui dit-il avec force; je n'entends de voix que la vôtre, je ne respire d'air que votre souffle, je n'ai d'émotion qu'à vous sentir près de moi. Savez-vous bien que je vous aime éperdument? Oui, vous le savez; vous l'avez voulu. Eh bien, triomphez s'il en est ainsi. Je suis à vos pieds, je vous demande le pardon et l'oubli du passé, le front dans la poussière; je vous demande l'avenir, oh! je vous le demande avec passion, et il faudra bien me l'accorder, Lavinia; car je vous veux fortement, et j'ai des droits sur vous...

—Des droits? répondit-elle en lui retirant sa main.

—N'est-ce donc pas un droit, un affreux droit, que le mal que je t'ai fait, Lavinia? Et, si tu me l'as laissé prendre, pour briser ta vie, peux-tu me l'ôter aujourd'hui que je veux la relever et réparer mes crimes?

On sait tout ce qu'un homme peut dire en pareil cas. Lionel fut plus éloquent que je ne saurais l'être à sa place. Il se monta singulièrement la tête; et, désespérant de vaincre autrement la résistance de lady Blake, voyant bien, d'ailleurs, qu'en restant au-dessous des soumissions de son rival il lui faisait un avantage trop réel, il s'éleva au même dévouement: il offrit son nom et sa fortune à lady Lavinia.

—Y songez-vous? lui dit-elle avec émotion. Vous renonceriez à miss Ellis lorsqu'elle vous est promise, lorsque votre mariage est arrêté?

—Je le ferai, répondit-il. Je ferai une action que le monde trouvera insolente et coupable. Il faudra peut-être la laver dans mon sang, mais je suis prêt à tout pour vous obtenir: car le plus grand crime de ma vie, c'est de vous avoir méconnue, et mon premier devoir, c'est de revenir à vous. Oh! parlez, Lavinia, rendez-moi le bonheur que j'ai perdu en vous perdant. Aujourd'hui, je saurai l'apprécier et le conserver, car, moi aussi j'ai changé: je ne suis plus cet homme ambitieux et inquiet qu'un avenir inconnu torturait de ses menteuses promesses. Je sais la vie aujourd'hui, je sais ce que vaut le monde et son faux éclat. Je sais que pas un de mes triomphes n'a valu un seul de vos regards, et la chimère du bonheur que j'ai poursuivie m'a toujours fui jusqu'au jour où elle me ramène à vous. Oh! Lavinia, reviens à moi aussi! Qui t'aimera comme moi? qui verra comme moi ce qu'il y a de grandeur, de patience et de miséricorde dans ton âme?

Lavinia gardait le silence, mais son cœur battait avec une violence dont s'apercevait Lionel. Sa main tremblait dans la sienne, et elle ne cherchait pas à la retirer, non plus qu'une tresse de ses cheveux que le vent avait détachée et que Lionel couvrait de baisers. Ils ne sentaient pas la pluie qui tombait en gouttes larges et rares. Le vent avait diminué, le ciel s'éclaircissait un peu, et le comte de Morangy venait à eux aussi vite que pouvait le lui permettre son cheval déferré et boiteux, qui avait failli le tuer en tombant contre un rocher.

Lavinia l'aperçut enfin et s'arracha brusquement aux transports de Lionel. Celui-ci furieux de ce contretemps, mais plein d'espérance et d'amour, l'aida à se remettre à cheval, et l'accompagna jusqu'à la porte de sa maison. Là, elle lui dit en baissant la voix:

—Lionel, vous m'avez fait des offres dont je sens tout le prix. Je n'y peux répondre sans y avoir mûrement réfléchi...

—Oh! Dieu! c'est la même réponse qu'à M. de Morangy!

—Non, non, ce n'est pas la même chose, répondit-elle d'une voix altérée. Mais votre présence ici peut faire naître bien des bruits ridicules. Si vous m'aimez vraiment, Lionel, vous allez me jurer de m'obéir.

—Je le jure par Dieu et par vous.

—Eh bien, partez sur-le-champ, et retournez à Bagnères; je vous jure à mon tour que, dans quarante heures, vous aurez ma réponse.

—Mais que deviendrai-je, grand Dieu! pendant ce siècle d'attente?

—Vous espérerez, lui dit Lavinia en refermant précipitamment la porte sur elle, comme si elle eût craint d'en dire trop.

Lionel espéra en effet. Il avait pour motifs une parole de Lavinia et tous les arguments de son amour-propre.

—Vous avez tort d'abandonner la partie, lui disait Henry en chemin; Lavinia commençait à s'attendrir. Sur ma parole, je ne vous reconnais pas là, Lionel. Quand ce n'eût été que pour ne pas laisser Morangy maître du champ de bataille... Allons! vous êtes plus amoureux de miss Ellis que je ne pensais.

Lionel était trop préoccupé pour l'écouter. Il passa le temps que Lavinia lui avait fixé enfermé dans sa chambre, où il se fit passer pour malade, et ne daigna pas désabuser sir Henry, qui se perdait en commentaires sur sa conduite. Enfin, la lettre arriva; la voici:

«*Ni l'un ni l'autre.* Quand vous recevrez cette lettre, quand M. de Morangy, que j'ai envoyé à Tarbes, recevra ma réponse, je serai loin de vous deux; je serai partie, partie à tout jamais, perdue sans retour pour vous et pour lui.

«Vous m'offrez un nom, un rang, une fortune; vous croyez qu'un grand éclat dans le monde est une grande séduction pour une femme. Oh! non, pas pour celle qui le connaît et le méprise comme je le fais. Mais pourtant ne croyez pas, Lionel, que je dédaigne l'offre que vous m'avez faite de sacrifier un mariage brillant et de vous enchaîner à moi pour toujours.

«Vous avez compris ce qu'il y a de cruel pour l'amour-propre d'une femme à être abandonnée, ce qu'il y a de glorieux à ramener à ses pieds un infidèle, et vous avez voulu me dédommager par ce triomphe de tout ce que j'ai souffert; aussi je vous rends toute mon estime, et je vous pardonnerais le passé si cela n'était pas fait depuis longtemps.

«Mais sachez, Lionel, qu'il n'est pas en votre pouvoir de réparer ce mal. Non, cela n'est au pouvoir d'aucun homme. Le coup que j'ai reçu est mortel: il a tué pour jamais en moi la puissance d'aimer; il a éteint le flambeau des illusions, et la vie m'apparaît sous son jour terne et misérable.

«Eh bien, je ne me plains pas de ma destinée; cela devait arriver tôt ou tard. Nous vivons tous pour vieillir et pour voir les déceptions envahir chacune de nos joies. J'ai été désabusée un peu jeune, il est vrai, et le besoin d'aimer a longtemps survécu à la faculté de croire. J'ai longtemps, j'ai souvent lutté contre ma jeunesse comme contre un ennemi acharné; j'ai toujours réussi à la vaincre.

«Et croyez-vous que cette dernière lutte contre vous, cette résistance aux promesses que vous me faites ne soit pas bien cruelle et bien difficile? Je peux le dire à present que la fuite me met à l'abri du danger de succomber: je vous aime encore, je le sens; l'empreinte du premier objet que l'on a aimé ne s'efface jamais entièrement; elle semble évanouie; on s'endort dans l'oubli des maux qu'on a soufferts; mais que l'image du passé se lève, que l'ancienne idole reparaisse, et nous sommes encore prêts à plier le genou devant elle. Oh! fuyez! fuyez, fantôme et mensonge! vous n'êtes qu'une ombre, et, si je me hasardais à vous suivre, vous me conduiriez encore parmi les écueils pour m'y laisser mourante et brisée. Fuyez! je ne crois plus en vous. Je sais que vous ne disposez pas de l'avenir, et que, si votre bouche est sincère aujourd'hui, la fragilité de votre cœur vous forcera de mentir demain.

«Et pourquoi vous accuserais-je d'être ainsi? ne sommes-nous pas tous faibles et mobiles? Moi-même, n'étais-je pas calme et froide quand je vous ai abordé hier? n'étais-je pas convaincue que je ne pouvais pas vous aimer? n'avais-je pas encouragé les prétentions du comte de Morangy? Et pourtant, le soir, quand vous étiez assis près de moi sur ce rocher, quand vous me parliez d'une voix si passionnée au milieu du vent et de l'orage, n'ai-je pas senti mon âme se fondre et s'amollir? Oh! quand j'y songe, c'était votre voix des temps passés, c'était votre passion des anciens jours, c'était vous, c'était mon premier amour, c'était ma jeunesse que je retrouvais tout à la fois!

«Et puis, à présent que je suis de sang-froid, je me sens triste jusqu'à la mort; car je m'éveille et me souviens d'avoir fait un beau rêve au milieu d'une triste vie.

«Adieu, Lionel. En supposant que votre désir de m'épouser se fût soutenu jusqu'au moment de se réaliser (et, à l'heure qu'il est, peut-être, vous sentez déjà que je puis avoir raison de vous refuser), vous eussiez été malheureux sous l'étreinte d'un lien pareil; vous auriez vu le monde, toujours ingrat et avare de louanges devant nos bonnes actions, considérer la vôtre comme l'accomplissement d'un devoir, et vous refuser le triomphe que vous en attendiez peut-être. Puis vous auriez perdu le contentement de vous-même en n'obtenant pas l'admiration sur laquelle vous comptiez. Qui sait! j'aurais peut-être moi-même oublié trop vite ce qu'il y avait de beau dans votre retour, et accepté votre amour nouveau comme une réparation due à votre honneur. Oh! ne gâtons pas cette heure d'élan et de confiance que nous avons goûtée ce soir; gardons-en le souvenir, mais ne cherchons pas à la retrouver.

«N'ayez aucune crainte d'amour-propre en ce qui concerne le comte de Morangy; je ne l'ai jamais aimé. Il est un des mille impuissants qui n'ont pu (moi aidant, hélas!) faire palpiter mon cœur éteint. Je ne voudrais pas même de lui pour époux. Un homme de son rang vend toujours trop cher la protection qu'il accorde, en la faisant sentir. Et puis je hais le mariage, je hais tous les hommes, je hais les engagements éternels, les promesses, les projets, l'avenir arrangé à l'avance par des contrats et des marchés dont le destin se rit toujours. Je n'aime plus que les voyages, la rêverie, la solitude, le bruit du monde, pour le traverser et en rire, puis la poésie pour supporter le passé, et Dieu pour espérer l'avenir».

Sir Lionel Bridgemont éprouva d'abord une grande mortification d'amour-propre; car, il faut le dire pour consoler le lecteur qui s'intéresserait trop à lui, depuis quarante heures il avait fait bien des réflexions. D'abord il songea à monter à cheval, à suivre lady Blake, à vaincre sa résistance, à triompher de sa froide raison. Et puis il songea qu'elle pourrait bien persister dans son refus, et que, pendant ce temps, miss Ellis pourrait bien s'offenser de sa conduite et repousser son alliance...

Il resta.

—Allons, lui dit Henry le lendemain en le voyant baiser la main de miss Margaret, qui lui accordait cette marque de pardon après une querelle assez vive sur son absence, l'année prochaine, nous siégerons au parlement.

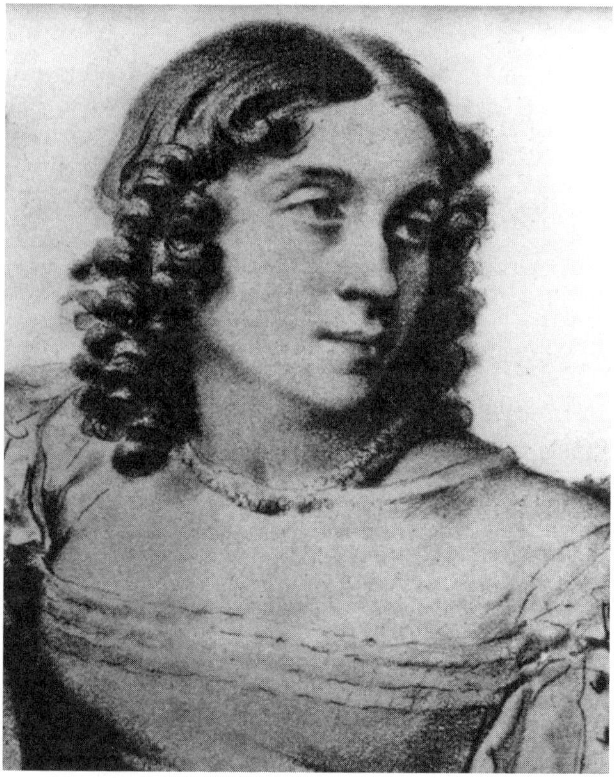

Marceline Desbordes-Valmore

(1786–1859)

Les femmes, je le sais, ne doivent pas écrire;
J'écris pourtant [...]
—Marceline Desbordes-Valmore, «Une lettre de femme»

Marceline Desbordes-Valmore, poète pour les poètes—dès son époque ils se répandent en éloges dithyrambiques à son sujet—et cependant femme poète méconnue, reléguée aux oubliettes des romantiques par l'histoire litté-

Marceline Desbordes-Valmore, dessin par C. Desbordes (Bibliothèque nationale de France)

raire et malheureusement trop peu lue aujourd'hui, lance le romantisme en poésie.

En effet, dans son recueil *Élégies, Marie et Romances,* publié en 1819, un an avant *Les Méditations* d'Alphonse de Lamartine et bien avant les premiers recueils des grands poètes romantiques Alfred de Vigny et Victor Hugo, c'est elle qui renouvelle la première les sources du lyrisme français en réinventant la tradition élégiaque. Pourtant l'histoire littéraire retient traditionnellement *Les Méditations* comme inaugurales, de même qu'elle attribue à Lamartine, à la suite du poète lui-même, la paternité du romantisme.

Poètes et critiques contemporains (Lamartine, Hugo, Vigny, Sainte-Beuve) apprécièrent en sa poésie ses accents passionnés, l'expression directe et spontanée de son âme embellie par ses souffrances d'amoureuse, par son existence humble et indigente d'épouse et de mère dévouée. Confondant ainsi le «je» lyrique et la personne de Desbordes-Valmore, ils la prirent pour l'héroïne romantique par excellence et sa poésie pour l'émanation, sans travail artistique, de sa vie de femme. Attitude critique consacrée peu de temps après sa mort par le poète Charles Baudelaire; lui qui n'aimait ni le naturel ni le romantisme la louera néanmoins en ces termes ambigus: «Si le cri, si le soupir naturel d'une âme d'élite, si l'ambition désespérée du cœur, si les facultés soudaines irréfléchies, si tout ce qui est gratuit et vient de Dieu, suffisent à faire le grand poète, Marceline Desbordes-Valmore est et sera toujours un grand poète. [...] Mme Desbordes-Valmore fut femme, fut toujours femme et ne fut absolument que femme; mais elle fut à un degré extraordinaire l'expression poétique de toutes les beautés naturelles de la femme» («Réflexions sur quelques-uns de mes contemporains», 1861). Poésie de femme, poésie pour femmes—bien des poèmes de Desbordes-Valmore furent publiés d'abord dans la presse féminine et dans des keepsakes, c'est-à-dire des albums de vers illustrés de gravures qu'il était de mode à l'époque romantique d'offrir comme souvenir—donc poésie estimée mineure et inférieure. Car la poésie était considérée comme un genre masculin (par contraste avec le roman, genre féminin) et chez les romantiques l'activité poétique était dépeinte en termes de sexualité virile. Dans son poème-réponse «À M. Alphonse de Lamartine», où elle emprunte ces stéréotypes à l'éloge en forme de poème que le poète venait de lui adresser, derrière son apparente humilité «féminine», Desbordes-Valmore met en question cette conception masculine de la poésie, se réclamant de valeurs poétiques autres. Aussi fut-elle pendant longtemps marginalisée dans l'histoire littéraire en simple illustration de «l'éternel féminin» (Baudelaire).

Inaugurale pour la poésie romantique, elle le fut également pour la poésie symboliste et enfin pour toute la poésie moderne grâce à la musicalité particulière de ses vers—d'une grande liberté métrique, la poésie de Desbordes-Valmore se rapproche de l'oral et du chant. Enthousiaste, Paul Verlaine, la juge digne de figurer parmi ses *Poètes maudits* (1886)—c'est la seule femme qu'il honore ainsi—lui rendant hommage tout spécialement pour son emploi de rythmes inusités, en particulier ces vers impairs qui jouent un rôle si capital dans sa propre poétique. Au XXe siècle, la musicalité des poèmes de Guillaume Apollinaire, Louis Aragon et Yves Bonnefoy doit aussi beaucoup à l'art original de Marceline Desbordes-Valmore.

D'origine pauvre, Marceline Desbordes naît en 1786 à Douai, fille d'un peintre en armoiries et ornements d'église et d'une femme du peuple. Dans la maison familiale elle connaît une petite enfance heureuse vers laquelle se retournera souvent avec nostalgie la femme adulte, comme vers une expérience idyllique de stabilité et de sécurité. Dans sa poésie, l'enfance, la maison natale, la ville et les paysages douaisiens deviendront de puissants symboles d'utopie. Du fait de la Révolution, son père perd son emploi et fait faillite, et vers 1797 sa femme le quitte pour un autre homme, emmenant avec elle Marceline, la plus jeune de ses quatre enfants. Pour survivre, sa mère la fait monter sur les planches, d'abord à Lille ensuite dans la région bordelaise, d'où elles embarquent pour la Guadeloupe où elle espère trouver la protection d'un riche cousin qui y possède une plantation. Elles arrivent en pleine révolte des Noirs. Le cousin est mort, son argent perdu, et une épidémie de fièvre jaune sévit. La mère de Marceline meurt, emportée par cette maladie.

Seule, sans argent ni famille, la jeune fille de seize ans réussit néanmoins à regagner la France en 1802, non sans avoir survécu à un tremblement de terre à la Guadeloupe et à une violente tempête pendant le voyage de retour. Elle rejoint son père et ses deux sœurs qui vivent dans la misère, puis, pour gagner sa vie, elle reprend sa carrière de comédienne et cantatrice, remportant de vifs succès à Lille, à Douai, à Rouen et dans d'autres villes de province, à l'Opéra-Comique et l'Odéon à Paris, et au Théâtre de la Monnaie à Bruxelles. Elle commence aussi à écrire: sa première publication en 1807, «Le Billet», est une *romance* (au XVIIIe siècle et à l'époque romantique, courte chanson à couplets sur un sujet sentimental et attendrissant), mise en musique par le compositeur belge Mées. À partir de 1813, elle collabore régulièrement à des keepsakes. C'est également une période mouvementée dans sa vie sentimentale: elle a trois liaisons, dont deux importantes qui donnent lieu à deux grossesses. En 1806 elle met au monde une fille qui mourra trois semaines plus tard. En 1810 elle donnera le jour au fils d'un certain Eugène Debonne, connu à Rouen. La famille de Debonne s'opposant à son mariage avec une actrice, fille mère de surcroît, elle rompt avec lui et élève seule leur fils qui mourra lui aussi en 1816. Femme indépendante aux mœurs plutôt libres pour l'époque, cette image est assez différente de la légende d'une Marceline Desbordes-Valmore sentimentale en proie à une grande passion douloureuse dont l'unique objet serait le poète Henri de Latouche, homme qu'elle n'aimera en réalité que bien plus tard, une fois mariée et après avoir publié ses premiers poèmes d'amour. Latouche serait le père de sa fille Ondine.

En 1817, elle épouse Prosper Lanchantin, dit Valmore, acteur d'un talent moyen, de sept ans son cadet. Ils auront quatre enfants, dont une, Junie, ne vivra que trois semaines. Ses deux autres filles, Inès et Ondine, et le fils d'Ondine, son seul petit enfant, mourront tous avant elle. Le couple se déplacera et déménagera sans cesse—à Paris, à Lyon, à Bordeaux, à Rouen, à Milan—en fonction de l'irrégularité de leurs finances et de la carrière d'acteur toujours précaire de Prosper. En 1823 Marceline renoncera au théâtre, se consacrant pleinement à ses enfants et à son écriture. Pour aider sa famille à subsister, elle vendra des poèmes et des romances, d'abord à la pièce puis en recueils (dont *Poésies*, 1820, 1822, 1830; *Les Pleurs*, 1833; *Pauvres fleurs*, 1839; *Bouquets et prières*, 1843), mais aussi des nouvelles (*Les Veillées des Antilles*, 1821; *Huit femmes*, 1845), trois romans, dont un autobiographique (*L'Atelier d'un peintre*, 1833) et un autre historique à propos de Marguerite de Navarre (*Violette*, 1839), et de nombreux contes pour enfants (*Contes en vers pour les enfants, Contes en prose pour les enfants, Livre des mères et des enfants*, tous de 1840; *Les Anges de la famille*, 1849; *Jeunes têtes et jeunes cœurs*, 1855). Son écriture lui vaudra également des pensions versées par l'état.

«J'aurais adoré l'étude des poètes et de la poésie; il a fallu me contenter d'y rêver comme à tous les biens de ce monde.» Parce que femme et pauvre, Marceline Desbordes-Valmore est privée d'instruction formelle. Dans ses lettres et ses œuvres, elle s'excuse souvent de son ignorance, de son manque d'éducation littéraire, de ses «mots impropres et mal placés». Sa culture lui vient essentiellement de la pratique. Elle apprend à écrire en copiant les livres de Fénelon et de La Fontaine. Elle apprend les grands classiques du théâtre français et fait l'apprentissage de l'alexandrin en jouant sur la scène (Molière, Racine...). La forme dialoguée de certains poèmes, ses inflexions parfois raciniennes (par exemple dans l'élégie de 1820 ci-dessous), se ressentent de cette expérience théâtrale. Grâce à sa carrière de cantatrice, l'opéra lyrique du XVIIIe siècle et le genre populaire de la romance enrichiront sa poésie en lui inculquant un sens très vif du rythme et de la musicalité. Des lectures abondantes et variées et la fréquentation des milieux littéraires complètent son éducation. Mais le manque d'une «sévère école» («À Madame A. Tastu», *Pauvres fleurs*) pour lui apprendre à écrire, tout en la marginalisant par rapport à la tradition culturelle dominante, la libère du poids de la rhétorique et des règles de la versification, favorisant son expérimentation et ses audaces formelles: mélange de mètres différents dans un même poème, emploi de mètres brefs, de vers impairs, de mots peu poétiques, du style de la conversation. «Je n'ai pas eu le temps de consulter un livre,/ Pour ciseler les cris dont mon sein se délivre;/ Mais qu'une plume reste à l'oiseau mutilé,/ Il s'en fait une rame à son port étoilé!» («À Madame A. Tastu»). Les impropriétés de sa «Plume de femme»—titre de la préface en forme de poème en prose de *Bouquets et prières*—se transforment ainsi en trouvailles, sources «d'inédites chansons» («Plus de chants», *Bouquets et prières*).

Atteinte d'un cancer, Desbordes-Valmore consacrera ce qui lui reste de forces à préparer pour la publication le recueil qui représente sans aucun doute la perfection de son art, *Poésies inédites* (1860), heureuse de savoir que ces poèmes paraîtront enfin après dix ans de recherches futiles pour trouver un éditeur. Elle meurt en 1859, peu de temps après avoir reçu un prix de l'Académie française.

Marceline Desbordes-Valmore légua à la postérité la plus remarquable œuvre poétique de femme depuis Louise Labé. D'une exceptionnelle diversité thématique, sa poésie élabore non seulement le sujet traditionnel de l'amour entre homme et femme, mais aussi l'enfance, la maternité et le maternel (le «je» poétique s'identifiant tantôt à la mère tantôt à l'enfant), l'amitié entre femmes (qu'elle fut l'une des premières à chanter), la nature (thème romantique majeur traité d'un point de vue féminin), la nostalgie du pays natal, la religion et la mort. Solidaire de tous les opprimés, elle écrit aussi des poèmes politiques, par exemple sur la répression sanglante des émeutes populaires à Lyon, qui lui vaudront l'admiration d'un Aragon, et elle vend certains de ces poèmes au bénéfice des victimes. Dans d'autres poèmes encore, elle explore les tensions inhérentes à sa situation de femme poète, poèmes qu'elle adresse souvent à d'autres poètes, hommes comme Lamartine ou femmes comme Louise Labé et sa contemporaine Amable Tastu. Elle se montre consciente, en effet, d'appartenir à une communauté de femmes poètes. Il est assez ironique, alors, que sa réputation ambiguë de «femme poète par excellence» ait fini par effacer de la mémoire culturelle l'apport des autres femmes poètes de son siècle.

À la tradition littéraire féminine, Desbordes-Valmore légua une poésie où s'inscrivent le corps et la sexualité de la femme et, puisée dans le rapport primordial entre mère et enfant, une poétique du lien, du don, de l'ouverture à l'autre, du refus des divisions et des catégories, des hiérarchies et des exclusions patriarcales, une poétique de l'éclatement fécond des formes closes. La créativité se donne chez elle comme transformation et métamorphose—de même qu'une chrysalide se mue en papillon, une femme peut devenir une fleur, une mère son enfant et l'enfant à son tour un oiseau—et les notions courantes d'identité s'en trouvent sérieusement ébranlées. Tout se joue dans le dialogue entre «je» et «tu», non plus sujet et objet mais sujets interchangeables.

Cette vision poétique féminine préside à la réinterprétation originale par Desbordes-Valmore de deux mythes très significatifs pour les femmes écrivains: le mythe féminin de Philomèle, femme violée puis privée de sa langue par son beau-frère pour l'empêcher de parler, mais qui trouve dans la broderie une parole alternative lui permettant de raconter l'histoire à sa sœur, avant d'être métamorphosée en rossignol (voir «Philomèle et les sœurs de Procné» et *Le Laüstic* de Marie de France [I]); et le mythe masculin de la femme-fleur, rose chantée par le poète pour sa beauté éphémère. Dépassant le cliché romantique du chant poétique spontané et naturel («elle a chanté comme l'oiseau chante», disait Sainte-Beuve de Desbordes-Valmore), les oiseaux, et le rossignol en particulier, figurent ici la femme poète, condamnée par la violence d'une culture patriarcale comme Philomèle à perdre la voix, mais inventant pour se dire à ses sœurs et pour les habiliter à agir et à s'exprimer à leur tour, une parole autre et féminine, parole qui revêt l'aspect, rassurant pour le patriarcat, de «pauvres petites broderies de femme» (lettre au poète Auguste Brizeux, 1853) et d'humble chanson. De même, la femme-rose, objet traditionnel de l'éloge poétique masculin, se transforme ici en femme-poète et femme-poème, inscription plurielle d'une sexualité féminine à la fois concrète et multiple, non limitée au seul rapport avec l'homme. Ces deux mythes convergent dans «Les Roses de Saadi» où, tel le rossignol qui sort de la tête de la jeune fille dans «La Voix perdue», les roses s'échappent des contraintes («les ceintures closes») et dans un élan de générosité s'envolent. Elles «chanteront» pour d'autres femmes écrivains, poètes comme Renée Vivien, qui les recevra et les perpétuera dans «Roses du soir», et Anna de Noailles, qui s'inspirera de l'exemple de Desbordes-Valmore pour sa peinture d'une nature abondante, nourricière, et sensuelle, mais aussi romancières comme Colette, qui mettra pareillement au centre de son œuvre la mère et la terre, un jardin maternel fleuri, univers assimilé à la Rose des Vents (*Sido*), nouvel avatar des roses valmoriennes.

Élégie[1]

Ma sœur, il est parti! ma sœur, il m'abandonne!
Je sais qu'il m'abandonne, et j'attends, et je meurs,
Je meurs. Embrasse-moi, pleure pour moi... pardonne...
Je n'ai pas une larme, et j'ai besoin de pleurs.
Tu gémis? Que je t'aime! Oh! jamais le sourire
Ne te rendit plus belle aux plus beaux de nos jours.
Tourne vers moi les yeux, si tu plains mon délire;
Si tes yeux ont des pleurs, regarde-moi toujours.
Mais retiens tes sanglots; il m'appelle, il me touche;
Son souffle en me cherchant vient d'effleurer ma bouche.
Laisse, tandis qu'il brûle et passe autour de nous,
Laisse-moi reposer mon front sur tes genoux.

Écoute! ici, ce soir, à moi-même cachée,
Je ne sais quelle force attirait mon ennui:
Ce n'était plus son ombre à mes pas attachée,
Oh! ma sœur, c'était lui!
C'était lui, mais changé, mais triste. Sa voix tendre
Avait pris des accents inconnus aux mortels,
Plus ravissants, plus purs, comme on croit les entendre
Quand on rêve des cieux aux pieds des saints autels.
Il parlait, et ma vie était près de s'éteindre.
L'étonnement, l'effroi, ce doux effroi du cœur,
M'enchaînait devant lui. Je l'écoutais se plaindre,
Et, mourante pour lui, je plaignais mon vainqueur.
Il parlait, il rendait la nature attentive;
Tout se taisait. Des vents l'haleine était captive;
Du rossignol ému le chant semblait mourir;
On eût dit que l'eau même oubliait de courir.

Hélas! qu'avait-il fait alors pour me déplaire?
Il gémissait, me cherchait comme toi.

1. Élégie: surtout à partir du romantisme, poème lyrique exprimant une plainte douloureuse et des sentiments mélancoliques. Depuis l'Antiquité, un des thèmes principaux du genre est l'amour malheureux.

Non, je n'avais plus de colère,
Il n'était plus coupable, il était devant moi.

Sais-tu ce qu'il m'a dit? des reproches... des larmes...
Il sait pleurer, ma sœur!
Ô Dieu! que sur son front la tristesse a de charmes!
Que j'aimais de ses yeux la brûlante douceur!
Sa plainte m'accusait; le crime... je l'ignore:
J'ai fait pour l'expliquer des efforts superflus.
Ces mots seuls m'ont frappée, il me les crie encore:
«Je ne te verrai plus!»

Et je l'ai laissé fuir, et ma langue glacée
A murmuré son nom qu'il n'a pas entendu;
Et sans saisir sa main ma main s'est avancée,
Et mon dernier adieu dans les airs s'est perdu.
Poésies, 1830[2]

La Jeune Châtelaine

«Je vous défends, châtelaine,
De courir seule au grand bois.»
M'y voici, tout hors d'haleine,
Et pour la seconde fois.
J'aurais manqué de courage
Dans ce long sentier perdu;
Mais que j'en aime l'ombrage!
Mon seigneur l'a défendu.

«Je vous défends, belle mie,
Ce rondeau vif et moqueur.»
Je n'étais pas endormie
Que je le savais par cœur.
Depuis ce jour je le chante;
Pas un refrain n'est perdu:

2. Poème daté de juillet 1820; publié d'abord dans les *Annales de la littérature et des arts* (1820), puis dans *Almanach des Muses, Almanach des Dames, Album des Poètes contemporains,* avant de figurer dans ce recueil.

Dieu! que ce rondeau m'enchante!
Mon seigneur l'a défendu.

«Je vous défends sur mon page
De jamais lever les yeux.»
Et voilà que son image
Me suit, m'obsède en tous lieux.
Je l'entends qui, par mégarde,
Au bois s'est aussi perdu:
D'où vient que je le regarde?
Mon seigneur l'a défendu.

Mon seigneur défend encore
Au pauvre enfant de parler;
Et sa voix douce et sonore
Ne dit plus rien sans trembler.
Qu'il doit souffrir de se taire!
Pour causer quel temps perdu!
Mais, mon page, comment faire?
Mon seigneur l'a défendu.
Poésies[3]

À M. Alphonse de Lamartine
(Extrait: v. 71–105)

Jamais, dans son errante alarme,
La PÉRI[4], pour porter aux cieux,

3. Poème paru pour la première fois dans *Psyché* (1826), ensuite dans *Kaléidoscope* et *Chansonnier des dames*. Cette romance a été mise en musique (pour piano et chant) par Pauline Duchambge et Dausse.

4. Dans la mythologie persane, être surnaturel, mâle ou femelle, descendu d'anges déchus et banni du paradis tant qu'il n'aura pas fait pénitence. Un ange annonce à une Péri que si elle rapporte à Dieu l'offrande qu'il chérit le plus, elle pourra regagner le paradis comme elle le souhaite. Ayant parcouru la terre à la recherche de ce don précieux, la Péri rapporte la dernière goutte de sang versée par un héros de guerre; ensuite c'est le dernier soupir d'une amante qui a préféré à l'abandon de son bien-aimé atteint de la peste la mort avec lui. Mais ces offrandes sont rejetées. Enfin elle aperçoit un pécheur endurci qui s'approche d'un enfant au moment où celui-ci s'agenouille pour faire sa

Ne puisa de plus humble larme
Que le pleur plein d'un triste charme
Dont tes chants ont mouillé mes yeux!

Mais dans ces chants que ma mémoire
Et mon cœur s'apprennent tout bas,
Doux à lire, plus doux à croire,
Oh! n'as-tu pas dit le mot gloire?
Et ce mot, je ne l'entends pas;

Car je suis une faible femme;
Je n'ai su qu'aimer et souffrir;
Ma pauvre lyre, c'est mon âme,
Et toi seul découvres la flamme
D'une lampe qui va mourir.

Devant tes hymnes de poète,
D'ange, hélas! et d'homme à la fois,
Cette lyre inculte, incomplète,
Longtemps détendue et muette,
Ose à peine prendre une voix.

Je suis l'indigente glaneuse
Qui d'un peu d'épis oubliés
A paré sa gerbe épineuse,
Quand ta charité lumineuse
Verse du blé pur à mes pieds.

Oui! toi seul auras dit:—Vit-elle?—
Tant mon nom est mort avant moi!
Et sur ma tombe, l'hirondelle
Frappera seule d'un coup d'aile
L'air harmonieux comme toi.

---

prière du soir. Tant d'innocence fait jaillir chez le pécheur des larmes de contrition, dont l'une, recueillie par la Péri, lui ouvre finalement les portes des cieux. L'Irlandais Thomas Moore raconta cette histoire du «Paradis et la Péri» dans le long poème narratif «Lalla Rookh» (1817).

Mais toi! dont la gloire est entière
Sous sa belle égide de fleurs,
Poète! au bord de ta paupière,
Dis vrai, sa puissante lumière
A-t-elle arrêté bien des pleurs?
Les Pleurs, 1833[5]

L'Impossible

On ne jette point l'ancre dans le fleuve de la vie.
Il emporte également celui qui lutte contre son cours et
celui qui s'y abandonne.
—Bernardin de Saint-Pierre

Qui me rendra ces jours où la vie a des ailes
Et vole, vole ainsi que l'alouette aux cieux,
Lorsque tant de clarté passe devant ses yeux,
Qu'elle tombe éblouie au fond des fleurs, de celles
Qui parfument son nid, son âme, son sommeil,
Et lustrent son plumage ardé[6] par le soleil!

Ciel! un de ces fils d'or pour ourdir ma journée,
Un débris de ce prisme aux brillantes couleurs!
Au fond de ces beaux jours et de ces belles fleurs,
Un rêve! où je sois libre, enfant, à peine née,

Quand l'amour de ma mère était mon avenir,
Quand on ne mourait pas encor dans ma famille,
Quand tout vivait pour moi, vaine petite fille!
Quand vivre était le ciel, ou s'en ressouvenir,

5. Vers écrits en février 1831, en réponse à un poème d'éloge, «À Madame Desbordes-Valmore», que le célèbre poète romantique Alphonse de Lamartine (1790–1869) venait de lui adresser. Dans son poème, Desbordes-Valmore adopte le même schéma strophique que Lamartine et reprend au poète l'image de la «pauvre barque» ballottée sur l'océan pour évoquer son destin ainsi que celle de «l'oiseau sans asile» qui va «glanant de ville en ville/ Les miettes du pain étranger» pour caractériser son chant poétique.

6. Brûlé.

Quand j'aimais sans savoir ce que j'aimais, quand l'âme
Me palpitait heureuse, et de quoi? Je ne sais;
Quand toute la nature était parfum et flamme,
Quand mes deux bras s'ouvraient devant ces jours... passés.
Les Pleurs

La Maison de ma mère
(Extraits: v. 1–32; 92–95)

Maison de la naissance, ô nid, doux coin du monde!
Ô premier univers où nos pas ont tourné!
Chambre ou ciel, dont le cœur garde la mappemonde,
Au fond du temps je vois ton seuil abandonné.
Je m'en irais aveugle et sans guide à ta porte,
Toucher le berceau nu qui daigna me nourrir;
Si je deviens âgée et faible, qu'on m'y porte!
Je n'y pus vivre enfant; j'y voudrais bien mourir;
Marcher dans notre cour où croissait un peu d'herbe,
Où l'oiseau de nos toits descendait boire, et puis,
Pour coucher ses enfants, becquetait l'humble gerbe,
Entre les cailloux bleus que mouillait le grand puits!

De sa fraîcheur lointaine il lave encore mon âme,
Du présent qui me brûle il étanche la flamme,
Ce puits large et dormeur au cristal enfermé,
Où ma mère baignait son enfant bien-aimé:
Lorsqu'elle berçait l'air avec sa voix rêveuse,
Qu'elle était calme et blanche et paisible le soir,
Désaltérant le pauvre assis, comme on croit voir
Aux ruisseaux de la bible une fraîche laveuse:
Elle avait des accents d'harmonieux amour,
Que je buvais du cœur en jouant dans la cour!

Ciel! où prend donc sa voix une mère qui chante,
Pour aider le sommeil à descendre au berceau?
Dieu mit-il plus de grâce au souffle d'un ruisseau?
Est-ce l'Éden rouvert à son hymne touchante,
Laissant sur l'oreiller de l'enfant qui s'endort,
Poindre tous les soleils qui lui cachent la mort?

Et l'enfant assoupi sous cette âme voilée,
Reconnaît-il les bruits d'une vie écoulée?
Est-ce un cantique appris à son départ du ciel,
Où l'adieu d'un jeune ange épancha quelque miel?

[...]

Depuis, mes jours rêveurs gardent leur blanc génie;
Toujours quand j'ai la fièvre il balance mon sort;
J'enferme sous mon front cet écho d'harmonie;
J'entends chanter ma mère et je ris à la mort!

[...]
Pauvres fleurs, 1839[7]

À Pauline Duchambge[8]

En ce temps-là je montais dans ta chambre
Causer une heure, et pleurer, et chanter;
Car nous chantions pour étourdir décembre:
Et puis nos pleurs coulaient de nous quitter.

Je te cherchais, comme par la campagne,
Quelque hirondelle, échappée aux autans[9],
Monte rapide au toit d'une compagne
Lui raconter ses secrets palpitants.

Tout ce qui tient dans un sort d'hirondelle:
L'orage en haut, la moisson sans chaleur.
Un nid qui tombe. Un message infidèle.
Un rendez-vous brisé par l'oiseleur.

Nous disions tout, l'une à l'autre sincère,
Larme pour larme et le cœur dans le cœur.

7. Poème de 135 vers, publié pour la première fois en 1834 dans le *Musée des familles,* il ouvre le recueil *Pauvres fleurs.*

8. Amie intime de Desbordes-Valmore, Pauline Duchambge était musicienne, célèbre sous l'Empire et sous la Restauration pour ses romances, dont beaucoup furent écrites sur les vers de son amie.

9. Poétique: les vents impétueux.

Si le bonheur est de croire, ô ma chère,
Qu'un toit si simple abrita de bonheur!

Et d'où venaient nos plaintes racontées;
Nos chants furtifs entravés de longs pleurs,
Nos peurs d'enfants gravement écoutées?
C'est que notre âge avait toutes ses fleurs!

Qui regardait sous mon aile blessée,
Le dard... celui qui me fait mal encor?
Qui doucement essuyait ma pensée
Du rêve amer qui fait aimer la mort?

Comme aujourd'hui, c'était toi, mon autre âme,
Lueur vivante éclairant mon chemin;
Ange gardien sous ton voile de femme
À qui Dieu dit: «Tenez-la par la main!»

Ô jours d'hier! ô jeunesse envolée,
Avant notre âme, autre oiseau gémissant,
Ouvrant à Dieu son aile d'exilée
Rougie au plomb qu'on lui tire en passant!

Posée à peine aux lieux où sonne l'heure,
Sais-tu quel seuil mon pied triste a tenté?
Tout seuil de Christ où chaque âme qui pleure,
A droit d'asile et d'hospitalité.

Le front baigné de soleil ou de bise,
Sans droit ni place au banquet étranger,
Je me sauvais dans les bras d'une église,
Seuls bras ouverts au malheur passager,

J'allais suspendre une heure à ces vieux dômes,
Où Dieu s'enferme et dit à tous: entrez!
Où le plain-chant des sonores fantômes
Crie en tous temps: «Frères, quand vous voudrez!»

J'allais verser nos humbles harmonies
Sur le sommeil étouffé des prisons,
Berçant, calmant les âcres insomnies,
Avec l'amour qui bat dans tes chansons.

J'étais, je suis la voyageuse encore,
Lasse d'absence et de tous les séjours,
Que de ta chambre indigente et sonore
L'écho tourmente et rappelle toujours!

Mon sort lancé vers l'étoile inconnue
Serrait sa chaîne à chaque mouvement;
Mes yeux rêveurs et mouillés sous la nue,
À ton rideau retournaient tristement.

Charme aimanté! lampe qui se consume!
Cœur oppressé de chants mélodieux!
Oh! sous ta cendre où l'ange se rallume,
M'attendras-tu pour nous enfuir aux cieux?

J'irai te prendre, attends! pauvre et chérie,
Dernier reflet de mon lointain doré,
Replie encor ton aile endolorie:
Toi, si tu meurs, je crois que je mourrai!
Pauvres fleurs

À celles qui pleurent

Vous surtout que je plains si vous n'êtes chéries;
Vous surtout qui souffrez, je vous prends pour mes sœurs:
C'est à vous qu'elles vont, mes lentes rêveries,
Et de mes pleurs chantés les amères douceurs.

Prisonnière en ce livre une âme est contenue:
Ouvrez, lisez: comptez les jours que j'ai soufferts:
Pleureuses de ce monde où je passe inconnue,
Rêvez sur cette cendre et trempez-y vos fers.

Chantez: un chant de femme attendrit la souffrance.
Aimez: plus que l'amour la haine fait souffrir.
Donnez: la charité relève l'espérance;
Tant que l'on peut donner on ne veut pas mourir!

Si vous n'avez le temps d'écrire aussi vos larmes,
Laissez-les de vos yeux descendre sur ces vers;

Absoudre, c'est prier. Prier, ce sont nos armes:
Absolvez de mon sort les feuillets entr'ouverts.

Pour livrer sa pensée au vent de la parole,
S'il faut avoir perdu quelque peu sa raison,
Qui donne son secret est plus tendre que folle:
Méprise-t-on l'oiseau qui répand sa chanson?
Bouquets et prières, 1843[10]

Une lettre de femme

Les femmes, je le sais, ne doivent pas écrire;
J'écris pourtant,
Afin que dans mon cœur au loin tu puisses lire
Comme en partant.

Je ne tracerai rien qui ne soit dans toi-même
Beaucoup plus beau:
Mais le mot cent fois dit, venant de ce qu'on aime,
Semble nouveau.

Qu'il te porte au bonheur! Moi, je reste à l'attendre,
Bien que, là-bas,
Je sens que je m'en vais, pour voir et pour entendre
Errer tes pas.

Ne te détourne point s'il passe une hirondelle
Par le chemin,
Car je crois que c'est moi qui passerai, fidèle,
Toucher ta main.

Tu t'en vas, tout s'en va! Tout se met en voyage,
Lumière et fleurs;
Le bel été te suit, me laissant à l'orage,
Lourde de pleurs.

10. Premier poème du recueil, sorte de dédicace de l'auteur à ses lectrices malheureuses. Incitation à la charité, ce poème est en même temps une justification de sa vocation littéraire et un appel discret au chant poétique chez ses lectrices.

Mais si l'on ne vit plus que d'espoir et d'alarmes,
Cessant de voir,
Partageons pour le mieux: moi, je retiens les larmes,
Garde l'espoir.

Non, je ne voudrais pas, tant je te suis unie,
Te voir souffrir:
Souhaiter la douleur à sa moitié bénie,
C'est se haïr.

Poésies inédites, 1860[11]

Les Roses de Saadi[12]

J'ai voulu ce matin te rapporter des roses;
Mais j'en avais tant pris dans mes ceintures closes
Que les nœuds trop serrés n'ont pu les contenir.

Les nœuds ont éclaté. Les roses envolées
Dans le vent, à la mer s'en sont toutes allées.
Elles ont suivi l'eau pour ne plus revenir.

La vague en a paru rouge et comme enflammée.
Ce soir, ma robe encore en est toute embaumée...
Respires-en sur moi l'odorant souvenir.

Poésies inédites[13]

11. Ce poème ouvre le recueil et la partie intitulée «Amour».

12. Poète persan du XIIIᵉ siècle, auteur du *Gulistan* (*Le Jardin des roses*). Dans la préface de ce livre, le poète évoque un sage qui a rêvé les roses dans son extase mystique et qui raconte ensuite: «J'avais dans l'esprit que, lorsque j'arriverais au rosier, j'emplirais un pan de ma robe, en cadeau à mes camarades. Lorsque je fus arrivé, l'odeur des roses m'enivra tellement, que le pan de ma robe m'échappa de la main.» Le poème le plus célèbre de Marceline Desbordes-Valmore, «Les Roses de Saadi» propose une interprétation originale de ce passage.

13. Poème rangé sous la rubrique «Amour».

La Voix perdue
(Ma fille Inès)

La jeune fille

Ma mère, entendez-vous, quand la lune est levée,
L'oiseau qui la salue en veillant sa couvée?
Ne fait-il pas rêver les arbres endormis?
Pourquoi chante-t-il seul! Il n'a donc pas d'amis?

La mère

Il en a! Des bannis il soulage la route;
Dans tous ces nids couchés on le bénit sans doute.
Il parle à quelque mère humble et pareille à moi,
À quelque enfant sauvage et charmant comme toi.

La jeune fille

Que je l'aime! Avec nous que je voudrais le prendre!
Tout ce qu'il chante à Dieu que je voudrais l'apprendre!
Lui, s'il voulait venir, heureux dans notre amour,
Nous lui ferions aimer le monde et le grand jour.

La mère

Il mourrait. Son destin est d'être solitaire;
De jeter ses sanglots, libre, entre ciel et terre;
D'attacher sa compagne, humble et pareille à moi,
À son doux nid sauvage et charmant comme toi!
On a dit qu'autrefois, au sein d'une famille,
Il vécut sous un front brûlant de jeune fille.
Cet être harmonieux aimait l'ombre et les fleurs;
Nul ne pouvait l'entendre et retenir ses pleurs.
Rossignol, il chantait aux errantes étoiles;
Jeune fille, il pleurait, dérobé sous ses voiles.

La jeune fille

Et la mère?

La mère

Était tendre et fière autant que moi
De son enfant sauvage et charmant comme toi!

La jeune fille

Après?...

La mère

De ce front pâle où frissonnaient ses ailes
L'oiseau voulait sortir et s'envoler par elles.
Un jour, forçant le voile où gémissait sa voix,
Il emporta le timbre et s'enfuit dans les bois.

La jeune fille

Après?...

La mère

L'enfant rêveur n'aima plus qu'en silence,
Cherchant toujours le saule ou l'oiseau se balance.

La jeune fille

Et la mère?

La mère

Suivit, tendre et pareille à moi,
Son doux enfant muet et charmant comme toi!

Poésies inédites[14]

La Couronne effeuillée

J'irai, j'irai porter ma couronne effeuillée
Au jardin de mon père où revit toute fleur;
J'y répandrai longtemps mon âme agenouillée:
Mon père a des secrets pour vaincre la douleur.

J'irai, j'irai lui dire, au moins avec mes larmes:
«Regardez, j'ai souffert...» il me regardera,
Et sous mes jours changés, sous mes pâleurs sans charmes,
Parce qu'il est mon père il me reconnaîtra.

14. Poème paru d'abord dans le *Musée des familles* (1850), il figure dans la partie du recueil intitulée «Famille». Inès avait une voix très douce qui, comme celle de sa mère, «faisait pleurer». Sa voix s'éteignant progressivement sous l'effet de la tuberculose, elle faisait de vains efforts pour chanter. Elle mourut en 1846 à l'âge de vingt et un ans; sa mère l'avait veillée pendant sa longue agonie.

Il dira: «C'est donc vous, chère âme désolée!
La terre manque-t-elle à vos pas égarés?
Chère âme, je suis Dieu: ne soyez plus troublée;
Voici votre maison, voici mon cœur, entrez!»

Ô clémence! ô douceur! ô saint refuge! ô père!
Votre enfant qui pleurait vous l'avez entendu!
Je vous obtiens déjà puisque je vous espère
Et que vous possédez tout ce que j'ai perdu.

Vous ne rejetez pas la fleur qui n'est plus belle,
Ce crime de la terre au ciel est pardonné.
Vous ne maudirez pas votre enfant infidèle,
Non d'avoir rien vendu, mais d'avoir tout donné.
Poésies inédites[15]

Que mon nom ne soit rien...

Que mon nom ne soit rien qu'une ombre douce et vaine,
Qu'il ne cause jamais ni l'effroi ni la peine!
Qu'un indigent l'emporte après m'avoir parlé
Et le garde longtemps dans son cœur consolé!
Poésies inédites

15. Première publication en 1850 dans les *Confidences poétiques* sous le titre «Ferveur». Seconde en 1856, sous le titre «Refuge». Comme le poème suivant, celui-ci figure dans la partie de *Poésies inédites* intitulée «Foi».

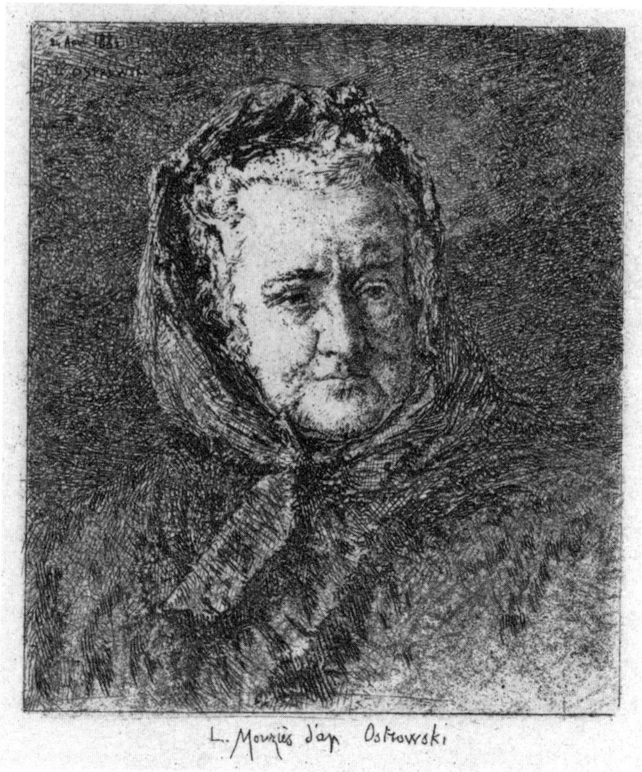

Louise Ackermann

(1813–1890)

Louise Ackermann, auteur de plusieurs volumes de poésies, de contes et de textes autobiographiques, est peut-être la plus douée et la plus intéressante des femmes poètes méconnues du XIXe siècle. Originale par l'inspiration philosophique et scientifique d'une œuvre empreinte de pessimisme, elle apparaît comme l'une des grandes révoltées de l'époque.

Née Victorine Choquet à Paris de parents d'origine picarde, Louise Ackermann passa son enfance et son adolescence à la campagne où sa famille

---

Louise Ackermann, L. Mouziès [Mouriès?] d'après Ostrovsky
(*Poésies*, Paris: Alphonse Lemerre, 1885; Harvard College Library)

s'était retirée. Ce fut une période studieuse et solitaire. Elle ne semble avoir eu de vraies affinités qu'avec son père, voltairien dont la bibliothèque toute classique—Molière, La Fontaine, Racine, Corneille—fournissait la matière aux soirées de lecture familiale. Il l'encouragea à lire et à étudier et, quand l'adolescente traversa une crise de mysticisme au moment de sa première communion, à laquelle sa mère l'avait soumise par respect des convenances mondaines, il s'occupa à la ramener à son irréligion native. Elle épuisa bientôt la bibliothèque paternelle. De Voltaire elle passa à Platon, de Platon à Buffon dont elle dévora surtout les *Époques de la nature* (1749–89). En même temps, elle commença à écrire des poèmes. Pour la «bourgeoise sensée» (*Ma Vie*, 1874) qu'était sa mère, ce fut le comble. Ses livres lui furent retirés; elle en tomba malade. Sur les instances d'une cousine, seule alliée féminine dans sa famille, sa mère finit par accepter de favoriser ses talents et elle fut mise en pension à Paris (1829–32). Là, cette jeune fille farouche, surnommée «l'ourson» par ses compagnes, découvre le romantisme, étudie l'anglais et l'allemand, lit Shakespeare, Shelley, Lamartine, Byron, Goethe, Schiller. Elle continue à faire des vers dont certains seront publiés plus tard dans *Premières poésies* (1874); son professeur de littérature en est parfois si enchanté qu'il les porte «tout chauds» à Victor Hugo. «Le grand poète lui-même n'a pas dédaigné de donner des conseils sur le rythme à la pensionnaire; je ne les ai jamais oubliés. [...] Tout le monde était alors d'accord pour me prédire un bel avenir littéraire», écrira-t-elle dans *Ma Vie*.

Pourtant ce n'est qu'en 1855 qu'elle publiera sa première œuvre, des *Contes* en vers et non des poèmes proprement dits, et pendant longtemps elle abandonnera pour son propre compte et études et création. En fait, sa vie illustre avec une netteté exemplaire les facteurs sociaux et les ambiguïtés qui, au XIXe siècle en France, brimèrent chez les femmes l'activité littéraire, et avant tout la création poétique.

Tout d'abord, solitude de la femme écrivain à qui il manque un soutien et des modèles féminins positifs. Revenue à la campagne, la jeune Victorine vit à l'écart, enfermée avec ses livres, incomprise de sa mère et de ses sœurs, pour qui le travail à l'aiguille, le ménage, et les réunions mondaines sont les vraies occupations d'une femme. Solitude accrue, peu de temps après son retour, par la mort de son père: les préjugés familiaux contre les «gens de lettres» l'emportent alors sur leur penchant évident pour la littérature et les relations littéraires lui sont interdites. «Privée de tout conseil et de tout encouragement dans mes tentatives poétiques, je renonçai à la composition sans rien perdre toutefois de mon amour pour la poésie» (*Ma Vie*).

Ces mêmes préjugés mineront les effets d'une année d'études à Berlin, dans une institution modèle pour jeunes filles. Quoiqu'elle en revienne «complètement germanisée» et entièrement séduite par la passion des Allemands pour les questions philosophiques et littéraires, elle ne peut toutefois se donner elle-même à l'écriture, car elle a intériorisé la vision sociale, transmise essentiellement par sa mère, de la «femme de lettres», cette «construction idéologique et fantasmatique» du XIXe siècle (Christine Planté, *La Petite Sœur de Balzac*). «Les femmes qui écrivent sont, hélas! naturellement disposées à se laisser aller à de déplorables écarts de conduite», affirme-t-elle sans ambages dans *Ma Vie*. «Un pareil danger effrayait ma mère. C'est donc à elle que je dois de ne pas être devenue *de lettres*. Je ne saurais lui en avoir trop de reconnaissance.» Assimilation entre femme qui écrit et «femme de lettres» qui condamnera d'abord, selon les critères de son temps, mais toujours au nom de la pudeur et de la morale, l'écriture, et ceci sous la plume d'une des plus grandes iconoclastes de son époque. La morale la plus austère et les propos les plus conservateurs sur le rôle—domestique et conjugal—dévolu à la femme ne cesseront d'alterner chez elle avec une attitude de révolte donnant lieu à des spéculations philosophiques hardies, voire blasphématoires, et à une volonté certaine de transgresser les limites imposées à son sexe. Ce sont de violents «cris de révolte» («Mon Livre») qu'on entend dans ses poèmes les plus puissants et les plus originaux.

Deux ans après son premier séjour allemand, sa mère étant morte et ses sœurs mariées, elle retourne à Berlin. Là, la jeune femme qui avait renoncé à l'amour («Si l'amour n'est qu'erreur et souffrance,/ Un cœur peut être fier de n'avoir point aimé», «Le Renoncement», 1841), rencontre Paul Ackermann, philologue français distingué, homme aussi austère et aussi studieux qu'elle. Le mariage est célébré en 1843, au temple comme à l'ambassade, par convenance plutôt que par conviction religieuse. Ce mariage, que Louise Ackermann déclare «exquis» (*Ma Vie*), est pourtant fondé sur une dissimulation et un sacrifice qui soulignent à nouveau la situation malaisée et contradictoire de la femme écrivain au XIXe siècle, même lorsque celle-ci est apparemment assortie à une âme sœur. Ainsi, dans *Ma Vie*, elle avoue: «Je m'attachai extrêmement à mon mari. Abandonnant mes propres études, lesquelles n'avaient jamais été pour moi que le remplissage d'une existence vide, je me consacrai tout entière à ses travaux et lui devins une aide précieuse. [...] Quant à ma poésie personnelle, il n'en était plus question. Mon mari a toujours ignoré que j'eusse fait des vers; je ne lui ai jamais parlé de mes anciens exploits poétiques. [...] La vraie raison de mon silence, c'est que je tenais extrêmement à sa considération. Or, il ne faut pas se le dissimuler, la femme qui rime est toujours plus ou moins ridicule.» Dans *Pensées d'une solitaire* (1882), recueil de pensées philosophiques et morales et d'aphorismes extraits de son journal intime (1849–69), à la crainte du ridicule elle ajoute celle de l'impudeur, faisant sienne encore la perspective masculine: «Mon mari n'eût pas souffert que sa femme se décolletât, à plus forte raison lui eût-il défendu de publier des vers. Écrire, pour une femme, c'est se décolleter; seulement il est peut-être moins indécent de montrer ses épaules que son cœur.»

Le mariage dura moins de trois ans. Paul Ackermann mourut en 1846, à l'âge de 34 ans. La veuve se retira alors à Nice où elle acheta un domaine solitaire, ancien monastère—cellules comprises—auquel elle fit ajouter une tour avec une vue superbe. Là, à l'écart de tous, elle reprit peu à peu ses études et ses lectures, et finalement la poésie, d'abord dans des *Contes* d'amour chaste et conjugal rédigés au masculin—«Si mon héros est trop joli garçon,/ J'en suis *fâché*»—«à la gauloise», c'est-à-dire en puisant dans ce vieux français que Paul lui avait appris à aimer. Mais même cette littérature, à usage personnel et vouée tout entière au souvenir discret du mariage, est ressentie comme une «inconvenance» (*Ma Vie*). Pour la femme qui écrit, ce n'est ni le contenu ni la publication qui constitue la véritable transgression: c'est le fait même de prendre la plume.

Les lectures scientifiques qu'elle fit pendant sa longue réclusion à Nice—théories de l'évolution et de la transformation des forces—lui parurent une source nouvelle de poésie et lui permirent de consolider une vision pessimiste de la condition humaine qui s'était fait jour dès ses premiers poèmes. Dans «L'Homme» (1830) elle écrivait déjà: «Léger grain de poussière/ Que le néant a rejeté,/ Ta vie est un jour sur la terre,/ Tu n'es rien dans l'immensité! [...] Jouet de la douleur, tu naquis pour souffrir. [...] Tu demandes en vain à toute la nature/ Ce bonheur que jadis l'espoir te promettait [...]». Sentiment de l'absurde avant la lettre ou conscience romantique de l'aspiration de l'humanité, et particulièrement de l'artiste, à un idéal à jamais inaccessible, le désenchantement domine son œuvre. La philosophie allemande (Schopenhauer, Hegel), les théories de Darwin, et le positivisme (philosophie d'Auguste Comte) amplifient et articulent ce pessimisme, surtout dans les *Poésies philosophiques* (1871, 1874, reprises et augmentées de poèmes nouveaux dans *Œuvres de Louise Ackermann*, 1885). Dans ce recueil, la dialectique entre les aspirations humaines et le néant aboutit enfin à une synthèse: la grandeur humaine consiste à aimer, malgré la vie éphémère et la mort qui sépare et, pour l'artiste surtout, à poursuivre l'idéal, seule manière de trouver un refuge contre les misères de ce monde et d'entrevoir, au moins, l'infini. Ackermann rejette la religion avec violence; devant l'angoisse existentielle son athéisme austère ne cède jamais.

Si les critiques élogieuses des *Poésies philosophiques* par l'influent Barbey d'Aurevilly (1873) et par le philosophe Elme-Marie Caro (1874) assurèrent à Louise Ackermann une certaine renommée dans l'immédiat, sa notoriété fut de courte durée et sa production poétique passa à la longue inaperçue. La poésie étant considérée au XIXe siècle comme un genre masculin, il n'est pas étonnant que cette femme poète, écrivant qui plus est en marge du romantisme et en dehors des sujets et des règles consacrés, ait été méconnue par la culture officielle de son temps. Trois ans après la mort d'Ackermann, Louise d'Alq (pseudonyme d'Alquié de Rieupeyroux) note dans son *Anthologie féminine* que ses ouvrages sont «peu répandus, d'abord parce qu'ils sont peu nombreux, et peut-être aussi parce qu'il fut peu parlé d'elle». Pour sa part, Ackermann précise dans *Ma Vie:* «Le poète qu'on n'écoute pas finit par se taire. Je me taisais donc ou à peu près. Entre une pièce et l'autre, il y avait souvent des années de silence.» Au XXe siècle, à l'exception d'une étude de 1906, il ne fut guère non plus parlé d'elle. Depuis 1998 seulement, des études sérieuses de sa poésie commencent à paraître. Elles participent aux efforts féministes pour faire (ré)intégrer dans la tradition littéraire du XIXe siècle des femmes poètes oubliées «par les multiples instances qui décident de la reconnaissance littéraire, de la constitution et de la transmission du patrimoine poétique national» (Planté, *Femmes poètes du XIXe siècle: Une anthologie,* 1998), telles Amable Tastu, Delphine Gay, Elisa Mercœur, Louise Colet, Malvina Blanchecotte, Louisa Siefert, et Marie Krysinska (voir aussi les études de Schultz, Greenberg, Paliyenko, Jenson...).

Ackermann elle-même semble avoir ignoré l'existence d'une tradition littéraire féminine, car ses grands maîtres sont des hommes: en poésie, La Fontaine, Vigny, Musset surtout. Si elle dédie quelques poèmes à des femmes, comme sa contemporaine Daniel Stern (pseudonyme de Marie d'Agoult), et si elle fait l'éloge de Sapho («Deux vers d'Alcée»), elle considère George Sand comme «un enfant terrible» qui met tout «sens dessus dessous» (*Pensées d'une solitaire*). Joint aux préjugés ambiants contre la femme de lettres, le manque de références féminines, situation courante parmi les femmes écrivains du XIXe siècle, ne pouvait qu'ajouter à la difficulté de s'assumer en tant que *femme* poète. D'une part, ses réflexions sur son art sont minées par les stéréotypes de la féminité qu'elle a assimilés. Ainsi, modeste comme il se doit, elle étaye le cliché que les femmes écrivent avec facilité, mais sans art: «Mon vers, hélas, a l'humeur vagabonde;/ Ne lui parlez pas d'entraves seulement./ Un peu de rime, encor Dieu sait comment!/ [...] Ruisseau furtif, je le laisse courir [...]» («Pensées diverses» V, *Contes et poésies,* 1863). D'autre part, elle a du mal à faire émerger de son discours poétique une voix à la fois originale et authentiquement féminine, car la parole puissante et majestueuse qu'elle adopte est étiquetée «virile». Ainsi, elle s'identifie à Apollon, figure de l'artiste, poursuivant Daphné, l'idéal («Daphné»), et elle assume la «tâche virile» du poète révolté («Ô Nature! bientôt...»). Elle rejette, d'ailleurs, le lyrisme personnel, «la poésie subjective», comme «un signe d'étroitesse intellectuelle» (*Pensées d'une solitaire*).

Brouillage des rôles sexuels qui conduit la critique, lorsqu'elle se montre favorable, à des louanges ambiguës: «De la femme, chez elle, intellectuellement et moralement, il n'y en a plus [...] Mme Ackermann [...] est parvenue à tuer son sexe en elle et à le remplacer par quelque chose de neutre et d'horrible, mais de puissant» (Barbey d'Aurevilly, *Les Poètes,* 1893). Prodige et monstre, ni homme ni femme, effrayante anomalie que l'auteur du seul livre sur elle, Marc Citoleux, s'efforce de réhabiliter—«en dépit d'elle-même et de la critique»—en la ramenant à une féminité banale: «on ne remarquait pas une sensibilité que dissimulait si bien la philosophie; et tout heureux de préférer le paradoxe à la banalité, on accordait à cette femme l'âme d'un homme» (*La Poésie philosophique au XIXe siècle, Mme Ackermann,* 1906). Il insiste: «Mme Ackermann fut femme et très femme; et, si elle devint pessimiste, elle le doit moins à ses méditations philosophiques qu'aux chagrins intimes d'une enfance solitaire et d'un veuvage prématuré» («Mme Louise Ackermann», 1933).

Dans un tel contexte on peut mieux apprécier ce que l'affirmation de soi en tant que *femme poète* dans «Mon Livre» a de remarquable. Écrit en 1874 et placé en tête d'une nouvelle édition des *Poésies philosophiques,* «Mon Livre» forme avec le dernier poème du recueil, «Le Cri» (1871), une sorte de testament poétique. Comme *Ma Vie,* écrite la même année, «Mon Livre» est sans doute aussi la réfutation par Ackermann de lectures de sa poésie telles que celles de Barbey d'Aurevilly et de Caro, lesquels, aveuglés par les stéréotypes du genre, ne surent célébrer la poète qu'en termes d'énigme sexuelle, de monstre. Dans «Le Cri», le «je» du personnage qui sombre avec les autres naufragés de «la nef humaine» appartient déjà à une femme. À la différence de ses «pâles compagnons [...] silencieux», elle refuse de subir, «muette et résignée», son engloutissement. Suprême affirmation de la puissance et de la légitimité de sa parole féminine, cette femme solitaire se fait, en sa révolte, la voix de l'humanité entière:

Afin qu'elle éclatât d'un jet plus énergique,
J'ai, dans ma résistance à l'assaut des flots noirs,
De tous les cœurs en moi, comme en un centre unique,
Rassemblé tous les désespoirs.

[...] Ah! c'est un cri sacré que tout cri d'agonie;
Il proteste, il accuse au moment d'expirer.
Et bien, ce cri d'angoisse et d'horreur infinie,
Je l'ai jeté; je puis sombrer!

Développant le motif romantique de la tempête comme reflet des tourments de l'âme, elle projette déjà une nouvelle image de la femme poète, celle de philosophe rebelle, ni *bas-bleu* ridicule et monstrueux, ni amante sentimentale et dolente. «Le Cri» représente donc une première tentative pour échapper à l'alternative qui conditionne la réception de ses œuvres par ses contemporains masculins. Il reviendra à «Mon Livre» d'achever la transformation de ce cri en œuvre littéraire de femme et d'accomplir la métamorphose de cette voix en celle de la femme poète.

Signant ses œuvres d'un prénom féminin choisi par elle-même et du nom de son mari défunt—choix impensable du vivant de celui-ci, tant l'écriture d'une femme portait atteinte à l'honneur du nom familial—Louise Ackermann a enfin pu échapper aux limites idéologiques de son sexe pour s'inventer un rôle et une identité poétiques.

Mon Livre

Je ne vous offre plus pour toutes mélodies
Que des cris de révolte et des rimes hardies.
Oui! Mais en m'écoutant si vous alliez pâlir?
Si, surpris des éclats de ma verve imprudente,
Vous maudissiez la voix énergique et stridente
Qui vous aura fait tressaillir?

Pourtant, quand je m'élève à des notes pareilles,
Je ne prétends blesser les cœurs ni les oreilles.
Même les plus craintifs n'ont point à s'alarmer;

L'accent désespéré sans doute ici domine,
Mais je n'ai pas tiré ces sons de ma poitrine
Pour le plaisir de blasphémer.

Comment? la Liberté déchaîne ses colères;
Partout, contre l'effort des erreurs séculaires,
La Vérité combat pour s'ouvrir un chemin;
Et je ne prendrais pas parti dans ce grand drame?
Quoi! ce cœur qui bat là, pour être un cœur de femme,
En est-il moins un cœur humain?

Est-ce ma faute à moi si, dans ces jours de fièvre,
D'ardentes questions se pressent sur ma lèvre?
Si votre Dieu surtout m'inspire des soupçons?
Si la Nature aussi prend des teintes funèbres,
Et si j'ai de mon temps, le long de mes vertèbres,
Senti courir tous les frissons?

Jouet depuis longtemps des vents et de la houle,
Mon bâtiment fait eau de toutes parts; il coule.
La foudre seule encore à ses signaux répond.
Le voyant en péril et loin de toute escale,
Au lieu de m'enfermer tremblante à fond de cale,
J'ai voulu monter sur le pont.

À l'écart, mais debout, là, dans leur lit immense
J'ai contemplé le jeu des vagues en démence.
Puis, prévoyant bientôt le naufrage et la mort,
Au risque d'encourir l'anathème ou le blâme,
À deux mains j'ai saisi ce livre de mon âme,
Et l'ai lancé par-dessus bord.

C'est mon trésor unique, amassé page à page.
À le laisser au fond d'une mer sans rivage
Disparaître avec moi je n'ai pu consentir.

En dépit du courant qui l'emporte ou l'entrave,
Qu'il se soutienne donc et surnage en épave
Sur ces flots qui vont m'engloutir!

Paris, 7 janvier 1874
Poésies philosophiques[1]

1. «Mon Livre», premier poème de l'édition de 1874, fait pendant au «Cri», le poème final, et situe l'ensemble du recueil dans le cadre de cette nouvelle image de la femme poète philosophe. À l'instar d'une préface ou autre texte liminaire, «Mon Livre» cherche explicitement à négocier la relation entre la poète et les conventions littéraires. L'expression poétique du *mal du siècle,* de la dissidence philosophique, religieuse et politique, proteste Ackermann, n'est pas réservée aux hommes; elle peut tout aussi bien avoir son origine dans un cœur et un corps de femme, sans pour autant tomber dans le stéréotype de la sensibilité féminine. Ce poème développe en effet des motifs romantiques qu'on trouve d'habitude dans la poésie masculine: la tempête à l'image des troubles de l'âme du poète; la mer et le ciel, figures de l'infini; la nef ballottée par la houle, symbole de la condition humaine. Autant qu'une nouvelle image de la femme poète, Ackermann propose une nouvelle représentation de la féminité (voir aussi Schultz, *The Gendered Lyric,* 41).

XXe–XXIe Siècles

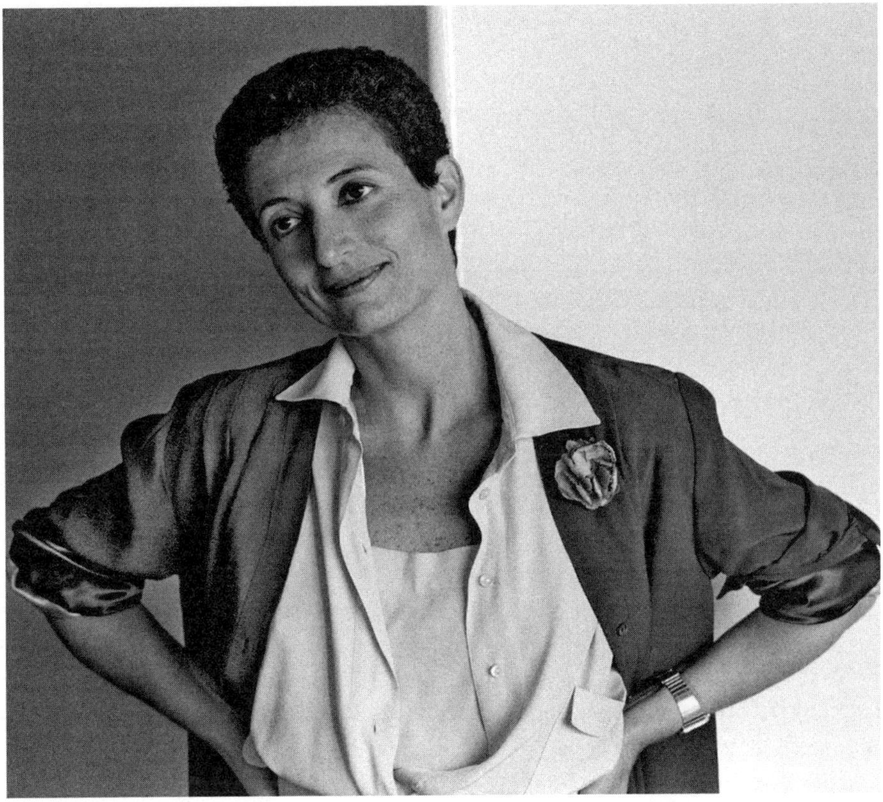

Hélène Cixous

(1937–)

Qu'ils tremblent, les prêtres, on va leur *montrer* nos sextes!
—Hélène Cixous, «Le Rire de la Méduse»

la phrase-femelle, la phrase-mère, avançait, l'âme tendue à travers l'obscurité, vers la phrase, [...] la phrase n'avait jamais été aussi simple et belle et claire et facile à lire dans la nuit, et il ne lui manquait plus que la voix hirondelle, [...] il ne manquait plus à la phrase que le souffle de sa voix délivrée [...].
—Hélène Cixous, *Limonade tout était si infini*

Hélène Cixous (photo Sophie Basouls, Agence Sygma/ Corbis)

En 1975, au moment où les féminismes français sont en plein essor et où des œuvres novatrices de femmes écrivains de langue française commencent à envahir la scène littéraire, Hélène Cixous lance son essai-manifeste explosif, «Le Rire de la Méduse» et publie un texte complémentaire capital, «Sorties» (*La Jeune née*), dans lesquels elle exhorte les femmes à sortir du silence et à (s')écrire et articule pour la première fois la notion de *l'écriture féminine*. Pratique révolutionnaire appelée avec urgence, cette écriture, en faisant parler *l'autre*—le refoulé de la culture, le féminin, le corps, la jouissance et l'inconscient de la femme—va, selon Cixous, rendre possible une transformation du monde. Elle va renverser l'ordre des «prêtres»: le patriarcat, l'Ordre symbolique ou ordre du discours qui est régi par le Nom/Non du Père, qui coupe le lien avec la mère et avec le maternel, qui est «phallocentrique». Ces «sextes» de femme vont détrôner le phallus de sa position de «signifiant transcendantal» (terme mis en circulation par le psychanalyste Jacques Lacan) et instaurer une utopie fondée sur le principe de l'amour de l'autre.

Révision radicale d'un point de vue féministe de la pensée contemporaine, la théorie de *l'écriture féminine* est le fruit d'un dialogue critique chez Hélène Cixous entre la ferveur féministe des années soixante-dix et les grands courants intellectuels français de l'époque inspirés par des hommes penseurs: le structuralisme (Lévi-Strauss, Mauss), le post-structuralisme de Roland Barthes, la philosophie de la déconstruction et surtout la notion de *différance* de Jacques Derrida, la philosophie de Hegel, de Heidegger, de Gilles Deleuze, de Georges Bataille, et la psychanalyse freudienne de Lacan. Elle s'inscrit ainsi dans une série de tentatives de femmes au milieu des années soixante-dix pour explorer les rapports entre leur sexualité et l'écriture en relation avec—ou en réaction contre—des références intellectuelles masculines: *Parole de femme* d'Annie Leclerc (1974), *Speculum de l'autre femme* (1974) et *Ce Sexe qui n'en est pas un* (1977) de Luce Irigaray, *La Révolution du langage poétique* (1974), «La femme, ce n'est jamais ça» (1974), «Unes femmes» (1975) et *Polylogue* (1977) de Julia Kristeva, des romans et des réflexions sur l'écriture de Marguerite Duras et de Chantal Chawaf, des articles publiés dans des revues féministes telles que *Les Cahiers du GRIF* et *Sorcières*. La théorie de *l'écriture féminine* de Cixous a eu un retentissement énorme dans le monde entier, donnant droit de cité à maintes œuvres expérimentales de femmes, et elle continue encore à susciter des débats dans les milieux féministes. Cixous est universellement reconnue comme une des grandes théoriciennes du féminisme.

De même que Simone de Beauvoir dans *Le Deuxième sexe* (1949), Hélène Cixous dérange et provoque, ne se tient pas à sa place, d'où son emplacement anachronique dans ces pages, au seuil du XXe siècle, comme Beauvoir a servi de pré-texte à un parcours qui débute au Moyen Âge. De même que Beauvoir, Cixous interroge la place de la femme comme *autre,* mais à l'encontre de Beauvoir, elle met l'accent non sur l'égalité entre les sexes mais sur la *différence sexuelle,* revendiquant précisément l'altérité de la femme—calquée non pas sur le modèle patriarcal de l'opposition et de la subordination de l'autre mais sur un modèle féminin-maternel, intra-utérin—comme une spécificité subversive de l'ordre en place, ordre du Même. Cixous va faire de cette différence le site à partir duquel peuvent se déconstruire les structures oppressives de la pensée patriarcale. Ce faisant, elle théorise des pratiques d'écrivaines antérieures (que l'on songe seulement à Desbordes-Valmore qui la précède de plus d'un siècle ou, plus près d'elle, à Anna de Noailles, sans doute méconnue par Cixous grâce aux effets néfastes de l'étiquette trivialisante de «poésie féminine» et à l'oubli auquel elle fut consignée par une critique notoirement misogyne), même si elle-même ne reconnaît que Colette et Duras pour des écrivaines ayant déjà inscrit «de la féminité» («Le Rire de la Méduse»). Les extraits suivants du «Rire de la Méduse» permettront donc de poser quelques jalons, de baliser ces XXe et XXIe siècles, et d'éclairer en même temps rétrospectivement les tentatives d'écrivaines du passé pour sortir du paradigme patriarcal par le biais d'un modèle féminin-maternel.

Extrêmement prolifique, Hélène Cixous a produit un corpus textuel immense (plus de cinquante livres), novateur et multiforme: critique littéraire, romans, théâtre, écriture autobiographique, proses poétiques, essais poético-théoriques, où elle déploie une vaste culture humaniste (références mythologiques, littéraires classiques et modernes) et remet en question les séparations entre les genres littéraires. Et elle continue à écrire. S'il est sans doute encore trop tôt pour dire quelle sera sa place dans la tradition du roman, du théâtre, ou de l'autobiographie, il est évident que la notion de *l'écriture féminine,* bien qu'elle soit aussi controversée qu'exaltante, a laissé son empreinte sur la pensée féministe et sur la littérature en France comme à l'étranger, notamment aux États-Unis et en Grande-Bretagne, et que ce terme, lui assurant dans l'histoire littéraire une place considérable, restera à jamais accolé à son nom.

La vie de Cixous, comme son œuvre, est marquée du sceau de la diversité culturelle, de la pluralité linguistique et d'un sentiment aigu de la/sa différence. Elle naît à Oran, en Algérie, le 5 juin 1937, d'un père médecin d'origine séfarade (Espagne-Maroc-Algérie)—sa mort quand elle n'a pas encore onze ans la laissera traumatisée et hantera en particulier ses premières œuvres et, plus récemment, *Or, Les lettres de mon père* (1997)—et d'une mère ashkénaze

(Autriche-Hongrie-Tchécoslovaquie par le père et Allemagne par la mère) qui a fui l'Allemagne d'Hitler. Enfant, sa langue maternelle est l'allemand, mais lui chantent aussi aux oreilles l'espagnol, le français (langues parlées dans la famille de son père) et l'arabe. Juive née en Algérie, de mère étrangère, au seuil de la deuxième guerre mondiale, de l'Occupation allemande, des persécutions nazies et des luttes anti-coloniales, Cixous apprend dès la petite enfance que la différence peut entraîner l'exclusion (en tant que juive, l'école publique lui est interdite; le régime de Vichy en Algérie défend à son père d'exercer la médecine), la répression (situation des Arabes colonisés), voire le génocide (des membres de sa famille meurent dans les camps), expérience qui est à l'origine de son hostilité envers toute forme de domination et de sa pulsion fondamentale de protection des vivants et des morts. Triplement marginalisée, en tant que juive, femme et colon en Algérie, privée d'une véritable identité nationale, elle estime pourtant qu'elle a «eu la chance d'avoir pour temps et lieu de naissance l'étrangeté, l'exil, la guerre, le souvenir fantôme de la paix, la douleur, le deuil» («De la scène de l'Inconscient à la scène de l'Histoire», 1990). Le sentiment d'exil, exil social et politique mais aussi exil de l'écriture parce que femme et parce que «voleuse» du français—langue dont elle fera son «pays» pour ainsi dire transnational, une nationalité imaginaire, littéraire—deviendra pour elle une ressource et une chance pour son écriture. Petite fille, elle trouvera dans les livres (Kleist, les Romantiques allemands, Shakespeare) un refuge et une «sortie» des horreurs de l'Histoire; jeune femme, elle entreprendra des études littéraires.

En 1955, elle se marie et se rend en France pour poursuivre ses études, obtenant dès 1959 l'Agrégation d'anglais. Ses deux enfants, une fille et un garçon, naissent en 1958 et 1961 respectivement. En 1962, elle entame une carrière universitaire comme assistante à l'Université de Bordeaux. Après son divorce en 1964, elle s'installe à Paris où elle enseigne à la Sorbonne puis à Nanterre. Son premier livre, *Le Prénom de Dieu,* recueil de nouvelles, sort en 1967; sa thèse d'État sur James Joyce, soutenue l'année suivante, est publiée en 1969 sous le titre *L'Exil de James Joyce ou l'art du remplacement.* À la suite des émeutes estudiantines de mai 68, Cixous est nommée chargée de mission pour fonder l'Université «libre» de Vincennes (Paris VIII, aujourd'hui à Saint-Denis), alternative expérimentale aux structures hiérarchiques traditionnelles de l'université française, où elle crée des programmes interdisciplinaires et attire des esprits novateurs comme Michel Butor, Michel Foucault, Gérard Genette, Tzvetan Todorov, Gilles Deleuze. Elle y occupe depuis 1968 le poste de professeur de littérature anglaise. En 1974, elle y fonde un Centre de recherches en études féminines, premier centre de recherches supérieures dans ce domaine en France, qu'elle continue à diriger, tout en faisant des séjours fréquents outre-Atlantique pour enseigner et pour présenter ses œuvres. Elle est également co-fondatrice en 1968, avec Gérard Genette et Tzvetan Todorov, de *Poétique*, revue critique et théorique.

Depuis 1967, Cixous entretient une production littéraire impressionnante, publiant généralement un ou deux livres par an. Ses premières «fictions» (à partir de 1975, terme qu'elle préfère à celui de «roman»), d'inspiration intime («dedans»), travaillent sur le mystère des origines, un des thèmes majeurs de toute son œuvre; oniriques et poétiques, elles se ressourcent de ses lectures de Freud, du rêve et de l'inconscient «imprenable» («Le Rire de la Méduse»), trouvant ainsi une «sortie» du refoulé et des clôtures des genres littéraires établis. Parmi les plus importantes, on peut citer son premier roman, *Dedans* (Prix Médicis, 1969); la trilogie *Le Troisième corps* (1970), *Les Commencements* (1970) et *Neutre* (1972); et *Tombe* (roman, 1973).

Sous l'impulsion des revendications féministes de l'après mai 68 et de sa rencontre en 1975 avec la psychanalyste Antoinette Fouque, fondatrice du groupe «Psych et Po» (à l'origine Politique et Psychanalyse) et des Éditions des femmes, Cixous réoriente son analyse politique du refoulé vers la femme et vers le féminin et s'engage dans le Mouvement de Libération des Femmes, produisant les textes théoriques auxquels elle doit son renom—outre le «Rire de la Méduse» et «Sorties», «Le Sexe ou la tête?» (1976) et «La Venue à l'écriture» (1977). Une pièce de théâtre, *Portrait de Dora* (jouée au Théâtre d'Orsay en 1975, publiée en 1976), fait date dans l'histoire du théâtre féminin en France: elle met en scène un Freud à l'autorité minée par le «non» de Dora, célèbre «cas» hystérique qui hante l'imaginaire de l'écrivaine, montrant combien la narration en général et le discours psychanalytique en particulier falsifient la représentation du désir féminin. Dans une longue série de fictions poétiques, Cixous expérimente l'écriture féminine, médite sur la relation mère-fille en tant qu'origine de l'écriture, et, à l'instar de l'écrivaine brésilienne Clarice Lispector qu'elle découvre vers la fin des années soixante-dix, en vient à rechercher une écriture «légère», «délicate», respectueuse de l'autre et de l'infiniment petit, nourricière, porteuse de vie et d'amour: *Portrait du soleil* (1974), *Souffles* (1975), *LA* (1976), *Angst* (1977), *Anankè* (1979), *Vivre l'orange/To Live the Orange* (texte bilingue, 1979), *Illa* (1980), *Limonade tout était si infini* (1982), *Le Livre de Promethea* (1983), parmi d'autres.

Suivant sa rencontre au début des années quatre-vingts avec Ariane Mnouchkine, directrice de l'expérimental Théâtre du Soleil, elle se tourne vers un théâtre historique, à la fois politique, poétique et épique, qui la mène, dans son engagement en faveur de l'autre et de la liberté et dans son travail sur l'exil, de «la scène de l'Inconscient à la scène de l'Histoire», du «dedans» vers le «dehors», de la première personne à la troisième; enfin, de différence en différence, de la délivrance personnelle à travers une relecture de la psychanalyse et de la cause des femmes à la cause d'individus et de peuples opprimés. *L'Histoire terrible mais inachevée de Norodom Sihanouk, roi du Cambodge* (1985), écrite en collaboration avec Mnouchkine et sous le signe de Shakespeare, met en scène la tragédie contemporaine du peuple cambodgien menacé de disparition par le monde moderne; *L'Indiade ou l'Inde de leurs rêves* (1987) s'inspirant de l'Iliade et de la Bible, dépeint autour de la figure de Gandhi la lutte pour l'indépendance indienne et la partition tragique de l'Inde et du Pakistan après l'indépendance. La même impulsion inspire une fiction lyrique, *Manne aux Mandelstams aux Mandelas* (1988), méditation sur les difficultés de l'écriture de l'histoire, sur l'apartheid et les goulags staliniens et hommage aux résistants Nelson et Winnie Mandela et au poète russe Osip Mandelstam et sa femme, Nadezhda. Une première personne autobiographique intervient dans cette fiction du «dehors» qui semble accomplir la synthèse des deux tendances de l'œuvre créatrice de Cixous. Toujours en quête du vrai, elle revient vers le «dedans», la scène de l'inconscient et l'autobiographie, dans des fictions récentes telles que *Déluge* (1992), *Or, Les lettres de mon père, Osnabrück* (1999), *Les rêveries de la femme sauvage, Scènes primitives* (2000), *Le jour où je n'étais pas là* (2000), *Benjamin à Montaigne, Il ne faut pas le dire* (2001), *Rêve je te dis* (2003). Mais elle continue aussi à explorer le «dehors» et des questions éthiques et politiques à la lumière du «féminin» dans des pièces de théâtre comme *La Ville parjure ou le réveil des Érinyes* (1994), sur l'affaire actuelle en France du sang contaminé par le virus du SIDA, et *Rouen, la trentième nuit de mai '31* (2001), sur la figure de Jeanne d'Arc dans l'Histoire; exilé mais résistant, un maternel archaïque y défend des valeurs humaines contre la Loi du Père.

Le travail de Cixous, il est évident, ne se laisse réduire ni à la théorie ni au «Rire de la Méduse» qui ne représente qu'un moment, aussi influent qu'il ait pu être, dans son parcours intellectuel et esthétique. Les extraits qui suivent donneront néanmoins une idée des thèmes majeurs et des enjeux politiques et poétiques de son œuvre ainsi que des stratégies qu'elle emprunte pour inscrire le féminin sans le figer en essence, ni reproduire l'opposition classique masculin/féminin, couple hiérarchisé qu'elle se voue à déconstruire afin de secouer le joug de «l'économie» patriarcale, afin de délivrer «l'autre» et la/le maintenir en vie. On y retrouvera également des traits récurrents de l'écriture des femmes de Marie de France à nos jours: l'insistance sur le corps comme source de savoir et de créativité; le refus des dichotomies, des séparations et des hiérarchies aux niveaux poétique, sexuel et politique, souvent, comme ici, associé à l'affirmation du féminin ou de la sexualité féminine; la revendication d'identités plurielles, ouvertes, fluides, en transformation perpétuelle; contre le paradigme œdipien dominant, la valorisation de la continuité préœdipienne mère-fille en tant que paradigme intersubjectif et du maternel comme source de l'écriture, comme première expérience de la voix et du chant; un travail aux confins de l'oral et de l'écrit pour ouvrir le texte au refoulé; la recherche d'une langue nouvelle pour dire l'expérience des femmes; le refus de conclure, de définir, de clore le sens; la pratique d'une lecture féministe des textes sur les femmes et la relecture des mythes féminins, stratégie qui remonte à Christine de Pizan et que maintes œuvres contemporaines aussi bien que l'Histoire des femmes, alors à ses débuts, ont reprise; le refus du silence et de la passivité culturellement assignés à la femme et la volonté de réparer les silences patriarcaux du passé (les femmes passées sous silence), ce qui rejoint également les buts de l'historiographie féministe moderne; mais, en même temps, la dépréciation ou la méconnaissance de la littérature antérieure des femmes (Cixous répète à sa façon le jugement de Beauvoir dans *Le Deuxième sexe*); la revendication—encore!—du droit à l'écriture et l'injonction aux femmes d'écrire («Écris-toi»); enfin, l'association de la libération sexuelle à la libération d'autres formes d'oppression—raciale, coloniale, économique.

Et sous la métaphore du vol et de l'envol, l'on peut reconnaître également la structure Philomèle, bien que chez Cixous ce motif renvoie plutôt à une féminisation des figures mythologiques d'Icare, de Phénix (assimilé au voleur de feu Prométhée dans *Le Livre de Promethea*) et de Pégase, celui-ci né précisément de Méduse. Les «belles bouches barrées de bâillons», les «haleines coupées», les «volées»/violées, les «admirables hystériques»—dont la grande figure pour Cixous est Dora à la langue rentrée—signifiant d'abord avec leur corps, mode d'expression aussi féminin culturellement que la tapisserie de Philomèle, se métamorphosent enfin en voleurs-femmes-oiseaux. Un nouveau sujet fait alors une trouée dans la langue pour la désarticuler et l'ouvrir à l'autre: *illes*, pronom sujet à la fois féminin, masculin et pluriel, pronom bi-sexuel renvoyant indéfiniment et simultanément à *voleur, oiseau* et *femme*. De même le verbe *voler* «se joue entre deux vols» (*dérober* et *se déplacer dans l'air au moyen d'ailes*), comme le mot *volées* «se joue» entre un adjectif au sens passif équivalant à *pillées* et un substantif actif évoquant tout à la fois *un groupe d'oiseaux, un essor* et/ou *une décharge explosive*, ce qui déstabilise et la syntaxe et le sens pour opérer une «sortie» du discours patriarcal. Cixous nous lègue une langue—au sens linguistique et corporel—en mutation permanente, qui s'affirme dans les jeux de mots et les métamorphoses poétiques où une voix peut se changer en vol, un mot en oiseau, un vol d'hirondelles en une voix (*Limonade tout était si infini*), où une hirondelle peut signaler la naissance d'une femme, d'une «phrase parfaite», d'une phrase «libre», aussi légère qu'une plume. «Phrases pures: hirondelles. "Écrites" mais pas pour écrire. Ni dites, ni écrites: jetées. Recueillies» (*Limonade tout était si infini*).

Le Rire de la Méduse
L'Arc 61 (1975)[1]

[...] Il faut que la femme s'écrive: que la femme écrive de la femme et fasse venir les femmes à l'écriture, dont elles ont été éloignées aussi violemment qu'elles l'ont été de leurs corps; pour les mêmes raisons, par la même loi, dans le même but mortel. Il faut que la femme se mette au texte—comme au monde, et à l'histoire,—de son propre mouvement. [...]

J'écris ceci en tant que femme vers les femmes. Quand je dis «la femme», je parle de la femme en sa lutte inévitable avec l'homme classique; et d'une femme-sujet universelle, qui doit faire advenir les femmes à leur(s) sens et leur histoire. Mais il faut dire, avant tout, qu'il n'y a pas, aujourd'hui même, et malgré l'énormité du refoulement qui les a maintenues dans ce «noir» qu'on essaie de leur faire reconnaître comme leur attribut, une femme générale, une femme type. Ce qu'elles ont *en commun,* je le dirai. Mais ce qui me frappe c'est l'infinie richesse de leurs constitutions singulières: on ne peut parler d'*une* sexualité féminine, uniforme, homogène, à parcours codable, pas plus que d'un inconscient semblable. L'imaginaire des femmes est inépuisable, comme la musique, la peinture, l'écriture: leurs coulées de fantasmes sont inouïes. J'ai plus d'une fois été émerveillée par ce qu'une femme me décrivait d'un monde sien qu'elle hantait secrètement depuis sa petite enfance. Monde de recherche, d'élaboration d'un savoir, à partir d'une expérimentation systématique des fonctionnements du corps, d'une interrogation précise et passionnée de son érogénéité. Cette pratique, d'une richesse inventive extraordinaire, en particulier de la masturbation, se prolonge ou s'accompagne, d'une production de *formes,* d'une véritable activité esthétique, chaque temps de jouissance

1. Numéro spécial: «Simone de Beauvoir et la lutte des femmes».

inscrivant une vision sonore, une *composition*, une chose belle. La beauté ne sera plus interdite. [...]

***[2]

Les voilà qui reviennent, les arrivantes de toujours: parce que l'inconscient est imprenable. Elles ont erré en rond dans l'étroite chambre à poupées où on les a bouclées; où on leur a fait une éducation décervelante, meurtrière. On peut en effet, incarcérer, ralentir, réussir trop longtemps le coup de l'Apartheid, mais pour un temps seulement. On peut leur apprendre, dès qu'elles commencent à parler, en même temps que leur nom, que leur région est noire: parce que tu es Afrique, tu es noire. Ton continent est noir[3]. Le noir est dangereux. Dans le noir tu ne vois rien, tu as peur. Ne bouge pas car tu risques de tomber. Surtout ne va pas dans la forêt. Et l'horreur du noir, nous l'avons intériorisée. [...]

Nous les précoces, nous les refoulées de la culture, les belles bouches barrées de bâillons, pollen, haleines coupées, nous les labyrinthes, les échelles, les espaces foulés; les volées,—nous sommes «noires» *et* nous sommes belles[4]. [...]

Il est temps de libérer la Nouvelle de l'Ancienne en la connaissant, en l'aimant de s'en tirer, de dépasser l'Ancienne sans retard, en allant au-devant de ce que la Nouvelle sera, comme la flèche quitte la corde, d'un trait rassemblant et séparant les ondes musicalement, afin d'*être plus qu'elle-même*.

Je dis qu'*il faut:* puisqu'il n'y a pas eu encore, à quelques rares exceptions près, d'écriture qui inscrive de la féminité. Si rares, qu'on ne peut en sillonnant les littératures à travers temps, langues, et cultures[5], revenir qu'effrayé de cette presque vaine battue: on sait que le nombre de femmes écrivains (tout en ayant

2. Les trois astérisques marquent ici des divisions dans le texte de Cixous.

3. Cf. «continent noir»: expression utilisée par Freud pour évoquer le mystère de la féminité.

4. Cf. le slogan «Black is beautiful» popularisé par différents mouvements nationalistes noirs des années soixante et soixante-dix aux États-Unis pour promouvoir le «Black Power» et inciter les Noirs à être fiers de leur héritage racial. À l'instar des leaders de ces mouvements, Cixous retourne une formule de discrimination et d'oppression en une formule d'auto-affirmation et de résistance. En même temps, elle élargit la portée politique de l'écriture féminine en liant le refoulement de la femme et du féminin à l'oppression raciale et coloniale. Si les femmes *affirment* leur différence et se mettent ainsi à transformer l'Histoire, elles accompliront un travail «qui ne profiter[a] pas seulement à la femme mais à la totalité de l'humain» («Le Sexe ou la tête?» 1976).

5. Je ne parle ici que de la place «réservée» à la femme dans le monde occidental. [Note de Cixous.]

augmenté très peu à partir du XIXᵉ siècle) a toujours été dérisoire. Savoir inutile et leurrant si de cette espèce d'écrivantes on ne déduit pas d'abord l'immense majorité dont la facture ne se distingue en rien de l'écriture masculine, et qui soit occulte la femme, soit reproduit les représentations classiques de la femme (sensible, intuitive-rêveuse, etc.)[6].

[...] [L]'écriture a été jusqu'à présent, de façon beaucoup plus étendue, répressive, qu'on le soupçonne ou qu'on l'avoue, gérée par une économie libidinale et culturelle—donc politique, typiquement masculine—un lieu où s'est reproduit plus ou moins consciemment, et de façon redoutable car souvent occulté, ou paré des charmes mystifiants de la fiction, le refoulement de la femme; un lieu qui a charrié grossièrement tous les signes de l'opposition sexuelle (et non de la différence) et où la femme n'a jamais eu *sa* parole, ceci étant d'autant plus grave et impardonnable que justement l'écriture *est la possibilité même du changement,* l'espace d'où peut s'élancer une pensée subversive, le mouvement avant-coureur d'une transformation des structures sociales et culturelles.

***

Écris-toi: il faut que ton corps se fasse entendre. Alors jailliront les immenses ressources de l'inconscient. [...]

Dans la parole féminine comme dans l'écriture ne cesse jamais de résonner ce qui de nous avoir jadis traversé, touché imperceptiblement, profondément, garde le pouvoir de nous affecter, le *chant,* la première musique, celle de la première voix d'amour, que toute femme préserve vivante. [...] la femme n'est jamais loin de la «mère» (que j'entends hors-rôle, la «mère» comme non-nom, et comme source des biens). Toujours en elle subsiste au moins un peu du bon lait-de-mère. Elle écrit à l'encre blanche.

***

[...] Impossible de *définir* une pratique féminine de l'écriture, d'une impossibilité qui se maintiendra car on ne pourra jamais *théoriser* cette pratique, l'enfermer, la coder, ce qui ne signifie pas qu'elle n'existe pas. Mais elle excédera toujours le discours que régit le système phallocentrique; elle a et aura lieu

6. Alors *quelles* sont les écritures dont on pourrait dire qu'elles sont «féminines»? Je ne ferai ici que désigner des exemples: il faudrait en produire des lectures qui fassent surgir dans leur signifiance ce qui s'y répand de féminité. Ce que je ferai ailleurs. En France (a-t-on noté notre infinie pauvreté en ce champ? Les pays anglo-saxons ont eu des ressources nettement plus importantes) pour feuilleter ce que le XXᵉ siècle a laissé s'écrire, et c'est bien peu, je n'ai vu inscrire de la féminité que par Colette, Marguerite Duras... et Jean Genet. [Note de Cixous.]

ailleurs que dans les territoires subordonnés à la domination philosophique-théorique. Elle ne se laissera penser que par les sujets casseurs des automatismes, les coureurs de bords qu'aucune autorité ne subjugue jamais.

***

[...] Qu'ils tremblent, les prêtres, on va leur *montrer* nos sextes!

Tant pis pour eux s'ils s'effondrent à découvrir que les femmes ne sont pas des hommes, ou que la mère n'en a pas. Mais est-ce que cette peur ne les arrange pas? Est-ce que le pire, ce ne serait pas, ce n'est pas, en vérité, que la femme n'est pas castrée, qu'il lui suffit de ne plus écouter les sirènes (car les sirènes, c'étaient des hommes) pour que l'histoire change de sens? Il suffit qu'on regarde la méduse en face pour la voir: et elle n'est pas mortelle. Elle est belle et elle rit[7].

***

«Le Refoulé» de leur culture et de leur société, quand il revient c'est d'un retour explosif, *absolument* ruinant, renversant, d'une force encore jamais libérée, à la mesure de la plus formidable des répressions: car au terme de l'époque du Phallus, les femmes auront été ou anéanties ou portées à la plus haute et violente incandescence. [...]

Voler, c'est le geste de la femme, voler dans la langue, la faire voler. Du vol, nous avons toutes appris l'art aux maintes techniques, depuis des siècles que nous n'avons accès à l'avoir qu'en *volant;* que nous avons vécu dans un vol, de voler, trouvant au désir des passages étroits, dérobés, traversants. Ce n'est pas

7. Cixous réinvente la figure classique de Méduse, l'une des trois Gorgones, monstre horrifiant à la chevelure de serpents dont le regard pétrifiait quiconque osait la fixer. Dans le mythe grec, Persée, aidé par Athéna, la décapita en se servant de son bouclier poli comme miroir pour éviter de la regarder en face. Il fit alors de sa tête une arme, la montrant à ses ennemis pour les changer en statues de pierre. Cixous se moque de la lecture de ce mythe par Freud pour qui la Méduse figure d'un point de vue masculin le sexe de la femme, la peur de la pétrification si on la regarde renvoyant à celle de la castration. Pour Cixous, en revanche, la Méduse devient une figure positive. Sexe, jouissance et corps de la femme, elle ne figure ni le manque ni la mort et, si on la regarde, on découvre qu'elle n'est pas mortelle—elle rit et son rire libérateur, faisant voler en éclats son symbolisme négatif de la mort dans le discours masculin, convie les femmes à la vie et au mouvement. La Méduse de Cixous appelle les femmes à s'écrire selon leur jouissance à elles, organisée par le manque de coupures, en dehors du signe de la castration et du chant maléfique des hommes-sirènes (voir Verena Andermatt Conley, *Hélène Cixous: Writing the Feminine*).

un hasard si «voler» se joue entre deux vols, jouissant de l'un et l'autre et déroutant les agents du sens. Ce n'est pas un hasard: la femme tient de l'oiseau et du voleur comme le voleur tient de la femme et de l'oiseau: illes[8] passent, illes filent, illes jouissent de brouiller l'ordre de l'espace, de le désorienter, de changer de place les meubles, les choses, les valeurs, de faire des casses, de vider les structures, de chambouler le propre[9].

Quelle est la femme qui n'a pas volé? Qui n'a pas senti, rêvé, accompli le geste qui enraye la socialité? Qui n'a pas brouillé, tourné en dérision, la barre de séparation, inscrit avec son corps le différentiel, perforé le système des couples et oppositions, foutu par terre d'une transgression le successif, l'enchaîné, le mur de la circonfusion?[10]

Un texte féminin ne peut pas ne pas être plus que subversif [...]. Si elle est elle-elle, ce n'est qu'à tout casser, à mettre en pièces les bâtis des institutions, à faire sauter la loi en l'air, à tordre la «vérité» de rire. [...]

Hétérogène, oui, à son bénéfice joyeux elle est érogène, elle est l'érogénéité de l'hétérogène; ce n'est pas à elle-même qu'elle tient, la nageuse aérienne, la voleuse. Dispersable, prodigue, étourdissante, désireuse et capable d'autre, de l'autre femme qu'elle sera, de l'autre femme qu'elle n'est pas, de lui, de toi.

***

8. Mot forgé par Cixous à partir des pronoms *ils* (les oiseaux, les voleurs) et *elles* (les femmes).

9. Au régime patriarcal, capitaliste, colonialiste, impérialiste qu'elle fustige sous le nom de «l'Empire du Propre» (nom propre, sens propre, identité personnelle nette et bien délimitée, appropriation de l'autre, expropriation de l'autre, «don-qui-prend»), Cixous oppose l'économie libidinale féminine du «don-qui-donne» (voir le «désir-qui-donne» au dernier paragraphe), s'appuyant sur la psychanalyse et sur la théorie de l'échange en anthropologie (Marcel Mauss, *Essai sur le don,* 1925, Claude Lévi-Strauss, *Les Structures élémentaires de la parenté,* 1949; et, sur les idées de Mauss, Georges Bataille, *La part maudite,* 1947, et Jacques Derrida, *Glas,* 1974). Don, dépense, générosité, excès, abondance, dé-propriation «sans calcul» («Le Rire de la Méduse») liée à une sexualité illimitée qui ne privilégie pas, comme celle de l'homme, une seule partie du corps, subversion du personnel: ce sont pour Cixous des attributs féminins et maternels qui permettront de sortir du système régi par l'économie libidinale masculine du propre—par la peur de l'expropriation/castration—pour aller toujours vers l'autre. L'écriture féminine «donne le départ» («Le Sexe ou la tête?»); la langue de la femme «ne contient pas, elle porte, elle ne retient pas, elle rend possible» («Le Rire de la Méduse»).

10. Autre mot forgé par Cixous pour dérouter «les agents du sens».

[...] Aux commencements sont nos différences. Le nouvel amour ose l'autre, le veut, s'emble[11] en vols vertigineux entre connaissance et invention. Elle, l'arrivante de toujours, elle ne reste pas, elle va partout, elle échange, elle est le désir-qui-donne. [...] Quand j'écris, c'est tout ce que nous ne savons pas que nous pouvons être qui s'écrivent de moi, sans exclusion, sans prévision, et tout ce que nous serons nous appelle à l'inlassable, enivrante, inapaisable chercherie d'amour. Jamais nous ne nous manquerons.

11. Néologisme de Cixous.

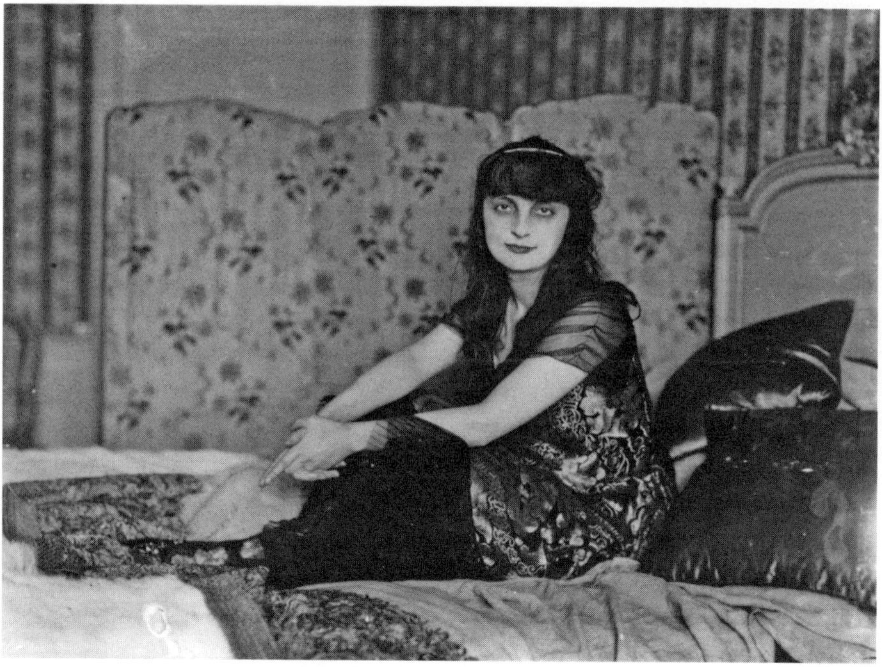

Anna de Noailles

(1876–1933)

Je me suis appuyée à la beauté du monde
Et j'ai tenu l'odeur des saisons dans mes mains.
—Anna de Noailles, «Offrande à la Nature», *Le Cœur innombrable*

Je ne pourrais croire qu'en un Dieu qui danserait.
—Friedrich Nietzsche, *Ainsi parlait Zarathoustra* (*Also sprach Zarathustra,* 1883–1885)

Je sais que la gloire d'une femme consiste à ne faire point parler d'elle.
—Hortense Mancini, *Mémoires,* 1675

Anna de Noailles dans sa «chambre aux cretonnes» en 1921
(Bibliothèque nationale de France)

Aujourd'hui méconnue, Anna de Noailles fut pourtant la femme écrivain la plus célèbre et la plus honorée de son temps, précédant même Colette dans des sondages d'opinion publique. En 1922, elle fut la première femme élue à l'Académie royale belge de langue et de littérature françaises, puis, en 1931, la première femme promue Commandeur de la Légion d'honneur. En 1913, un critique du *Times* la proclama «le plus grand poète du vingtième siècle que la France ait produit, si ce n'est l'Europe» et l'Académie française lui décerna son Grand Prix de Littérature en 1921. Paru en 1901, son premier recueil de poésie, *Le Cœur innombrable,* fit sensation et, du jour au lendemain, promut Noailles au rang de célébrité littéraire. Acclamé par des écrivains connus et des critiques influents, arraché par une jeunesse enthousiaste, le volume dut être maintes fois réédité. L'Académie française consacra officiellement le succès inouï du *Cœur innombrable* en le couronnant du prix Archon-Despérouses. Après l'abstraction du symbolisme et du Parnasse, après le courant maladif et les artifices de la poésie décadente, le recueil de Noailles semblait apporter à la poésie un souffle de vie et de fraîcheur, un vent de liberté. Refusant toute école, tout enfermement et tout hermétisme, Noailles chantait la nature d'une manière concrète, très personnelle et intensément sensuelle, et elle le faisait dans des vers accessibles à tous, ne respectant les règles classiques de la versification française que dans la mesure où elles n'entravaient point sa liberté d'expression, «le jeu divin» de l'inspiration (avant-propos, *Poèmes d'enfance,* 1928). Elle offrait à ses lecteurs «une harmonie hardie et neuve, soutenue par la tradition et les réminiscences, mais qui ne recueillait les conseils d'aucune école et ne voulut reproduire que ce qui est vif et frémissant» (*Le Livre de ma vie,* 1932). À l'aube du XXe siècle, elle annonçait déjà un des traits essentiels de la modernité: la libération des formes fixes du passé.

En un peu plus de trente ans, Anna de Noailles produisit une œuvre d'une ampleur impressionnante: neuf recueils—près de deux mille pages—de poésie (*Le Cœur innombrable; L'Ombre des jours,* 1902; *Les Éblouissements,* 1907; *Les Vivants et les morts,* 1913; *Les Forces éternelles,* 1920; *Poème de l'amour,* 1924; *L'Honneur de souffrir,* 1927; *Poèmes d'enfance; Derniers vers,* 1933), trois romans (*La Nouvelle Espérance,* 1903; *Le Visage émerveillé,* 1904; *La Domination,* 1905), des recueils de nouvelles, de poèmes et d'autres écrits en prose (dont *Les Innocentes ou la Sagesse des femmes,* 1923, et *Exactitudes,* 1930), et une autobiographie retraçant son enfance et son adolescence (*Le Livre de ma vie*), sans compter de nombreux articles et préfaces et un roman inachevé (*Octave*). Au faîte de sa gloire, il n'y eut aucun débat important d'ordre politique, littéraire ou artistique sur lequel elle n'ait fait entendre sa voix. Elle fut, pour son temps, une figure médiatique, sollicitée par la radio, interviewée dans les revues et les journaux, objet de la fascination du grand public parce qu'elle incarnait à la fois la belle mondaine et la femme de lettres brillante et passionnée. Elle était admirée d'écrivains tels que Proust, Maurice Barrès, Jean Cocteau, Colette, François Mauriac, Gabriele d'Annunzio, Rainer-Maria Rilke. Sa présence était requise par les hommes d'état dans les grandes cérémonies et elle devint une sorte de Muse officielle de la République. Mais sa gloire, dont elle jouissait sans modestie, de même que son œuvre ne furent pas au goût de tous. Parmi tant d'adulateurs, elle eut des détracteurs, qui, comme l'écrivain André Gide, feignaient seulement de l'admirer. À sa mort en 1933, elle eut des obsèques officielles qui furent filmées pour les actualités et auxquelles assistèrent 10 000 personnes, mais dès ce moment le silence se fit sur elle. Présente—petitement—dans les manuels scolaires en tant que représentante typique de la «poésie féminine» de l'époque 1900, elle fut exclue des grandes anthologies de la poésie française, dont celle de Gide, et de l'influente anthologie féministe *The Defiant Muse* (1986). À part une réédition en 1979 de son *Choix de poésies* (1930) et en 1976 du *Livre de ma vie*, et une mince sélection poétique (*Offrande*, 1991) aujourd'hui épuisée, ses écrits ne furent pas réédités et restent difficilement accessibles en bibliothèque. La vie d'Anna de Noailles suscita l'intérêt de quelques biographes (voir la bibliographie) et du Musée Carnavalet à Paris où on peut voir son lit et une reconstruction de sa chambre. Une partie de sa correspondance volumineuse fut publiée, mais jusqu'à la dernière décennie du XXe siècle l'œuvre resta dans l'ombre.

Un oubli si profond et si rapide après une telle gloire s'explique en partie par le contexte historique et littéraire et par l'accueil fait à Noailles. Pour les représentants de l'institution littéraire, elle semblait être à la tête d'un véritable mouvement collectif de femmes écrivains, et particulièrement de femmes poètes, au moment même où les réclamations sociales des féministes se faisaient plus insistantes et plus générales. Le XXe siècle s'annonçait en effet comme le siècle des femmes, comme l'ère de la Femme nouvelle. Aux alentours de 1900, c'est chez les femmes—Renée Vivien, Marie de Régnier (Gérard d'Houville), Anna de Noailles, Lucie Delarue-Mardrus, entre autres—qu'«il se pass[ait] quelque chose en poésie» (Christine Planté, *Femmes poètes du XIXe siècle*). Menacés dans leur supériorité masculine «naturelle» et jusque dans leur identité nationale, des critiques conservateurs s'empressèrent de situer, d'étiqueter, et en fin de compte de rabaisser, l'ensemble de cette production féminine, donnant une coloration péjorative à des termes prétendus descriptifs. Ainsi, Noailles fut rangée par le nationaliste et anti-dreyfusard Charles Maurras, avec les autres femmes poètes nommées, sous la rubrique du «romantisme féminin» (1903), catégorie liée pour lui au «sentiment désordonné», à la «perversité sensuelle», au narcissisme, et à «l'origine étrangère». Le critique Paul Flat (*Nos femmes de lettres,* 1909) alla encore plus loin, assimilant «étrangère»—ou pire «cosmopolite»—à «étrange», traitant Noailles de «Sirène» et, avec ses consœurs, de «monstre», insistant qu'une femme qui prend la plume, «emblème viril», est «anti-naturelle», «anti-sociale», source d'anarchie, l'image même de la «dégénérescence» qui travaille le monde moderne. En qualifiant la poésie de Noailles de naturelle, de sensuelle, de spontanée, d'exubérante à l'excès dans sa «débauche» d'adjectifs et de comparaisons comme dans sa «frénésie de sentiment» (Maurras)—bref, d'émanation de sa nature «féminine»—certains critiques reprenaient pour leur compte la stratégie que Baudelaire avait jadis adoptée pour discréditer Desbordes-Valmore, faisant comme lui de *féminin* et de *naturel* des mots de code signifiant *différent* et *artistiquement inférieur.* La double entrave qui continuait à guetter la femme poète joua donc aussi contre Noailles: ou elle était traitée de femme «naturelle, c'est-à-dire abominable» (Baudelaire) ou elle était traitée de monstre transgressant les lois de la nature par ses ambitions viriles et par son cosmopolitisme romantique à la Staël.

Tout en les contestant, Noailles entretint elle-même une attitude ambiguë vis-à-vis de ces stéréotypes sexuels. Elle refusa toujours le terme de *poétesse* en faveur de celui de *poète,* au masculin, comme il se devait à son époque. Mais elle joua néanmoins sur les stéréotypes de la féminité, sans doute pour se faire admettre en tant que poète dans cet univers hostile aux femmes de lettres, attitude qui lui fait encore du tort parmi certains critiques féministes. Elle parla, comme Colette, amour, jardins, sensualité, fleurs, parfum de roses, se vanta de sa facilité à écrire («L'œuvre jaillit toute prête. Je n'ai qu'à l'écrire»), se conformant ostensiblement aux attentes sociales à l'égard des femmes, et ses propos étaient le plus souvent d'un féminisme mitigé. Mais, comme certains intellectuels masculins tels que Gide, elle se réclama également de la pensée de Nietzsche, et son univers sans Dieu, imprégné d'une volonté de dépassement nietzschéenne comme de cette angoisse métaphysique qui allait traverser tout le XXe siècle, la rendit vulnérable aux accusations de monstruosité et d'amoralisme. De plus, aux yeux de ses détracteurs, non seulement on parlait trop d'elle, mais elle-même parlait trop, que ce soit dans ses écrits ou dans ses fameux monologues en société où «la femme écrivain» se donnait en spectacle. Dans son salon parisien, à table, devant ses convives éblouis, elle improvisait avec brio, buvant de la main droite, agitant l'autre pour prévenir toute interruption; les domestiques accouraient, se tenant à la porte pour l'écouter. Dans sa poésie, on perçoit également une sorte d'angoisse de perdre la parole, le désir que sa parole puisse se faire entendre même d'au-delà de la tombe. Sa parole, sa voix, c'est sa vie et sa survie, comme elle le reconnaît dans *Le Livre de ma vie:* «j'ai vécu au son de ma voix». Avait-elle pressenti le silence qui, au mépris de sa gloire passée, s'abattrait sur elle à sa mort pour étouffer sa voix, revanche de l'idéologie sexuelle qu'elle avait mise subtilement en question tout en faisant semblant, comme tant de femmes écrivains avant elle, de lui être complice? Finalement, sa gloire et les étiquettes de «romantisme *féminin*» et de «poésie *féminine*» qu'on lui accola lui firent du tort sur tous les fronts, la rendant triviale (féminine) ou monstrueuse (virile) pour les uns et pas assez féministe pour les autres. Une analyse de l'impact négatif de ces étiquettes et de son immense popularité sur sa place dans la tradition littéraire est aujourd'hui en cours; dépassant les stéréotypes du féminin, elle s'ouvre sur une réévaluation positive de sa poésie et de ses ambitions littéraires.

Anna-Elisabeth de Brancovan naît le 15 novembre 1876 à Paris, fille d'un prince roumain, Grégoire Bassaraba de Brancovan, ancien élève de Saint-Cyr et grand admirateur de la République française, et d'une mère grecque d'ascendance crétoise, Ralouka Musurus, femme belle et cultivée issue d'une famille de lettrés, salonnière de renom et pianiste virtuose. Son amour de la musique exercera une influence déterminante sur la poésie de sa fille; s'adressant en 1923 à sa mère mourante, Anna reconnaîtra: «Je suis issue tout entière du bois de ton piano» (*Le Livre de ma vie*). Chez ses parents et leurs amis, Anna n'entend parler que le français. Mais si elle est Parisienne et Française de naissance et de conviction, elle est multiculturelle d'ascendance et d'esprit, et ne sera jamais admise comme étant «de pure tradition française» (Flat) par des critiques sourcilleux sur l'identité nationale (outre Flat et Maurras, Alphonse Séché, auteur d'une influente anthologie, *Les Muses françaises,* 1908).

La poésie et la musique sont à l'honneur chez les Brancovan. À Paris et dans leur villa à Amphion, près d'Evian, ils reçoivent des écrivains, des artistes et des hommes politiques de renom. Le grand pianiste Ignace Paderewski compte parmi les invités de marque. Dans cette ambiance privilégiée, avec son frère aîné Constantin et sa sœur cadette Hélène, future princesse de Caraman-Chimay, Anna se cultive. Elle se plaît à lire la poésie romantique d'Alfred de Musset, mais elle lui préfère celle de Victor Hugo qu'elle prend pour modèle: «Victor Hugo! Voilà vers quoi il fallait marcher!» (avant-propos, *Poèmes d'enfance*). Elle se réclame également de son héritage littéraire grec. Elle lit des philosophes et des moralistes, s'inspirant tout particulièrement de l'exemple de Montaigne et de la pensée de Nietzsche. Lectures, héritage, fréquentation des écrivains, cette formation très livresque fera d'elle une vraie intellectuelle, même si, en jeune fille noble élevée à l'ancienne en ce XIXe siècle finissant, elle ne fréquente ni le lycée ni l'université. Se déroulant en dehors des institutions, cette éducation garantit en fait sa liberté d'esprit et favorise sa créativité. Si elle admire des écrivains consacrés tels que Sophocle, Ronsard, Shakespeare, Rousseau, Lamartine, Musset, Hugo, Voltaire, Corneille et Racine, elle trouve dans la gloire d'une Germaine de Staël et d'une George Sand quelque chose de rassurant pour ses propres ambitions littéraires, qui, encouragées par son entourage, s'annoncent en effet dès sa première adolescence.

Petite fille frêle et hypersensible, Anna découvre la nature dans la villa Bassaraba à Amphion au bord du lac Léman. Émerveillée dans le jardin familial «d'avant Adam et Ève» (*Le Livre de ma vie*), extasiée devant le paysage environnant, dès l'âge de six ou sept ans, elle s'applique passionnément à en détailler les beautés dans ses albums, «de telle sorte qu'une vivante image en jaillît» (avant-propos, *Poèmes d'enfance*). Ces «récoltes minutieuses», impressions sensorielles très précises des parfums, des «coloris enivrants», des textures, de la fraîcheur, de la chaleur et des sons, nourriront son univers poétique. Mais sa vision extatique de la nature comme d'un paradis sensuel grouillant de vie se complique presque toujours d'un sentiment aigu de la fuite du temps et de la mort. Car, sa mère férue de Chateaubriand l'a initiée devant les spectacles de la nature à l'idée romantique que la beauté s'associe à la tristesse et déjà dans ses «petites peintures verbales [...] voltigeait, couleur de crépuscule, une légère cendre funéraire». Ensuite, quand à l'âge de neuf ans elle perd son père, décédé soudainement à Paris alors qu'elle est à Amphion, la mort cesse d'être pour elle une abstraction. Dans sa poésie la célébration fervente de la nature, de la vie, des plaisirs des sens et de l'amour s'augmentera d'un chant élégiaque né de cette hantise de la mort que la perte de son père a cristallisée, hantise que les disparitions successives de ses proches et sa santé fragile ne feront que renforcer (voir «L'Empreinte», «Chanson du temps opportun», «Offrande», «Le Plaisir» et «La Femme, durée infinie»).

Après l'enterrement de son père en Roumanie, sa famille se rend à Constantinople chez son grand-père maternel. Ce voyage dans l'Orient de ses ancêtres a beau être l'unique de sa vie, le palais de son grand-père à Arnaout-Keuï, la lumière du Bosphore, le paysage, toutes ses sensations se graveront dans sa mémoire et l'Orient, désormais paysage du rêve, deviendra un de ses thèmes privilégiés. Vers 1899, elle rencontrera l'écrivain et homme politique Maurice Barrès, lui aussi épris de l'Orient. Leur amitié passionnée, ancrée dans une admiration mutuelle et des échanges intellectuels très intenses qui passent outre à leur divergences politiques (Barrès, de droite, est anti-dreyfusard, alors que l'aristocrate Noailles se déclare socialiste et dreyfusarde), favorisera l'épanouissement chez elle de ce courant orientaliste.

Six mois après son mariage, le 18 août 1897, avec le Comte Mathieu de Noailles, elle fait son entrée en littérature avec la publication dans *La Revue de Paris* de «Litanies». En 1901, un an après la naissance de son fils, Anne-Jules, elle fait paraître son premier recueil, *Le Cœur innombrable,* qui provoque le délire chez la jeunesse et révèle au public un grand talent. Avec son adjectif au sens inusité, le titre traduit en une image frappante le «besoin de multitude» qui l'habite, sa volonté de se dépasser, son désir ardent d'échapper à toute contrainte et d'être multiple: «Je voudrais être cent hommes!» s'était-elle écriée, petite fille, à la vue d'un régiment (avant-propos, *Poèmes d'enfance*). Ainsi, son cœur s'identifie en un élan sensuel à tout ce qui vit dans la nature, fleurs, fruits, insectes, arbres, soleil, sans exclure les légumes les plus humbles comme les haricots, ni les animaux de basse-cour comme les coqs («Le Verger»). Ces comparaisons insolites avec des aspects peu poétiques de la nature lui attirent chez certains lecteurs le surnom ridicule de «Muse potagère» dont elle aura du mal à se débarrasser. Celui, peut-être moins malveillant, de «Muse des jardins» sera également tenace. Noailles s'inspire aussi de l'antiquité, mais ses poèmes s'avèrent plus narcissiques que panthéistes ou païens (voir le motif du faune, prétexte à son auto-portrait dans «L'Image»), car dans la nature elle découvre et cherche à perpétuer, pour contrer l'angoisse de la mort, avant tout des images d'elle-même («L'Empreinte»).

Après un deuxième recueil de poésie, *L'Ombre des jours,* Anna de Noailles se tourne vers le roman. Avec son héroïne nietzschéenne, *La Nouvelle Espérance* (1903) remporte un vif succès et connaîtra plus de trente rééditions. L'année suivante, *Le Visage émerveillé,* racontant sous forme de journal la naissance à la vie des sens d'une religieuse amoureuse, fait scandale. Noailles demeurera toute sa vie fascinée par la vie conventuelle, et ses premiers romans reflètent en effet la dualité chez elle entre «la bacchante» nietzschéenne et «la nonne», figures contrastées qui se rejoignent pourtant dans une même «tristesse de l'infini» («Deux êtres luttent...», *Les Forces éternelles*). L'échec de son troisième roman, *La Domination* (1905), histoire d'amour pessimiste narrée cette fois du point de vue du héros—«le travesti de Mme de Noailles en Dom Juan» décrétera Jean Larnac (*Histoire de la littérature féminine en France,* 1929)—la pousse à en interdire toute réédition. Après deux années de silence, elle reviendra—spectaculairement—à la poésie avec *Les Éblouissements,* qui connaîtront encore plus de rééditions que *Le Cœur innombrable* et assoiront sa réputation de poète. Proust saluera la nouveauté d'une femme poète à la fois «l'auteur et le sujet de ses vers», rapprochant Noailles de la figure androgyne du Poète persan, Muse ou Péri (voir la note 4 à la poésie de Desbordes-Valmore, p. 72), peinte par Gustave Moreau.

À partir de 1913 la santé d'Anna de Noailles se détériore et son écriture s'en ressent. Dès *Les Vivants et les morts,* la hantise de la mort prend le pas sur l'élan vers la vie et ce, dans un monde sans espoir d'au-delà où la foi qu'elle recherchait est rejetée. Sa maladie l'oblige souvent à s'aliter: couchée sur son lit Louis XV dans sa «chambre aux cretonnes» (voir son portrait) capitonnée de liège pour la préserver du bruit, le téléphone à portée de la main, ses poèmes et ses pastels éparpillés autour d'elle, elle travaille pourtant. À l'écriture se joignent vers 1926 des pastels lumineux, surtout de fleurs. Depuis cet espace clos son imagination lui ouvre la nature toute entière: «couchée, elle construisit et contempla tous les paysages de la terre sur le store baissé d'une unique fenêtre» (Colette, *Discours de réception à l'Académie royale de langue et littérature françaises de Belgique,* 1936). Dans cette chambre, en Précieuse moderne et poète malade devenue légendaire, elle reçoit aussi la visite d'amis tels que Colette, Cocteau, Édouard Herriot et Jean Rostand qu'elle charme de ses propos étincelants.

Pendant la Première Guerre mondiale, sa santé fragile ne l'empêche pas de visiter les champs de bataille mais elle ne publie rien. Dans *Les Forces éternelles,* publiées après l'armistice, la guerre inspire des poèmes où elle déploie son patriotisme et son culte des héros mais aussi son horreur de la mort. Le thème de l'amour érotique y réapparaît, traité sur le mode tragique (voir «Le Plaisir»). Si les années 1921–1922 marquent l'apogée de sa gloire, elle n'en est pas moins rongée par une profonde tristesse intérieure que la mort en 1923 de sa mère et de Barrès ne fera qu'aggraver. Il en sortira un recueil de poésie magnifique et grave, composé dans «la funèbre passion», «sans espérance», et scandé par la mort, *L'Honneur de souffrir,* dédié à ses amis disparus auxquels elle s'identifie désormais bien plus qu'aux vivants («Et je semble alerte et légère/ Aux humains parmi qui je vis,/ Moi qui, ne t'ayant pas suivi,/ Suis à jamais une étrangère!»). *L'Honneur de souffrir* porte à son comble l'héroïsme de la souffrance chez Noailles.

Entre 1923 et 1930, dans *Poème de l'amour, Les Innocentes ou la Sagesse des femmes* (nouvelles) et *Exactitudes* (poèmes en prose), elle explore le thème de l'amour. Désir d'infini, l'amour noaillien achoppe sur le sens de l'éphémère; recherche futile de l'absolu chez la femme, il se heurte immanquablement à l'incompréhension et à l'incapacité chez l'homme de la rejoindre dans le don total de soi, dans une même quête de plénitude et d'intensité à travers la passion. «Puisse l'Ève savante et résignée admettre et prononcer sans défaillir l'amère constatation: "Je suis seule avec quelqu'un"» («Connaissance de soi», *Exactitudes*), ce sombre souhait vise à généraliser le cri désabusé de la locutrice dans *Les Forces éternelles:* «Que peut-il y avoir, ô mon amour unique,/ De commun entre vous et moi!» («C'est après les moments...»). Avec son affirmation désenchantée de la supériorité de la femme sur l'homme en amour, Noailles élabore un motif persistant de la littérature féminine depuis les trobairitz.

Vers la fin des années vingt, la maladie l'astreint à mener une vie de plus en plus retirée, mais elle ne cesse de travailler. Claustrée dans sa chambre, elle prépare l'édition de ses *Poèmes d'enfance* qu'elle fait précéder d'un important avant-propos où elle raconte sa naissance à la poésie, décrit sa formation littéraire et philosophique, et éclaire les sources profondes de son inspiration. *Le Livre de ma vie,* autobiographie s'arrêtant avec l'adolescence et publiée un an avant sa mort, se joint à cet avant-propos pour constituer une sorte d'art poétique rétrospectif: «Un poète sur qui tout le bonheur et le malheur du monde se sont abattus, qui, pour être plus vrai, s'est exprimé avec une sorte d'humble impertinence envers les lexiques et les grammaires, assemblant des vocables comme on hèle le passant, l'inconnu, dont on attend un prompt secours, croit s'être livré entièrement dans ce qu'il a d'individuel et dans ce que la poésie contient d'universel.» En novembre 1932, Noailles commence à réunir ses *Derniers vers;* n'ayant plus la force d'écrire, d'une voix qui ne retrouve sa vigueur que pour cette activité, elle dictera pour ce recueil des poèmes nouveaux jusqu'au seuil de la mort. Résolument matérialiste face à la mort, elle y réaffirme à la fois sa philosophie épicurienne («carpe diem») et son amoralisme nietzschéen (voir «Sagesse»). Elle s'éteint dans sa chambre aux cretonnes de la rue Scheffer, le 30 avril 1933. Suivant les obsèques officielles en l'église de la Madeleine, son corps est inhumé au cimetière du Père-Lachaise dans le caveau de la famille Bibesco-Brancovan. Son cœur repose dans le cimetière de Publier, près d'Amphion. Sur sa tombe à Paris, une photo d'Anna de Noailles porte cette inscription tirée d'un de ses poèmes: «Hélas! je n'étais pas faite pour être morte» («Les Terres chaudes», *Les Éblouissements*).

Si dans l'écriture d'Anna de Noailles féminité il y a, ce n'est certainement pas la notion fixe et bien circonscrite par un masculin valorisé à laquelle se référaient les critiques du début du XXe siècle en la marginalisant sous la rubrique du «romantisme féminin». Moins tournée vers le passé qu'on n'a voulu le croire, Noailles annonce en fait des notions récentes du féminin comme refus des dichotomies et des hiérarchies de la pensée patriarcale, comme refus des exclusions et comme ouverture permanente à l'autre. Dans son élan héroïque nietzschéen, dans le vœu d'un «cœur innombrable», dans les excès mêmes de ses identifications, de ses transmutations, et de ses comparaisons, comme dans ses adjectifs surabondants, se traduit une volonté de dépassement des limites et des catégories toutes faites qui l'apparente aux praticiennes et théoriciennes de *l'écriture féminine,* courant qui ne s'épanouira qu'une quarantaine d'années après sa mort. Une telle perspective permet de racheter la Muse potagère: l'identification tant décriée de son cœur innombrable aux éléments les plus communs de la nature, à une poire ou à des haricots («Le Verger»), échappe au ridicule pour incarner au contraire le défi qu'elle porte aux hiérarchies poétiques et autres. Pour Anna de Noailles, refuser la simplification et la netteté, maintenir sans contradiction les termes tenus pour opposés ou exclusifs d'une dualité, s'identifier contradictoirement et simultanément comme sujet et objet, moi et la nature, occidentale et orientale, masculine et féminine, singulière et plurielle, abeille ou oiseau et fleur, classique et romantique, antique (elle s'inspire de la mythologie grecque) et moderne (elle chante le bruit et l'odeur des trains), dionysiaque et apollinienne, vivante et morte, équivaut à une forme de sagesse: «on sent bien», écrit-elle dans *Le Livre de ma vie,* «que le poète a pour privilège d'être multiple, de pouvoir prouver sa sincère abondance, de n'être enfermé en rien. Chez lui, le double choix n'est pas contradiction, mais prolongement du raisonnement et croissance de la sagesse.»

Les implications de ce «double choix» pour les aspirations poétiques d'Anna de Noailles ainsi que pour son inscription dans la tradition littéraire s'éclairent à la lumière d'une préface qu'elle rédigea en 1912 pour une nouvelle traduction française du *Gulistan* (*Le Jardin des roses*) du poète persan du XIIIe siècle, Saadi. Traduit en français dès 1634, *Le Gulistan* initia l'Occident à la poésie persane. Saadi inspira à Noailles de nombreux poèmes, souvent sur le motif des amours du rossignol et de la rose, notamment dans *Les Éblouissements,* dont «Danseuse persane», «Les Délices orientales», «Le Jardin-qui-séduit-le-cœur», «Rêverie persane», «Le Rossignol dans le jardin du roi» et «Éloge de la rose». Dans la préface de Noailles s'épanouit, depuis la splendeur occidentale, une rêverie voluptueusement orientale qui traduit une ferveur et une insatiabilité nées de la nostalgie permanente de l'autre, car pour elle «la joie est toujours sur l'autre rive» (elle traduit ainsi un vers du poète italien d'Annunzio). La poétique de Noailles s'y fond avec celle de Saadi. «Je songe à vous ce soir, Saâdi, habitant des jardins! Dès l'enfance, j'ai pressenti et partagé vos rêves. J'ai tant aimé l'azur qu'il a pénétré mon être et m'a fait un cœur de turquoise». À l'instar de Saadi dont la poésie était censée distiller le parfum des roses conservé dans sa mémoire, Noailles prétendait que ses poèmes étaient également dictés «avec un parfum de roses». Sa volonté de créer par amour de «l'éternité» des jardins poétiques qui, à la différence des jardins naturels, seraient «impérissables» et celle de transmuer le parfum ou, plus généralement, la sensation (aussi bien le tactile, l'auditif, le gustatif et le visuel que l'olfactif) en langage et le langage en parfum passent également ici par son identification au poète persan. «Quand le rossignol [image du poète-amant, Noailles ou Saadi indifféremment, chantant le désir de la rose] n'a qu'un chant limité, quand l'amant même, dans les jardins du soir, cesse d'exprimer son délire et sa plainte, le parfum, sans fléchir, élance ses véhémentes fusées, et maintient un sublime langage.» Grâce à la traduction française, le langage peut à son tour se muer en parfum, ce qui appelle le souvenir d'un autre poète inspiré par Saadi, femme et française cette fois, Marceline Desbordes-Valmore. La nouvelle «traduction du Jardin-des-Roses», écrit Noailles, «pourrait porter en exergue ce vers inspiré par vos roses à Marceline Desbordes-Valmore: "Respires-en sur moi l'odorant souvenir!"» («Les roses de Saadi»). L'évocation de Desbordes-Valmore redouble son identification poétique avec Saadi pour signifier son «double choix» d'une tradition poétique à la fois masculine et féminine, orientale et occidentale, lointaine et récente. À travers l'hommage rendu à l'inspiration poétique de Saadi, Noailles peut reconnaître, indirectement, son héritage féminin valmorien et revendiquer l'autorité de Desbordes-Valmore en tant qu'aïeule poétique puisque, par cet exergue, Saadi lui-même serait placé sous son égide.

Dans le poème que Saadi inspira à Desbordes-Valmore les roses envolées sont chargées de tout leur symbolisme traditionnel—la sexualité féminine, l'inspiration et l'immortalité poétiques—mais s'assimilent également au rossignol-poète et renvoient au mythe de Philomèle (voir l'introduction à Desbordes-Valmore). De même, Noailles poète, en s'inscrivant simultanément dans la lignée de Saadi et de Desbordes-Valmore, se confond en un élan érotico-poétique fluide et sexuellement ambigu à la fois avec le rossignol, amant et poète, et avec la rose, objet de son désir et de son chant, mais également sujet de la parole («—Mon Dieu, je voudrais que la bouche/ Des chaudes roses du rosier/ Exprime tout ce qui me touche!» «Contentement», *Les Éblouissements*) et symbole masculin («la rose, dieu vif, petit Éros joufflu/ Armé de courtes flèches», «Éloge de la rose»). Pareillement, dans le poème «Rêverie persane», Noailles rêve d'être accueillie en Perse après sa mort par de jeunes garçons persans qui reconnaîtraient en elle et «l'amante des roses» et les roses elles-mêmes convoitées par les rossignols: «Et tous les rossignols éveillés dans leur cage/ Aux roses de ton cœur diront leur désespoir....» De plus, dans sa poésie une nature érotisée revêt tantôt les caractéristiques féminines conventionnelles, tantôt celles d'un amant que la poète embrasse voluptueusement en une «union passionnée»: «je me suis abandonnée à elle et je l'ai attirée sur mon cœur» (*Le Livre de ma vie*). Et quand, très rarement, elle évoque le thème féminin consacré de la maternité, elle la tient pour aussi destructrice que créatrice («La femme, durée infinie»). En adoptant et en renversant ainsi dans son écriture les polarités sexuelles traditionnelles, Noailles aspire à «atteindre [...] à quelque chose qui est plus que la femme et l'homme» (cahier, 1907), à quelque chose qui échappe finalement aux structures identitaires répressives et aux interdictions de la pensée patriarcale. Dans des moments privilégiés d'une extase hors social, les oppositions enfin se dissolvent et son idéal poétique est atteint, car pour Noailles le poète est «celui qui n'est séparé de rien, ni de personne» (interview, 1931).

En fin de compte, Noailles refuse la séparation entre littérature d'hommes et littérature de femmes. De même qu'elle reconnaît des antécédents féminins—ses «poétiques grand-mères» («Une Grecque aux yeux allongés...», *Les Forces éternelles*)—aussi bien que masculins, de même elle admire non seulement l'œuvre d'hommes écrivains contemporains comme Barrès mais aussi celle de femmes telles que Colette et Marie de Régnier (Gérard d'Houville) qu'elle évoque à la suite de Sand et de Staël dans *Le Livre de ma vie*. Et sa postérité littéraire reflète également son «double choix». Par l'exemple de sa réussite, elle a ouvert la voie à bien des femmes poètes, mais son écriture inspira aussi toute une génération de «jeunes hommes» («Offrande») et des écrivains de la taille de Proust, de Valéry et de Claudel. Aujourd'hui, nous pouvons enfin lui restituer sa (double) voix et l'écouter dans sa singularité de femme poète.

Le Verger

Dans le jardin, sucré d'œillets et d'aromates,
Lorsque l'aube a mouillé le serpolet touffu
Et que les lourds frelons[1], suspendus aux tomates
Chancellent de rosée et de sève pourvus,

1. Frelons: variante de la métaphore de l'abeille (voir «Je voudrais faire avec une pâte de fleurs»), image récurrente de la poète recueillant dans une nature abondante le nectar des fleurs et d'autres matières végétales pour créer ses poèmes. En reprenant pour son compte cette métaphore, Noailles suit une tradition qui remonte à Platon: «Car, ils nous disent, n'est-ce pas? les poètes, que c'est à des sources de miel, dans certains jardins et vallons des Muses qu'ils butinent les vers pour nous les apporter à la façon des abeilles et voltigeant eux-mêmes comme elles» (*Ion*). Ces images, chez elle chargées

Je viendrai, sous l'azur et la brume flottante,
Ivre du temps vivace et du jour retrouvé,
Mon cœur se dressera comme le coq qui chante
Insatiablement vers le soleil levé.

L'air chaud sera laiteux sur toute la verdure,
Sur l'effort généreux et prudent des semis,
Sur la salade vive et le buis des bordures,
Sur la cosse qui gonfle et qui s'ouvre à demi;

La terre labourée où mûrissent les graines
Ondulera, joyeuse et douce, à petits flots,
Heureuse de sentir dans sa chair souterraine
Le destin de la vigne et du froment enclos.

Des brugnons roussiront sur leurs feuilles, collées
Au mur où le soleil s'écrase chaudement,
La lumière emplira les étroites allées
Sur qui l'ombre des fleurs est comme un vêtement,

Un goût d'éclosion et de choses juteuses
Montera de la courge humide et du melon,
Midi fera flamber l'herbe silencieuse,
Le jour sera tranquille, inépuisable et long.

Et la maison avec sa toiture d'ardoises,
Laissant sa porte sombre et ses volets ouverts,
Respirera l'odeur des coings et des framboises
Éparse lourdement autour des buissons verts;

Mon cœur, indifférent et doux, aura la pente
Du feuillage flexible et plat des haricots
Sur qui l'eau de la nuit se dépose et serpente
Et coule sans troubler son rêve et son repos.

Je serai libre enfin de crainte et d'amertume,
Lasse comme un jardin sur lequel il a plu,

---

d'un érotisme confus, s'associent souvent au parfum enivrant des fleurs, en particulier des roses, et à des voluptés orientales.

Calme comme l'étang qui luit dans l'aube et fume,
Je ne souffrirai plus, je ne penserai plus,

Je ne saurai plus rien des choses de ce monde,
Des peines de ma vie et de ma nation,
J'écouterai chanter dans mon âme profonde
L'harmonieuse paix des germinations.

Je n'aurai pas d'orgueil, et je serai pareille,
Dans ma candeur nouvelle et ma simplicité,
À mon frère le pampre et ma sœur la groseille
Qui sont la jouissance aimable de l'été,

Je serai si sensible et si jointe à la terre
Que je pourrai penser avoir connu la mort,
Et me mêler, vivante, au reposant mystère
Qui nourrit et fleurit les plantes par les corps.

Et ce sera très bon et très juste de croire
Que mes yeux ondoyants sont à ce lin pareils
Et que mon cœur, ardent et lourd, est cette poire
Qui mûrit doucement sa pelure au soleil...
Le Cœur innombrable, 1901

L'Empreinte

Je m'appuierai si bien et si fort à la vie,
D'une si rude étreinte et d'un tel serrement,
Qu'avant que la douceur du jour me soit ravie
Elle s'échauffera de mon enlacement.

La mer abondamment sur le monde étalée
Gardera dans la route errante de son eau,
Le goût de ma douleur qui est âcre et salée
Et sur les jours mouvants roule comme un bateau.

Je laisserai de moi dans le pli des collines
La chaleur de mes yeux qui les ont vu fleurir,

Et la cigale assise aux branches de l'épine
Fera vibrer le cri strident de mon désir.

Dans les champs printaniers la verdure nouvelle
Et le gazon touffu sur le bord des fossés
Sentiront palpiter et fuir comme des ailes
Les ombres de mes mains qui les ont tant pressés.

La nature qui fut ma joie et mon domaine
Respirera dans l'air ma persistante ardeur,
Et sur l'abattement de la tristesse humaine
Je laisserai la forme unique de mon cœur.
Le Cœur innombrable

L'Image

Pauvre faune qui va mourir
Reflète-moi dans tes prunelles
Et fais danser mon souvenir
Entre les ombres éternelles.

Va, et dis à ces morts pensifs
À qui mes jeux auraient su plaire
Que je rêve d'eux sous les ifs
Où je passe petite et claire.

Tu leur diras l'air de mon front
Et ses bandelettes de laine,
Ma bouche étroite et mes doigts ronds
Qui sentent l'herbe et le troène,

Tu diras mes gestes légers
Qui se déplacent comme l'ombre
Que balancent dans les vergers
Les feuilles vives et sans nombre,

Tu leur diras que j'ai souvent
Les paupières lasses et lentes,
Qu'au soir je danse et que le vent
Dérange ma robe traînante,

Tu leur diras que je m'endors
Mes bras nus pliés sous ma tête,
Que ma chair est comme de l'or
Autour des veines violettes;

—Dis-leur comme ils sont doux à voir
Mes cheveux bleus comme des prunes,
Mes pieds pareils à des miroirs
Et mes deux yeux couleur de lune,

Et dis-leur que dans les soirs lourds,
Couchée au bord frais des fontaines,
J'eus le désir de leurs amours
Et j'ai pressé leurs ombres vaines...
Le Cœur innombrable

Chanson du temps opportun

Le Temps, de ses pipeaux, tire de clairs accords,
Bondissez au soleil, les âmes et les corps.

Par les chemins poudreux et la verdure épaisse
Épuisez les plaisirs, c'est la seule sagesse;

Prenez-vous, quittez-vous, cherchez-vous tour à tour,
Il n'est rien de réel que le rêve et l'amour.

Sur la terre indigente où tant d'ombre s'éploie
Ayez souci d'un peu de justice et de joie;

Retenez, du savoir, ce qu'il faut au bonheur;
On est assez profond pour le jour où l'on meurt.

Vivez; ayez l'amour, la colère et l'envie,
Pauvres êtres vivants, il n'est rien que la vie.
Le Cœur innombrable

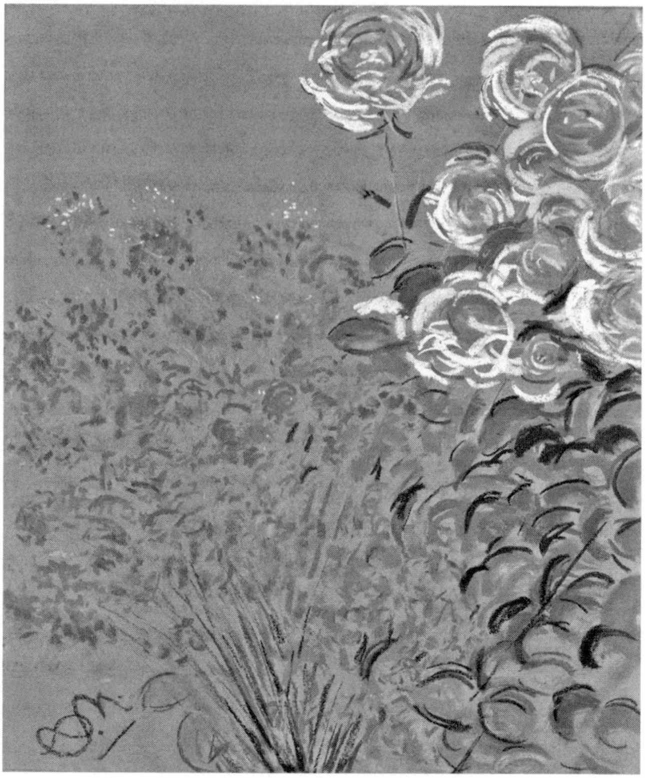

Fleurs, pastel d'Anna de Noailles, Musée Carnavalet, Paris (Bridgeman Art Library)

Je voudrais faire avec une pâte de fleurs

Je voudrais faire avec une pâte de fleurs
Des vers de langoureuse et glissante couleur,
Où la rose d'été, l'œillet et le troène
Répandraient leur arôme et leur douce migraine;

Des vers plus odorants qu'un parterre en juin
Où l'on marche en posant sur son cœur une main,
Où, las de la lumière et des herbes trop belles,
On soupire en rêvant sous de larges ombrelles;

Des vers qui soient pareils à nos premiers jardins,
Quand remuant le sable et les cailloux, soudain

Le paon traînait le beau feuillage de sa queue
Près de la mauve molle et des bourraches bleues;

Des vers toujours gluants de sucre et de liqueurs,
Comme le doux gosier des plus suaves fleurs,
Comme la patte aiguë et mince de l'abeille[2]
Enduite de miel fin et de poudre vermeille,

Et comme le fruit chaud du tendre framboisier
Qu'étant petite enfant, mon âme, vous baisiez,
Car vous aimiez déjà les choses de la vie,
Le matin odorant, la pelouse ravie,

Les rosiers emplis d'ombre et d'insectes légers,
L'inexprimable odeur du divin oranger,
Avec le cœur penchant et le fervent malaise
De sainte Catherine[3] et de sainte Thérèse...
Les Éblouissements, 1907

Offrande

Mes livres, je les fis pour vous, ô jeunes hommes[4],
Et j'ai laissé dedans,
Comme font les enfants qui mordent dans des pommes,
La marque de mes dents.

J'ai laissé mes deux mains sur la page étalées,
Et la tête en avant

2. Voir la note précédente sur «Le Verger».

3. Catherine de Sienne, citée aussi en épigraphe au *Poème de l'amour* (1924): «Il faut d'abord avoir soif...» Noailles s'appuie sur l'exemple de Catherine de Sienne pour dire sa soif d'absolu, manifestée ici dans l'amour des «choses de la vie». Dans des œuvres postérieures aux *Éblouissements*, la quête mystique de la passion absolue, désormais dans le cadre de l'amour humain, se solde par un sentiment d'échec devant la réalité de l'absence et de la souffrance. Ainsi, dans la dédicace du *Poème de l'amour* à l'amitié, «sentiment divin», l'amour sera qualifié de «passion cruelle et vaine».

4. Publié d'abord en avril 1904 dans le premier numéro de la revue littéraire *Les Essais* que lançaient de jeunes admirateurs fervents de Noailles, le poème illustre son souci de la postérité et suggère l'influence qu'elle exerça sur les jeunes poètes masculins.

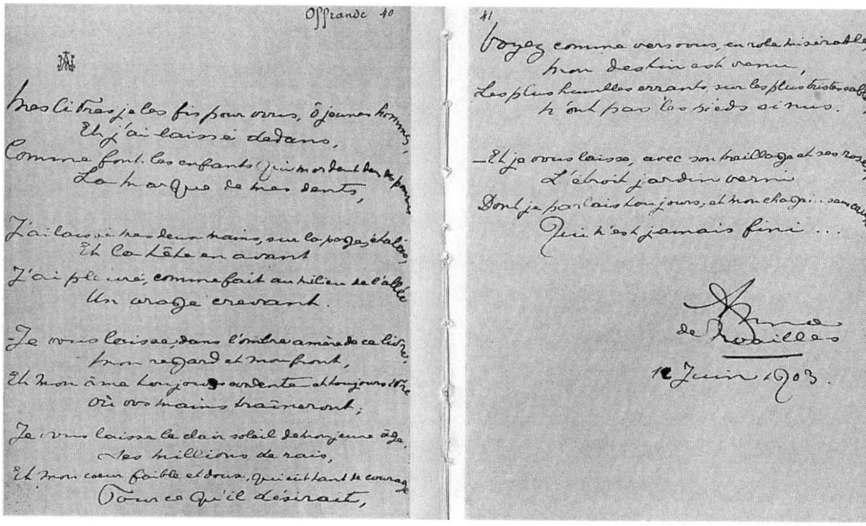

Manuscrit d'«Offrande», Anna de Noailles, *Les Éblouissements*, Fragments (Bibliothèque nationale de France, Mss. n.a. fr 24915, legs Constantin Photiadès)

J'ai pleuré, comme pleure au milieu de l'allée
Un orage crevant.

Je vous laisse, dans l'ombre amère de ce livre,
Mon regard et mon front,
Et mon âme toujours ardente et toujours ivre
Où vos mains traîneront.

Je vous laisse le clair soleil de mon visage,
Ses millions de rais,
Et mon cœur faible et doux, qui eut tant de courage
Pour ce qu'il désirait.

Je vous laisse ce cœur et toute son histoire,
Et sa douceur de lin,
Et l'aube de ma joue, et la nuit bleue et noire
Dont mes cheveux sont pleins[5].

5. Le manuscrit d'«Offrande», daté du 12 juin 1903, ne contient pas cette strophe, preuve qu'il arrivait à Noailles, nonobstant ses dénégations, de retoucher ses poèmes.

Voyez comme vers vous, en robe misérable
Mon Destin est venu.
Les plus humbles errants, sur les plus tristes sables,
N'ont pas les pieds si nus.

—Et je vous laisse, avec son feuillage et ses roses[6],
Le chaud jardin verni
Dont je parlais toujours;—et mon chagrin sans cause
Qui n'est jamais fini...

Les Éblouissements

Le Plaisir

Plaisir, le plus profond et triste mot du monde,
Qui contient tout l'espoir et contient tout l'oubli,
Qui dit l'homme exultant ou bien enseveli
Dans l'extase effrayée où les larmes abondent.

Plaisir, le seul vainqueur, pied d'airain arrêté
Sur tout effort humain. Plaisir, terme des choses,
Accostage de l'être avec l'éternité,
Plénitude, désert, ravage, immense pause;

6. Exemple de rime «pour l'oreille» plutôt que «pour l'œil» qu'Anna de Noailles se permettait, contrairement aux règles strictes de la prosodie. Dans certaines anthologies où figure ce poème, le pluriel «les roses» est «corrigé» par l'éditeur en «la rose», modification qui aboutit à une rime plus conforme aux règles, mais c'est certainement au détriment du sens. Notons que ce pluriel est maintenu par la poète dans son *Choix de poésies*, publié en 1930. On trouvera d'autres exemples de rimes peu orthodoxes d'un pluriel avec un singulier dans notre sélection, en particulier dans ce poème. Le jeu entre le singulier et le pluriel est en fait au centre de la poétique de Noailles, comme le révèle déjà le titre de son premier recueil, *Le Cœur innombrable*, avec son accouplement insolite d'un adjectif au sens pluriel—qu'on trouve d'ailleurs le plus souvent à la forme plurielle—avec un substantif au singulier. Malgré ce qu'ont pu dire les critiques sur ses «licences» et sur ses fautes de prosodie et malgré ce qu'elle a dit elle-même sur sa méthode de travail (inspirée, pas de ratures, peu de corrections), le souci de la forme existe bien chez Noailles, mais il se traduit *autrement* que par le respect des règles classiques de la versification. Elle met en place une formalité différente de celle héritée de ses prédécesseurs masculins.

Interrogation et reproche au destin
Pour ce ciel apparu à travers nos ténèbres,
Pour ce bref incendie enivrant, qui s'éteint
Et nous laisse sa cendre impalpable et funèbre.

Plaisir, effarement, puis révélation,
Passage de la mort franchi, clarté soudaine,
Être un dieu; connaissance, ample précision;
Puis cette pauvreté de la tendresse humaine!

Et pourtant rien ne vaut que vous, plaisir amer,
Sur qui posent le monde et tout l'humain théâtre,
Amer plaisir, profond tel la profonde mer
Qui porte allégrement les pesantes escadres!

N'est-ce pas vous toujours ces rêveuses lourdeurs
Du printemps pluvieux, ce pépiement d'eau fraîche
Dans la noire forêt, ces subites odeurs
Des bourgeons crépitant sur les écorces rêches;
Ce cri d'oiseau avec sa tristesse de cœur
(Cri ténu et pourtant enflé comme l'orage),
Ce cri d'oiseau, le soir, n'est-ce pas votre ouvrage,
Ô sournois compagnon, solennel et moqueur,
Plaisir, vous qui toujours remplacez le bonheur!
Les Forces éternelles, 1920[7]

La femme, durée infinie

La femme, durée infinie,
Rêveuse d'éternels matins,
Dans la puissance de l'instinct
Veut créer. Mais cette agonie

Plus tard, un jour, de son enfant,
Cette peur, ces sueurs, ces transes,

7. «Le Plaisir» est tiré de la quatrième et dernière partie du recueil, intitulée «Poèmes de l'amour». Les premières parties sont «La Guerre», «Âme des paysages» et «Poèmes de l'esprit».

Ce mourant que rien ne défend,
En garde-t-elle l'ignorance?

Et toute mère, sans remords,
Triomphante et pourtant funèbre,
Voue une âme aux longues ténèbres,
Et met au monde un homme mort...
L'Honneur de souffrir[8], 1927

Sagesse

Vis sans peur, sans remords et sans contrainte. Crains
De dépasser les jours consacrés aux caresses,
Puisque tout n'aboutit qu'au lit où l'on étreint,
Qu'à la tombe où l'on cesse!
Derniers vers, 1934

8. Dédié «À mes Amis qui m'ont quittée, que je ne quitte point», le recueil porte en épigraphe cette phrase tirée de l'*Antigone* de Sophocle: «J'aurai plus longtemps à plaire à ceux qui sont sous terre qu'à ceux qui sont ici.»

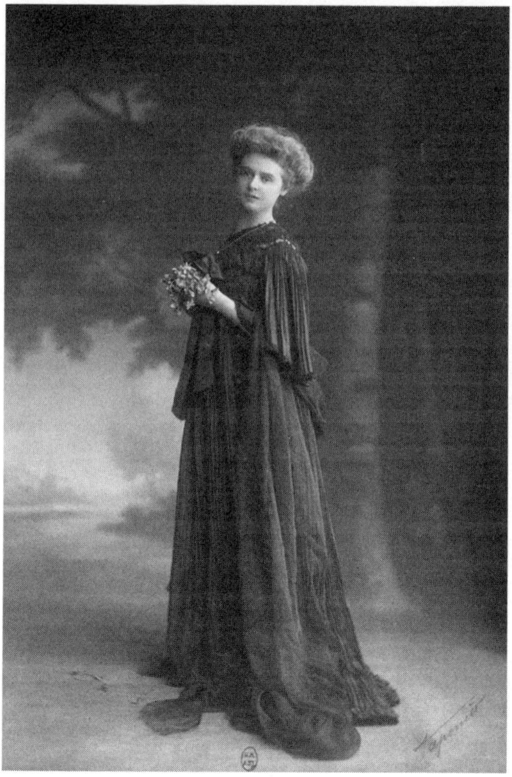

Renée Vivien

(1877–1909)

Psappha revit, par la vertu des harmonies.
—Renée Vivien, «Psappha revit»

Quelqu'un, je crois, se souviendra dans l'avenir de nous.
—Sapho, traduite par Renée Vivien

Le rapport de Renée Vivien à la tradition poétique fut complexe et ambivalent. Durant sa brève mais remarquablement féconde vie d'écrivaine, s'identifiant à

Renée Vivien (photo Boissonas et Taponier, Bibliothèque nationale de France)

Sapho, poète et amante, elle se consacra à affirmer l'existence d'une tradition poétique glorieuse féminine et, plus particulièrement, lesbienne. Avec une sorte de vénération religieuse, elle recueillit, traduisit et adapta les poèmes et les fragments qui nous sont parvenus de Sapho (*Sapho,* 1903) et d'autres femmes poètes de la Grèce antique (*Les Kitharèdes,* 1904). Mais, paradoxalement, en dépit de ce dessein, elle n'évoqua guère les autres femmes poètes ou écrivains qui succédèrent à Sapho, ne mentionnant même pas l'œuvre de celles qu'elle connaissait et fréquentait à Paris: ni Lucie Delarue-Mardrus, ni Colette, ni Natalie Clifford Barney. Celle-ci, pourtant le grand amour de sa vie et l'objet de son émulation poétique, ne fut célébrée dans son œuvre qu'en tant que bien-aimée et non en tant qu'écrivaine. Ni Louise Labé, ni Marceline Desbordes-Valmore, parmi les rares femmes poètes retenues alors par l'histoire littéraire, ne figurent explicitement dans ses écrits; néanmoins, «Les Roses de Saadi» de cette dernière lui inspirèrent un poème, «Roses du soir», qui illustre à merveille la transmission poétique féminine qu'elle imaginait et à laquelle, par sa propre écriture, elle voulait participer.

En voulant perpétuer le souvenir de cette continuité poétique féminine, elle pensait aussi à sa propre gloire et à son immortalité poétique; la fameuse phrase de Sapho, citée en exergue, revient en effet sous sa plume avec une régularité quasi-obsessionnelle. Jusqu'à son dernier jour, elle ne cessa de réviser ses poèmes, toujours dans un grand souci de perfection formelle, et d'en préparer des anthologies et des rééditions pour assurer leur survie. N'empêche qu'après avoir été saluée à ses débuts par des critiques influents comme Charles Maurras, elle fut pendant longtemps oubliée, mise au ban par les historiens de la littérature en grande partie parce que femme, lesbienne, et étrangère. Maurras lui-même avait préparé ce rejet en la rangeant, avec les poètes Anna de Noailles, Gérard d'Houville (Marie de Régnier) et Lucie Delarue-Mardrus, sous les rubriques déjà ambiguës de «romantisme féminin» et de «sentiment désordonné», associés par lui à la «perversité sensuelle», au «risque lesbien» et à un esprit contraire au «sens national». Avec l'essor des études féministes et gays dans le dernier quart du XXe siècle, son œuvre fut rééditée et redécouverte. Parmi les nombreuses femmes écrivains qui firent explosion sur la scène littéraire parisienne aux alentours de 1900, Renée Vivien se signale aujourd'hui par la qualité de son art et la nouveauté de ses thèmes. Si à la même époque de rares femmes comme Barney (*Quelques portraits-sonnets de femmes,* 1900) et Liane de Pougy (*Idylle saphique,* roman, 1901) abordèrent aussi dans leur écriture le sujet de l'amour lesbien, Renée Vivien est la première depuis Sapho à oser chanter cet amour avec un tel lyrisme et à en faire un des thèmes majeurs de son œuvre. Et, s'imaginant une nouvelle Sapho pour de futures générations de femmes, elle est seule à s'adresser à un public exclusivement féminin: «Vous pour qui j'écrivis, ô belles jeunes femmes!/ Vous que, seules, j'aimais, relirez vous mes vers [...]?» («Vous pour qui j'écrivis», *À l'Heure des Mains jointes,* 1906). Par ailleurs, ses réinterprétations féministes de figures féminines rebelles tirées des mythes, des légendes et de l'histoire, telles que Lilith (voir «Litanie de la Haine») et Cléopâtre, en vue d'une redéfinition de l'identité culturelle lesbienne, anticipe de plus d'un demi-siècle le travail de révision culturelle entrepris par des écrivaines comme Monique Wittig (*Les Guérillères,* 1969; *Brouillon pour un dictionnaire des amantes,* 1976).

Héritière volontaire de Sapho, Vivien le fut aussi d'images de cette poète perpétuées par la littérature masculine. Parmi les poètes symbolistes, décadents, parnassiens et préraphaélites du XIXe siècle, tels que Charles Baudelaire (*Les Fleurs du mal,* 1857), Paul Verlaine (*Parallèlement,* 1899), Pierre Louÿs (*Les Chansons de Bilitis,* 1894), et Algernon Charles Swinburne (*Poems and Ballads,* 1866), la figure de Sapho était à la mode. De même, des romanciers fascinés par la psycho-pathologie des perversions sexuelles, de Balzac (*La Fille aux yeux d'or,* 1834–35) à Zola (*Nana,* 1879–80) en passant par Théophile Gautier (*Mademoiselle de Maupin,* 1835–36), avaient mis en scène le saphisme. De cette production masculine teintée de voyeurisme, qui se voulait aussi émoustillante pour les lecteurs modernes que le lesbianisme décoratif de certains tableaux rococo pour les spectateurs du siècle précédent, Renée Vivien hérita l'image d'une Sapho cruelle, farouche, sadique, macabre, «mâle», *femme damnée* morbide, chercheuse d'infini vouée à l'échec et hantée par la mort; bref, elle hérita d'une vision négative et culpabilisante de sa célèbre aïeule, et, puisqu'elle s'identifiait poétiquement et personnellement à celle-ci, d'elle-même.

La vie et l'œuvre de Renée Vivien seront marquées par le drame de l'identité qui s'inscrit dans ce rapport contradictoire à la tradition littéraire, dans cet écartèlement tragique entre deux visions de la femme lesbienne et poète, l'une positive, féminine—voire féministe—communautaire et révisionniste, l'autre négative, masculine—misogyne au fond—solitaire et conventionnelle.

Née Pauline Mary Tarn le 11 juin 1877 à Londres, de mère américaine, Mary Gillett Bennett, et de père anglais, John Tarn, Renée Vivien venait d'une famille aisée. Son grand-père paternel avait fait fortune en fondant à Londres un grand magasin de meubles et de décoration. À sa majorité, une fois maîtresse de sa part d'héritage, Pauline ne connaîtra jamais de souci financier; elle vivra de ses rentes à Paris, servie par des domestiques, au milieu d'objets d'art rapportés de ses nombreux voyages à travers le monde (les États-Unis, y compris Hawaii où sa mère avait vécu; toute l'Europe, sans excepter la Norvège; le Japon, la Chine, le Moyen Orient; Jérusalem, Alexandrie, Constantinople, Belgrade...). Elle louera des villas à Nice comme à Mytilène, terre de Sapho, et fera paraître tous ses livres à compte d'auteur.

Pauline Mary Tarn passa la plupart de son enfance à Paris où sa famille s'installa en 1878; en 1881 y naquit, sa sœur unique, Harriet Antoinette. La mort subite de son père en 1886 inaugura pour elle une période malheureuse qui la frustra également de l'amour maternel: sa mère délaissa ses filles en faveur de son amant marié, les privant en même temps d'une partie de l'argent destiné à leur entretien. C'est à cette même époque que Pauline fut mise dans un pensionnat de Fontainebleau. Elle eut la chance d'y retrouver sa voisine de Paris, Violette Shillito, fille d'un industriel américain. D'une intelligence précoce, Violette était éprise de la musique de Wagner, de Dante et de la littérature française et ne vivait que pour «la grande vie intérieure». En revanche, elle éprouvait une grande répulsion pour les hommes. Entre les deux jeunes filles se noua alors une amitié «pure», nourrie de mysticisme et d'idéalisme, qui marquera toute la vie et l'œuvre de Vivien. De cette époque datent également ses premiers vers, écrits en français, langue «maternelle» adoptée en guise de révolte contre sa mère et contre le puritanisme de l'Angleterre victorienne. Le français était sa langue habituelle et la plus grande partie de sa volumineuse correspondance, y compris ses lettres à des Américaines comme Violette Shillito ou Natalie Barney —elles aussi françaises d'esprit et francophones par choix—ainsi que tous ses livres seront écrits dans cette langue. (Une seule exception: un livre posthume, *The One Black Swan*, 1912, mais ce n'est que sa traduction de poèmes en prose qu'elle avait déjà fait paraître en français.)

Entre 1890 et 1898, elle dut vivre par intermittence à Londres, ville détestée, où elle poursuivit ses études dans des pensionnats et fut même présentée à la reine Victoria. Une fois, elle s'enfuit de la maison. Sa mère saisit cette occasion pour tenter de la faire passer pour folle et essayer d'accaparer l'héritage de son grand-père. Vivien eut recours à la loi, la tentative de sa mère échoua, mais, nommée pupille de la Cour de Chancellerie, la jeune femme ne put plus quitter les Îles britanniques avant sa majorité légale (vingt et un ans). Son indépendance assurée, elle s'établit définitivement à Paris, ville cosmopolite qui attira pendant la Belle Époque bien des artistes et des écrivains étrangers en quête comme elle de tolérance et de liberté.

Entre-temps, elle avait acquis une vaste culture: Dante, Pétrarque, la littérature courtoise du Moyen Âge, Ronsard, Victor Hugo, Shakespeare, Shelley, Keats, les préraphaélites anglais Swinburne et Rossetti, Poe, Longfellow, Tennyson,

Browning, Baudelaire et Verlaine, Villiers de l'Isle-Adam, Sand, Desbordes-Valmore, auxquels s'ajouteront Chénier, Nietzsche. Elle aimait les sagas scandinaves et le folklore de France et d'ailleurs; de même, elle s'intéressera plus tard à différentes traditions religieuses et à toutes les civilisations. Elle-même pianiste, elle adorait la musique, surtout celle de Chopin, de Beethoven, de Wagner, de Schumann. À l'âge de dix-sept ans, elle avait eu un premier «amour de loin», à la manière des troubadours, pour un homme marié rencontré à Paris, Amédée Moullé, industriel et poète amateur qui avait alors la cinquantaine. Vécue dans l'imaginaire, cette passion avait inspiré des lettres et des poèmes et contribua ainsi à sa formation littéraire.

Vers la fin de l'année 1899, Violette Shillito lui présenta la femme qui aura une influence décisive sur sa vie et sur son œuvre: Natalie Clifford Barney, poète et lesbienne notoire qui venait de faire scandale par sa liaison avec la courtisane Liane de Pougy. C'est le début d'un rapport passionné mais turbulent, sans doute l'initiation de Vivien à l'amour lesbien. Les deux femmes n'ayant pas les même idées sur la fidélité, Vivien éprouvera souvent des crises de jalousie. Les ruptures et les réconciliations se succéderont. Dans la poésie de Vivien, Natalie fera figure de muse et de femme fatale. Filtrée à travers une imagerie d'époque, celle des décadents, des préraphaélites, du peintre Edward Burne-Jones et de l'Art Nouveau—dont les fameux lys de Mucha—sa beauté sera associée au froid, à l'hiver, à l'eau où l'on se noie, à la lune, aux lys: «Tu m'attirais vers toi comme l'abîme et l'eau;/ [...] Et tes vagues cheveux flottaient sur ta poitrine,/ Fluides et subtils comme l'algue marine» («Naïade moderne», *Études et Préludes*, 1901; voir aussi «Le Toucher» et «La Rançon», ci-dessous). Ce sera la dominatrice dans le rapport de force que reproduit presque toujours l'amour chez Vivien. Elle inspirera aussi un roman autobiographique, *Une Femme m'apparut* (1904; seconde version très remaniée, 1905) dont le titre est emprunté à Dante.

C'est grâce aussi à Natalie Barney que Vivien s'initiera à la poésie de Sapho. Lors d'un premier voyage des deux femmes aux États-Unis en 1900, Eva Palmer, amie de Barney passionnée pour le grec ancien, lui fit découvrir cette poésie comme elle l'avait fait pour Barney et, au retour, Vivien se procura à Londres l'édition critique de Sapho établie par Henry Thornton Wharton en 1885. À partir de ce moment elle vouera un véritable culte à la poète grecque. Avec l'aide de l'érudit Charles-Brun, professeur de Barney, qui deviendra par la suite son mentor et son professeur de prosodie, Vivien apprendra le grec pour la lire dans l'original et pour pouvoir la traduire, et elle partagera le rêve de Barney d'établir à Paris une communauté de femmes poètes à l'image de «l'école» de Sapho à Mytilène. Les deux femmes feront ensemble un pèlerinage à Mytilène en 1905, espérant y réaliser leur rêve d'une communauté artistique féminine. Ce rêve ne se réalisa jamais. Bien après la mort de Vivien, Barney créera cependant à Paris une Académie de femmes en 1927, espèce de salon pour femmes de lettres anglophones et francophones. Vivien fut tout de même associée au Paris-Lesbos, cercle de femmes artistes et écrivains parmi lesquels Barney, Colette, Delarue-Mardrus, Liane de Pougy, ce qui, joint au contenu lesbien audacieux de ses œuvres, lui vaudra de la part d'un critique le surnom de «Sapho 1900». Vivien est la première femme à traduire Sapho en français depuis Anne Le Fèvre Dacier (1681), et c'est surtout à elle que l'on doit l'image moderne d'une Sapho homosexuelle (sur Sapho, voir la note sur *Les Femmes illustres* de Madeleine de Scudéry, [I], pp. 256–57). À l'instar de Natalie Clifford Barney, elle considérait Lesbos comme une utopie féministe et, récusant les images de Sapho propagées par la tradition patriarcale, elle voulait recouvrer une Sapho femme poète aimant les femmes et célébrant l'amitié féminine. Le saphisme était la forme que prenait son féminisme. L'appelant Psappha, selon elle la forme dorienne et exacte de son nom, Vivien rejette comme une fable le saut suicidaire de Sapho par amour pour le passeur Phaon, insistant en revanche sur son mépris pour le mariage et sur son indifférence envers les hommes. Ainsi, s'appuyant sur les détails biographiques minimaux qui nous sont parvenus et sur un corpus poétique extrêmement réduit, elle récrit et réinvente Sapho à son image et, en se réclamant de cette aïeule illustre, elle se légitime en tant qu'amante et en tant que poète, comme elle légitime le cercle de ses contemporaines («nous») et les femmes à venir (voir «Psappha revit»).

Son premier recueil, *Études et Préludes,* dédiée à N... (Natalie), paraît en 1901; pour cacher son identité de femme et son lesbianisme, il porte la signature ambiguë, R. Vivien. Les critiques reçoivent des exemplaires accompagnés d'une carte de visite au nom de *René* Vivien. Ils sont rares à se douter qu'il ne s'agit pas de poèmes d'amour hétérosexuel. Ce n'est qu'avec son quatrième livre *Évocations* (1903) qu'elle signera en toutes lettres, Renée Vivien. *Re-née* signale sa renaissance en écrivaine de langue française et *Vivien* évoque Viviane, la fée des romans arthuriens qui vola le grimoire de Merlin l'Enchanteur, image de la femme fatale qui fascina Tennyson et les préraphaélites. Vivien célèbre dans sa poésie le «pouvoir féminin» de cette «Souveraine fantasque» qui «renaît» chaque jour car «Elle a changé de nom, de voix et de visage» («Viviane», *À l'Heure des Mains jointes*).

L'année 1901 est assombrie par la mort soudaine de Violette, convertie *in extremis* au catholicisme. Vivien éprouve du remords de l'avoir délaissée en faveur de Natalie, ce qui renforce chez elle le lien entre sexualité et culpabilité, exacerbant son mysticisme et son culte de la mort. Vers la fin de l'année, elle fait la connaissance de la baronne Hélène de Zuylen de Nyevelt, née Rothschild, qui sera sa nouvelle amante, sa muse et sa protectrice. Elles publieront plusieurs livres sous le pseudonyme collectif de Paule Riversdale, parmi lesquels *Vers l'amour* (poèmes, 1903) et *L'Être double* (roman qui traite du thème récurrent chez Vivien de l'androgyne, 1904); on considère aujourd'hui que ces œuvres sont surtout, voire entièrement, de la main de Vivien. À partir de 1902, presque tous les livres de Vivien seront dédiés à H.L.C.B., initiales brouillées des prénoms de la baronne.

Qu'elle soit en voyage ou chez elle, en proie à la dépression ou bien heureuse, Vivien travaillera sans arrêt. En très peu d'années, elle produira une œuvre considérable. Sans compter les livres signés Paule Riversdale, les rééditions et les anthologies de sa poésie, Vivien publiera entre 1901 et sa mort en 1909 neuf recueils de poésie, certains contenant des pièces de théâtre, notamment sur la vie et la mort de Sapho, et deux d'entre eux des traductions et des adaptations très personnelles de Sapho et d'autres femmes poètes de l'Antiquité grecque (outre les titres déjà mentionnés ou représentés dans la sélection ci-dessous, il faut citer *Cendres et Poussières,* 1902, *Flambeaux éteints,* 1907, et *Sillages,* 1908), deux versions de son roman autobiographique, plusieurs recueils de contes et de poèmes en prose (dont *Brumes de Fjords,* 1902; *Du Vert au Violet,* 1903; *La Dame à la Louve,* 1904), auxquels s'ajouteront de nombreuses publications posthumes, parmi lesquelles une biographie d'Anne Boleyn (1982), des poèmes en prose, et trois volumes de poésie (*Dans un Coin de Violettes,* 1910; *Le Vent des Vaisseaux,* 1910; *Haillons,* 1910). Hélène de Zuylen fera paraître ses poésies complètes en deux volumes en 1923–1924 (réédition en 1934). L'édition des œuvres poétiques complètes établie par Jean-Paul Goujon, considérablement enrichie par des poèmes nouvellement découverts, ne date que de 1986; malheureusement, elle est aujourd'hui introuvable.

Favorablement accueillies au début, ses œuvres, qui par leur saphisme exclusif rejettent le mariage, la maternité, «la Foule et les Lois et le Monde» («Litanie de la Haine»), ne tardent pas à provoquer le scandale et l'hostilité du public (voir «Le Pilori»). En revanche, elles lui attirent l'admiration d'une lectrice turque, femme d'un diplomate habitant à Constantinople, Kérimé Turkhan-Pacha, avec qui, de 1904 à 1908, elle aura une correspondance passionnée ponctuée par de nombreuses retrouvailles à Constantinople lors de ses voyages à Mytilène. Nouvel «amour de loin», Kérimé incarne pour Vivien le rêve oriental. Elle aura sa place dans la constellation amoureuse de la poète, à côté de Natalie et d'Hélène—l'une, la femme fatale et l'autre, l'Amie maternelle et protectrice—entre lesquelles, malgré ses exigences de fidélité à l'égard des autres, elle n'arrivera pas à choisir.

L'année 1907 marque le début de son déclin. Son meilleur recueil, *À l'Heure des Mains jointes,* paru l'année précédente, l'avait annoncé par ses alternatives d'exaltation et d'abattement. Ses rapports avec Hélène se sont dégradés. Elle se brouille avec son éditeur Lemerre et avec l'artiste Lévy-Dhurmer dont les pastels avaient illustré plusieurs de ses livres (voir plus loin son célèbre portrait de la poète). Charles-Brun, son conseiller littéraire et ami fidèle, quitte Paris, la privant d'un soutien indispensable. Elle est de plus en plus obsédée par la mort, de plus en plus convaincue de son échec en tant que poète: «Mes vers n'ont pas atteint à la calme excellence,/ Je l'ai compris, et nul ne les lira jamais»; «Nul ne saura mon nom et nulle d'entre vous/ Ne redira mes vers, ô belles jeunes femmes!» («Vaincue» et «Par les Soirs futurs», *À l'Heure des Mains jointes*). Son lent délabrement physique et mental, sorte de suicide à petit feu, a commencé. Elle abuse de l'alcool et des drogues et sombre dans l'anorexie et la névrose. À ses soirées au 23, avenue du Bois, dans son appartement parisien aux lourdes tentures et aux fenêtres clouées, à peine éclairé par des cierges, abri du monde extérieur où règnent de grands Bouddhas, des fumées d'encens et des fleurs «funèbres»—le mot est de Colette—odorantes à l'excès, Colette, la romancière Marcelle Tinayre et d'autres habitués constatent avec effarement qu'elle ne se nourrit presque plus, qu'elle se contente simplement d'avaler avec eux des cocktails exotiques très forts. On remarque son abus du chloral et des drogues alcoolisées. Soignée par la baronne pendant ses derniers mois, elle refusera de voir un médecin. Durant cette période de déclin, elle a des liaisons passagères avec des femmes de milieux douteux (la demi-mondaine Jeanne de Bellune, la courtisane Émilienne d'Alençon, entre autres). En même temps dans son esprit, depuis 1906, Sapho tend à disparaître, remplacée par Anne Boleyn, reine décapitée, à qui elle s'identifie désormais. Découragée par l'accueil hostile ou indifférent de ses livres, elle se replie sur elle-même et décide de les retirer du commerce: «Je ne vends plus mon âme à 3 f. 50 l'exemplaire», écrit-elle à Natalie Barney en 1907, «parce que le *public* est laid, et que mon livre—un de mes livres, celui que j'aime le plus peut-être, pourrait tomber entre des mains sales, aux ongles noirs.» Elle finit par s'éteindre à l'âge de trente-deux ans, le 18 novembre 1909, s'étant convertie au catholicisme, comme sa chère amie Violette Shillito, une semaine avant sa mort. Au cimetière de Passy, Hélène de Zuylen fera construire une petite chapelle où on peut lire ces paroles de l'épitaphe composée par son amie: «Qu'importe l'autrefois? Je dors/ En songeant aux choses divines... / Voici donc mon âme ravie,/ Car elle s'apaise et s'endort/ Ayant, pour l'amour de la Mort,/ Pardonné ce crime: la Vie.»

Cette fin semble confirmer les images décadentes de la lesbienne, femme maudite, exilée sociale, vouée à la souffrance et à la mort, condamnée à l'échec, images que Vivien avait intériorisées, alors même qu'elle élaborait son mythe positif de Sapho et ses révisions féministes des valeurs attachées à d'autres figures féminines. Les choses ne sont pas si simples. Pendant ces deux années de désarroi physique et mental, elle continue pourtant à travailler fiévreusement, produisant de nouveaux vers et préparant de nouvelles éditions de ses œuvres. Parmi celles-ci, une réédition remaniée de *Sapho* et des *Kitharèdes* (*Sapho et Huit Poétesses grecques,* 1909). De plus, un des derniers recueils publiés de son vivant, *Sillages,* s'ouvre sur une «Invocation» à Psappha et comporte une pièce de théâtre en vers sur la mort de Psappha, «Dans un Verger». La pièce se termine sur les paroles de la poète grecque, tissées maintenant dans le discours du personnage de l'Étrangère, image de la poète Vivien: «Car il n'est pas juste que la lamentation soit dans la maison des serviteurs des Muses: cela est indigne de nous» (traduction de Vivien). Ces paroles ainsi renouvelées incitent les vierges assemblées dans ce lieu protecteur dédié à la poésie à perpétuer le souvenir de Psappha et à continuer son œuvre, à l'exemple de l'Étrangère-Vivien, au lieu de pleurer sa mort: «La commune douleur sur le commun trépas/ Respecte la maison des serviteurs des Muses,/ Cette auguste maison où le deuil n'entre pas./ Ne pleurez plus! [...]/ Chantez comme l'on chante en la maison des Dieux!» La veine saphique porteuse de vie et de créativité est donc loin d'avoir disparu.

Comme ce fut le cas pour une autre poète réputée «scandaleuse», Louise Labé, l'œuvre de Renée Vivien a été trop longtemps occultée par sa vie. Gardons-nous de perpétuer les mythes qui ne font de Vivien que la Sapho 1900, une lesbienne fin-de-siècle stéréotypée, tourmentée et excentrique, ou bien un cas pathologique, une curiosité hypersensible et suicidaire. Au portrait laissé par Colette qui a malheureusement servi d'alimentation à ces mythes (*Ces Plaisirs,* 1932; réédition sous le titre *Le Pur et l'Impur,* 1941), il convient d'opposer ces paroles de Natalie Clifford Barney: «Mais l'œuvre de ta vie est là pour te venger» («La Mort du poète», 1910). Et l'œuvre, comme la vie, sont bien plus complexes que l'on n'a voulu le faire croire. De nos jours, les critiques soulignent justement la difficulté de porter un jugement net sur sa réussite ou son échec en tant que poète féministe.

Les poèmes qui suivent permettront d'envisager cette complexité et de mesurer le poids de la culture patriarcale sur les efforts de Vivien pour s'inscrire dans une tradition poétique gynocentrique et affirmative. À l'orée du XXe siècle, elle est contrainte de répéter, sans même s'en douter, l'acte de révision culturelle accompli cinq siècles auparavant par une aïeule oubliée elle aussi de l'histoire littéraire, Christine de Pizan, comme si cette recherche de modèles féminins positifs dans un contexte culturel misogyne n'avait jamais eu lieu. Entravant cette recherche féministe de modèles et, par conséquent, une vision positive d'elle-même, se retrouvent dans sa poésie des images et des motifs hérités de Baudelaire et de ses émules symbolistes et décadents: la perversité, la cruauté, l'âpreté, la douleur, les violences «fauves» associées à la volupté; un érotisme de «moiteurs d'alcôve» et de lits chauds («Nocturne»); la nature niée en faveur d'un décor artificiel, d'une chambre close; la nuit et le crépuscule préférés à la lumière et au jour; la sexualité comme souillure et animalité («rut» dans «Faste des tissus» et «Litanie de la Haine») s'opposant chez Vivien à la pureté et à une spiritualité qui transcende la chair, à savoir, aux «voluptés blanches» («Le Toucher»), au «blanc frisson des chairs» («Faste des tissus»), au refus des baisers et aux «caresses légères» («Psappha revit»), simples effleurements du corps des amantes. Dans quelle mesure ces reprises comportent-elles des déplacements et des réécritures critiques? C'est difficile à dire. L'idéalisme amoureux de Vivien et sa recherche de l'absolu empruntent aussi à Dante, à la tradition courtoise et néoplatonicienne, au mysticisme catholique et à la musique de Wagner. L'imagerie éthérée et vaporeuse est puisée chez les préraphaélites («Nocturne»), de même que le sont les motifs floraux, les thèmes de la pâleur et de la noyade associés à une beauté funèbre («l'étang/ Où stagnent les lys verts», «Faste des tissus», souvenir peut-être du célèbre tableau d'Ophélie par Sir John Everett Millais, 1852) qui appuient chez elle l'horreur romantique de la vie et l'attrait morbide pour la mort.

Étrangère voulant faire ses preuves de francité et femme souhaitant être reconnue en tant que poète, Vivien maîtrise la versification française traditionnelle, recourant le plus souvent à l'alexandrin. Ce traditionalisme formel contribua sans doute à l'oubli de sa poésie; avec l'avènement peu de temps après sa mort de nouvelles tendances poétiques plus expérimentales (Apollinaire, Dada, le Surréalisme), les formes pratiquées par Vivien, ainsi que son inspiration grecque, parurent vite surannées. Mais ses alexandrins se signalent par leur musicalité comme par leur perfection technique et elle innove par son emploi de l'hendécasyllabe (vers de onze syllabes) comme par sa transposition habile de la strophe saphique en français (trois vers de onze syllabes suivis d'un vers de cinq syllabes). Signe pourtant de son rapport conflictuel à la tradition poétique, pour le poème qui exprime sans doute le mieux son credo saphique, «Psappha revit», elle adopte non la strophe saphique, comme on pourrait s'y attendre, mais l'alexandrin classique pratiqué par la plupart de ses modèles masculins.

Dans ses meilleurs moments, Renée Vivien a su communiquer son rêve «impossible», enivrant, d'une communauté féconde d'amantes-poètes traversant le temps et l'espace. Ces amantes-poètes, elle les a souvent incarnées par les roses: «Je suis ivre de tant de roses/ Plus rouges que le vin./ Délaissant leur jardin, les roses m'ont suivie... / Je bois leur souffle bref, je respire leur vie./ Toutes, elles sont là./ C'est le miracle...» («Les Roses sont entrées», *Flambeaux éteints*). Dans ses meilleurs moments, elle a su cueillir, recueillir et transmettre «les roses de Psappha» («Sans Fleurs à votre Front», *À l'Heure des Mains jointes*), sa version saphique des roses de Piéria (terre natale des Muses) chantées par Sapho elle-même, emblèmes à la fois de la sexualité féminine, de l'inspiration et de l'immortalité poétiques. Et, comme dans «Roses du soir» où elle reçoit les roses de Desbordes-Valmore, qui s'assimilent à celles offertes par l'amante et relaient celles de Psappha, elle a su perpétuer le souvenir d'une continuité poétique féminine, d'une tradition gynocentrique transmise de femme à femme et s'ouvrant sur un avenir où des roses plurielles rendront caduque la vision patriarcale univoque de la femme, rose périssable, et de sa place dans la tradition poétique: «Ô mes roses!» («Roses du soir»).

Nocturne

J'adore la langueur de ta lèvre charnelle[1]
Où persiste le pli des baisers d'autrefois.
Ta démarche ensorcelle,
Et la perversité calme de ta prunelle
A pris au ciel du nord ses bleus traîtres et froids.

Tes cheveux, répandus ainsi qu'une fumée,
Clairement vaporeux, presque immatériels,
Semblent, ô Bien-Aimée,
Recéler les rayons d'une lune embrumée,
D'une lune d'hiver dans le cristal des ciels.

1. Sauf indication contraire, nous suivons l'édition établie par Jean-Paul Goujon (*Œuvre poétique complète de Renée Vivien, 1877–1909*, 1986).

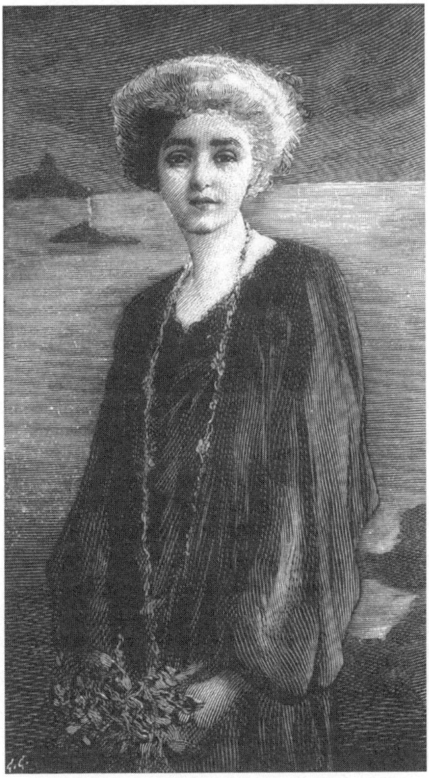

Portrait de Renée Vivien par Lévy-Dhurmer, frontispiece, *Poèmes de Renée Vivien* (Paris: Alphonse Lemerre, 1924)

Le soir voluptueux a des moiteurs d'alcôve;
Les astres sont comme des regards sensuels
Dans l'éther d'un gris mauve,
Et je vois s'allonger, inquiétant et fauve,
Le lumineux reflet de tes ongles cruels.

Sous ta robe, qui glisse en un frôlement d'aile,
Je devine ton corps,—les lys ardents des seins,
L'or blême de l'aisselle,
Les flancs doux et fleuris, les jambes d'Immortelle,
Le velouté du ventre et la rondeur des reins.

La terre s'alanguit, énervée, et la brise,
Chaude encore des lits lointains, vient assouplir
          La mer enfin soumise…
Voici la nuit d'amour depuis longtemps promise…
Dans l'ombre je te vois divinement pâlir.
Études et préludes, 1901

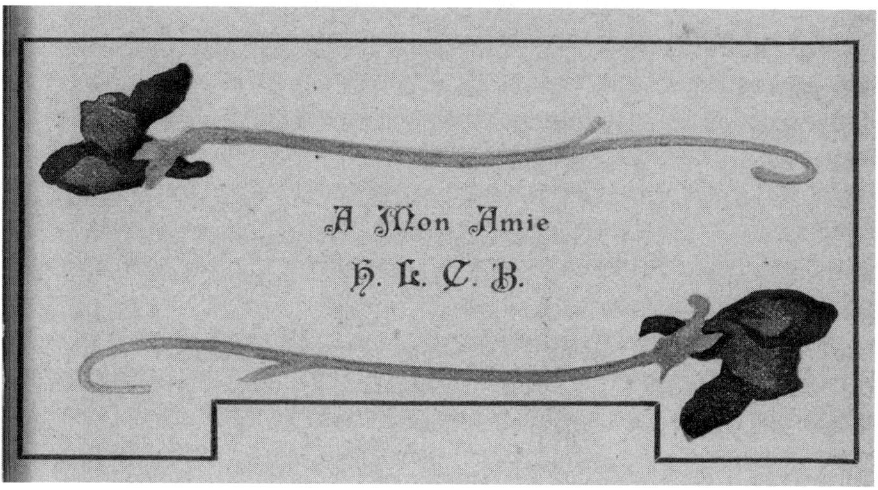

Renée Vivien, dédicace, *Les Kitharèdes* (Paris: Alphonse Lemerre, 1904)

Roses du soir

Des roses sur la mer, des roses dans le soir,
Et toi qui viens de loin, les mains lourdes de roses!
J'aspire ta beauté. Le couchant fait pleuvoir
Ses fines cendres d'or et ses poussières roses…

Des roses sur la mer, des roses dans le soir.

Un songe évocateur tient mes paupières closes.
J'attends, ne sachant trop ce que j'attends en vain,
Devant la mer pareille aux boucliers d'airain,
Et te voici venue en m'apportant des roses…

Ô roses dans le ciel et le soir! Ô mes roses!
Évocations, 1903

Le Toucher

Les arbres ont gardé du soleil dans leurs branches.
Voilé comme une femme, évoquant l'autrefois,
Le crépuscule passe en pleurant... Et mes doigts
Suivent en frémissant la ligne de tes hanches.

Mes doigts ingénieux s'attardent aux frissons
De ta chair sous la robe aux douceurs de pétale...
L'art du toucher, complexe et curieux, égale
Le rêve des parfums, le miracle des sons.

Je suis avec lenteur le contour de tes hanches,
Tes épaules, ton col, tes seins inapaisés.
Mon désir délicat se refuse aux baisers;
Il effleure et se pâme en des voluptés blanches.
Évocations

La Rançon

Viens, nous pénétrerons le secret du flot clair,
Et je t'adorerai, comme un noyé la mer.

Les crabes dont la faim se repaît de chair morte
Nous feront avec joie une amicale escorte.

Reine, je t'élevai ce palais qui reluit,
Du débris d'un vaisseau naufragé dans la nuit...

Les jardins de coraux, d'algues et d'anémones,
N'y défleurissent point au souffle des automnes.

Burlesquement, avec des rires d'arlequins,
Nous irons à cheval sur le dos des requins.

Tes yeux ressembleront aux torches de phosphore
À travers la pénombre où ne rit point l'aurore.

Je suis l'être qu'hier ton sein nu vint charmer,
Qui ne sut point assez te haïr ni t'aimer,

Que tu mangeas, ainsi que mange ton escorte,
Les crabes dont la faim se repaît de chair morte...

Viens, je t'entraînerai vers l'océan amer
Et j'aimerai ta mort dans la nuit de la mer[2].
Évocations

Faste des Tissus

Estompe ta beauté sous le poids des étoffes,
Plus souples que les flots, plus graves que les strophes.

Elles ont la caresse et le rythme des mers,
Et leur frisson s'accorde au blanc frisson des chairs.

Revêts le violet des antiques chasubles,
Parsemé de l'éclair des ors indissolubles.

L'encens apaise encor leurs plis religieux;
Elles aiment les Purs et les Silencieux.

Évoque, Océanide[3] aux changeantes prunelles,
Le vert glauque où frémit l'écume des dentelles.

Jadis la gravité du velours se plia
Sur tes seins de pavot et de magnolia.

Le satin froid, où la ligne se dissimule,
Gris comme l'olivier fleuri de crépuscule,

Et la moire, pareille au sommeil de l'étang,
Où stagnent les lys verts et les reflets de sang,

2. La version publiée dans le quotidien féministe *La Fronde*, le 8 janvier 1903, se terminait ainsi: «Tu l'enserras, avec de visqueuses douceurs,/ Du même enlacement que les pieuvres, tes sœurs... / Viens, je t'accorderai le remords qui m'accable,/ Sans la paix du pardon profonde et délectable».

3. *Les Océanides:* nymphes de la mer, filles d'Océan et de Téthys.

Le givre et le brouillard des pâles broderies,
Où les tisseuses ont tramé leurs rêveries,

Parèrent savamment ta savante impudeur
Et ton corps où le rut a laissé sa tiédeur.

Ressuscite pour moi le lumineux cortège
De visions, et sois l'arc-en-ciel et la neige,

Sois la vague, ou la fleur des bocages moussus,
Ô Loreley[4], selon la couleur des tissus.

Mes rêves chanteront dans l'ombre des étoffes,
Plus souples que les flots, plus graves que les strophes.
La Vénus des Aveugles, 1904

Litanie de la Haine

La Haine nous unit, plus forte que l'Amour.
Nous haïssons le rire et le rythme du jour,
Le regard du printemps au néfaste retour.

Nous haïssons la face agressive des mâles.
Nos cœurs ont recueilli les regrets et les râles
Des Femmes aux fronts lourds, des Femmes aux fronts pâles.

Nous haïssons le rut qui souille le désir.
Nous jetons l'anathème à l'immonde soupir
D'où naîtront les douleurs des êtres à venir.

Nous haïssons la Foule et les Lois et le Monde.
Comme une voix de fauve à la rumeur profonde,
Notre rébellion se répercute et gronde.

4. *Lorelei:* nom d'un rocher auquel fut rattachée la légende d'une ondine qui attirait par ses chants les bateaux sur les écueils. Cette sirène fut appelée la Lorelei. Les écrivains allemands Brentano et Heine avaient popularisé cette légende au XIXe siècle. Dans *Une Femme m'apparut* (seconde version, 1905), le personnage qui incarne Natalie Clifford Barney s'appelle Lorély.

Amantes sans amant, épouses sans époux,
Le souffle ténébreux de Lilith[5] est en nous,
Et le baiser d'Eblis[6] nous fut terrible et doux.

Plus belle que l'Amour, la Haine est ma maîtresse,
Et je convoite en toi la cruelle prêtresse
Dont mes lividités aiguiseront l'ivresse.

Mêlant l'or des genêts à la nuit des iris,
Nous renierons les pleurs mystiques de jadis
Et l'expiation des cierges et des lys.

Je ne frapperai plus aux somnolentes portes.
Les odeurs monteront vers moi, sombres et fortes,
Avec le souvenir diaphane des Mortes.
La Vénus des Aveugles

5. Figure de révolte, traditionnellement négative, comme Eblis au vers suivant. Sous la plume de Vivien, Lilith est muée en aïeule et inspiratrice d'un contre-ordre lesbien. Selon la tradition juive, première épouse d'Adam, Lilith fut chassée du paradis par Dieu pour avoir refusé de se soumettre à son époux. Elle fut remplacée par Ève, créée à partir de la côte d'Adam alors que Lilith, elle, avait été créée en égale de l'homme et indépendamment de lui. Exilée sur terre, Lilith se vengerait des filles d'Ève en jetant la malédiction sur les accouchements et en étranglant les nouveaux-nés. Une Lilith décadente et rebelle apparaît déjà dans *Du Vert au Violet* (1903), où elle rejette Adam, «d'essence grossière et inférieure à elle-même», en faveur de Satan («Et de l'enlacement de Lilith et du Serpent, naquirent les songes pervers, les parfums malfaisants, les poisons de révolte et de luxure») et au début de la série de femmes maudites illustres dans «Souveraines» (*Évocations*): «D'ombres et de démons je peuplai l'univers./ Avant Ève, je fus la lumière du monde/ Et j'aimai le Serpent tentateur et pervers./ Je conçus l'irréel dans mon âme profonde./ La Terre s'incline devant ma royauté./ Jéhovah fit éclore à mon front d'amoureuse/ L'astre fatal de la Beauté./ Je ne fus pas heureuse.»

6. Le diable dans la mythologie musulmane; au premier rang des anges avant la création de l'homme, ensuite ange déchu pour avoir refusé de s'incliner devant l'homme selon la volonté de Dieu. Comme Lilith, il fut chassé du ciel en raison de son insubordination. Certains croient qu'il erre sur terre cherchant à nuire à la race humaine. Il est généralement considéré comme le symbole de l'orgueil et de la désobéissance. Par contraste, chez Vivien, le baiser d'Eblis devient une consécration et une marque de respect pour une collectivité lesbienne révoltée, comme lui, contre «la Foule et les Lois et le Monde». Lilith et Eblis figurent également dans la nouvelle «Le Voile de Vasthi» (*La Dame à la Louve*, 1904) où ils inspirent la rébellion de l'héroïne contre l'autorité

Psappha revit

La lune se levait autrefois à Lesbos
Sur le verger nocturne où veillaient les amantes.
L'amour rassasié montait des eaux dormantes
Et sanglotait au cœur profond du sarbitos[7].

Psappha ceignait son front d'augustes violettes[8]
Et célébrait l'Éros qui s'abat comme un vent
Sur les chênes... Atthis[9] l'écoutait en rêvant,
Et la torche avivait l'éclat des bandelettes[10].

---

patriarcale. En refusant d'obéir au roi Ahasuérus, la reine Vasthi se veut exemplaire à son tour: «Mon action parviendra à la connaissance de toutes les femmes, et toutes celles qui sont esclaves au foyer de leur mari ou de leur père m'envieront en secret. Songeant à ma rébellion glorieuse, elles diront: Vasthi dédaigna d'être reine pour être libre.»

7. *Sarbitos:* mot inexistant en grec; *barbitos:* haute lyre asiatique à sept cordes dont usait Sapho (voir Paul Lorenz, *Sapho 1900,* p. 154). Le plus ancien portrait connu de Sapho, peint sur un vase datant du début du -VIe siècle, la représente seule en train de jouer de cet instrument; deux autres portraits sur des vases remontant à l'Antiquité grecque la montrent de même, un *barbitos* à la main, l'un avec le poète contemporain Alcée et l'autre jouant et dansant. Sur un quatrième vase (-Ve siècle) on la voit assise, lisant des poèmes écrits sur un rouleau de papyrus, en compagnie de trois autres femmes, dont l'une lui tend une lyre ordinaire. Tous ces portraits soulignent son rôle de chantre et poète.

8. Le poète de Lesbos Alcée, apostrophant sa compatriote Sapho, l'appelle «tisseuse de violettes», épithète souvent répétée par Vivien, et Sapho elle-même désigne ainsi les Muses («Je crois avoir reçu une bonne part dans les présents des Muses tisseuses de violettes», *Sapho,* traduction de Vivien). Dans la littérature grecque, le motif du tissage renvoie couramment à la création du chant poétique (voir ce motif dans «Faste des tissus»). Les violettes sont d'autant plus riches en symbolisme dans la poésie de Vivien qu'elles évoquaient pour elle, en même temps que Sapho, le nom de sa chère amie d'enfance défunte, Violette Shillito, sans doute l'inspiratrice de sa veine mystique. Les violettes, qui se retrouvent un peu partout dans son œuvre comme elles l'entouraient dans la vie (voir les illustrations), résumeraient ainsi quelques-unes des sources majeures de l'inspiration poétique de Vivien. Elle fut surnommée à son tour «la Muse aux Violettes».

9. Bien-aimée de Sapho.

10. Variante: «Et les roses ouvraient leurs tièdes cassolettes» (*À l'Heure des Mains jointes,* éd. de 1906).

Les rives flamboyaient, blondes sous les pois d'or...
Les vierges enseignaient aux belles étrangères
Combien l'ombre est propice aux caresses légères,
Et le ciel et la mer déployaient leur décor.

...Certaines d'entre nous ont conservé les rites
De ce brûlant Lesbos doré comme un autel.
Nous savons que l'amour est puissant et cruel,
Et nos amantes ont les pieds blancs des Kharites[11].

Nos corps sont pour leurs corps un fraternel miroir[12].
Nos compagnes, aux seins de neige printanière,
Savent de quelle étrange et suave manière
Psappha pliait naguère Atthis à son vouloir.

Nous adorons avec des candeurs infinies,
En l'émerveillement d'un enfant étonné
À qui l'or éternel des mondes fut donné...
Psappha revit, par la vertu des harmonies.

Nous savons effleurer d'un baiser de velours,
Et nous savons étreindre avec des fougues blêmes;
Nos caresses sont nos mélodieux poèmes...
Notre amour est plus grand que toutes les amours.

Nous redisons ces mots de Psappha, quand nous sommes
Rêveuses sous un ciel illuminé d'argent:
«*Ô belles, envers vous mon cœur n'est point changeant...*[13]»
Celles que nous aimons ont méprisé les hommes.

Nos lunaires baisers ont de pâles douceurs,
Nos doigts ne froissent point le duvet d'une joue,

11. *Les Kharites:* les Grâces.

12. Pour ce vers, nous suivons l'édition d'*À l'Heure des Mains jointes* de 1906.

13. Citation de Sapho. La traduction que Vivien avait proposée dans *Sapho* (1903) est un peu différente: «Envers vous, belles, ma pensée n'est point changeante.» Pour la ponctuation de ce vers nous suivons l'édition Lemerre, *Poèmes de Renée Vivien,* tome II, 1924.

Et nous pouvons, quand la ceinture se dénoue,
Être tout à la fois des amants et des sœurs.

Le désir est en nous moins fort que la tendresse.
Et cependant l'amour d'une enfant nous dompta
Selon la volonté de l'âpre Aphrodita[14],
Et chacune de nous demeure sa prêtresse.

Psappha revit et règne en nos corps frémissants;
Comme elle, nous avons écouté la sirène,
Comme elle encore, nous avons l'âme sereine[15],
Nous qui n'entendons point l'insulte des passants.

Ferventes, nous prions: «Que la nuit soit doublée
Pour nous dont le baiser craint l'aurore, pour nous
Dont l'Éros mortel a délié les genoux[16],
Qui sommes une chair éblouie et troublée...»

Et nos maîtresses ne sauraient nous décevoir,
Puisque c'est l'infini que nous aimons en elles...
Et puisque leurs baisers nous rendent éternelles,
Nous ne redoutons point l'oubli dans l'Hadès noir.

Ainsi, nous les chantons, l'âme sonore et pleine.
Nos jours sans impudeur, sans crainte ni remords,
Se déroulent, ainsi que de larges accords,
Et nous aimons, comme on aimait à Mytilène.
À l'Heure des Mains jointes, 1906

14. Cf. «Douce mère, je ne puis tisser la trame, domptée [comme je le suis] par l'amour pour une enfant, selon la volonté de la tendre Aphrodita» (Sapho, traduction de Renée Vivien).

15. Cf. «Pour moi, je n'ai pas de ressentiment, mais j'ai l'âme sereine» (Sapho, traduction de Renée Vivien).

16. Cf. «L'Érôs qui délie mes membres aujourd'hui me dompte, être fatal, amer et doux» (Sapho, traduction de Renée Vivien) et l'adaptation de ce fragment par Vivien: «Aujourd'hui l'Érôs fatal, amer et doux,/ L'Érôs qui ressemble à la Mort, me tourmente,/ Maîtrise mes flancs et brise mes genoux/ Dans l'angoisse ardente» (*Sapho*).

Le Pilori

Pendant longtemps, je fus clouée au pilori[17],
Et des femmes, voyant que je souffrais, ont ri.

Puis, des hommes ont pris dans leurs mains une boue
Qui vint éclabousser mes tempes et ma joue.

Les pleurs montaient en moi, houleux comme des flots,
Mais mon orgueil me fit refouler mes sanglots.

Je les voyais ainsi, comme à travers un songe
Affreux et dont l'horreur s'irrite et se prolonge[18].

La place était publique et tous étaient venus,
Et les femmes jetaient des rires ingénus.

Ils se lançaient des fruits avec des chansons folles,
Et le vent m'apportait le bruit de leurs paroles.

J'ai senti la colère et l'horreur m'envahir.
Silencieusement, j'appris à les haïr.

Les insultes cinglaient, comme des fouets d'ortie.
Lorsqu'ils m'ont détachée enfin, je suis partie.

Je suis partie au gré des vents. Et depuis lors
Mon visage est pareil à la face des morts.
À l'Heure des Mains jointes

17. Certains journalistes ayant blâmé son comportement et ses œuvres, Vivien avait subi des attaques et des insultes publiques: «J'ai eu tout à fait la sensation du pilori aux courses, le dimanche, et au Café de Paris, aux soupers et aux restaurants où je dînais. Tous ces gens gouailleurs et hostiles qui vous regardent et qui sourient en vous regardant...» (lettre à Charles-Brun, 24 juillet 1905, citée par Goujon, dans *Œuvre poétique complète,* p. 493).

18. Variante: «Nulle n'a dit: "Elle est peut-être moins infâme/ Qu'on ne le croit, elle est peut-être une pauvre âme"» (*À l'Heure des Mains jointes,* éd. de 1906).

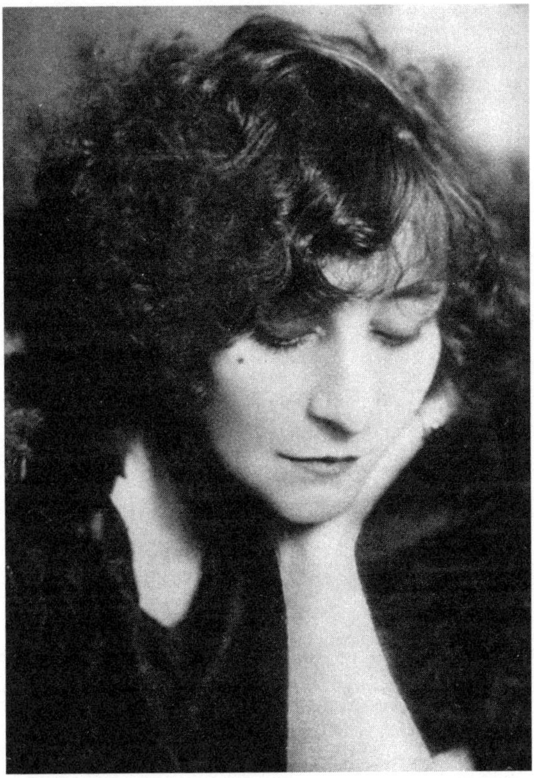

Colette

(1873–1954)

Je n'ai pas quitté un personnage qui peu à peu s'est imposé à tout le reste de mon œuvre: celui de ma mère [...] celle qui, au lieu de trouver dans la mort un chemin pour s'éloigner, se fait mieux connaître à mesure que je vieillis. [...] Il n'est pas dit que j'aie découvert tout ce qu'elle déposa en moi. Je m'y mets tard. Mais par où saurais-je mieux finir?
—Colette, Préface à *La Maison de Claudine,* 1949

Colette en 1912 (photo collection Sirot-Angel)

Sur une route sonore s'accorde, puis se désaccorde pour s'accorder encore, le trot de deux chevaux attelés en paire. Guidées par la même main, plume et aiguille, habitude du travail et sage envie d'y mettre fin lient amitié, se séparent, se réconcilient... Mes lents coursiers, tâchez à aller de compagnie: je vois d'ici le bout de la route.
—Colette, *L'Étoile Vesper*

Colette est la femme écrivain française la plus renommée de la première moitié du XXe siècle. Son éclat est tel que dans l'histoire littéraire elle tend à effacer ses contemporaines. Auteur de romans célèbres comme *Claudine à l'école* (1900), *La Vagabonde* (1911), *Chéri* (1920), et *La Fin de Chéri* (1926), de nouvelles (*La Femme cachée,* 1924), d'autobiographies fictives comme *La Maison de Claudine* (1922), *La Naissance du jour* (1928) et *Sido* (1929), de poèmes en prose (*Les Vrilles de la vigne,* 1908), d'un livret pour la musique de Ravel (*L'Enfant et les sortilèges,* 1925), elle écrit aussi pour le théâtre (*Dialogues de bêtes,* 1904; *Chéri,* avec Léopold Marchand, adaptation du roman pour la scène, 1921) et pour les journaux. Elle-même scénariste (*Lac-aux-Dames,* film de Marc Allégret, 1934; *Divine* de Max Ophüls, 1935), elle voit plusieurs de ses romans et nouvelles portés à l'écran, dont *Gigi* (1944; film français de Jacqueline Audry, dialogues de Colette, 1948; film américain de Vincente Minnelli, 1958). Elle publie en outre des œuvres inclassables—mélange de portraits, d'évocations du passé, de méditations sur la vie et sur sa vie—comme *Le Pur et l'impur* qu'elle considérait comme son meilleur livre (1941), *L'Étoile Vesper* (1946) et *Le Fanal bleu* (1949). Mais l'œuvre entière, qui comprend plus de soixante titres, est proprement inclassable. Brouillant les genres littéraires, Colette mêle partout l'autobiographie à la fiction, se cache de son public alors même qu'elle se dévoile. L'écrivaine—pourtant si *présente,* semble-t-il, dans cette narratrice qui raconte typiquement à la première personne et qui s'appelle aussi «Colette»—nous échappe. Elle crée un univers à elle peuplé de femmes réelles et inventées, femmes souvent en marge des convenances ou scandaleuses aux yeux du monde—amies, amantes, rivales amoureuses, cocottes, écrivaines ou «artistes» de la Belle Époque, mère, fille ou sœur—d'hommes—jeunes amants, chers ennemis ou fraternels amis, père ou frères—d'enfants, de bêtes, de fleurs. Elle invente un univers proche de la nature et de l'enfance, voluptueusement sensuel, où transparaît sa vision aiguë des êtres et des choses. Une voix narrative unique empreinte d'une subjectivité féminine concertée traduit cette vision avec un naturel apparent, une allure de conversation familière et un humour discret, effets de la virtuosité stylistique et de l'art de l'auteur. De l'injonction de sa mère Sido, «Regarde!» du «désir de posséder par les yeux les merveilles de la terre» d'une Renée Néré (*La Vagabonde*), en passant par la recherche fervente des mots pour dire la sensation, pour transmuer la jouissance en langue, naît l'impératif personnel de Colette-Renée: «Écrire!»

La renommée de Colette se fait par étapes. Au début, elle séduit le public en tant que modèle, non pas créatrice, de l'écolière Claudine, héroïne de ses premiers romans, *Claudine à l'école, Claudine à Paris* (1901), *Claudine en ménage* (1902), *Claudine s'en va* (1903)—tous écrits à l'instigation de son mari, «Willy», et parus sous sa signature. Le personnage lance une mode—col Claudine, parfum Claudine, glace, cigarettes Claudine—et les rééditions se succèdent. Écrivain manqué doublé d'un publicitaire extraordinaire, Willy sait exploiter le type littéraire que sa femme a créé et le succès de scandale qu'alimentent les détails «piquants» et les épisodes saphiques dont il l'a fait relever les *Claudine*. Après leur séparation (1906), elle devient «la Vagabonde», la femme libre, maintenant objet de scandale et d'intérêt grivois pour ses pantomimes suggestives au music-hall, comme dans *La Chair*, et pour sa liaison notoire avec une femme, Mathilde de Morny, marquise de Belbeuf, dite Missy. À partir de 1910, elle se fait connaître en tant que journaliste et critique théâtrale et surtout en tant que romancière à grands succès. Enfin, âgée et ostensiblement rangée—autrement dit, mère et épouse—couverte d'honneurs (Légion d'honneur, 1920, promue grand officier en 1953; succède à Anna de Noailles à l'Académie royale de langue et littérature françaises de Belgique, 1936; élue à l'Académie Goncourt, 1945, puis présidente de l'Académie en 1949), elle devient la grande dame des lettres françaises, «notre grande Colette», reproduisant en quelque sorte le parcours de George Sand et la même récupération—ou subordination—par la voie de la féminité. Car les écrits de Colette plaisent par leur style brillant et somptueux, leur point de vue féminin et leurs sujets féminins traditionnels: l'amour, l'enfance, la famille, la nature, les détails de la vie quotidienne. Mais, d'un autre côté, par la matière traitée et par leurs résonances autobiographiques, ils confortent aussi les préjugés des critiques et des historiens de la littérature sur les «œuvres, fatalement autobiographiques, de la femme» (*La Naissance du jour*), œuvres tenues pour de simples transpositions de son étroite vie domestique, n'abordant jamais les grands sujets, comme la politique ou l'Histoire ou les Idées, qui font les grandes œuvres viriles. En même temps, écrits *de femme* ne répondant pas aux conventions du genre, ils ne sont pas pris au sérieux en tant qu'autobiographie non plus. De sorte que, écrivaine consacrée, admirée par des auteurs reconnus comme André Gide, Marcel Proust et Jean Cocteau, Colette n'a pourtant pas échappé au reproche, toujours aux aguets lorsqu'il s'agit d'une femme, de trivialité, de frivolité, d'immoralité, de marginalité, voire de sentimentalité à l'adresse d'un public féminin. À cet égard, elle occupe une place à la fois centrale et marginale dans le canon littéraire qui n'est pas sans rappeler celle qu'y occupe une autre grande styliste, Sévigné. Aussi, les premières études sur Colette sont-elles surtout biographiques. À partir des années 1960 leur succéderont des études sérieuses proprement critiques. Colette continuera néanmoins à susciter l'intérêt des biographes (voir la bibliographie pour quelques titres conseillés); grâce à la disponibilité de nouveaux documents, le portrait de l'auteur se nuance, se distinguant souvent de l'image d'elle-même qu'elle a cherché délibérément à construire à travers toute son œuvre. En Colette, on reconnaît aussi un témoin privilégié des potentialités et des contraintes liées à la féminité au cours d'un demi-siècle. Sa vie comme son œuvre prennent ainsi leur place dans le cadre de l'interrogation sur la notion d'identité sexuelle au XXe siècle.

Au cours des dernières décennies, des critiques féministes ont découvert en Colette un précurseur des nouvelles tendances de l'écriture des femmes. Dans l'influent «Rire de la Méduse» (1975, note p. 104), sorte de manifeste de *l'écriture féminine,* Colette figure seule avec Marguerite Duras en tant que femme écrivain française du XXe siècle ayant su, d'après Cixous, «inscrire de la féminité». Des auteurs comme Renée Vivien étant plus ou moins oubliées au moment où le féminisme redécouvre Colette, elle paraît en effet inaugurale par l'aspect gynocentrique de son œuvre. Avec ses personnages féminins autonomes, sujets du désir indociles aux prescriptions sociales, elle annonce la subversion des rôles sexuels traditionnels chez les écrivaines qui lui succèdent, l'autorité nouvelle et polémique qu'elles donnent à la notion du féminin, leur mise en question d'une pensée patriarcale basée sur l'opposition binaire hiérarchisée. Masculin et féminin, humain et animal, l'un(e) et l'autre, fiction et autobiographie, Colette personnage et Colette personne, culture orale et culture écrite, culture populaire et grande culture: on relève, chez elle, la perméabilité et la réversibilité de ces catégories, la transgression permanente des limites des genres tant sexuels que littéraires. Ce paradigme qui confond même et autre, identité et différence, a son origine dans le rapport archaïque à la mère, «Sido», érigée par Colette en modèle et figure mythique. Accordant une place privilégiée à l'enfance, Colette explore l'importance de la mère dans la construction de l'identité de sa fille et sa place comme source de son écriture. Elle rappelle ainsi la poète Desbordes-Valmore et des romancières du passé comme Lafayette et Charrière. Mais elle annonce également la revalorisation du préœdipien et du maternel chez des théoriciennes du féminin telles que Luce Irigaray (*Et l'une ne bouge pas sans l'autre*, 1979; *Le Corps-à-corps avec la mère*, 1981) ou Cixous et dans l'œuvre littéraire aussi bien de Chantal Chawaf que de Duras. Loin de s'y soumettre, Colette enfreint sciemment les attentes du lecteur conventionnel à l'égard de la féminité et de la littérature des femmes, ironisant sur son compte et faisant entendre, *ailleurs* qu'à la place prévue, dans la zone «d'ombre» entourant «le même secteur féminin», une voix féminine libre et authentique. «Laisse-moi le droit de m'y cacher, fût-ce à la manière de la "Lettre volée..."», s'exclame la narratrice Colette, impatientée qu'un lecteur «ancien, traditionnel, et lourd à mouvoir», sous l'emprise du préjugé autobiographique, la «cherche toute vive entre les pages de [ses] romans» (*La Naissance du jour*). Nouvel avatar de la princesse de Clèves-Lafayette, Colette narratrice-auteur réclame et son autorité sur sa fiction et sa volonté de l'arracher aux modèles reçus; et son invulnérabilité —son insaisissabilité—de femme et sa singularité de femme écrivain. Présente et pourtant cachée à l'instar de la «Lettre volée» de Poe, Colette participe aussi au renouvellement du roman et de l'autobiographie au XXe siècle; que l'on songe à Marcel Proust et André Gide, ses contemporains, ou, plus près de nous, à Alain Robbe-Grillet et Marguerite Duras.

Sidonie-Gabrielle Colette («Gabrielle» ou «Gabri» pour sa famille, «Minet-Chéri» pour sa mère) naît le 28 janvier 1873 dans une famille modeste d'un village de la Bourgogne profonde, Saint-Sauveur-en-Puisaye, lieu qui acquerra dans son œuvre la dimension mythique du paradis terrestre, d'un Éden «pur» d'avant la chute. Ses parents sont Jules-Joseph Colette, «le Capitaine», ancien militaire devenu percepteur après avoir été amputé d'une jambe à la suite d'une blessure à la bataille de Melegnano, et «Sido», Sidonie Landoy, veuve de Jules Robineau-Duclos. Une demi-sœur Juliette («ma sœur aux longs cheveux», *La Maison de Claudine*) et un demi-frère Achille (mais probablement le fils du Capitaine), futur médecin, sont issus du premier mariage de Sido. De l'union entre ses parents Gabrielle a aussi un frère aîné Léopold, dit «Léo», «le vieux sylphe» des écrits autobiographiques. Dans des chefs-d'œuvre de sa maturité comme *La Maison de Claudine* et *Sido*, Colette célébrera avec nostalgie son enfance heureuse, très libre, dans la grande maison familiale aux deux jardins présidés par sa mère, au sein de cette campagne natale dont le nom seul évoque le salut religieux et une source où *puiser*, entre cette mère originale qui lui lègue une sagesse peu conformiste et un rapport privilégié à la nature et un père qui lui ouvre sa bibliothèque et lui transmet le goût des livres. Son éducation formelle est rudimentaire, laïque et campagnarde: elle fréquente l'école publique jusqu'au brevet élémentaire et le catéchisme par respect des usages. Cette période heureuse prendra fin quand la famille, ruinée, aux dires de Sido, par la mauvaise gestion de leur fortune par le Capitaine Colette, sera obligée de se réfugier auprès d'Achille dans le village de Châtillon-Coligny, perte du jardin maternel paradisiaque de Saint-Sauveur-en-Puisaye que Colette évoque sur le mode élégiaque dans *Sido.*

À vingt ans, elle se marie, sans dot, avec Henry Gauthier-Villars, dit Willy, journaliste et fils d'un éditeur parisien, de treize ans son aîné, chauve et déjà bedonnant. Le couple s'installe à Paris, d'abord dans la garçonnière «impudique» de cet ex-célibataire libertin. Grâce à Willy, Gabrielle («Colette» pour son mari) rencontre le Tout-Paris des lettres et des arts (Anatole France, Claude Debussy, Marcel Proust, Paul Valéry, Rachilde, Lucie Delarue-Mardrus, Natalie Clifford Barney, Renée Vivien, Anna de Noailles, Maurice Ravel, Gabriel Fauré...). Né pour écrire, mais incapable d'écrire, pourtant critique lucide, Willy se sert de tout un atelier de «nègres» pour rédiger articles et livres qu'ensuite il signe de son nom. À court d'argent, comme de coutume, il pousse sa jeune femme à écrire ses souvenirs d'écolière. Dans *Mes Apprentissages* (1936), livre-règlement de comptes composé après la mort de Willy, Colette donnera sa version de sa venue à l'écriture. Dans des cahiers semblables à ses cahiers d'école, elle dit avoir livré à son mari «un texte serré qui respectait les marges» mais qu'il a refusé net. Le manuscrit de ce qui deviendra *Claudine à l'école* demeurera cinq ans dans un tiroir avant qu'il le redécouvre et le publie, sous sa seule signature. «Et voilà comment je suis devenue écrivain», prétend une Colette qui, tout le long de sa vie, protestera qu'elle n'est pas née pour écrire, qu'elle n'a jamais eu l'ambition d'écrire («je sentais que j'étais justement faite pour ne *pas* écrire», *Journal à rebours,* 1941; «je suis devenue écrivain sans m'en apercevoir», *Discours de réception à l'Académie royale belge de langue et de littérature françaises,* 1936) et qui se plaindra souvent dans sa correspondance de cette écriture pénible qui l'empêche de goûter les joies de la vie. C'est cette désacralisation de l'écriture, jointe à son parti pris anti-intellectuel, qui a sûrement contribué à marginaliser l'œuvre de Colette dans l'histoire littéraire. Son récit de sa venue à l'écriture et de son travail forcé pour ce maître qui, d'après elle, l'enfermait à clef pour écrire est devenu légendaire. Mais, bien des manuscrits étant perdus, nous ne saurons peut-être jamais la part exacte qu'il a eue à la rédaction des *Claudine* et des *Minne* qui portent également sa signature (*Minne,* 1904; *Les Égarements de Minne,* 1905). Sans Willy, Colette serait-elle devenue écrivaine? Dans *Mes Apprentissages,* elle reconnaît l'aspect positif de cet entraînement à contre gré: de Willy elle a appris la discipline du travail et la maîtrise de ses envolées poétiques. «Je ne savais pas, ma chère, que j'avais épousé la dernière lyrique!»: critique dure mais, avoue-t-elle, «pas inutile» rappelée également dans *Sido,* là où le souvenir de la petite Colette rendant la pareille au Capitaine («Trop d'adjectifs!») fait ressortir sa ressemblance avec son père chez la narratrice adulte.

Le couple se sépare en 1906, Willy lui ayant signifié son congé en faveur d'une très jeune maîtresse. Leur divorce ne sera prononcé qu'en 1910. Colette doit maintenant gagner sa vie. Elle prend des leçons de pantomime de Georges Wague et assure son indépendance en jouant—nue sous des voiles, des loques ou des peaux de fauves—dans des mimodrames au music-hall. Elle fréquente les cercles du Paris-Lesbos. Entre 1906 et 1911, sa liaison avec Missy lui offre le soutien affectif dont elle a besoin après la rupture de son mariage et les infidélités de Willy, mais elle soulève un énorme scandale lorsque, en 1907 au Moulin-Rouge, dans la pantomime *Rêve d'Égypte,* Missy, en tenue d'homme, paraît sur scène et échange avec elle un long baiser. Le spectacle est interdit par le préfet de police à la demande de la famille Morny. En revanche, la mère de Colette, qui de loin suit sa vie amoureuse et sa carrière, fait preuve d'une très grande ouverture d'esprit. Dans ses lettres Sido se borne à rappeler à Minet-Chéri de ne pas attraper froid (!), mais surtout elle l'encourage, au lieu de perdre son temps à «comment dirais-je? ... à jouer des pantomimes» (29 avril 1908) et au lieu de compter sur autrui, à miser sur l'écriture: «Vois-tu, mon trésor chéri, puisque tu as une corde à ton arc, un réel talent d'écrivain, *ne compte que là-dessus*» (28 janvier 1907). Infatigable, Colette réussit à mener de front spectacles à Paris, longues tournées théâtrales en province et écriture, ses expériences dans le milieu du music-hall et ses dilemmes de femme se reflétant dans *Les Vrilles de la Vigne, La Vagabonde, L'Entrave* (1913) et *L'Envers du music-hall* (1913).

Elle travaille également dans le journalisme où, en 1910, elle rencontre Henry de Jouvenel, rédacteur en chef du *Matin,* bel homme brillant et ambitieux, futur diplomate, de trois ans son cadet. Bien qu'ils aient chacun une vie sentimentale à déchaîner des orages si leur liaison est découverte, ils tombent amoureux l'un de l'autre. En 1912, ils se marient, quelques mois seulement après la mort de Sido le 25 septembre. Bien que Colette n'ait accordé en juillet qu'une brève visite à sa mère malade et réclamant sa présence, et n'ait pas assisté à l'enterrement, le 27 septembre, elle écrit pourtant à un ami: «je suis tourmentée de cette idée stupide que je ne pourrai plus écrire à Maman comme je le faisais si souvent.» Avant de mourir lui-même l'année suivante, Achille détruira, hélas, les quelque deux mille lettres de Colette à sa mère. En juillet 1913, à l'âge de quarante ans, Colette donne le jour à son unique enfant, conçue à peu près au moment de la mort de Sido, Colette de Jouvenel, qu'elle surnomme Bel-Gazou. À la fin de l'année, de sa famille de Saint-Sauveur il ne reste plus que

Léo. Un lent travail de deuil, favorisée sans doute par sa propre expérience de la maternité, aboutira aux grandes œuvres autobiographiques des années 1920 où Colette fera revivre ce monde d'enfance perdu et surtout la figure idéalisée et irremplaçable de Sido.

Pendant la guerre Colette fait du reportage; certains articles sont rédigés au front, à Verdun, où elle parvient à rejoindre son mari mobilisé. Des chroniques qui témoignent avec acuité des bouleversements provoqués par la guerre dans la vie de tous les jours seront réunies dans *Les Heures longues* (1917), *La Chambre éclairée* (1921) et *Aventures quotidiennes* (1924). Loin de l'objectivité journalistique conventionnelle, son point de vue personnel de femme, observatrice en marge des grands événements historiques et étrangère dans un métier masculin, confère à ces articles leur originalité et leur saveur, Colette se montrant tantôt lyrique, tantôt ironique et irrévérencieuse vis-à-vis de la comédie politique et des valeurs masculines normatives. Comme dans toute son œuvre, elle met en relief la capacité humaine, face à l'adversité, à s'adapter et à survivre.

Avec la fin de la guerre la carrière littéraire de Colette prend son essor et sa réputation grandit. En même temps, sur le plan personnel, sa relation avec Jouvenel se dégrade. Les infidélités de Jouvenel jointes à la découverte par celui-ci de la liaison entre Colette et Bertrand, son fils d'un premier mariage, liaison entamée en 1920 alors que Bertrand avait seize ans et Colette quarante-sept, précipitent le divorce en 1924. Anticipant sur sa vie, Colette avait déjà abordé le thème «scandaleux» de l'amour entre un jeune homme et une femme d'âge mûr dans *Chéri;* elle le reprendra, l'ayant vécu, en 1923 dans *Le Blé en herbe.* Et des «moisissures de la vie conjugale» elle fera un thème majeur de *La Femme cachée,* recueil de nouvelles publié l'année de son divorce.

Désireuse d'établir sa propre identité d'écrivaine, Colette signe en 1904 *Dialogues de Bêtes* du nom de Colette Willy, signature qui devient en 1913 «Colette (Colette Willy)». Ce ne sera qu'en 1923, à l'âge de cinquante ans et au seuil de son deuxième divorce, avec la parution du *Blé en herbe,* qu'elle adoptera définitivement, au mépris de la coutume des pseudonymes (George Sand, Gérard d'Houville, Daniel Stern, Rachilde, Renée Vivien...) ou des «Madame de...», le seul nom, à la fois prénom de femme et patronyme retrouvé, de «Colette». «Voilà que, légalement, littérairement et familièrement, je n'ai plus qu'un nom, qui est le mien. Ne fallait-il, pour en arriver, pour en revenir là, que trente ans de ma vie? Je finirai par croire que ce n'était pas payer trop cher» (*La Naissance du jour*). Dans sa singularité, le nom Colette devient le signe d'une identité forgée par elle-même mais à partir du Nom-du-père, le signe de son identification littéraire aux valeurs de l'enfance, royaume maternel perdu mais retrouvé grâce à l'écriture, le signe d'une identité qui la rattache en effet à ses *deux* parents morts—puisqu'elle est Colette comme l'avait été son père pour sa mère, mais aussi Madame Colette comme l'avait été sa mère. «Colette» devient alors la figure complexe d'une écriture réconciliant le maternel et le paternel, la figure transgressive d'un «hermaphrodisme mental» idéal (*Le Pur et l'impur*).

En 1925, Colette rencontre Maurice Goudeket, courtier en perles, de seize ans son cadet. Alors même qu'elle compose *La Naissance du jour*, roman du renoncement à l'amour, elle vit avec lui des moments passionnés à «La Treille muscate», sa nouvelle propriété à Saint-Tropez. Ils se marieront en 1935. Acceptant de bonne grâce de vivre à l'ombre et essentiellement aux frais de sa célèbre épouse, Goudeket sera à ses côtés pendant la période la plus productive de sa vie et demeurera le fidèle compagnon de sa vieillesse, celui qu'elle nomme dans ses livres «mon meilleur ami». Pendant l'Occupation, Colette connaîtra à son sujet des moments d'angoisse. D'origine juive, Goudeket doit se cacher. En décembre 1941, il est arrêté à Paris par les Allemands; mais, grâce à l'intervention de ses amis influents, Colette réussit à obtenir sa libération deux mois plus tard. Dans *Journal à rebours* (1941) et les chroniques de guerre réunies dans *De ma fenêtre* (1942), elle partage son expérience de l'Occupation et son savoir-vivre en temps de crise.

Malgré sa grande célébrité, elle n'est pas à l'abri des soucis financiers. Conférences, préfaces et articles sont son gagne-pain habituel. De temps en temps, elle monte encore sur les planches, notamment dans le rôle de la courtisane vieillissante, Léa, dans *Chéri*. En 1932, elle conçoit une entreprise plus insolite: elle ouvre un magasin de produits de beauté. Attirées par son renom littéraire, les clientes que Colette maquille personnellement en sortent vieillies et enlaidies. L'aventure est de courte durée et elle revient bientôt à l'écriture.

Colette passe ses dernières années immobilisée par l'arthrite sur son «divan-radeau» dans son appartement du Palais-Royal; de sa fenêtre elle se plaît à observer l'activité du jardin. Ses sens auront beau s'émousser, elle ne perdra jamais son appétit de vivre. Dans *Colette*, film de Yannick Bellon (1951), quand sa domestique Pauline revient du marché avec les provisions, on la voit croquer à belles dents dans un oignon cru en gémissant de plaisir («la douceur même!»). Et jusqu'en 1949, à la lumière de son «fanal bleu», lampe portant en guise d'abat-jour deux feuilles de son fameux papier bleu, elle continue à produire des textes nouveaux. *L'Étoile Vesper* et *Le Fanal bleu* («car écrire ne conduit qu'à écrire»), qui datent de cette période, comptent parmi ses plus beaux titres. Elle surveille aussi la publication des quinze volumes de ses œuvres complètes (Le Fleuron, 1948–50). Colette s'éteint tout doucement dans son appartement le

3 août 1954. L'église refuse de lui accorder des obsèques religieuses. Mais elle obtient des obsèques nationales—c'est la première fois qu'elles sont accordées à une femme. Elles se déroulent devant une foule à majorité féminine où se côtoient célébrités et menu peuple, dans la cour d'honneur du Palais-Royal. Elle est inhumée au cimetière du Père-Lachaise.

Troisième volet, après *La Maison de Claudine* et *La Naissance du jour,* d'un triptyque voué à la mère, *Sido* demeure une œuvre clé pour comprendre l'élaboration de la mythologie maternelle, la quête identitaire et le jeu entre fiction et autobiographie chez Colette. Comme la plupart de ses livres, *Sido ou les points cardinaux* paraît d'abord en feuilleton, dans les numéros des 22 et 29 juin 1929 de la *Revue hebdomadaire.* En juillet, l'œuvre, qui en 1929 ne comprend que le premier chapitre de l'actuel roman, sort aux éditions Kra. La version définitive contenant deux nouveaux chapitres, «Le Capitaine» et «Les Sauvages», ne paraît que l'année suivante avec pour titre *Sido.* Si ces deux chapitres évoquent l'un, le père, et l'autre, les frères et la demi-sœur de Colette, c'est néanmoins la figure de Sido qui unifie l'ensemble, qui est au seuil de chacun des chapitres, qui ouvre et qui clôt le roman. Chez la narratrice adulte la connaissance de soi à travers la mémoire du passé et de la relation à sa famille est entièrement filtrée par la voix maternelle, une voix reconstituée, reconstruite, idéalisée par le souvenir et par le travail de l'écriture. L'afflux des réminiscences—la célébration de Sido—permet en même temps à la femme écrivain âgée de cinquante-six ans de reconnaître sa dette envers chacun des parents, de mesurer sa ressemblance et sa différence par rapport à chaque membre de sa famille, de se raconter, c'est-à-dire, de construire l'histoire et le moi de «Colette» au fur et à mesure qu'elle (re)construit à travers l'écriture la figure centrale de «Sido».

«Lyrisme paternel, humour, spontanéité maternels, mêlés, superposés, je suis assez sage à présent, assez fière pour les départager en moi, tout heureuse d'un délitage où je n'ai à rougir de personne ni de rien» (*Sido*). Pour reconnaître son double héritage, maternel et paternel, il aura fallu que la narratrice se sépare de ce monde de l'enfance, qu'elle coupe, en se mariant et en quittant la maison natale, le lien avec la mère, et que cette séparation soit renforcée par la mort des deux parents. Le double motif de la séparation et du lien domine surtout la présentation des rapports de Colette, enfant et adulte, avec sa mère. Sido fait don à sa fille d'une nature à observer («regarde!») et à goûter sans tabous et d'une langue savoureuse où les mots sont travaillés poétiquement dans leur matérialité avec une liberté qui fait fi de toute catégorie exclusive. Éblouie par sa mère, la fille l'imite. Mais alors, comment exister à part entière avec une identité à soi? Comment ne pas se laisser étouffer par cette figure souveraine qui transmet les clés de la nature et des saisons, qui renvoie une image positive de soi («Beauté, Joyau-tout-en-or») et qui tient lieu de boussole pour s'orienter, de Rose des Vents sécurisante? Comment aussi échapper à la possessivité et à la jalousie d'une mère qui regarde sa fille comme *son* «chef-d'œuvre», mère pour qui le mariage et l'éveil de la sexualité adulte (voir l'épisode avec Adrienne) amenant la séparation représentent une chute morale, une forme d'impureté? Comment quitter ce jardin paradisiaque, centre de l'univers, le royaume de la déesse Sido, Déméter, terre-mère, pour devenir adulte et vivre? En soulevant ces questions, *Sido* marque une étape importante dans l'exploration féministe moderne de la continuité avec la mère, tenue pour constitutive de l'identité de la fille, et des ambivalences que ce lien valorisant, sécurisant, mais aussi inhibant peut occasionner (voir, par exemple, Nancy Chodorow, *The Reproduction of Mothering*, 1978; Luce Irigaray, *Et l'une ne bouge pas sans l'autre;* et, pour une vue d'ensemble classique, Marianne Hirsch, «Mothers and Daughters», 1981).

Déjà au XVIIe siècle, Lafayette avait suggéré à travers ce rapport privilégié mère-fille une critique du *patriarcat;* au siècle suivant, Charrière, avec moins d'ambivalence peut-être, avait fait de même. Des femmes écrivains qui leur succèdent comme Desbordes-Valmore et, plus près de nous, Cixous, Chawaf, Duras et Colette tendent plutôt à mettre en relief le préœdipien comme subversion des structures oppressives de la *pensée patriarcale* et comme source de créativité féminine: «la femme n'est jamais loin de la "mère" (que j'entends hors-rôle, la "mère" comme non-nom, et comme source des biens). Toujours en elle subsiste au moins un peu du bon lait-de-mère. Elle écrit à l'encre blanche» (Hélène Cixous, «Le Rire de la Méduse», 1975). Dans *Sido,* l'image dominante de la mère située au centre d'une Rose des Vents suggère une double subversion de la pensée patriarcale, car elle fait de la femme et non de l'homme le sujet qui détermine la signification de la rose, emblème traditionnel de la féminité, élidant tout à fait la perspective masculine, et, en assimilant la rose à une boussole, elle en fait aussi le symbole d'une réorientation positive, dans un sens *féminin maternel,* du rapport au monde et à autrui.

Avec le temps et l'absence, en reconstituant le passé par le souvenir et par l'écriture, la narratrice peut chanter sans en être étouffée l'apport positif de sa mère à son identité de femme et particulièrement de femme écrivain. Elle peut maintenant la célébrer en tant que modèle unissant à une féminité apparemment circonscrite et conventionnelle (la maison, la famille, le jardin) une force, une vitalité, une sagesse sereine et un non-conformisme qui assurent sa liberté et son bonheur. Elle peut répéter ses mots («ainsi parlait ma mère»); mieux, elle peut les inventer en les recréant—assimilation avec la mère qui affirme et le lien avec elle et l'indépendance et qui donne une forme éternelle à une parole maternelle orale et éphémère. S'étant dépossédée de Sido, elle peut maintenant se réapproprier sa parole et la réinscrire en tant que texte. De même, la narratrice transmue en mots, en signes littéraires, les signes naturels créés et interprétés par sa mère. Une Sido mythique devient ainsi la matrice de l'œuvre de Colette et le maternel accède au symbolique, devient culturel.

Par contre, les deux frères «sauvages», n'ayant pas su couper le lien avec ce monde de l'enfance, demeurent des ratés, des inadaptés, surtout Léo qui contraste explicitement avec la narratrice à cause de ses dons musicaux. Parce qu'il vit dans le passé, il n'a jamais pu transmuer esthétiquement en une œuvre d'art cette enfance idéalisée ou réaliser son potentiel artistique. Comme le père, il est un artiste manqué; comme la mère, il est un artiste éphémère. Léo et Achille, le «vieux sylphe» et le misanthrope, ne dépassent pas leurs jeux d'enfant avec les mots, les chansons et les livres par la création artistique; Juliette, «l'étrangère», telle Madame Bovary, vit dans ses lectures et devient une malmariée suicidaire: ce sont tous les trois des images négatives de ce que Colette aurait pu devenir.

Le père, lui, est déplacé, mis en quelque sorte entre parenthèses, par le titre du livre, par son propre amour qui l'oriente comme toute la famille, sauf Juliette, vers Sido, et par sa place seconde dans le texte. Mais cette place s'avère centrale: le chapitre sur «Le Capitaine» occupe exactement le milieu du texte et le manque qu'incarne ce père si peu «patriarcal»—amputé, militaire raté, fonctionnaire médiocre, citadin exilé à la campagne, amoureux transi, écrivain manqué—s'assimilant à ces pages vides de toute écriture dans ses livres reliés aux titres ambitieux, découverts seulement après sa mort, «œuvre imaginaire, le mirage d'une carrière d'écrivain», devient «héritage immatériel» où puiser, espace libre où peut s'épanouir, légitimée par le père et au Nom-du-père, l'écriture de la fille et l'amour des deux pour Sido. Colette s'identifie à/comme son père et, «nègre» cette fois délibéré, endosse sa vocation littéraire.

Ce père féminisé qui, «emporté par son rythme "brodait" avec hardiesse» contes et chansons afin de dire et cacher en même temps «la tristesse profonde des amputés», c'est aussi la narratrice femme et écrivain, psychiquement androgyne, la femme Colette supportant dignement des chagrins secrets sans «jamais se trahir», l'écrivaine brodant une tapisserie autobiographique qui révèle et qui dissimule son histoire et composant des œuvres qui «chantent». «Mon nouveau travail chante», écrit Colette dans *L'Étoile Vesper* à propos de son travail de tapisserie, donné pour la relève de l'écriture à la fin de sa vie, mais en vérité métaphore de l'écriture. Ce père, c'est une Philomèle au masculin, amputée de sa langue, voilant et dévoilant son «viol» dans une tapisserie musicale ou verbale qu'une Colette sororale déchiffre «trop tard». C'est Philomèle métamorphosée en rossignol dont Sido écoute «malgré elle» mais sans le comprendre le chant. Broder (ou accomplir des travaux d'aiguille), chanter, cacher, et écrire sont des équivalents chez Colette, de même que le mythe de Philomèle, toujours évoqué indirectement par des allusions au rossignol (voir *Les Vrilles de la vigne*) et au personnage de Philomène de Watteville dans un roman de Balzac (*Albert Savarus*, 1842; dans la version définitive de ce roman le personnage se prénomme Rosalie; Philomène et Philomèle sont des variantes du même nom), renvoie à sa voix de femme écrivain et à sa vision de l'écriture.

Dans *La Maison de Claudine* Colette avait déjà associé la couture à la main de Sido. «Tirant un fil, une main bien-aimée, coiffée d'un dé d'argent», retient sa fille dans le cercle protecteur du village et de la maison natale. La couture est la contrepartie féminine du désir chez la Petite, désir de devenir marin et de faire le tour du monde (thème repris par le motif du mousse et par l'imagerie marine dans *Sido*), désir d'aventures qui cède à la peur du danger et de la solitude, peur la ramenant vers la «terre ferme», vers la sécurité de l'enceinte maternelle, quand elle se retrouve seule au jardin le soir à observer de l'extérieur la fenêtre allumée où sa mère coud. Vers la fin du livre, évoquant la transmission de cet art féminin, de «cette sagesse domestique», de génération en génération, le motif de la couture revient. Cette fois, c'est Colette devenue mère qui a appris à coudre à sa fille «garçonnière» Bel-Gazou et qui essaie de la retenir. Elle observe «la couseuse» qui se tait en cousant. La narratrice sait que, telle une Philomène de Watteville d'apparence soumise et obéissante mais en réalité ourdissant sa vengeance en tirant l'aiguille, elle échappe en pensée à l'autorité maternelle. La broderie de Bel-Gazou est en train de la séparer de sa mère: «Mais il semble qu'avec le jeu de l'aiguille elle ait justement découvert le moyen de descendre, point à point, piqûre à piqûre, un chemin de risques et de tentations. Silence... Le bras armé du dard d'acier va et vient... Rien n'arrête la petite exploratrice effrénée.» La broderie en vient alors à symboliser dans toute leur complexité et le lien mère-fille, à la fois lieu de la transmission positive d'une créativité et d'un savoir «féminins» et prison domestique au service du silence féminin et de l'oppression patriarcale, et l'indépendance virile, la violence phallique («le bras armé du dard d'acier»), qui coupe ce lien et éloigne de l'univers maternel, mais qui, à travers le mouvement répétitif de l'aiguille et les retours en arrière —mouvement caractéristique aussi bien de la plume et du souvenir chez Colette que de l'aiguille—permet aussi de le retrouver.

Dans *L'Étoile Vesper* Colette interrogera ces déterminations sociales qui opposent couture à garçon, maternité à écriture: «Quand j'étais jeune, si je m'occupais, par exception, à un ouvrage d'aiguille, Sido hochait son front divinateur: "Tu n'auras jamais l'air que d'un garçon qui coud." Ne m'eût-elle pas dit: "Tu ne seras jamais qu'un écrivain qui a fait un enfant."» Et l'image de la tapisserie reviendra pour suggérer la réconciliation désirée dans son écriture de ces termes sexuellement opposés, la réalisation souhaitée de son rêve d'androgynie mentale, et l'inscription recherchée de son œuvre dans une tradition culturelle qui réunirait à un Balzac une longue lignée d'artistes-brodeuses: «Ce point naïf comme l'enfance de l'art, je n'ai pas osé en faire l'art de mon enfance. Le "garçon qui coud" se délivre ici d'un secret, adopte un plaisant travail, endosse une vertu nourrie de tradition. Celle-ci servit votre diplomatie, ténébreuses jeunes filles du XIXe siècle, étouffées dans l'ombre maternelle et tirant l'aiguille... Balzac vous épie. "À quoi penses-tu, Philomène? Tu vas au-delà de la raie..."» S'octroyant le droit d'aller «au-delà de la raie», Colette a su métamorphoser un ouvrage de dame en une œuvre de femme. «Je perce et je reperce. L'équille—l'aiguille—brille entre deux fils, remorque sa queue de laine. Mes Mémoires s'écrivent en verdure bleue, en lilas rose, en anthémis multicolores.» Ainsi, l'autobiographie de Colette devient une tapisserie—ou bien un patchwork—assemblage de pièces et de morceaux, de souvenirs, de fils, de couleurs recueillis au cours d'une vie, comme l'illustre la structure de *Sido,* renouant avec un art maternel d'avant la symbolisation verbale, cachant et révélant la violence, le tourment secret d'une écriture vécue dans la tension permanente entre ces deux mots: femme écrivain.

Colette ne s'est jamais séparée du manuscrit de *Sido*. Elle l'a fait relier amoureusement dans des morceaux de tissu découpées dans une vieille robe de sa mère. Sur les pages de garde du manuscrit, le commentaire autographe de ce geste par Colette se termine ainsi: «Je ne me repens pas d'y avoir porté les ciseaux, puisque d'un bleu doux, et ramagée de blanc, elle habille comme par le passé, elle habille encore et toujours ma très chère "Sido".» La robe re-lie au corps maternel devenu grâce à l'écriture de sa fille corps mythique. Mais ce n'est qu'à travers la coupure du symbolique que peut s'opérer cette transformation du corps maternel en corps textuel éternel, que peut se recréer ce lien. Seulement à travers l'art: «C'est très bien. Un peu trop bien. C'est de l'art» (*L'Étoile Vesper*). Protégée par la robe de sa mère, le manuscrit de *Sido* figure aussi le retour du corps (textuel) de la fille à la matrice, restructurée par Colette femme et écrivain en textile symbolique et source d'écriture.

«Ainsi la robe bleue habille encore Sido» (*L'Étoile Vesper*).

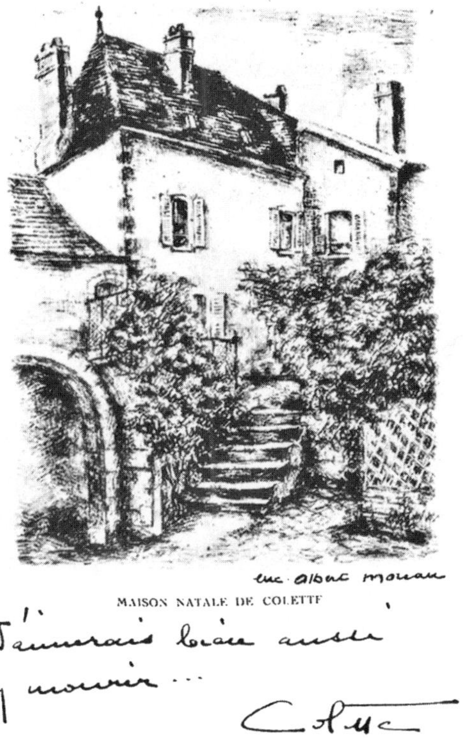

Maison natale de Colette, lithographie de
Luc-Albert Moreau, avec inscription
de Colette (collection musée d'art moderne
Richard Anacréon © Yann Caron, 2004)

Sido

—Et pourquoi cesserais-je d'être de mon village? Il n'y faut pas compter. Te voilà bien fière, mon pauvre Minet-Chéri, parce que tu habites Paris depuis ton mariage. Je ne peux pas m'empêcher de rire en constatant combien tous les Parisiens sont fiers d'habiter Paris, les vrais parce qu'ils assimilent cela à un titre nobiliaire, les faux parce qu'ils s'imaginent avoir monté en grade. À ce compte-là, je pourrais me vanter que ma mère est née boulevard Bonne-Nouvelle! Toi, te voilà comme le pou sur ses pieds de derrière parce que tu as épousé un Parisien. Et quand je dis un Parisien... Les vrais Parisiens d'origine ont moins de caractère dans la physionomie. On dirait que Paris les efface!

Elle s'interrompait, levait le rideau de tulle qui voilait la fenêtre:

—Ah! voici Mlle Thévenin qui promène en triomphe, dans toutes les rues, sa cousine de Paris. Elle n'a pas besoin de le dire, que cette dame Quériot vient de Paris: beaucoup de seins, les pieds petits, et des chevilles trop fragiles pour le poids du corps; deux ou trois chaînes de cou, les cheveux très bien coiffés... Il ne m'en faut pas tant pour savoir que cette dame Quériot est caissière dans un grand café. Une caissière parisienne ne pare que sa tête et son buste, le reste ne voit guère le jour. En outre, elle ne marche pas assez et engraisse de l'estomac. Tu verras beaucoup, à Paris, ce modèle de femme-tronc.

Ainsi parlait ma mère, quand j'étais moi-même, autrefois, une très jeune femme. Mais elle avait commencé, bien avant mon mariage, de donner le pas à la province sur Paris. Mon enfance avait retenu des sentences, excommunicatoires le plus souvent, qu'elle lançait avec une force d'accent singulière. Où prenait-elle leur autorité, leur suc, elle qui ne quittait pas, trois fois l'an, son département? D'où lui venait le don de définir, de pénétrer, et cette forme décrétale de l'observation?

Ne l'eussé-je pas tenu d'elle, qu'elle m'eût donné, je crois, l'amour de la province, si par province on n'entend pas seulement un lieu, une région éloignés de la capitale, mais un esprit de caste, une pureté obligatoire des mœurs, l'orgueil d'habiter une demeure ancienne, honorée, close de partout, mais que l'on peut ouvrir à tout moment sur ses greniers aérés, son fenil empli, ses maîtres façonnés à l'usage et à la dignité de leur maison.

En vraie provinciale, ma charmante mère, «Sido», tenait souvent ses yeux de l'âme fixés sur Paris. Théâtres de Paris, modes, fêtes de Paris, ne lui étaient ni indifférents, ni étrangers. Tout au plus les aimait-elle d'une passion un peu agressive, rehaussée de coquetteries, bouderies, approches stratégiques et danses de guerre. Le peu qu'elle goûtait de Paris, tous les deux ans environ, l'approvisionnait pour le reste du temps. Elle revenait chez nous lourde de chocolat en barre, de denrées exotiques et d'étoffes en coupons, mais surtout de programmes de spectacles et d'essence à la violette, et elle commençait de nous peindre Paris dont tous les attraits étaient à sa mesure, puisqu'elle ne dédaignait rien.

En une semaine elle avait visité la momie exhumée, le musée agrandi, le nouveau magasin, entendu le ténor et la conférence sur la *Musique birmane*. Elle rapportait un manteau modeste, des bas d'usage, des gants très chers. Surtout elle nous rapportait son regard gris voltigeant, son teint vermeil que la fatigue rougissait, elle revenait ailes battantes, inquiète de tout ce qui, privé d'elle, perdait la chaleur et le goût de vivre. Elle n'a jamais su qu'à chaque retour l'odeur de sa pelisse en ventre-de-gris, pénétrée d'un parfum châtain clair, féminin, chaste, éloigné des basses séductions axillaires, m'ôtait la parole et jusqu'à l'effusion.

D'un geste, d'un regard elle reprenait tout. Quelle promptitude de main! Elle coupait des bolducs roses, déchaînait des comestibles coloniaux, repliait avec soin les papiers noirs goudronnés qui sentaient le calfatage. Elle parlait, appelait la chatte, observait à la dérobée mon père amaigri, touchait et flairait mes longues tresses pour s'assurer que j'avais brossé mes cheveux... Une fois qu'elle dénouait un cordon d'or sifflant, elle s'aperçut qu'au géranium prisonnier contre la vitre d'une des fenêtres, sous le rideau de tulle, un rameau pendait, rompu, vivant encore. La ficelle d'or à peine déroulée s'enroula vingt fois autour du rameau rebouté, étayé d'une petite éclisse de carton... Je frissonnai, et crus frémir de jalousie, alors qu'il s'agissait seulement d'une résonance poétique, éveillée par la magie du secours efficace scellé d'or...

Il ne lui manquait, pour être une provinciale type, que l'esprit de dénigrement. Le sens critique, en elle, se dressait vigoureux, versatile, chaud et gai comme un jeune lézard. Elle happait au vol le trait marquant, la tare, signalait d'un éclair des beautés obscures, et traversait, lumineuse, des cœurs étroits.

—Je suis rouge, n'est-ce pas? demandait-elle au sortir de quelque âme en forme de couloir.

Elle était rouge en effet. Les pythonisses authentiques, ayant plongé au fond d'autrui, émergent à demi suffoquées. Une visite banale, parfois, la laissait cramoisie et sans force aux bras du grand fauteuil capitonné, en reps vert.

—Ah! ces Vivenet!... Que je suis fatiguée... Ces Vivenet, mon Dieu!

—Qu'est-ce qu'ils t'ont fait, maman?

J'arrivais de l'école, et je marquais ma petite mâchoire, en croissants, dans un talon de pain frais, comblé de beurre et de gelée de framboises.

—Ce qu'ils m'ont fait? Ils sont venus. Que m'auraient-ils fait d'autre, et de pire? Les deux jeunes époux en visite de noces, flanqués de la mère Vivenet... Ah! ces Vivenet!

Elle ne m'en disait guère plus, mais plus tard, quand mon père rentrait, j'écoutais le reste.

—Oui, contait ma mère, des mariés de quatre jours! Quelle inconvenance! des mariés de quatre jours, cela se cache, ne traîne pas dans les rues, ne s'étale pas dans des salons, ne s'affiche pas avec une mère de la jeune mariée ou du jeune marié... Tu ris? Tu n'as aucun tact. J'en suis encore rouge, d'avoir vu cette jeune femme de quatre jours. Elle était gênée, elle, au moins. Un air d'avoir perdu son jupon, ou de s'être assise sur un banc frais peint. Mais lui, l'homme... Une horreur. Des pouces d'assassin, et une paire de tout petits yeux embusqués au fond de ses deux grands yeux. Il appartient à un genre d'hommes qui ont la mémoire des chiffres, qui mettent la main sur leur cœur quand ils mentent et qui ont soif l'après-midi, ce qui est un signe de mauvais estomac et de caractère acrimonieux.

—Pan! applaudissait mon père.

Bientôt j'avais mon tour, pour avoir sollicité la permission de porter des chaussettes l'été.

—Quand auras-tu fini de vouloir imiter Mimi Antonin dans tout ce qu'elle fait, chaque fois qu'elle vient en vacances chez sa grand-mère? Mimi Antonin est de Paris, et toi d'ici. C'est l'affaire des enfants de Paris de montrer l'été leurs flûtes, sans bas, et l'hiver leurs pantalons trop courts et de pauvres petites fesses rouges. Les mères parisiennes remédient à tout, quand leurs enfants grelottent, par un petit tour de cou en mongolie[1] blanche. Par les très grands froids, elles ajoutent une toque assortie. Et puis on ne commence pas à onze ans à porter des chaussettes. Avec les mollets que je t'ai faits? Mais tu aurais l'air d'une sauteuse de corde, et il ne te manquerait qu'une sébile en fer-blanc.

Ainsi parlait-elle, et sans chercher jamais ses mots ni quitter ses armes, j'appelle armes ses deux paires de «verres», un couteau de poche, souvent une brosse à habits, un sécateur, de vieux gants, parfois le sceptre d'osier, épanoui en raquette trilobée, qu'on nomme «tapette» et qui sert à fouetter les rideaux et les meubles. La fantaisie de ma mère ne pliait que devant les dates qu'on fête, en province, par les nettoyages à fond, la lessive, l'embaumement des lainages et des fourrures. Mais elle ne se plaisait ni au fond des placards, ni dans la funèbre poudre du camphre, qu'elle remplaçait d'ailleurs par quelques cigares coupés en berlingots, les culots des pipes d'écume de mon père, et de grosses araignées qu'elle enfermait dans l'armoire giboyeuse, refuge des mites d'argent.

C'est qu'elle était agile et remuante, mais non ménagère appliquée; propre, nette, dégoûtée, mais loin du génie maniaque et solitaire qui compte les serviettes, les morceaux de sucre et les bouteilles pleines. La flanelle en mains, et surveillant la servante qui essuyait longuement les vitres en riant au voisin, il lui échappait des cris nerveux, d'impatients appels à la liberté.

—Quand j'essuie longtemps et avec soin mes tasses de Chine, disait-elle, je me sens vieillir...

Elle atteignait, loyale, la fin de la tâche. Alors elle franchissait les deux marches de notre seuil, entrait dans le jardin. Sur-le-champ tombaient son excitation morose et sa rancune. Toute présence végétale agissait sur elle comme un

1. Fourrure de chèvre à poils soyeux et frisés (*Trésor de la langue française*).

antidote, et elle avait une manière étrange de relever les roses par le menton pour les regarder en plein visage.

—Vois comme cette pensée ressemble au roi Henri VIII d'Angleterre, avec sa barbe ronde, disait-elle. Au fond, je n'aime pas beaucoup ces figures de reîtres qu'ont les pensées jaunes et violettes…

Dans mon quartier natal, on n'eût pas compté vingt maisons privées de jardin. Les plus mal partagées jouissaient d'une cour, plantée ou non, couverte ou non de treilles. Chaque façade cachait un «jardin-de-derrière» profond, tenant aux autres jardins-de-derrière par des murs mitoyens. Ces jardins-de-derrière donnaient le ton au village. On y vivait l'été, on y lessivait; on y fendait le bois l'hiver, on y besognait en toute saison, et les enfants, jouant sous les hangars, perchaient sur les ridelles des chars à foin dételés.

Les enclos qui jouxtaient le nôtre ne réclamaient pas de mystère: la déclivité du sol, des murs hauts et vieux, des rideaux d'arbres protégeaient notre «jardin d'en haut» et notre «jardin d'en bas». Le flanc sonore de la colline répercutait les bruits, portait, d'un atoll maraîcher cerné de maisons à un «parc d'agrément», les nouvelles.

De notre jardin, nous entendions, au Sud, Miton éternuer en bêchant et parler à son chien blanc dont il teignait, au 14 juillet, la tête en bleu et l'arrière-train en rouge. Au Nord, la mère Adolphe chantait un petit cantique en bottelant des violettes pour l'autel de notre église foudroyée, qui n'a plus de clocher. À l'Est, une sonnette triste annonçait chez le notaire la visite d'un client… Que me parle-t-on de la méfiance provinciale? Belle méfiance! Nos jardins se disaient tout.

Oh! aimable vie policée de nos jardins! Courtoisie, aménité de potager à «fleuriste» et de bosquet à basse-cour! Quel mal jamais fût venu par-dessus un espalier mitoyen, le long des faîtières en dalles plates cimentées de lichen et d'orpin brûlant[2], boulevard des chats et des chattes? De l'autre côté, sur la rue, les enfants insolents musaient, jouaient aux billes, troussaient leurs jupons, au-dessus du ruisseau; les voisins se dévisageaient et jetaient une petite malédiction, un rire, une épluchure dans le sillage de chaque passant, les hommes fumaient sur les seuils et crachaient… Gris de fer, à grands volets décolorés, notre façade à nous ne s'entrouvrait que sur mes gammes malhabiles, un aboiement de chien répondant aux coups de sonnette, et le chant des serins verts en cage.

Peut-être nos voisins imitaient-ils, dans leurs jardins, la paix de notre jardin où les enfants ne se battaient point, où bêtes et gens s'exprimaient avec douceur,

2. Sédum jaune.

un jardin où, trente années durant, un mari et une femme vécurent sans élever la voix l'un contre l'autre...

Il y avait dans ce temps-là de grands hivers, de brûlants étés. J'ai connu, depuis, des étés dont la couleur, si je ferme les yeux, est celle de la terre ocreuse, fendillée entre les tiges du blé et sous la géante ombelle du panais sauvage, celle de la mer grise ou bleue. Mais aucun été, sauf ceux de mon enfance, ne commémore le géranium écarlate et la hampe enflammée des digitales. Aucun hiver n'est plus d'un blanc pur à la base d'un ciel bourré de nues ardoisées, qui présageaient une tempête de flocons plus épais, puis un dégel illuminé de mille gouttes d'eau et de bourgeons lancéolés... Ce ciel pesait sur le toit chargé de neige des greniers à fourrages, le noyer nu, la girouette, et pliait les oreilles des chattes... La calme et verticale chute de neige devenait oblique, un faible ronflement de mer lointaine se levait sur ma tête encapuchonnée, tandis que j'arpentais le jardin, happant la neige volante... Avertie par ses antennes, ma mère s'avançait sur la terrasse, goûtait le temps, me jetait un cri:

—La bourrasque d'Ouest! Cours! Ferme les lucarnes du grenier!... La porte de la remise aux voitures!... Et la fenêtre de la chambre du fond!

Mousse exalté du navire natal, je m'élançais, claquant des sabots, enthousiasmée si du fond de la mêlée blanche et bleu noir, sifflante, un vif éclair, un bref roulement de foudre, enfants d'Ouest et de Février, comblaient tous deux un des abîmes du ciel... Je tâchais de trembler, de croire à la fin du monde.

Mais dans le pire du fracas ma mère, l'œil sur une grosse loupe cerclée de cuivre, s'émerveillait, comptant les cristaux ramifiés d'une poignée de neige qu'elle venait de cueillir aux mains même de l'Ouest rué sur notre jardin...

Ô géraniums, ô digitales... Celles-ci fusant des bois-taillis, ceux-là en rampe allumés au long de la terrasse, c'est de votre reflet que ma joue d'enfant reçut un don vermeil. Car «Sido» aimait au jardin le rouge, le rose, les sanguines filles du rosier, de la croix-de-Malte, des hortensias et des bâtons-de-Saint-Jacques, et même le coqueret-alkékenge, encore qu'elle accusât sa fleur, veinée de rouge sur pulpe rose, de lui rappeler un mou de veau frais... À contre-cœur elle faisait pacte avec l'Est: «Je m'arrange avec lui», disait-elle. Mais elle demeurait pleine de suspicion et surveillait, entre tous les cardinaux et collatéraux, ce point glacé, traître, aux jeux meurtriers. Elle lui confiait des bulbes de muguet, quelques bégonias, et des crocus mauves, veilleuses des froids crépuscules.

Hors une corne de terre, hors un bosquet de lauriers-cerises dominés par un junko-biloba—je donnais ses feuilles, en forme de raie, à mes camarades d'école, qui les séchaient entre les pages de l'atlas—tout le chaud jardin se nourrissait d'une lumière jaune, à tremblements rouges et violets, mais je ne pourrais dire si ce rouge, ce violet dépendaient, dépendent encore d'un sentimental bonheur ou d'un éblouissement optique. Étés réverbérés par le gravier jaune et chaud, étés traversant le jonc tressé de mes grands chapeaux, étés presque sans nuits... Car j'aimais tant l'aube, déjà, que ma mère me l'accordait en récompense. J'obtenais qu'elle m'éveillât à trois heures et demie, et je m'en allais, un panier vide à chaque bras, vers des terres maraîchères qui se réfugiaient dans le pli étroit de la rivière, vers les fraises, les cassis et les groseilles barbues.

À trois heures et demie, tout dormait dans un bleu originel, humide et confus, et quand je descendais le chemin de sable, le brouillard retenu par son poids baignait d'abord mes jambes, puis mon petit torse bien fait, atteignait mes lèvres, mes oreilles et mes narines plus sensibles que tout le reste de mon corps... J'allais seule, ce pays mal pensant était sans dangers. C'est sur ce chemin, c'est à cette heure que je prenais conscience de mon prix, d'un état de grâce indicible et de ma connivence avec le premier souffle accouru, le premier oiseau, le soleil encore ovale, déformé par son éclosion...

Ma mère me laissait partir, après m'avoir nommée «Beauté, Joyau-tout-en-or»; elle regardait courir et décroître sur la pente son œuvre—«chef-d'œuvre», disait-elle. J'étais peut-être jolie; ma mère et mes portraits de ce temps-là ne sont pas toujours d'accord... Je l'étais à cause de mon âge et du lever du jour, à cause des yeux bleus assombris par la verdure, des cheveux blonds qui ne seraient lissés qu'à mon retour, et de ma supériorité d'enfant éveillée sur les autres enfants endormis.

Je revenais à la cloche de la première messe. Mais pas avant d'avoir mangé mon saoul, pas avant d'avoir, dans les bois, décrit un grand circuit de chien qui chasse seul, et goûté l'eau de deux sources perdues, que je révérais. L'une se haussait hors de la terre par une convulsion cristalline, une sorte de sanglot, et traçait elle-même son lit sableux. Elle se décourageait aussitôt née et replongeait sous la terre. L'autre source, presque invisible, froissait l'herbe comme un serpent, s'étalait secrète au centre d'un pré où des narcisses, fleuris en ronde, attestaient seuls sa présence. La première avait goût de feuille de chêne, la seconde de fer et de tige de jacinthe... Rien qu'à parler d'elles je souhaite que leur saveur m'emplisse la bouche au moment de tout finir, et que j'emporte, avec moi, cette gorgée imaginaire...

Entre les points cardinaux auxquels ma mère dédiait des appels directs, des répliques qui ressemblaient, ouïes du salon, à de brefs soliloques inspirés, et les manifestations, généralement botaniques, de sa courtoisie;—entre Cèbe et la rue des Vignes, entre la mère Adolphe et Mᵉ de Fourolles, une zone de points collatéraux, moins précise et moins proche, prenait contact avec nous par des sons et des signaux étouffés. Mon imagination, mon orgueil enfantins situaient notre maison au centre d'une rose de jardins, de vents, de rayons, dont aucun secteur n'échappait tout à fait à l'influence de ma mère.

Bien que ma liberté, à toute heure, dépendît d'une escalade facile—une grille, un mur, un «toiton» incliné—l'illusion et la foi me revenaient dès que j'atterrissais, au retour, sur le gravier du jardin. Car, après la question: «D'où viens-tu?...» et le rituel froncement de sourcils, ma mère reprenait son tranquille, son glorieux visage de jardin, beaucoup plus beau que son soucieux visage de maison. De par sa suzeraineté et sa sollicitude, les murs grandissaient, des terres inconnues remplaçaient les enclos que j'avais sautillant de mur à mur, de branche à branche, aisément franchis, et j'assistais aux prodiges familiers:

—C'est vous que j'entends, Cèbe? criait ma mère. Avez-vous vu ma chatte?

Elle repoussait en arrière la grande capeline de paille rousse, qui tombait sur son dos, retenue à son cou par un ruban de taffetas marron, et elle renversait la tête pour offrir au ciel son intrépide regard gris, son visage couleur de pomme d'automne. Sa voix frappait-elle l'oiseau de la girouette, la bondrée planante, la dernière feuille du noyer, ou la lucarne qui avalait, au petit matin, les chouettes ? ... Ô surprise, ô certitude... D'une nue à gauche une voix de prophète enrhumé versait un: «Non, Madame Colê... ê... tte!» qui semblait traverser à grand-peine une barbe en anneaux, des pelotes de brumes, et glisser sur des étangs fumants de froid. Ou bien:

—«Oui... î... î, Madame Colê... ê... tte», chantait à droite une voix d'ange aigrelet, probablement branché sur le cirrus fusiforme qui naviguait à la rencontre de la jeune lune. «Elle vous a entendû... ûe... Elle pâ... â... sse par le li... lâs...»

—Merci! criait ma mère, au jugé. Si c'est vous, Cèbe, rendez-moi donc mon piquet et mon cordeau à repiquages! J'en ai besoin pour aligner les laitues. Et faites doucement, je suis contre les hortensias!

Apport de songe, fruit d'une lévitation magique, jouet de sabbat, le piquet, quenouillé de ses dix mètres de cordelette, voyageait par les airs, tombait couché aux pieds de ma mère...

D'autres fois, elle vouait à des génies subalternes, invisibles, une fraîche offrande. Fidèle au rite, elle renversait la tête, consultait le ciel:

—Qui veut de mes violettes doubles rouges? criait-elle.

—Moi, Madame Colê... ê... tte! répondait l'inconnaissable de l'Est, plaintif et féminin.

—Prenez!

Le petit bouquet, noué d'une feuille aqueuse de jonquille, volait en l'air, recueilli avec gratitude par l'Orient plaintif.

—Qu'elles sentent donc bon! Dire que je n'arrive pas à élever les pareîl... eî... lles!

«Naturellement», pensais-je. Et j'étais près d'ajouter: «C'est une question de climats...»

Levée au jour, parfois devançant le jour, ma mère accordait aux points cardinaux, à leurs dons comme à leurs méfaits, une importance singulière. C'est à cause d'elle, par tendresse invétérée, que dès le matin, et du fond du lit je demande: «D'où vient le vent?» À quoi l'on me répond: «Il fait bien joli... C'est plein de passereaux dans le Palais-Royal...[3] Il fait vilain... Un temps de saison.» Il me faut maintenant chercher la réponse en moi-même, guetter la course du nuage, le ronflement marin de la cheminée, réjouir ma peau du souffle d'Ouest, humide, organique et lourd de significations comme la double haleine divergente d'un monstre amical. À moins que je ne me replie haineusement devant la bise d'Est, l'ennemi, le beau-froid-sec et son cousin du Nord. Ainsi faisait ma mère, coiffant de cornets en papier toutes les petites créatures végétales assaillies par la lune rousse: «Il va geler, la chatte danse», disait-elle.

Son ouïe, qu'elle garda fine, l'informait aussi, et elle captait des avertissements éoliens.

—Écoute sur Moutiers! me disait-elle.

Elle levait l'index, et se tenait debout entre les hortensias, la pompe et le massif de rosiers. Là, elle centralisait les enseignements d'Ouest, par-dessus la clôture la plus basse.

—Tu entends?... Rentre le fauteuil, ton livre, ton chapeau: il pleut sur Moutiers. Il pleuvra ici dans deux ou trois minutes seulement.

Je tendais mes oreilles «sur Moutiers»; de l'horizon venaient un bruit égal de perles versées dans l'eau et la plate odeur de l'étang criblé de pluie, vannée sur ses vases verdâtres... Et j'attendais, quelques instants, que les douces gouttes d'une averse d'été, sur mes joues, sur mes lèvres, attestassent l'infaillibilité de celle qu'un seul être au monde—mon père—nommait «Sido».

Des présages, décolorés par sa mort, errent encore autour de moi. L'un tient

3. À Paris, de 1927 à 1930, Colette occupe un entresol du 9, rue de Beaujolais au Palais-Royal. En 1938, elle s'installera au premier étage de cet immeuble, dans le célèbre appartement donnant sur le jardin où elle demeurera jusqu'à sa mort.

au Zodiaque, l'autre est purement botanique: quelques signes jouent avec les vents, les lunaisons, les eaux souterraines. C'est à cause d'eux que ma mère trouvait Paris fastidieux, car ils n'étaient libres, efficaces, péremptoires, qu'au plein air de notre province.

—Pour vivre à Paris, me confiait-elle, il m'y faudrait un beau jardin. Et encore!... Ce n'est pas dans un jardin de Paris que je pourrais cueillir et coudre pour toi, sur un petit carton, les grands grains d'avoine barbue, qui sont de si sensibles baromètres.

Je me gourmande d'avoir égaré, jusqu'au dernier, ces baromètres rustiques, grains d'avoine dont les deux barbes, aussi longues que celles des crevettes-bouquet, viraient, crucifiées sur un carton, à gauche, à droite, prédisant le sec et le mouillé. «Sido» n'avait point sa pareille pour feuilleter, en les comptant, les pelures micacées des oignons.

—Une... deux... trois robes! Trois robes sur l'oignon!

Elle laissait choir lunettes ou binocle sur ses genoux, ajoutait pensivement:

—C'est signe de grand hiver. Je ferai habiller de paille la pompe. D'ailleurs, la tortue s'est déjà enterrée. Et les écureuils, autour de la Guillemette, ont volé les noix et les noisettes en quantité pour leurs provisions. Les écureuils savent toujours tout.

Annonçait-on, dans un journal, le dégel? Ma mère haussait l'épaule, riait de mépris:

—Le dégel? Les météorologues de Paris ne m'en apprendront pas! Regarde les pattes de la chatte!

Frileuse, la chatte en effet pliait sous elle des pattes invisibles, et serrait fortement les paupières.

—Pour un petit froid passager, continuait «Sido», la chatte se roule en turban, le nez contre la naissance de la queue. Pour un grand froid, elle gare la plante de ses pattes de devant et les roule en manchon.

Sur des gradins de bois peints en vert, elle entretenait toute l'année des reposoirs de plantes en pots, géraniums rares, rosiers nains, reines-des-prés aux panaches de brume blanche et rose, quelques «plantes grasses» poilues et trapues comme des crabes, des cactus meurtriers... Un angle de murs chauds gardait des vents sévères son musée d'essais, des godets d'argile rouge où je ne voyais que terre meuble et dormante.

—Ne touche pas!

—Mais rien ne pousse!

—Et qu'en sais-tu? Est-ce toi qui en décides? Lis, sur les fiches de bois qui sont plantées dans les pots! Ici, graines de lupin bleu; là, un bulbe de narcisse qui vient de Hollande; là, graines de physalis; là, une bouture d'hibiscus—mais non, ce n'est pas une branche morte!—et là, des semences de pois de senteur dont les fleurs ont des oreilles comme des petits lièvres. Et là... Et là...

—Et là?...

Ma mère rejetait son chapeau en arrière, mordillait la chaîne de son lorgnon, m'interrogeait avec ingénuité:

—Je suis bien ennuyée... je ne sais plus si c'est une famille de bulbes de crocus, que j'ai enterrés, ou bien une chrysalide de paon-de-nuit...

—Il n'y a qu'à gratter, pour voir...

Une main preste arrêtait la mienne—que n'a-t-on moulé, peint, ciselé cette main de «Sido», brunie, tôt gravée de rides par les travaux ménagers, le jardinage, l'eau froide et le soleil, ses doigts longs bien façonnés en pointe, ses beaux ongles ovales et bombés...

—À aucun prix! Si c'est la chrysalide, elle mourra au contact de l'air; si c'est le crocus, la lumière flétrira son petit rejet blanc—et tout sera à recommencer! Tu m'entends bien? Tu n'y toucheras pas?

—Non, maman...

À ce moment, son visage, enflammé de foi, de curiosité universelle, disparaissait sous un autre visage plus âgé, résigné et doux. Elle savait que je ne résisterais pas, moi non plus, au désir de savoir, et qu'à son exemple je fouillerais, jusqu'à son secret, la terre du pot à fleurs. Elle savait que j'étais sa fille, moi qui ne pensais pas à notre ressemblance, et que déjà je cherchais, enfant, ce choc, ce battement accéléré du cœur, cet arrêt du souffle: la solitaire ivresse du chercheur de trésor. Un trésor, ce n'est pas seulement ce que couvent la terre, le roc ou la vague. La chimère de l'or et de la gemme n'est qu'un informe mirage: il importe seulement que je dénude et hisse au jour ce que l'œil humain n'a pas, avant le mien, touché...

J'allais donc, grattant à la dérobée le jardin d'essai, surprendre la griffe ascendante du cotylédon, le viril surgeon que le printemps chassait de sa gaine. Je contrariais l'aveugle dessein que poursuit la chrysalide d'un noir brun bilieux et la précipitais d'une mort passagère au néant définitif.

—Tu ne comprends pas... Tu ne peux pas comprendre. Tu n'es qu'une petite meurtrière de huit ans... de dix ans... Tu ne comprends rien encore à ce qui veut vivre...

Je ne recevais pas, en paiement de mes méfaits, d'autre punition. Celle-là m'était d'ailleurs assez dure.

«Sido» répugnait à toute hécatombe de fleurs. Elle qui ne savait que donner, je l'ai pourtant vue refuser les fleurs qu'on venait parfois quêter pour parer un corbillard ou une tombe. Elle se faisait dure, fronçait les sourcils et répondait «non» d'un air vindicatif.

—Mais c'est pour le pauvre M. Enfert, qui est mort hier à la nuit! La pauvre Mme Enfert fait peine, elle dit qu'elle voudrait voir partir son mari sous les fleurs, que ce serait sa consolation! Vous qui avez de si belles roses-mousse, madame Colette...

—Mes roses-mousse! Quelle horreur! Sur un mort!

Après ce cri, elle se reprenait et répétait:

—Non. Personne n'a condamné mes roses à mourir en même temps que M. Enfert.

Mais elle sacrifiait volontiers une très belle fleur à un enfant très petit, un enfant encore sans parole, comme le petit qu'une mitoyenne de l'Est lui apporta par orgueil, un jour, dans notre jardin. Ma mère blâma le maillot trop serré du nourrisson, dénoua le bonnet à trois pièces, l'inutile fichu de laine, et contempla à l'aise les cheveux en anneaux de bronze, les joues, les yeux noirs sévères et vastes d'un garçon de dix mois, plus beau vraiment que tous les autres garçons de dix mois. Elle lui donna une rose cuisse-de-nymphe-émue qu'il accepta avec emportement, qu'il porta à sa bouche et suça, puis il pétrit la fleur dans ses puissantes petites mains, lui arracha des pétales, rebordés et sanguins à l'image de ses propres lèvres...

—Attends, vilain! dit sa jeune mère.

Mais la mienne applaudissait, des yeux et de la voix, au massacre de la rose, et je me taisais, jalouse...

Elle refusait régulièrement aussi de prêter géraniums doubles, pélargoniums, lobélias, rosiers nains et reines-des-prés aux reposoirs de la Fête-Dieu, car elle s'écartait—baptisée, mariée à l'église—des puérilités et des fastes catholiques. J'obtins d'elle la permission de suivre le catéchisme entre onze et douze ans, et les cantiques du «Salut».

Le premier mai, comme mes camarades de catéchisme, je couchai le lilas, la camomille et la rose devant l'autel de la Vierge, et je revins fière de montrer un «bouquet béni». Ma mère rit de son rire irrévérencieux, regarda ma gerbe qui attirait les hannetons au salon jusque sous la lampe:

—Crois-tu qu'il ne l'était pas déjà, avant?

Je ne sais d'où lui venait son éloignement de tout culte. J'aurais dû m'en enquérir. Mes biographes, que je renseigne peu, la peignent tantôt sous les traits d'une rustique fermière, tantôt la traitent de «bohème fantaisiste». L'un d'eux, à ma stupeur, va jusqu'à l'accuser d'avoir écrit des œuvrettes littéraires destinées à la jeunesse!

Au vrai, cette Française vécut son enfance dans l'Yonne, son adolescence parmi des peintres, des journalistes, des virtuoses de la musique, en Belgique, où s'étaient fixés ses deux frères aînés, puis elle revint dans l'Yonne et s'y maria, deux fois. D'où, de qui tenait-elle sa rurale sensibilité, son goût fin de la province? Je ne saurais le dire. Je la chante, de mon mieux. Je célèbre la clarté originelle qui, en elle, refoulait, éteignait souvent les petites lumières péniblement allumées au contact de ce qu'elle nommait «le commun des mortels». Je l'ai vue suspendre, dans un cerisier, un épouvantail à effrayer les merles, car l'Ouest, notre voisin, enrhumé et doux, secoué d'éternuements en série, ne manquait pas de déguiser ses cerisiers en vieux chemineaux et coiffait ses groseilliers de gibus poilus. Peu de jours après, je trouvais ma mère sous l'arbre, passionnément immobile, la tête à la rencontre du ciel d'où elle bannissait les religions humaines.

—Chut!... Regarde...

Un merle noir, oxydé de vert et de violet, piquait les cerises, buvait le jus, déchiquetait la chair rosée...

—Qu'il est beau!... chuchotait ma mère. Et tu vois comme il se sert de sa patte? Et tu vois les mouvements de sa tête et cette arrogance? Et ce tour de bec pour vider le noyau? Et remarque bien qu'il n'attrape que les plus mûres...

—Mais, maman, l'épouvantail...

—Chut!... L'épouvantail ne le gêne pas...

—Mais, maman, les cerises!...

Ma mère ramena sur la terre ses yeux couleur de pluie:

—Les cerises?... Ah! oui, les cerises...

Dans ses yeux passa une sorte de frénésie riante, un universel mépris, un dédain dansant qui me foulait avec tout le reste, allégrement... Ce ne fut qu'un moment—non pas un moment unique. Maintenant que je la connais mieux, j'interprète ces éclairs de son visage. Il me semble qu'un besoin d'échapper à tout et à tous, un bond vers le haut, vers une loi écrite par elle seule, pour elle seule, les allumait. Si je me trompe, laissez-moi errer.

Sous le cerisier, elle retomba encore une fois parmi nous, lestée de soucis, d'amour, d'enfants et de mari suspendus, elle redevint bonne, ronde, humble devant l'ordinaire de sa vie:

—C'est vrai, les cerises...

Le merle était parti, gavé, et l'épouvantail hochait au vent son gibus vide.

—J'ai vu, me contait-elle, moi qui te parle, j'ai vu neiger au mois de juillet.

—Au mois de juillet!

—Oui. Un jour comme celui-ci.

—Comme celui-ci...

Je répétais la fin de ses phrases. J'avais déjà la voix plus grave que la sienne, mais j'imitais sa manière. Je l'imite encore.

—Oui. Comme celui-ci, dit ma mère en soufflant sur un flocon impondérable d'argent, arraché au pelage de la chienne havanaise qu'elle peignait. Le flocon, plus fin que le verre filé, s'embarqua mollement sur un petit ruisseau d'air ascendant, monta jusqu'au toit, se perdit dans un excès de lumière...

—Il faisait beau, reprit ma mère, beau et bon. Vint une saute de vent, une queue d'orage que la saute de vent emmena et bloqua sur l'Est naturellement; une petite grêle très froide, puis une chute de grosse neige épaisse et lourde... Des roses couvertes de neige, des cerises mûres et des tomates sous la neige... Des géraniums rouges qui n'avaient pas eu le temps de refroidir et qui fondaient la neige à mesure qu'elle les couvrait... Ce sont des tours de celui-là...

Elle désignait, du coude, et menaçait du menton le siège altier, l'invisible lit de justice de son ennemi, l'Est, que je cherchai par-delà les chaudes nues croulantes et blanches du bel été...

—Mais j'ai vu bien autre chose! reprenait ma mère.

—Autre chose?...

Peut-être avait-elle rencontré, un jour—montant vers Bel-Air, ou sur la route de Thury—l'Est lui-même? Peut-être un grand pied violacé, la mare gelée d'une prunelle immense avaient-ils, pour qu'elle me les décrivît, divisé les nuages?...

—J'étais grosse de ton frère Léo, et je promenais la jument avec la victoria.

—La même jument que maintenant?

—Naturellement, la même jument. Tu n'as que dix ans. Crois-tu qu'on change de jument comme de chemise? La nôtre était alors une très belle jument, un peu jeune, que je laissais quelquefois mener par Antoine. Mais je montais dans la victoria, pour la rassurer.

Je me souviens que je voulus demander: «Pour rassurer qui?» Je me retins, jalouse de garder intactes la foi et l'incertitude d'une équivoque: pourquoi la présence de ma mère n'eût-elle pas rassuré la victoria?

—...Tu comprends, quand elle entendait ma voix, elle se sentait plus tranquille...

Mais certainement, très tranquille, et tout étalée, en drap bleu entre ses deux lanternes riches, à couronnes de cuivre découpées en trèfles... Une figure de victoria tranquillisée... Parfaitement!

—Dieu, que tu as l'air bête en ce moment, ma fille!... Tu m'écoutes?

—Oui, maman...

—Donc, nous avions fait un grand tour, par une de ces chaleurs! J'étais énorme, et je me trouvais lourde. Nous rentrions au pas, et j'avais coupé des genêts fleuris, je me rappelle... Nous voilà arrivés à la hauteur du cimetière—non, ce n'est pas une histoire de revenants—quand un nuage, un vrai nuage du Sud, marron roux, avec un petit ourlet de mercure tout autour, se met à monter plus vite dans le ciel, tonne un bon coup, et crève en eau comme un seau percé! Antoine descend et veut lever la capote pour m'abriter. Je lui dis: «Non, le plus pressé c'est de tenir la jument à la tête: si la grêle vient, elle s'emballera pendant que vous lèverez la capote.» Il tient la jument qui dansait un peu sur place, mais je lui parlais, tu comprends, comme s'il n'avait pas plu ni tonné, je lui parlais sur un ton de beau temps et de promenade au pas. Et je recevais un *agas* d'eau incroyable, sur ma malheureuse petite ombrelle en soie... Le nuage passé, j'étais assise dans un bain de siège, Antoine trempé, et la capote pleine d'eau, d'une eau chaude, une eau à dix-huit ou vingt degrés. Et quand Antoine a voulu vider la capote, nous y avons trouvé quoi? Des grenouilles, minuscules, vivantes, au moins trente grenouilles apportées à travers les airs par un caprice du Sud, par une trombe chaude, une de ces tornades dont le pied en pas de vis ramasse et porte à cent lieues un panache de sable, de graines, d'insectes... J'ai vu cela, moi, oui!

Elle brandissait le peigne de fer qui servait à carder la chevelure de la havanaise et les angoras. Elle ne s'étonnait pas que des prodiges météorologiques l'eussent attendue au passage, et tutoyée.

Vous croirez sans peine qu'à l'appel de «Sido» le vent du Sud se levait devant les yeux de mon âme, tors sur son pas de vis, empanaché de graines, de sable, de papillons morts, raciné au désert de Libye... Sa tête indistincte et désordonnée s'agitait, secouant l'eau et la pluie de grenouilles tièdes... Je suis capable encore de le voir.

—Mais que tu as donc l'air bête aujourd'hui, ma fille!... D'ailleurs tu es beaucoup plus jolie quand tu as l'air bête. C'est dommage que cela t'arrive si rarement. Tu pèches déjà, comme moi, par excès d'expression. J'ai toujours l'air, quand j'égare mon dé, d'avoir perdu un parent bien-aimé... Quand tu prends l'air bête, tu as les yeux plus grands, la bouche entr'ouverte, et tu rajeunis... À quoi penses-tu?

—À rien, maman...

—Je ne te crois pas, mais c'est très bien imité. Vraiment très bien, ma fille. Tu es un miracle de gentillesse et de fadeur!

Je tressaillais, je rougissais sous la louange piquante, l'œil acéré, la voix aux finales hautes et justes. Elle ne m'appelait «ma fille» que pour souligner une critique ou une réprimande... Mais la voix, le regard étaient prompts à changer:

—Ô mon Joyau-tout-en-or! Ce n'est pas vrai, tu n'es ni bête ni jolie, tu es seulement ma petite fille incomparable!... Où vas-tu?

Comme à tous les inconstants l'absolution me donnait des ailes, et dûment embrassée, légère, j'apprêtais déjà ma fuite.

—Ne t'en va pas loin à cette heure-ci! Le soleil se couche dans...

Elle ne consultait pas la montre, mais la hauteur du soleil sur l'horizon, et la fleur du tabac ou le datura, assoupis tout le jour et que le soir éveillait.

—...dans une demi-heure, le tabac blanc embaume déjà... Veux-tu porter des aconits, des ancolies et des campanules chez Adrienne Saint-Aubin, et lui rendre la *Revue des Deux-Mondes*?... Change de ruban, mets-en un bleu pâle... Tu as un teint pour le bleu pâle, ce soir.

Changer de ruban—jusqu'à l'âge de vingt-deux ans on m'a vue coiffée de ce large ruban, noué autour de ma tête, «à la Vigée-Lebrun»[4], disait ma mère—et porter un message de fleurs: ainsi ma mère m'avertissait que j'étais, pendant une heure, un jour, particulièrement jolie, et qu'elle s'enorgueillissait de moi. Le ruban en papillon épanoui au-dessus du front, quelques cheveux ramenés sur les tempes, je prenais les fleurs à mesure que «Sido» les coupait.

—Maintenant va! Donne les ancolies doubles à Adrienne Saint-Aubin. Le reste à qui tu voudras, dans notre voisinage. Sur l'Est, il y a quelqu'un de malade, la mère Adolphe... Si tu entres chez elle...

Elle n'avait pas le temps de finir sa phrase que je reculais, d'un saut, renâclant comme une bête devant l'odeur et l'image de la maladie... Ma mère me retenait par le bout d'une de mes tresses, et son soudain visage sauvage, libre de toute contrainte, de charité, d'humanité, bondissait hors de son visage quotidien. Elle chuchotait:

—Tais-toi!... Je sais... Moi aussi... Mais il ne faut pas le dire. Il ne faut jamais le dire! Va... Va maintenant. Tu t'es encore mis cette nuit un papier à papillotes sur le front, hein, mâtine? Enfin...

Elle lâchait ma rêne de cheveux, s'éloignait de moi pour me mieux voir:

—Va leur montrer ce que je sais faire!

4. Élisabeth Vigée-Lebrun (1755–1842), portraitiste et paysagiste française. Elle devint la portraitiste attitrée de la reine Marie-Antoinette. Au musée du Louvre, un célèbre autoportrait avec sa fille (1789) la montre coiffée d'un bandeau noué autour de la tête.

Mais, quoi qu'elle m'eût recommandé, je n'entrais pas chez la malade de l'Est. Je passais la rue comme un gué, en sautant de l'un à l'autre caillou pointu, et je ne m'arrêtais que chez la singulière amie de ma mère, chez «Adrienne».

Les enfants et les neveux que celle-ci a laissés n'auront pas gardé d'elle un souvenir plus vif que n'est le mien. Vive, guetteuse et somnolente, un bel œil jaune de gitane sous les cheveux crépus, elle errait avec une sorte de lyrisme agreste, une exigence quotidienne de nomade. Sa maison lui ressemblait par le désordre et par une grâce qui se refuse aux sites et aux êtres policés. Pour fuir l'humide et funéraire pénombre, la verdure étouffante, roses et glycines, dans son jardin, escaladaient les ifs, gagnaient le soleil par des efforts d'ascension et des dépenses d'énergie qui réduisaient leurs tiges-mères, étirées, à une nudité de reptiles... Mille roses, réfugiées au sommet des arbres, fleurissaient hors d'atteinte, parmi des glycines à longues gouttes de fleurs et des bignoniers pourpres, victorieux ennemis des clématites épuisées...

Sous cette chevelure, la maison d'Adrienne suffoquait aux heures chaudes. Sûre d'y trouver des piles de livres éboulés, des champignons cueillis à l'aube, des fraises sauvages, des ammonites fossiles, et, selon la saison, des truffes grises de Puisaye, je m'y glissais à la manière d'un chat. Mais un chat hésite, et demeure interdit devant un plus chat. La présence d'Adrienne, son indifférence, un secret étincelant et bien gardé au fond de ses prunelles jaunes, je les supportais avec un trouble chagrin que je cotais peut-être à son prix. Elle mettait, à me négliger, une sorte d'art sauvage, et sa bohémienne, son universelle indifférence me blessait comme une rigueur d'exception.

Quand ma mère et Adrienne allaitaient, la première sa fille, la seconde son fils, elles échangèrent un jour, par jeu, leurs nourrissons. Parfois Adrienne m'interpellait en riant: «Toi que j'ai nourrie de mon lait!...» Je rougissais si follement que ma mère fronçait les sourcils, et cherchait sur mon visage la cause de ma rougeur. Comment dérober à ce lucide regard, gris de lame et menaçant, l'image qui me tourmentait: le sein brun d'Adrienne et sa cime violette et dure...

Oubliée chez Adrienne entre des cubes vacillants de livres—toute la collection de la *Revue des Deux-Mondes*, entre autres—entre les tomes innombrables d'une vieille bibliothèque médicale à odeur de cave, entre des coquillages géants; des simples à demi secs, des pâtées de chat aigries, le chien Perdreau, le matou noir à masque blanc qui s'appelait «Colette» et mangeait le chocolat cru, je tressaillais à un appel venu par-dessus les ifs entravés de roses et les thuyas étiques que paralysait un python de glycine... Dans notre maison, surgissant d'une fenêtre comme pour annoncer le feu ou les voleurs, ma mère criait mon nom... Étrange culpabilité d'une enfant sans reproche: je courais, j'apprêtais un air simple, un essoufflement d'étourdie...

—Si longtemps chez Adrienne?

Pas un mot de plus, mais quel accent! Tant de clairvoyance et de jalousie en «Sido», tant de confusion en moi refroidirent, à mesure que je grandissais, l'amitié des deux femmes. Elles n'eurent jamais d'altercation, rien ne s'expliqua entre ma mère et moi. Qu'eussions-nous expliqué? Adrienne se gardait de m'attirer ou de me retenir. Ce n'est pas toujours par l'amour que la captation commence. J'avais dix ans, onze ans...

Il m'a fallu beaucoup de temps pour que j'associasse un gênant souvenir, une certaine chaleur de cœur, la déformation féerique d'un être et de sa demeure, à l'idée d'une première séduction.

«Sido» et mon enfance, l'une et l'autre, l'une par l'autre furent heureuses au centre de l'imaginaire étoile à huit branches, dont chacune portait le nom d'un des points cardinaux et collatéraux. Ma douzième année vit arriver la mauvaise fortune, les départs, les séparations. Réclamée par de quotidiens et secrets héroïsmes, ma mère appartint moins à son jardin, à sa dernière enfant...

J'aurais volontiers illustré ces pages d'un portrait photographique. Mais il m'eût fallu une «Sido» debout, dans le jardin, entre la pompe, les hortensias, le frêne pleureur et le très vieux noyer. Là je l'ai laissée, quand je dus quitter ensemble le bonheur et mon plus jeune âge. Là, je l'ai pourtant revue, un moment furtif du printemps de 1928[5]. Inspirée et le front levé, je crois qu'à cette même place elle convoque et recueille encore les rumeurs, les souffles et les présages qui accourent à elle, fidèlement, par les huit chemins de la Rose des Vents.

II
LE CAPITAINE

Cela me semble étrange, à présent, que je l'aie si peu connu. Mon attention, ma ferveur, tournées vers «Sido», ne s'en détachaient que par caprices. Ainsi faisait-il, lui, mon père. Il contemplait «Sido». En y réfléchissant, je crois qu'elle aussi l'a mal connu. Elle se contentait de quelques grandes vérités encombrantes: il l'aimait sans mesure—il la ruina dans le dessein de l'enrichir—elle l'aimait d'un invariable amour, le traitait légèrement dans l'ordinaire de la vie, mais respectait toutes ses décisions.

5. Entre 1927 et 1929 Colette a revu sa maison natale à Saint-Sauveur. Rappelons que Sido est morte en 1912.

Derrière ces évidences aveuglantes, un caractère d'homme n'apparaissait que par échappées. Enfant, qu'ai-je su de lui? Qu'il construisait pour moi, à ravir, des «maisons de hannetons» avec fenêtres et portes vitrées et aussi des bateaux. Qu'il chantait. Qu'il dispensait—et cachait—les crayons de couleur, le papier blanc, les règles en palissandre, la poudre d'or, les larges pains à cacheter blancs que je mangeais à poignées... Qu'il nageait, avec sa jambe unique, plus vite et mieux que ses rivaux à quatre membres...

Mais je savais aussi qu'il ne s'intéressait pas beaucoup, en apparence du moins, à ses enfants. J'écris «en apparence». La timidité étrange des pères, dans leurs rapports avec leurs enfants, m'a donné, depuis, beaucoup à penser. Les deux aînés de ma mère, fille et garçon, issus d'un premier mariage—celle-là égarée dans le roman, à peine présente, habitée par les fantômes littéraires des héros; celui-ci altier, tendre en secret—l'ont gêné. Il croyait naïvement que l'on conquiert un enfant par des dons... Il ne voulut pas reconnaître sa fantaisie musicienne et nonchalante dans son propre fils, «le lazzarone», comme disait ma mère. C'est à moi qu'il accorda le plus d'importance. J'étais encore petite quand mon père commença d'en appeler à mon sens critique. Plus tard, je me montrai, Dieu merci, moins précoce. Mais quelle intransigeance, je m'en souviens, chez ce juge de dix ans...

—Écoute ça, me disait mon père.

J'écoutais, sévère. Il s'agissait d'un beau morceau de prose oratoire, ou d'une ode, vers faciles, fastueux par le rythme, par la rime, sonores comme un orage de montagne...

—Hein? interrogeait mon père. Je crois que cette fois-ci!... Eh bien, parle!

Je hochais ma tête et mes nattes blondes, mon front trop grand pour être aimable et mon petit menton en bille, et je laissais tomber mon blâme:

—Toujours trop d'adjectifs!

Alors mon père éclatait, écrasait d'invectives la poussière, la vermine, le pou vaniteux que j'étais. Mais la vermine, imperturbable, ajoutait:

—Je te l'avais déjà dit la semaine dernière, pour *l'Ode à Paul Bert*[6]. Trop d'adjectifs!

Il devait, derrière moi, rire, et peut-être s'enorgueillir... Mais au premier

6. Paul Bert (1833–1896), physiologiste et politicien français. Ses recherches sur les effets de la pression atmosphérique sur le corps humain servirent au développement de la médecine aérospatiale. En tant que ministre de l'Éducation (1881–82), il contribua à la gratuité et à l'obligation des études primaires. Gouverneur général de l'Annam et du Tonkin, il mourut à Hanoi.

moment nous nous toisions en égaux, et déjà confraternels. C'est lui, à n'en pas douter, c'est lui qui me domine quand la musique, un spectacle de danse—et non les mots, jamais les mots!—mouillent mes yeux. C'est lui qui se voulait faire jour, et revivre quand je commençai, obscurément, d'écrire, et qui me valut le plus acide éloge—le plus utile à coup sûr:

—Aurais-je épousé la dernière des lyriques?

Lyrisme paternel, humour, spontanéité maternels, mêlés, superposés, je suis assez sage à présent, assez fière pour les départager en moi, tout heureuse d'un délitage où je n'ai à rougir de personne ni de rien.

Oui, tous quatre, nous autres enfants, nous avons gêné mon père. En est-il autrement dans les familles où l'homme, passant l'âge de l'amour, demeure épris de sa compagne? Nous avons, toute sa vie, troublé le tête-à-tête que mon père rêvait... L'esprit pédagogique peut rapprocher un père de ses enfants. À défaut d'une tendresse, beaucoup plus exceptionnelle qu'on ne l'admet généralement, un homme s'attache à ses fils par le goût orgueilleux d'enseigner. Mais Jules-Joseph Colette, homme instruit, ne faisait parade d'aucune science. Pour «Elle», il avait d'abord aimé briller, jusqu'au jour où, l'amour grandissant, mon père quitta jusqu'à l'envie d'éblouir «Sido».

J'irais droit au coin de terre où fleurissaient les perce-neige, dans le jardin. La rose, le treillage qui la portait, je les peindrais de mémoire, ainsi que le trou dans le mur, la dalle usée. La figure de mon père reste indécise, intermittente. Dans le grand fauteuil de repos, il est resté assis. Les deux miroirs ovales du pince-nez ouvert brillent sur sa poitrine, et sa singulière lèvre en margelle dépasse un peu, rouge, sa moustache qui rejoint sa barbe. Là il est fixé, à jamais.

Mais ailleurs il erre et flotte, troué, barré de nuages, visible par fragments. Sa main blanche ne saurait m'échapper, surtout depuis que je tiens mal mon pouce, en dehors, comme lui, et que comme cette main mes mains froissent, roulent, anéantissent le papier avec une fureur explosive. Et la colère donc... Je ne parlerai pas de mes colères, qui me viennent de lui. Mais qu'on aille voir seulement, à Saint-Sauveur, l'état dans lequel mon père mit, de deux coups de son pied unique, le chambranle de la cheminée en marbre...

J'épèle, en moi, ce qui est l'apport de mon père, ce qui est la part maternelle. Le capitaine Colette n'embrassait pas les enfants: sa fille prétend que le baiser les fane. S'il m'embrassait peu, du moins il me jetait en l'air, jusqu'au plafond que je repoussais des deux mains et des genoux, et je criais de joie. Sa force musculaire était grande, ménagée et dissimulée d'une manière féline, et sans doute entretenue par une frugalité qui déconcertait nos bas Bourguignons: du pain, du café, beaucoup de sucre, un demi-verre de vin, force tomates, des aubergines... Il se résigna à prendre un peu de viande comme un remède, passé soixante-dix ans. Sédentaire, ce méridional, tout blanc dans sa peau de satin, n'engraissa jamais.

—Italien!... Homme au couteau!

Ainsi invectivait ma mère, quand elle n'était pas contente de lui, ou bien quand l'extraordinaire jalousie de son fidèle amant se faisait jour. De fait, s'il n'a jamais tué personne, un poignard, dont le manche de corne cachait un ressort, ne quittait jamais la poche de mon père, qui méprisait l'arme à feu.

Les fausses colères du Midi tiraient de lui des grondements, des jurons grandiloquents, auxquels nous n'accordions aucune importance. Mais comme j'ai frémi, une fois, d'entendre mélodieuse la voix de sa fureur véritable! J'avais onze ans.

Ma mystérieuse demi-sœur venait de se marier, à sa guise, si mal et si tristement qu'elle n'espérait plus que la mort: elle avala je ne sais quels cachets et le voisin vint prévenir ma mère. Mon père et ma sœur ne s'étaient guère liés en quelque vingt années. Mais mon père, qui regardait souffrir «Sido», dit sans élever le ton, et d'un accent enchanteur:

—Allez dire au mari de *ma* fille, au docteur R... , que, s'il ne sauve pas cette enfant, ce soir il aura cessé de vivre.

Quelle suavité! Je fus saisie d'enthousiasme. Le beau son, plein, musical comme le chant de la mer en courroux! N'eût été la douleur de Sido», j'aurais regagné, dansant, le jardin, et allégrement espéré la juste mort du docteur R...

Mal connu, méconnu... «Ton incorrigible gaîté!» s'écriait ma mère. Ce n'était pas reproche, mais étonnement. Elle le croyait gai, parce qu'il chantait. Mais, moi qui siffle dès que je suis triste, moi qui scande les pulsations de la fièvre ou les syllabes d'un nom dévastateur sur les variations sans fin d'un thème, je voudrais qu'elle eût compris que la suprême offense, c'est la pitié. Mon père et moi, nous n'acceptons pas la pitié. Notre carrure la refuse. À présent, je me tourmente, à cause de mon père, car je sais qu'il eut, mieux que toutes les séductions, la vertu d'être triste à bon escient, et de ne jamais se trahir.

Sauf qu'il nous fit souvent rire, sauf qu'il contait bien, qu'emporté par son rythme il «brodait» avec hardiesse, sauf cette mélodie qui s'élevait de lui, l'ai-je vu gai? Il allait, précédé, protégé par son chant.

Rayons dorés, tièdes zéphyrs...

fredonnait-il en descendant notre rue déserte. Ainsi «Elle» ignorerait, en l'entendant venir, que Laroche, fermier des Lamberts, refusait impudemment de payer son fermage, et qu'un prête-nom du même Laroche avançait à mon père —sept pour cent d'intérêts pour six mois—une somme indispensable...

Par quel charme, dis-moi, m'as-tu donc enchanté?
Quand je te vois, je crois que c'est par ton sourire...

Qui donc eût pu croire que ce baryton, agile encore sur sa béquille et sa canne, pousse devant lui sa romance comme une blanche haleine d'hiver, afin qu'elle détourne de lui l'attention?

Il chante: «Elle» oubliera peut-être aujourd'hui de lui demander s'il a pu emprunter cent louis sur sa pension d'officier amputé? Quand il chante, Sido l'écoute malgré elle, et ne l'interrompt pas...

Les rendez-vous de noble compagnie
Se donnent tous dans ce charmant-ant séjour,
Et doucement on y passe la vie (bis)
En célébrant le champagne et l'amour! (ter)

S'il jette trop haut, aux murs de la rue de l'Hospice, le *grupetto,* le point d'orgue final, et quelques *cocottes* de fantaisie, ma mère apparaîtra sur le seuil, scandalisée, riante:

—Oh! Colette!... dans la rue!...

...et moyennant peut-être deux ou trois grivoiseries, du genre ordinaire, décochées à une jeune voisine, «Sido» froncera son sourcil clairsemé de Joconde, et chassera d'elle le douloureux refrain qui ne franchit pas ses lèvres: «Il va falloir vendre la Forge... vendre la Forge... Mon Dieu, vendre la Forge aussi, après les Mées, les Choslins, les Lamberts...»

Gai? Et pourquoi eût-il été, sincèrement, gai? Il avait besoin de vivre au sein d'une chaude approbation, après avoir eu besoin, dans sa jeunesse, de mourir publiquement et avec gloire. Réduit à son village et à sa famille, envahi et borné par son grand amour, il livra le plus vrai de lui-même à des étrangers, à des amis lointains. Un de ses compagnons d'armes, le colonel Godchot, vit encore, et garde des lettres, redit des mots du capitaine Colette... Étrange silence d'un homme qui parlait volontiers: il ne contait pas ses faits d'armes. C'est le capitaine Fournès, et le soldat Lefèvre, tous deux du Ier zouaves, qui ont transmis au colonel Godchot des «mots» de mon père. Dix-huit cent cinquante-neuf... Guerre d'Italie... Mon père, à 29 ans, tombe, la cuisse gauche arrachée, devant Melegnano. Fournès et Lefèvre s'élancent, le rapportent: «Où voulez-vous qu'on vous mette, mon capitaine?»

—Au milieu de la place, sous le drapeau!

Il n'a conté, à aucun des siens, cette parole, cette heure où il espéra mourir parmi le tonnerre et l'amour des hommes. Il ne nous a jamais dit, à nous, comment il gisait à côté de «son vieux Maréchal» (Mac-Mahon). Il ne m'a jamais parlé, à moi, de la seule longue et grave maladie qui m'ait atteinte. Mais voici que des lettres de lui (je l'apprends vingt ans après sa mort) sont pleines de mon nom, du mal de la «petite»...

Trop tard, trop tard... C'est le mot des négligents, des enfants et des ingrats. Non que je me sente plus coupable qu'une autre «enfant», au contraire. Mais n'aurais-je pas dû forcer, quand il était vivant, sa dignité goguenarde, sa frivolité de commande? Ne valions-nous pas, lui et moi, l'effort réciproque de nous mieux connaître?

Il était poète, et citadin. La campagne, où ma mère semblait se sustenter de toute sève, et reprendre vie chaque fois qu'en se baissant elle en touchait la terre, éteignait mon père, qui s'y comporta en exilé.

Elle nous sembla parfois scandaleuse, la sociabilité qui l'appelait vers la politique des villages, les conseils municipaux, la candidature au conseil général, vers les assemblées, les comités régionaux où l'humaine rumeur répond à la voix humaine. Injustes, nous lui en voulions vaguement de ne pas assez nous ressembler, à nous qui nous dilations d'aise loin des hommes.

Je m'avise à présent qu'il cherchait à nous plaire, lorsqu'il organisait des «parties de campagne», comme font les habitants des villes. La vieille victoria bleue emportait famille, victuailles et chiens jusqu'aux bords d'un étang, Moutiers, Chassaing, ou la jolie flaque forestière de la Guillemette qui nous appartenait. Mon père manifestait le «sens du dimanche», le besoin urbain de fêter un jour entre les sept jours, au point qu'il se munissait de cannes à pêche, et de sièges-pliants.

Au bord de l'étang, il essayait une humeur joviale qui n'était pas son humeur joviale de la semaine; il débouchait plaisamment la bouteille de vin, s'accordait une heure de pêche à la ligne, lisait, dormait un moment, et nous nous ennuyions, nous autres, sylvains aux pieds légers, entraînés à battre le pays sans voiture, et regrettant, devant le poulet froid, nos en-cas de pain frais, d'ail et de fromage. La libre forêt, l'étang, le ciel double exaltaient mon père, mais à la manière d'un noble décor. Plus il évoquait

... le bleu Titarèse, et le golfe d'argent...

plus nous devenions taciturnes—je parle des deux garçons et de moi—nous qui n'accordions déjà plus d'autre aveu, à notre culte bocager, que le silence.

Assise au bord de l'étang, entre son mari et ses enfants sauvages, seule ma mère semblait recueillir mélancoliquement le bonheur de compter, gisants contre elle, sur l'herbe fine et jonceuse[7] rougie de bruyère, ses bien-aimés... Loin du coup de sonnette importun, loin de l'anxieux fournisseur impayé, loin des voix cauteleuses, un cirque parfait de bouleaux et de chênes enfermait—j'excepte l'infidèle fille aînée—son œuvre et son tourment. Courant en risées sur les cimes des arbres, le vent franchissait la brèche ronde, touchait rarement l'eau. Les dômes des mousserons rosés crevaient le léger terreau, gris d'argent, qui nourrit les bruyères, et ma mère parlait de ce qu'elle et moi nous aimions le mieux.

Elle contait les sangliers des anciens hivers, les loups encore présents dans la Puisaye et la Forterre, le loup d'été, maigre, qui suivit, cinq heures durant, la victoria. «Si j'avais su quoi lui donner à manger... Il aurait bien mangé du pain... À toutes les côtes, il s'asseyait pour laisser à la voiture son avance d'une cinquantaine de mètres. De le sentir, la jument était furieuse, un peu plus c'est elle qui l'eût attaqué...

—Tu n'avais pas peur?

—Peur? Non. Ce pauvre grand loup gris, sec, affamé, sous un soleil de plomb... D'ailleurs j'étais avec mon premier mari. C'est lui aussi, mon premier mari, qui en chassant a vu le renard noyer ses puces. Une touffe d'herbes entre les dents, le renard est entré le derrière le premier, peu à peu, peu à peu, dans l'eau, jusqu'au museau...

Paroles innocentes, enseignements maternels que donnent aussi, à leurs petits, l'hirondelle, la mère lièvre, la chatte... Récits délicieux, dont mon père ne retenait qu'un mot: «mon premier mari...», et il appuyait sur «Sido» ce regard bleu gris dans lequel personne n'a jamais pu lire... Que lui importaient, d'ailleurs, le renard, le muguet, la baie mûre, l'insecte? Il les aimait dans des livres, nous disait leurs noms scientifiques, et dehors les croisait sans les reconnaître... Il louait, sous le nom de «rose», toute corolle épanouie, il prononçait l'o bref, à la provençale, en pinçant, entre le pouce et l'index, une «roz» invisible...

Le soir tombait enfin sur notre dimanche-aux-champs. De cinq, nous n'étions, souvent, plus que trois: mon père, ma mère et moi. Le rempart circulaire des bois assombris avait résorbé les deux longs garçons osseux, mes frères.

—Nous les rattraperons sur la route, en revenant, disait mon père.

Mais ma mère secouait la tête: ses garçons ne rentraient que par des sentes de traverse, des prés marécageux et bleus; coupant par les sablières, les ronciers, ils sautaient le mur au fond du jardin... Elle se résignait à les trouver chez nous, à la maison, un peu saignants, un peu loqueteux; elle reprenait

7. Qui ressemble au jonc.

sur l'herbe les reliefs du repas, quelques champignons frais cueillis, le nid de mésange vide, la cartilagineuse éponge cloisonnée, œuvre d'une colonie de guêpes, le bouquet sauvage, des cailloux empreints d'ammonites fossiles, le grand chapeau de «la petite», et mon père, encore agile, remontait, d'un saut d'échassier, dans la victoria.

C'est ma mère qui caressait la jument noire, qui offrait à ses dents jaunies des pousses tendres, et qui essuyait les pattes du chien pataugeur. Je n'ai jamais vu mon père toucher un cheval. Nulle curiosité ne l'a attiré vers un chat, penché sur un chien. Jamais un chien ne lui a obéi...

—Allons, monte! ordonnait à Moffino la belle voix du capitaine.

Mais le chien, contre le marchepied de la voiture, battait de la queue froidement, et regardait ma mère...

—Monte, animal! Qu'est-ce que tu attends? répétait mon père.

«J'attends *l'ordre*», semblait répondre le chien.

—Eh! saute! lui criais-je.

Il ne se le faisait pas dire deux fois.

—C'est très curieux, constatait ma mère.

—Ça prouve seulement la bêtise de ce chien, répliquait mon père.

Mais nous n'en croyions rien, «nous autres», et mon père, au fond, se sentait secrètement humilié.

Les genêts jaunes, bottelés, faisaient queue de paon derrière nous dans la capote de la vieille voiture. Mon père, en approchant du village, reprenait son fredon défensif, et nous avions sans doute l'air très heureux, car l'air heureux était notre suprême et mutuelle politesse... Soir commençant, fumées courantes sur le ciel, fiévreuse première étoile, est-ce que tout, autour de nous, n'était pas aussi grave et aussi tremblant que nous-mêmes? Un homme, banni des éléments qui l'avaient jadis porté, rêvait amèrement...

Amèrement—maintenant j'en suis sûre. Il faut du temps à l'absent pour prendre sa vraie forme en nous.

Il meurt—il mûrit, il se fixe. «C'est donc toi? Enfin... Je ne t'avais pas compris.» Il n'est jamais trop tard, puisque j'ai pénétré ce que ma jeunesse me cachait autrefois: mon brillant, mon allègre père nourrissait la tristesse profonde des amputés. Nous n'avions presque pas conscience qu'il lui manquât, coupée en haut de la cuisse, une jambe. Qu'eussions-nous dit à le voir soudain marcher comme tout le monde?

Ma mère elle-même ne l'avait connu qu'étayé de béquilles, preste, et rayonnant d'insolence amoureuse. Mais elle ignorait, faits d'armes exceptés, l'homme qui datait d'avant elle, le Saint-Cyrien beau danseur, le lieutenant solide comme un «bois-debout»—ainsi l'on nomme, dans mon pays natal, l'antique billot, la rouelle de chêne au grain serré que n'entame pas le hachoir. Elle ignorait quand elle le suivait des yeux, que ce mutilé avait autrefois pu courir à la rencontre de tous les risques. Amèrement, le plus ailé de lui-même s'élançait encore, lorsque assis, et sa chanson suave aux lèvres, il restait aux côtés de «Sido».

L'amour, et rien d'autre… Il n'avait gardé qu'elle. Autour d'eux, le village, les champs, les bois—le désert… Il pensait qu'au loin ses amis, ses camarades continuaient. D'un voyage à Paris, il revint l'œil voilé, parce que Davout d'Auerstaedt, grand chancelier de la Légion d'Honneur, lui avait enlevé son ruban rouge pour le remplacer par une rosette.

—Tu ne pouvais pas me la demander, vieux?

—Je n'avais pas demandé le ruban non plus, répondit légèrement mon père.

Mais il nous conta la scène d'une voix enrouée. Où situer la source de son émotion? Il portait cette rosette, généreusement épanouie, à sa boutonnière. Le buste droit, le bras posé sur la barre de sa béquille, il paradait, dans notre vieille voiture, dès l'entrée du village, pour les premiers passants de la Gerbaude. Rêvait-il aux divisionnaires qui marchaient sans étais et défilaient sur des chevaux, Février, Désandré—Fournès qui l'avait sauvé et le nommait encore, délicatement, «mon capitaine»… Un mirage de Sociétés savantes, peut-être de politique, de tribunes, de chatoyante algèbre… Un mirage de joies d'homme…

—Tu es si humain! lui disait parfois ma mère, avec un accent d'indéfinissable suspicion.

Elle ajoutait, pour ne le point trop blesser:

—Oui, tu comprends, tu étends la main pour savoir s'il pleut.

Il était grivois en anecdotes. La présence de ma mère arrêtait sur ses lèvres l'histoire toulonnaise, ou africaine. Elle, vive en paroles, se modérait chastement devant lui. Mais, distraite, entraînée par un rythme familier, elle se surprenait à fredonner des «sonneries» dont les textes furent transmis, sans altération, des armées impériales aux armées républicaines.

—Ne nous gênons plus, disait mon père derrière *Le Temps* déployé.

—Oh… suffoquait ma mère. Pourvu que la petite n'ait pas entendu!

—Pour la petite, repartait mon père, ça n'a pas d'importance…

Et il attachait sur sa créature choisie l'extraordinaire regard gris bleu, plein de bravade, qui ne versait ses secrets à personne, mais qui avouait parfois: «J'ai des secrets.»

J'essaie, seule, d'imiter ce regard de mon père. Il m'arrive d'y réussir assez bien, surtout quand je m'en sers pour me mesurer avec un tourment caché.

Tant est efficace le secours de l'insulte à ce qui vous domine le mieux, et grand le plaisir de fronder un maître: «Je mourrai peut-être de toi, mais crois bien que j'y mettrai le plus de temps possible...»

«La petite, ça n'a pas d'importance...» Quelle candeur, voyez, et comme il butait contre son amour, son seul amour! Je lui plaisais cependant, par des traits où il se fût reconnu, mais il me distinguait mal. Il perdait, peu à peu, le don d'observer, la faculté de comparer. Je n'avais pas plus de treize ans quand je remarquai que mon père cessait de voir, au sens terrestre du mot, sa «Sido» elle-même...

—Encore une robe neuve? s'étonnait-il. Peste, Madame!

Interloquée, «Sido» le reprenait sans gaîté:

—Neuve? Colette, voyons!... Où as-tu les yeux?

Elle pinçait entre deux doigts une soie élimée, une «visite» perlée de jais...

—Trois ans, Colette, tu m'entends? Elle a trois ans!... Et ce n'est pas fini! ajoutait-elle avec une hâte fière. Teinte en bleu marine...

Mais il ne l'écoutait plus. Il l'avait déjà jalousement rejointe, dans quelque lieu élu où elle portait chignon à boucles anglaises et corsage ruché de tulle, ouvert en cœur. En vieillissant, il ne tolérait même plus qu'elle eût mauvaise mine, qu'elle fût malade. Il lui jetait des «Allons! allons!» comme à un cheval qu'il avait seul le droit de surmener. Et elle allait...

Je ne les ai jamais surpris à s'embrasser avec abandon. D'où leur venait tant de pudeur? De «Sido», assurément. Mon père n'y eût pas mis tant de façons... Attentif à tout ce qui venait d'elle, il écoutait son pas vif, l'arrêtait au passage:

—Paie! lui ordonnait-il en désignant sa pommette nue au-dessus de sa barbe. Ou on ne passe pas.

Elle «payait», au vol, d'un baiser vif comme une piqûre, et s'enfuyait, irritée, si mes frères ou moi l'avions vue «payer».

Une seule fois, en été, un jour que ma mère enlevait de la table le plateau du café, je vis la tête, la lèvre grisonnantes de mon père, au lieu de réclamer le péage familier, penchées sur la main de ma mère avec une dévotion fougueuse, hors de l'âge, et telle que «Sido», muette, autant que moi empourprée, s'en alla sans un mot. J'étais petite encore, assez vilaine, occupée comme on l'est à treize ans de toutes choses dont l'ignorance pèse, dont la découverte humilie. Il me fut bon de connaître, et de me remettre en mémoire, par moments, cette complète image de l'amour: une tête d'homme, déjà vieux, abîmée dans un baiser sur une petite main de ménagère, gracieuse et ridée.

Il trembla, longtemps, de la voir mourir avant lui. C'est une pensée commune aux amants, aux époux bien épris, un souhait sauvage qui bannit toute idée de pitié. «Sido», avant la mort de mon père, me parlait de lui, aisément soulevée au-dessus de nous:

—Il ne faut pas que je meure avant lui. Il ne le faut absolument pas! Vois-tu que je me laisse mourir, et qu'il se tue, et qu'il se manque? Je le connais..., disait-elle d'un air de jeune fille.

Elle rêvait un peu, les yeux sur la petite rue de Châtillon-Coligny[8], ou sur le carré de jardin prisonnier.

—Moi, je risque moins, tu comprends. Je ne suis qu'une femme. Passé un certain âge, une femme ne meurt presque jamais volontairement. Et puis je vous ai, en outre. Lui, il ne vous a pas.

Car elle savait tout, et jusqu'aux préférences indicibles. Dans la grappe pendue à ses flancs, à ses bras, mon père pesait comme nous, et ne nous soutenait guère.

Elle fut malade, et il s'assit fréquemment près du lit. «À quelle heure, quel jour seras-tu guérie? Gare, si tu ne guéris pas! J'aurai bientôt fait de ne plus vivre!» Elle ne supportait pas cette pensée d'homme, sa menace, son exigence sans merci. Pour lui échapper, elle tournait de côté et d'autre sa tête sur l'oreiller, comme elle fit plus tard pour secouer les derniers liens.

—Mon Dieu, Colette, tu me tiens chaud, se plaignait-elle. Tu remplis toute la chambre. Un homme est toujours déplacé au chevet d'une femme. Va dehors! Va voir s'il y a des oranges pour moi chez l'épicier... Va demander à M. Rosimond de me prêter la *Revue des Deux-Mondes*... Mais marche doucement, le temps est orageux, tu reviendrais en moiteur!...

Il obéissait, l'aisselle remontée sur sa béquille.

—Tu vois? disait ma mère derrière lui. Tu vois cet air de vêtement vide qu'il prend quand je suis malade?

Sous la fenêtre, en s'en allant, il éclaircissait sa voix pour qu'elle l'entendît:

Je pense à toi, je te vois, je t'adore,
À tout instant, à toute heure, en tout lieu,
Je pense à toi quand je revois l'aurore,
Je pense à toi quand je ferme les yeux.

—Tu l'entends? Tu l'entends?... disait-elle fiévreusement.

Mais sa malice supérieure rajeunissait soudain tout son visage; et elle se penchait hors de son lit:

8. En 1891, la famille, ruinée, s'installe à Châtillon-Coligny, auprès d'Achille, demi-frère aîné de Colette.

—Ton père? Tu veux savoir ce que c'est que ton père? Ton père, c'est le roi des maîtres-chanteurs!

Elle guérit—elle guérissait toujours. Mais quand on lui enleva un sein, et quatre ans après, l'autre sein, mon père conçut d'elle une méfiance terrible, quoiqu'elle guérît encore, chaque fois. Pour une arête de poisson qui, restée au gosier de ma mère, l'obligeait à tousser violemment, les joues congestionnées et les yeux pleins de larmes, mon père, d'un coup de poing assené sur la table, dispersa en éclats son assiette, et cria furieusement:

—Ça va finir?

Elle ne s'y trompa point et l'apaisa avec une délicatesse miséricordieuse, des mots plaisants, de voltigeants regards. J'emploie toujours ces mots: «voltigeant regard», quand il s'agit d'elle. L'hésitation, le besoin d'un tendre aveu, le devoir de mentir l'obligeaient à battre des paupières, tandis qu'allaient, venaient précipitamment ses prunelles grises. Ce trouble, cette fuite vaine des prunelles poursuivies par un regard d'homme bleu gris comme le plomb fraîchement coupé, c'est tout ce qui me fut révélé de la passion qui lia, pour leur vie entière, «Sido» et le Capitaine.

Il y a dix ans, je sonnais, amenée par un ami, à la porte de Mme B..., qui a, professionnellement, commerce avec les «esprits». Elle nomme ainsi ce qui demeure, errant autour de nous, des défunts, particulièrement de ceux qui nous tinrent de près par le sang, et par l'amour. N'attendez pas que je professe une foi quelconque, ni même que je fréquente de passion les privilégiés qui lisent couramment l'invisible. Il s'agit d'une curiosité, toujours la même, qui me conduit indifféremment à visiter tour à tour Mme B..., la «femme-à-la-bougie», le chien-qui-compte, un rosier à fruits, comestibles, le docteur qui ajoute du sang humain à mon sang humain, que sais-je encore? Si cette curiosité me quitte, qu'on m'ensevelisse, je n'existe plus. Une de mes dernières indiscrétions s'adressa au grand hyménoptère d'acier bleu qui abonde, en Provence, pendant la floraison des «soleils», en juillet-août. Tourmentée d'ignorer le nom de ce guerrier bardé, je m'interrogeais: «A-t-il ou non un dard? Est-il seulement un samouraï magnifique et sans sabre?» Je suis bien soulagée d'être tirée d'incertitude. Une curieuse petite déformation, sur l'os d'une phalangine, atteste que le guerrier bleu est armé à merveille, et prompt à dégainer.

Chez Mme B..., j'eus l'agréable nouveauté d'un appartement moderne, traversé de soleil. Sur la fenêtre chantaient des oiseaux en cage, dans la pièce voisine des enfants riaient. Une aimable et ronde femme à cheveux blancs m'affirma qu'elle n'avait besoin ni de clair-obscur, ni d'aucun maléfique décor. Elle ne réclama qu'un instant de méditation, et ma main serrée dans les siennes.

—Vous voulez me poser des questions? me demanda-t-elle.

Je m'avisai alors que j'étais sans avidité, sans passion pour un au-delà quelconque, sans souhaits immodérés, et je ne trouvai rien à dire, sinon le mot le plus banal:

—Alors, vous voyez les morts? Comment sont-ils?

—Comme les vivants, répondit Mme B..., avec rondeur. Ainsi, derrière vous...

Derrière moi, c'était la fenêtre ensoleillée, et la cage des serins verts.

—... derrière vous est assis l'«esprit» d'un homme âgé. Il porte une barbe non taillée, étalée, presque blanche. Les cheveux assez longs, gris, rejetés en arrière. Des sourcils... oh! par exemple, des sourcils... tout broussailleux... et là-dessous des yeux oh! mais, des yeux!... Petits, mais d'un éclat qui n'est pas soutenable... Voyez-vous qui ça peut être?

—Oui. Très bien.

—En tout cas, c'est un esprit bien placé.

—?...

—Bien placé dans le monde des esprits. Il s'occupe beaucoup de vous... Vous ne le croyez pas?

—J'en doute un peu...

—Si. Il s'occupe beaucoup de vous *à présent.*

—Pourquoi à présent?

—Parce que vous représentez ce qu'il aurait tant voulu être sur la terre. Vous êtes justement ce qu'il a souhaité d'être. Lui, il n'a pas pu.

Je ne mentionnerai pas ici les autres «portraits» que me fit Mme B... Ils valaient tous, à mes yeux, par quelque détail dont la vigueur et le secret m'enchantèrent comme une sorcellerie anodine et inexplicable. D'un «esprit» où je fus bien obligée de reconnaître, trait pour trait, mon demi-frère, l'aîné, elle dit, apitoyée: «Je n'ai jamais vu un mort aussi triste!»

—Mais, lui dis-je, vaguement jalouse, ne voyez-vous pas une femme âgée qui pourrait être ma mère?

—Le bon regard de Mme B... errait autour de moi:

—Non, ma foi, répondit-elle enfin...

Elle ajouta, vive, et comme pour me consoler:

—Peut-être qu'elle se repose? Ça arrive... Vous êtes seule d'enfant? *(sic).*

—J'ai encore un frère.

—Là!... s'exclama bonnement Mme B... Sans doute qu'elle est occupée avec lui... Un esprit ne peut pas être partout à la fois, vous savez...

Non, je ne le savais pas. J'appris dans la même visite que le commerce des défunts s'accommode de lumière terrestre, de familière gaîté. «Ils sont comme les vivants», affirme, paisible dans sa foi, Mme B... Pourquoi non? Comme les vivants, sauf qu'ils sont morts. Morts—et voilà tout. Aussi s'étonnait-elle de voir en mon frère aîné un mort «aussi triste». Ainsi l'ai-je vu—ainsi le voyait-elle à travers mon perméable mystère, sans doute—très triste en vérité, et comme roué de coups par son pénible et dernier passage, encore soucieux et fourbu...

Quant à mon père... «Vous êtes justement ce qu'il a souhaité d'être, et de son vivant il n'a pas pu.» Là, j'ai de quoi rêver, de quoi m'émouvoir. Sur un des plus hauts rayons de la bibliothèque, je revois encore une série de tomes cartonnés, à dos de toile noire. Les plats de papier jaspé, bien collés, et la rigidité du cartonnage attestaient l'adresse manuelle de mon père. Mais les titres, manuscrits, en lettres gothiques, ne me tentaient point, d'autant que les étiquettes à filets noirs ne révélaient aucun auteur. Je cite de mémoire: *Mes campagnes, Les enseignements de 70, La Géodésie des géodésies, L'Algèbre élégante, Le maréchal de Mac-Mahon vu par un de ses compagnons d'armes, Du village à la Chambre, Chansons de zouave* (vers) ... J'en oublie.

Quand mon père mourut, la bibliothèque devint chambre à coucher, les livres quittèrent leurs rayons.

—Viens donc voir, appela un jour mon frère, l'aîné.

Il transportait lui-même, classait, ouvrait les livres, taciturne, en quête d'une odeur de papier piqué, d'une de ces moisissures embaumées d'où se lève l'enfance révolue, d'un pétale de tulipe sec, encore jaspé comme l'agate arborescente...

—Viens donc voir...

La douzaine de tomes cartonnés nous remettait son secret, accessible, longtemps dédaigné. Deux cents, trois cents, cent cinquante pages par volume; beau papier vergé crémeux ou «écolier» épais, rogné avec soin, des centaines et des centaines de pages blanches... Une œuvre imaginaire, le mirage d'une carrière d'écrivain.

Il y en avait tant, de ces pages respectées par la timidité ou la nonchalance, que nous n'en vîmes jamais la fin. Mon frère y écrivit ses ordonnances, ma mère couvrit de blanc ses pots de confitures, ses petites-filles griffonneuses arrachèrent des feuillets, mais nous n'épuisâmes pas les cahiers vergés, l'œuvre inconnue. Ma mère s'y employait pourtant avec une sorte de fièvre destructive: «Comment, il y en a encore? Il m'en faut pour les côtelettes en papillotes... Il m'en faut pour tapisser mes petits tiroirs...[9]» Ce n'était pas dérision, mais cuisant regret et besoin douloureux d'anéantir la preuve d'une impuissance...

J'y puisai à mon tour, dans cet héritage immatériel, au temps de mes débuts. Est-ce là que je pris le goût fastueux d'écrire sur des feuilles lisses, de belle pâte, et de ne les point ménager? J'osai couvrir de ma grosse écriture ronde la cursive invisible, dont une seule personne au monde apercevait le lumineux filigrane qui jusqu'à la gloire prolongeait la seule page amoureusement achevée, et signée, la page de la dédicace:

À ma chère âme,
son mari fidèle:
JULES-JOSEPH COLETTE.

III
LES SAUVAGES

—Des sauvages... Des sauvages... disait-elle. Que faire avec de tels sauvages?

Elle secouait la tête. Il y avait, dans son découragement, une part de choix, un désistement raisonné, peut-être aussi la conscience de sa responsabilité. Elle contemplait ses deux garçons, les demi-frères, et les trouvait beaux. L'aîné surtout, le châtain aux yeux pers, dix-sept ans, une bouche empourprée qui ne souriait qu'à nous et à quelques jolies filles. Mais le brun, à treize ans, n'était pas mal non plus, sous ses cheveux mal taillés qui descendaient jusqu'à ses yeux bleu-de-plomb, pareils à ceux de notre père...

Deux sauvages aux pieds légers, osseux, sans chair superflue, frugaux comme leurs parents, et qui préféraient aux viandes le pain bis, le fromage dur, la salade, l'œuf frais, la tarte aux poireaux ou à la citrouille. Sobres et vertueux—de vrais sauvages...

—Que faire d'eux? soupirait ma mère.

Ils étaient si doux que nul ne les pouvait atteindre ni diviser.

L'aîné commandait, le second mêlait, à son zèle, une fantaisie qui l'isolait du monde. Mais l'aîné savait qu'il allait commencer ses études de médecine, tandis que le second espérait sourdement que rien ne commencerait jamais pour lui, sauf le jour suivant, sauf l'heure d'échapper à une contrainte civilisée, sauf la liberté totale de rêver et de se taire... Il l'espère encore.

9. En post-scriptum de sa lettre du 18 février 1908, Sido écrit à Colette: «Ce papier est toujours du papier à papa.» Le Capitaine était mort en 1905. Le 15 mars 1911, un an avant sa propre mort, Sido n'aura toujours pas épuisé ce stock: «Encore du papier de papa!»

Jouaient-ils? Rarement. Ils jouaient, si par jeu l'on entend que d'un radieux univers villageois ils ne voulaient que la fleur, le meilleur, le plus désert, le non-foulé, tout ce qui rajeunit et recommence à l'écart de l'homme. On ne les vit jamais déguisés en Robinsons, ni en conquérants, ni interprétant des saynètes improvisées. Le cadet, incorporé une fois à une troupe de garçons entichés de tragédie, n'y accepta qu'un rôle muet: le rôle du «fils idiot».

C'est aux récits de ma mère qu'il me faut remonter, quand il me prend, comme à tous ceux qui vieillissent, la hâte, le prurit de posséder les secrets d'un être à jamais dissous. Lire le «chiffre» de sa turbulente jeunesse, heure par heure perdue en elle-même et d'elle-même renaissant; marquer, je ne sais quelle grâce m'aidant, marquer du doigt le promontoire d'où il se laissa tomber dans la plate mer des hommes, épeler le nom de ses astres contraires...

J'ai dit adieu au mort, à l'aîné sans rivaux; mais je recours aux récits maternels, et aux souvenirs de ma petite enfance, si je veux savoir comment se forma le sexagénaire à moustache grise qui se glisse chez moi, la nuit tombée, ouvre ma montre, et regarde palpiter l'aiguille trotteuse, prélève, sur une enveloppe froissée, un timbre-poste étranger, aspire, comme si le souffle lui avait tout le jour manqué, une longue bouffée de musique du *Columbia*[10], et disparaît sans avoir dit un mot...

Il provient, cet homme blanchissant, d'un petit garçon de six ans, qui suivait les musiciens mendiants quand ils traversaient notre village. Il suivit un clarinettiste borgne jusqu'à Saints—quatre kilomètres—et quand il revint, ma mère faisait sonder les puits du pays. Il écouta avec bonté les reproches et les plaintes, car il se fâchait rarement. Quand il en eut fini avec les alarmes maternelles, il alla au piano, et joua fidèlement tous les airs du clarinettiste, qu'il enrichit de petites harmonies simples, fort correctes.

Ainsi faisait-il des airs du manège forain, à la Quasimodo, et de toutes les musiques, qu'il captait comme des messages volants.

—Il faudra, disait ma mère, qu'il travaille le mécanisme et l'harmonie. Il est encore plus doué que l'aîné. Il deviendrait un artiste... Qui sait?

Elle croyait encore, quand il avait six ans, qu'elle pouvait quelque chose pour lui—ou contre lui. Un petit garçon si inoffensif!... Sauf son aptitude à disparaître, que pouvait-elle lui reprocher? Bref de taille, vif, très bien équilibré, il cessait miraculeusement d'être présent. Où le joindre? Les aires préférées des petits garçons ordinaires ne l'avaient pas même vu passer, ni la patinoire, ni la Place du Grand-Jeu damée par les pieds d'enfants. Mais plutôt dans la vieille

10. Marque de phonographe.

glacière du château, souterrain tronqué qui datait de quatre siècles, ou dans la boîte de l'horloge de ville, place du Marché, ou bien enchaîné aux pas de l'accordeur de pianos qui venait une fois l'an du chef-lieu et donnait ses soins aux quatre «instruments» de notre village. «Quel instrument avez-vous?» «Madame Vallée va échanger son instrument...» «L'instrument de Mlle Philippon est bien fatigué!»

J'avoue qu'en ma mémoire le mot «instrument» appelle encore, à l'exclusion de toutes les autres images, celle d'un édifice d'acajou conservé dans l'ombre des salons provinciaux et brandissant, comme un autel, des bras de bronze et des cires vertes...

Oui, un petit garçon si inoffensif, qui n'exigeait rien, sauf, un soir...

—Je voudrais deux sous de pruneaux et deux sous de noisettes, dit-il.

—Les épiceries sont fermées, répondit ma mère. Dors, tu en auras demain.

—Je voudrais deux sous de pruneaux et deux sous de noisettes, redemanda, le lendemain soir, le doux petit garçon.

—Et pourquoi ne les as-tu pas achetés dans la journée? se récria ma mère impatientée. Va te coucher!

Cinq soirs, dix soirs ramenèrent la même taquinerie, et ma mère montra bien qu'elle était une mère singulière. Car elle ne fessa pas l'obstiné, qui espérait peut-être qu'on le fesserait, ou qui escomptait seulement une explosion maternelle, les cris des nerfs à bout, les malédictions, un nocturne tumulte qui retarderait le coucher...

Un soir après d'autres soirs, il prépara sa figure quotidienne d'enfant buté, le son modéré de sa voix:

—Maman?...

—Oui, dit maman.

—Maman, je voudrais...

—Les voici, dit-elle.

Elle se leva, aveignit[11] dans l'insondable placard, près de la cheminée, deux sacs grands comme des nouveau-nés, les posa à terre de chaque côté de son petit garçon, et ajouta:

—Quand il n'y en aura plus, tu en achèteras d'autres.

Il la regardait d'en bas, offensé et pâle sous ses cheveux noirs.

—C'est pour toi, prends, insista ma mère.

Il perdit le premier son sang-froid et éclata en larmes.

11. Aveindre (vieilli, familier): tirer une chose hors du lieu où elle se trouve, de la place où elle est rangée.

—Mais... mais... je ne les aime pas! sanglotait-il.

«Sido» se pencha, aussi attentive qu'au-dessus d'un œuf fêlé par l'éclosion imminente, au-dessus d'une rose inconnue, d'un messager de l'autre hémisphère:

—Tu ne les aimes pas? Qu'est-ce que tu voulais donc? Il fut imprudent, et avoua:

—Je voulais les demander.

Lorsqu'elle partait chaque trimestre pour Auxerre à deux heures du matin, dans la victoria, ma mère cédait presque toujours aux instances de son enfant le plus jeune. Le privilège de naître la dernière me conserva longtemps ce grade d'enfant-le-plus-jeune, et ma place dans le fond de la victoria. Mais avant moi il y eut pendant une dizaine d'années ce petit garçon évasif et agile. Au chef-lieu, il se perdait, car il déjouait toute surveillance. Il se perdit ici et là, dans la cathédrale, dans la tour de l'horloge, et notamment dans une grande épicerie, durant qu'on emballait le pain de sucre drapé d'un biais de papier indigo, les cinq kilos de chocolat, la vanille, la cannelle, la noix-muscade, le rhum pour les grogs, le poivre noir et le savon blanc. Ma mère fit un cri de renarde:

—Ha!... Où est-il?

—Qui, madame Colette?

—Mon petit garçon! L'a-t-on vu sortir?

Personne ne l'avait vu sortir, et déjà ma mère, à défaut de puits, interrogeait les cuves d'huile et les tonneaux de saumure.

On ne le chercha pas trop longtemps, cette fois. Il était au plafond. Tout en haut d'un des piliers de fonte tors, qu'il étreignait des cuisses et des pieds comme un grimpeur des cocotiers, il manœuvrait et écoutait les rouages d'un gros cartel à face plate de chat-huant, vissé sur la maîtresse-poutre.

Quand des parents ordinaires font souche d'enfants exceptionnels, il y a de grandes chances que les parents éblouis les poussent, fût-ce à grands coups de pied dans le derrière, vers des destinées qu'ils nomment meilleures. Ma mère, qui tenait pour naturel, voire obligatoire, d'enfanter des miracles, professait aussi que «l'on tombe toujours du côté où l'on penche», et affirmait, pour se rassurer elle-même:

—Achille sera médecin. Mais Léo ne pourra pas échapper à la musique. Quant à la petite...

Elle levait les sourcils, interrogeait le nuage et me remettait à plus tard.

Exception bizarre, il n'était jamais question de l'avenir de ma sœur aînée, déjà majeure, mais étrangère à nous, étrangère à tous, volontairement isolée au sein de sa propre famille.

—Juliette est une autre espèce de sauvage, soupirait ma mère. Mais à celle-là personne ne comprend rien, même moi...

Elle se trompa, nous la trompâmes plus d'une fois. Elle ne se décourageait pas et nous coiffait d'une nouvelle auréole. Mais elle n'accepta jamais que son second fils échappât, comme elle disait, à la musique, car je lis dans mainte lettre qui date de la fin de sa vie: *Sais-tu si Léo a un peu de temps pour travailler son piano? Il ne doit pas négliger un don qui est extraordinaire; je ne me lasserai pas d'insister là-dessus...* À l'époque où ma mère m'écrivait ces lettres, mon frère était âgé de quarante-quatre ans.

Il a, quoi qu'elle en eût, échappé à la musique, puis aux études de pharmacie, puis successivement à tout—à tout ce qui n'est pas son passé de sylphe. À mes yeux, il n'a pas changé: c'est un sylphe de soixante-trois ans. Comme un sylphe, il n'est attaché qu'au lieu natal, à quelque champignon tutélaire, à une feuille recroquevillée en manière de toit. On sait que les sylphes vivent de peu, et méprisent les grossiers vêtements des hommes: le mien erre parfois sans cravate, et long-chevelu. De dos, il figure assez bien un pardessus vide, ensorcelé et vagabond.

Sa modeste besogne de scribe, il l'a élue entre toutes, pour ce qu'elle retient, assise, à une table, sa seule et fallacieuse apparence d'homme. Tout le reste de lui, libre, chante, entend des orchestres, compose, et revole à la rencontre du petit garçon de six ans qui ouvrait toutes les montres, hantait les horloges municipales, collectionnait les épitaphes, foulait sans fatigue les mousses élastiques et jouait du piano de naissance... Il le retrouve aisément, revêt le petit corps agile et léger qu'il n'a jamais quitté longtemps, et il parcourt un domaine mental où tout est à la guise et à la mesure d'un enfant qui dure victorieusement depuis soixante années.

Il n'est pas—quel dommage!...—d'enfant invulnérable. Celui-ci, pour vouloir confronter son rêve exact avec une réalité infidèle, m'en revient déchiré, parfois...

Certain crépuscule ruisselant, à grandes draperies d'eau et d'ombre sous chaque arcade du Palais-Royal, me l'amena. Je ne l'avais pas vu depuis des mois. Il s'assit, mouillé, à mon feu, prit distraitement sa singulière subsistance—des bonbons fondants, des gâteaux très sucrés, du sirop—ouvrit ma montre, puis mon réveil, les écouta longuement, et ne dit rien.

Je ne regardais qu'à la dérobée, dans sa longue figure, sa moustache quasi blanche, l'œil bleu de mon père, le nez, grossi, de «Sido»—traits survivants, assemblés par des plans d'os, des muscles inconnus et sans origine lisible... Une longue figure douce, éclairée par le feu, douce et désemparée... Mais les us et coutumes de l'enfance—réserve, discrétion, liberté—sont encore si vigoureux entre nous que je ne posai à mon frère aucune question.

Quand il eut assez séché les ailes tristes, alourdies de pluie, qu'il appelle son manteau, il fuma, l'œil cligné, et frotta ses mains sèches, rouges d'ignorer en toute saison l'eau chaude et les gants, et parla.

—Dis donc?

—Oui...

—J'ai été *là-bas,* tu sais?

—Non? Quand ça?

—J'en arrive.

—Ah!... dis-je avec admiration. Tu es allé à Saint-Sauveur? Comment?

Il me fit un petit œil fat.

—C'est Charles Faroux qui m'a emmené en auto.

—Mon vieux!... C'est joli, en cette saison?

—Pas mal, dit-il brièvement.

Il enfla les narines, redevint sombre et se tut. Je me remis à écrire.

—Dis donc?

—Oui...

—*Là-bas,* j'ai été aux Roches, tu sais?

Un chemin montueux de sable jaune se dressa dans ma mémoire comme un serpent le long d'une vitre...

—Oh!... comment est-ce? Et le bois, en haut? Et le petit pavillon? Les digitales... les bruyères...

Mon frère siffla.

—Fini. Coupé. Plus rien. Rasé. On voit la terre. On voit...

Il faucha l'air du tranchant de la main, et rit des épaules, en regardant le feu. Je respectai ce rire, et ne l'imitai pas. Mais le vieux sylphe, frémissant et lésé, ne pouvait plus se taire. Il profita du clair-obscur, du feu rougeoyant.

—Ce n'est pas tout, chuchota-t-il. Je suis allé aussi à la Cour du Pâté...

Nom naïf d'une chaude terrasse, au flanc du château ruiné, arceaux de rosiers maigris par l'âge, ombre, odeur de lierre fleuri versées par la tour sarrazine, battant revêches et rougeâtres de la grille qui ferme la Cour du Pâté, accourez...

—Et alors, vieux, et alors?

Mon frère se ramassa sur lui-même.

—Une minute, commanda-t-il. Commençons par le commencement. J'arrive au château. Il est toujours asile de vieillards, puisque Victor Gandrille l'a voulu. Bon. Je n'ai rien à objecter. J'entre dans le parc, par l'entrée du bas, celle qui est près de Mme Billette...

—Comment, Mme Billette? Mais elle doit être morte depuis quarante ans au moins!

—Peut-être, dit mon frère avec insouciance. Oui... C'est donc ça qu'on m'a dit un autre nom... un nom impossible... S'*ils* croient que je vais retenir des noms que je ne connais pas!... Enfin j'entre par l'entrée du bas, je monte l'allée des tilleuls... Tiens, les chiens n'ont pas aboyé quand j'ai poussé la porte... fit-il avec irritation.

—Écoute, vieux, ça ne pourrait pas être les mêmes chiens... Songe donc...

—Bon, bon... Détail sans importance... Je te passe sous silence les pommes de terre qu'*ils* ont plantées à la place des cœurs-de-jeannette et des pavots... Je passe même, poursuivit-il d'une voix intolérante, sur les fils de fer des pelouses, un quadrillage de fils de fer... on se demande ce qu'on voit... il paraît que c'est pour les vaches... Les vaches!...

Il berça un de ses genoux entre ses deux mains nouées, et siffla d'un air artiste qui lui allait comme un chapeau haut de forme.

—C'est tout, vieux?

—Minute! répéta-t-il férocement. Je monte donc vers le canal—si j'ose, dit-il avec une recherche incisive, appeler canal cette mare infecte, cette soupe de moustiques et de bouse... Passons. Je m'en vais donc à la Cour du Pâté, et...

—Et?...

Il tourna vers moi, sans me voir, un sourire vindicatif.

—J'avoue que je n'ai d'abord pas aimé particulièrement qu'*ils* fassent de la première cour—devant la grille, derrière les écuries aux chevaux—une espèce de préau à sécher la lessive... Oui, j'avoue!... Mais je n'y ai pas trop fait attention, parce que j'attendais le «moment de la grille».

—Quel moment de la grille?

Il claqua des doigts, impatienté.

—Voyons... Tu vois le loquet de la grille?

Comme si j'allais le saisir—de fer noir, poli et fondu—je le vis en effet...

—Bon. Depuis toujours, quand on le tourne comme ça—il mimait—et qu'on laisse aller la grille, alors elle s'ouvre par son propre poids, et en tournant elle dit...

«*Î-î-î an...*» chantâmes-nous d'une seule voix, sur quatre notes.

—Oui, dit mon frère en faisant danser fébrilement son genou gauche. J'ai tourné... J'ai laissé aller la grille... J'ai écouté... Tu sais ce qu'*ils* ont fait?

—Non...

—*Ils* ont huilé la grille, dit-il froidement.

Il partit presque aussitôt. Il n'avait pas autre chose à me dire. Il recroisa les membranes humides de son grand vêtement, et s'en alla, dépossédé de quatre notes, son oreille musicienne tendue en vain, désormais, vers la plus délicate offrande, composée par un huis ancien, un grain de sable, une trace de rouille, et dédiée au seul enfant sauvage qui en fût digne.

—Où en es-tu avec Mérimée?

—Il me doit dix sous.

—Tiens!... s'étonnait l'aîné.

—Oui, repartait le cadet, mais moi je redois trois francs.

—Sur qui?

—Sur un Victor Hugo.

—Quel volume?

—*Chansons des rues et des bois,* et je ne sais quoi d'autre... Ah! le chameau!

—Et encore, triomphait l'aîné, tu as dû lire ça à la va-vite! Verse les trois francs!

—Où veux-tu que je les prenne? Je n'ai pas le sou.

—Demande à maman.

—Oh...

—Demande à papa. Dis-lui que c'est pour acheter des cigarettes et que tu les lui demandes en cachette de maman, il te les donnera.

—Mais s'il ne me les donne pas?

—Alors, à l'amende. Cinq sous pour le retard!

Les deux sauvages, qui lisaient comme autrefois lisaient les adolescents de quatorze et de dix-sept ans, c'est-à-dire avec excès, avec égarement, le jour, la nuit, au sommet des arbres, dans les fenils, avaient frappé d'interdit le mot «mignonne», qu'ils prononçaient «minionne», avec une affreuse grimace tordue, suivie d'une imitation, de nausée. Recensé dans chaque livre nouveau, chaque «mignonne», voué à l'exécration, créditait de deux sous une cagnotte. En revanche, un livre «vierge» rapportait dix sous à son lecteur. Le contrat jouait depuis deux mois, et l'argent, s'il en restait au bout du semestre, paierait des bombances, des filets à papillons, une nasse à goujons...

Mon jeune âge—huit ans—m'écartait de la combinaison. Au dire des deux frères, il y avait trop peu de temps que je ne grattais plus pour les manger, au long des chandelles, les «coulures» en forme de longues larmes, et les deux garçons m'appelaient encore «enfant de Cosaque». Pourtant je savais dire «minionne» en tordant la bouche, et m'efforcer ensuite de vomir, et j'apprenais à coter des romanciers selon les nouveaux statuts.

—Dickens rend beaucoup, disait un sauvage.

—Dickens ne devrait pas compter, rechignait l'autre, c'est une traduction. Le traducteur nous empile.

—Alors Edgar Poe non plus ne compte pas?

—Heu... Le bon sens commanderait d'exclure aussi les livres d'Histoire, qui «paient» dix sous à coup sûr. La Révolution n'est pas «mignonne»—beûh!—Charlotte Corday n'est pas «mignonne»—beûh!—Mérimée devrait être exclu, en tant qu'auteur de la *Chronique de Charles IX*.

—Alors qu'est-ce que tu fais du *Collier de la Reine*[12]?

—Il joue. C'est du roman pur.

—Et les Balzac sur Catherine de Médicis?

—Tu parles comme un enfant. Ils jouent.

—Ah! non, mon vieux, permets!...

—Mon vieux, je fais appel à ta bonne foi... Tais-toi. On marche dans la rue.

Ils ne se disputaient jamais. Allongés sur le faîte du mur, ils y cuisaient au soleil d'après-midi, discutaient avec feu et sans injures, et me concédaient une portion de la dalle faîtière, doucement inclinée. De là nous dominions la rue des Vignes, venelle déserte qui menait aux jardins potagers éparpillés dans le vallon du Saint-Jean. Mes frères se taisaient subtilement au plus lointain bruit de pas, épousaient le mur en s'aplatissant et tendaient le menton au-dessus de l'ennemi originel—leur semblable...

—Ce n'est rien, c'est Chebrier qui va à son jardin, avertit le cadet.

Ils oublièrent un moment leur débat, et laissèrent passer sur eux l'heure encore chaude, la lumière oblique. D'autres pas, nets et vifs, sonnèrent sur les silex bossus. Un corsage lilas, un buisson de cheveux crépelés, d'un rose de cuivre, éclairèrent le haut de la rue.

—Hou! la rousse! souffla le cadet. Hou! la carotte!

Il n'avait que quatorze ans, et voulait du mal aux «filles», qui l'éblouissaient d'une lumière trop crue.

—C'est Flore Chebrier qui rejoint son père, dit mon frère aîné quand l'or et le lilas s'éteignirent en bas de la rue. Elle a joliment changé.

Son cadet, couché sur le ventre, posa son menton sur ses bras croisés. Il clignait par mépris et gonflait sa bouche, qu'il avait ronde et renflée comme les petits Eoles des vieilles cartes marines...

12. Roman d'Alexandre Dumas (1849–50).

—C'est une carotte! C'est une rouge! Au feu! au feu! cria-t-il avec une grossièreté d'écolier jaloux.

L'aîné haussa les épaules.

—Tu ne t'y connais guère en blondes, dit-il. Moi, je la trouve très—mais très, très mignonne...

Un gros rire de garçonnet, enroué de mue, salua le mot maudit que caressait la voix rêveuse de l'aîné, le séducteur aux yeux pers. J'entendis une bousculade sur le mur, les clous des souliers raclant la pierre, une chute molle de corps liés sur la terre accueillante et sarclée, au pied des abricotiers. Mais ils se délièrent aussitôt avec une hâte sage.

Ils ne s'étaient jamais battus, ni insultés. Je crois qu'ils savaient déjà que ce bouquet de cheveux roux, ce corsage lilas, merveilles accessibles, ne devaient pas compter parmi leurs enjeux indivis, leurs délectations baroques et pudiques. D'un pas bien accordé, ils s'en retournèrent vers les «étaloirs» de liège où séchaient les machaons, vers la construction d'un jet d'eau, vers un «système» d'alambic à distiller la menthe des marais, instrument capricieux qui enlevait au produit distillé le parfum de la menthe, mais lui laissait intacte l'odeur du marécage...

Leur farouche humeur n'était pas toujours innocente. L'âge qu'on dit ingrat, qui étire douloureusement les corps enfantins, exige des holocaustes. Il fallait à mes frères une victime. Ils élurent un camarade de collège, que les vacances ramenaient dans le canton voisin. Mathieu M... n'avait point de défauts, ni de grands mérites. Sociable, bien vêtu, un peu blondasse, sa seule vue échauffait mes frères d'une perversité comparable à celle des femmes enceintes. Aussi s'attachait-il avec passion aux deux sauvages fiers, chaussés de toile, coiffés de jonc, et qui méprisaient ses cravates. L'aîné n'avait que rigueurs pour ce «fils de tabellion» et le cadet, par imitation et renchérissement, effilochait son mouchoir, retroussait son pantalon déjà trop court, pour accueillir Mathieu M.... ganté, qui descendait de son tricycle.

—J'ai apporté la partition des *Noces de Jeannette*[13], criait de loin l'affectueuse victime, et l'édition allemande des *Symphonies* de Beethoven à quatre mains!

Sombre, l'aîné, le barbare au frais visage, toisait l'intrus, banal enfant des hommes que rien n'obscurcissait, qui ne portait en lui ni vœu de solitude ni intolérance, qui se troublait sous son regard et mendiait:

13. Opéra-comique de Victor Massé (1853).

—Tu veux faire un peu de quatre mains avec moi?

—Avec toi, non;—sans toi, oui.

—Je tournerai les pages, alors...

L'un soumis, l'autre inexplicablement malveillant et chargé d'orage, ils souffraient d'incompatibilité, mais Mathieu M..., patient comme une épouse rudoyée, ne se lassait pas de revenir.

Un jour, les sauvages prirent le large dès le déjeuner, ne rentrèrent que le soir. Ils semblaient las, excités, et ils se jetèrent tout fumants sur les deux vieux canapés de reps vert.

—D'où venez-vous dans cet état? demanda notre mère.

—De loin, répondit avec douceur l'aîné.

—Mathieu est venu, il a paru surpris de ne pas te trouver.

—C'est un garçon qui s'étonne d'un rien...

Quand ils furent seuls avec moi, mes deux frères parlèrent. Je ne comptais guère, et d'ailleurs ils m'avaient élevée à ne point trahir. Je sus que cachés dans un bois qui surplombe la route de St-F... ils n'avaient pas, au passage de Mathieu, révélé leur présence. Je m'intéressai assez peu à des détails qu'ils ressassaient:

—Quand j'ai entendu le grelot de son tricycle... commençait le cadet.

—Je l'ai entendu de plus loin que toi, va...

—Pas sûr! Tu te souviens du moment où il s'est arrêté juste sous notre nez, pour s'essuyer?

Ils dialoguaient presque bas, couchés, les yeux au plafond. L'aîné s'agita:

—Oui... Cet animal, il regardait à gauche et à droite comme s'il nous flairait...

—Ça, mon vieux, c'est fort, hein? C'est curieux? C'est nous qui l'avons arrêté en le regardant, hein? Il avait l'air tout gêné, tout chose...

Les yeux de l'aîné noircissaient.

—Ça se peut... Il avait sa cravate écossaise... Cette cravate-là, j'ai toujours pensé qu'elle serait cause d'un malheur...

Je m'élançai entre eux, avide d'émotions:

—Et alors? Et alors? Quel malheur?

Ils me jetèrent tous deux le plus froid regard:

—D'où est-ce qu'elle sort, celle-là? Qu'est-ce qu'elle veut avec son malheur?

—Mais c'est toi qui viens de dire...

Ils se redressèrent, s'assirent, ricanèrent de connivence:

—Il n'est rien arrivé, dit enfin l'aîné. Qu'est-ce que tu veux qu'il arrive? On a laissé passer Mathieu, et on a bien rigolé.

—C'est tout? fis-je, déçue...

Le cadet se leva d'un bond, il dansait sur place et ne se possédait plus:

—Oui, c'est tout! Tu ne peux pas comprendre! On était là, couchés, on l'avait au ras du menton! Lui, sa cravate, sa raie de côté, ses manchettes, son nez qui reluisait! Ah! bon Dieu, c'était épatant!

Il se pencha sur son aîné, le frôla du nez animalement:

—C'était facile de le tuer, hein?

Rigide, les yeux fermés, l'aîné ne répondit pas.

—Et vous ne l'avez pas tué? m'étonnai-je.

Ma surprise les arracha sans doute au bois obscur où ils avaient, invisibles, tremblé d'affût et de plaisir homicide, car ils éclatèrent de rire et redevinrent puérils à mes dépens:

—Non, dit l'aîné, nous ne l'avons pas tué. Je ne sais pas pourquoi, d'ailleurs...

Ragaillardi, il entonna ses improvisations préférées, filles difformes du rythme et du verbe, conçues aux heures où son esprit d'étudiant, rebutant le travail, s'accrochait sans le savoir au relief des mots qu'il détergeait de leur sens. Ma petite voix lui fit écho—je suis seule, maintenant, à affirmer, sur un air de polka, qu'

Un cachet
De benzo-naphtol
Ça fait du
Bien pour le
Mal à la tête!
Un cachet
De benzo-naphtol
Ça fait du
Bien pour la
Métrite du col!

Affirmation aventurée, contraire à toute thérapeutique, à laquelle je préférais, sinon la musique, du moins le texte d'une aubade connue:

Le baume analgésique
Du pharmacien Bengué
        Bengué,
Est très distingué,
Quand on se l'applique,

On se sent soulagué,
Lagué, etc.

Ce soir-là, mon frère, encore exalté, chanta la nouvelle version de la *Sérénade* de Severo Torelli[14]:

Nous n'avons pas tué, Mathieu,
Pour ce soir, ma brune,
Laissons vivre encore ce
Rival de la lune...

Le cadet, autour de lui, dansait, radieux comme un Lorenzaccio[15] à son premier crime. Il s'interrompit et me promit, avec gentillesse:

—On le tuera la prochaine fois.

Ma demi-sœur, l'aînée de nous tous—l'étrangère, l'agréable laide aux yeux tibétains—se fiança, à la veille de coiffer Sainte Catherine. Si ma mère n'osa empêcher ce mauvais mariage, elle ne tut pas ce qu'elle en pensait. De la rue de la Roche à la Gerbaude, de Bel-Air au Grand-Jeu, on ne parla que du mariage de ma sœur.

—Juliette se marie? demandait-on à ma mère. C'est un événement!

—Un accident, rectifiait «Sido».

Certains risquaient, aigrement:

—Enfin, Juliette se marie! C'est inattendu! C'est un peu inespéré!

—Non, repartait «Sido» belliqueuse, c'est désespéré. Qui peut retenir une fille de vingt-cinq ans?

—Et qui épouse-t-elle?

—Oh! mon Dieu, le premier chien coiffé...

Au fond, elle prenait en pitié la vie, gorgée de rêves et de lecture effrénée, de sa fille solitaire. Mes frères considérèrent l'«événement» du haut de leur point de vue personnel. Une année d'études médicales à Paris n'avait pas apprivoisé

14. *Severo Torelli:* drame historique de François Coppée (1883); on entend la sérénade au troisième acte.

15. *Lorenzaccio:* drame d'Alfred de Musset (1834). «Lorenzaccio» («le mauvais Laurent») est le surnom méprisant de Lorenzo de Médicis (1514–1548), assassin de son cousin Alexandre de Médicis, duc de Florence. Pour arriver à ses fins de justicier, il devint le compagnon de débauche de ce tyran.

l'aîné, haut, resplendissant et que le regard des femmes, quand il ne les désirait pas, offensait. Les mots «cortège nuptial», «frac de soirée», «déjeuner dînatoire», «défilé», tombèrent sur les deux sauvages comme des gouttes de poix bouillante...

—Je n'irai pas à la noce! protestait le cadet, l'œil pâle d'indignation, et toujours coiffé à la malcontent. Je ne donnerai pas le bras! Je ne mettrai pas un habit à queue!

—Tu es le garçon d'honneur de ta sœur, lui remontrait ma mère.

—Elle n'a qu'à ne pas se marier! Pour ce qu'elle épouse!... Un type qui sent le vermouth! D'abord, elle a toujours vécu sans nous, elle n'a pas davantage besoin de nous pour se marier!

Notre bel aîné parlait moins. Mais nous lui voyions son visage de sauteur de murs, son regard qui mesurait les obstacles. Il y eut des jours difficiles, des récriminations que mon père, soucieux et qui fuyait l'odorant intrus, n'apaisait pas. Puis les deux garçons parurent consentir à tout. Bien mieux, ils suggérèrent l'idée d'organiser eux-mêmes une messe en musique, et, de joie, «Sido» oublia pendant quelques heures son «chien coiffé» de gendre.

Notre piano Aucher prit le chemin de l'église, mêla son joli son un peu sec au bêlement de l'harmonium. Les sauvages répétaient, dans l'église vide qu'ils verrouillaient, la «Suite» de l'*Arlésienne*[16], je ne sais quel Stradella, un Saint-Saëns dévolu aux fastes nuptiaux...

Ma mère s'avisa trop tard que ses fils, retenus à leur clavier d'exécutants, ne figureraient qu'un moment aux côtés de leur sœur. Ils jouèrent, je me le rappelle, comme des anges musiciens, et ensoleillèrent de musique la messe villageoise, l'église sans richesses et sans clocher. Je paradais, fière de mes onze ans, de ma chevelure de petite Ève et de ma robe rose, fort contente de toutes choses, sauf quand je regardais ma sœur tremblante de faiblesse nerveuse, toute petite, accablée de faille et de tulle blancs, pâle et qui levait sa singulière figure mongole, défaillante, soumise au point que j'en eus honte, vers un inconnu...

Les violons du bal mirent fin au long repas, et rien qu'à les entendre les deux garçons frémirent comme des chevaux neufs. Le cadet, un peu gris, resta. Mais l'aîné, à bout d'efforts, disparut. Il sauta, pour pénétrer dans notre jardin, le mur de la rue des Vignes, erra autour de notre maison fermée, brisa une vitre et ma mère le trouva couché quand elle rentra lasse, triste, ayant remis sa fille, égarée et grelottante, aux mains d'un homme.

16. Musique de Georges Bizet, tirée de son opéra du même nom (1872).

Elle me contait plus tard cette petite aube poussiéreuse d'été, sa maison vide et comme pillée, sa fatigue sans joie, sa robe à «devant» perlé, les chats inquiets que la nuit et la voix de ma mère ramenaient. Elle me disait qu'elle avait trouvé son aîné endormi, les bras fermés sur sa poitrine, la bouche fraîche et les yeux clos, et tout empreint de sa sévérité de sauvage pur...

—Songe donc, c'est pour être seul, loin de ces gens en sueur, pour être endormi et caressé par le vent de la nuit qu'il avait brisé un carreau! Y eut-il jamais un enfant aussi sage?

Ce sage, je l'ai vu cent fois franchir la fenêtre, d'un bond réflexe, à chaque coup de sonnette qu'il ne prévoyait pas. Grisonnant, tôt vieilli de travail, il retrouvait l'élasticité de son adolescence pour sauter dans le jardin, et ses fillettes riaient de le voir. Ses accès de misanthropie, encore qu'il les combattît, lui creusaient le visage. Peut-être qu'il trouvait, captif, son préau chaque jour plus étroit, et qu'il se souvenait des évasions qui jadis le menaient à un lit d'enfant où il dormait demi-nu, chaste et voluptueusement seul.

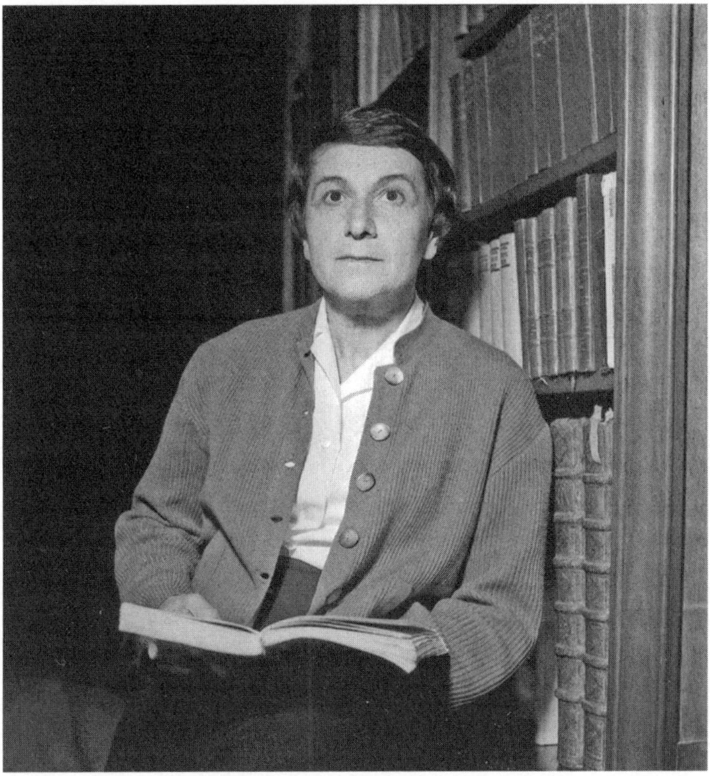

Nathalie Sarraute

(1900–1999)

Dites bien que ce que j'ai fait, avant moi personne ne l'avait fait.
—Nathalie Sarraute à Jean-Yves Tadié, préfacier de ses
Œuvres complètes (1996)

Nathalie Sarraute: une femme est encore à l'origine d'un grand tournant dans l'art du roman. *Tropismes,* son premier livre, commencé en 1932 et publié en 1939, passe d'abord inaperçu. Mais ces petits textes, plus proches de poèmes

---

Nathalie Sarraute en 1958 (© Lipnitzki/Roger-Viollet)

en prose que de nouvelles ou d'un roman, annoncent une révolution romanesque qui ne sera pleinement appréciée que presque vingt ans plus tard, lorsque des romanciers de la génération suivante tel Alain Robbe-Grillet découvriront en elle une exploratrice à l'extrême pointe de l'avant-garde et feront corps avec elle pour lancer le mouvement qu'on nommera polémiquement dans les années 1950 le «Nouveau Roman». En écrivant entre 1932 et 1937 ses *Tropismes,* Sarraute était entièrement consciente du côté innovateur de son texte, et toute sa vie elle a revendiqué son originalité, sa singularité littéraire. Son premier roman, *Portrait d'un inconnu,* paraît en 1948, comme *Tropismes* après bien des recherches futiles pour trouver un éditeur; malgré une célèbre préface de Jean-Paul Sartre l'acclamant comme un «antiroman», il ne suscite pas d'écho non plus. Elle aura alors à démontrer que son œuvre novatrice s'inscrit en fait dans «un mouvement irréversible de la littérature». Dans des essais publiés à partir de 1947 et recueillis en 1956 dans *L'Ère du soupçon,* elle expliquera le «soupçon» moderne à l'égard des éléments constitutifs du roman traditionnel—personnages, intrigue, étude de caractères—après l'avènement de Proust, Joyce et Freud, et plaidera en faveur de nouvelles formes romanesques, présentant elle-même ses idées comme les «bases essentielles» du Nouveau Roman. Le livre sera reçu en effet comme le manifeste du Nouveau Roman et la fera reconnaître en tant que pionnière et chef de file de ce mouvement. Mais Sarraute insistera toujours sur sa différence: elle se veut solitaire, singulière, inadaptée, à contre-courant du roman traditionnel («Ce que voient les oiseaux», *L'Ère du soupçon*), et se démarquant aussi bien de ses compagnons masculins du Nouveau Roman (Robbe-Grillet, Butor, Simon, Pinget, Ollier, Ricardou) que de ses illustres prédécesseurs dans l'innovation romanesque (Dostoïevski, Proust, Kafka, Joyce, Faulkner, les Anglaises Virginia Woolf et Ivy Compton-Burnett) dont, en dévoilant une réalité inédite, elle s'estime pourtant le relais. «J'ai l'impression que je marche avec une certaine liberté sur des terres où il n'y a personne. Je suis seule, je suis maître à bord, je me sers de mes propres instruments et je n'ai pas de modèle. Je n'imite aucun modèle» (entretien avec Simone Benmussa, dans *Nathalie Sarraute: Qui êtes-vous?* 1987). Des romancières françaises l'ayant précédée, elle ne nomme que Lafayette, pour refuser l'analyse psychologique classique qu'elle incarne; elle lui ressemble pourtant par cette volonté expresse de singularité et par le principe même de son écriture: l'exploration des profondeurs de la psyché humaine pour mettre au jour «une parcelle de réalité encore inconnue» (*L'Ère du soupçon*).

La grande invention de Sarraute, la matière inconnue en littérature avant elle et qui a entraîné une révolution formelle, ce sont donc ces «tropismes» qu'elle ne cessera de développer pendant plus de soixante-cinq ans comme «la substance vivante» de ses livres. «Ce sont des mouvements indéfinissables, qui glissent très rapidement aux limites de notre conscience; ils sont à l'origine de nos gestes, de nos paroles, des sentiments que nous manifestons, que nous croyons éprouver et qu'il est possible de définir. Ils me paraissaient et me paraissent encore constituer la source secrète de notre existence» (préface, *L'Ère du soupçon*). Mouvements instinctifs, sensations intenses mais fugaces, réflexes préconscients à des excitations venant de l'extérieur (personnes, objets, paroles), ils sont analogues dans leur aspect primitif et involontaire aux tropismes en biologie: ce sont des mouvements d'attraction et de répulsion comme celui d'une fleur qui se tourne vers la lumière ou comme la rétraction d'un organisme simple en présence d'un stimulus. Aucun mot ne pouvant les exprimer, aucune catégorie, même pas celles de la psychanalyse, ne pouvant les cerner, Sarraute s'efforce de les communiquer par des «images qui en donnent des équivalents», par «une métaphorisation inlassable» (Clayton, «"Coucou... attrapez-moi..."», 1990) destinée à nous faire éprouver «des sensations analogues». Des personnages anonymes, désignés simplement par des pronoms, une intrigue ténue, un événement banal, quotidien—conversations en famille ou entre amis, promenade d'un enfant avec son grand-père, bavardages de femmes dans un salon de thé—serviront simplement de prétextes, de «supports» à ces drames microscopiques mais violents, à ce «ressenti» universel mais inconnu, sur lesquels la romancière veut fixer toute l'attention. Le roman se rapproche alors de la peinture moderne, tend vers l'abstraction, atténuant l'élément figuratif au profit de la sensation. Fruit d'une lutte acharnée pour trouver un équilibre précaire entre le non-nommé et un langage qui à tout moment menace de l'écraser sous le poids de la convention, des étiquettes et des clichés, le roman sarrautien se rapproche également de la poésie, retrouvant de la poésie «ce tremblement de l'indicible» («Le langage dans l'art du roman», 1970) et le «langage essentiel» («Ce que je cherche à faire», 1972) qui permettent de «percer les apparences» pour «faire apparaître l'invisible» («La littérature, aujourd'hui», 1962). De cette fusion poétique entre la sensation et le langage naît une écriture unique. Peinture et musique modernes, drame, poésie, roman, le texte de Sarraute efface les frontières entre les genres comme entre les individus, résiste à tout cloisonnement identitaire.

La singularité affichée par Sarraute lui a valu d'être consacrée «écrivain classique» de son vivant, ce masculin du langage officiel cadrant bien avec son propre usage et avec son principe que l'écriture est «neutre», que le masculin seul est neutre et par conséquent capable de représenter l'être humain dans son universalité, alors que le féminin, étant sexué, est forcément limité et particulier. Avec Simone de Beauvoir elle considère le féminin comme une construction culturelle, un rôle, un masque inauthentique. Comme Monique Wittig, qui voit en elle «le génie du siècle» (*Libération*, 17 juin 1999), elle explore un monde qui dépasse la catégorie de sexe, car, «à un certain niveau de la conscience», insiste-t-elle, nous sommes tous semblables (*Nathalie Sarraute: Qui êtes-vous?*). Elle a toujours refusé de croire que son sexe avait une incidence quelconque sur son écriture, rejetant catégoriquement la notion d'une écriture féminine ou d'une inscription du féminin: «Quand je travaille je ne pense pas en tant que femme. [...] Je ne pense pas que c'est une femme qui écrit. Cette chose-là, ce que je travaille, est en train de se passer quelque part où le sexe féminin ou masculin n'intervient pas» (*Nathalie Sarraute: Qui êtes-vous?*). N'ayant rien de menaçant pour l'hégémonie patriarcale, cette attitude a sans doute contribué à sa consécration officielle. En 1993, Nathalie Sarraute voit son œuvre théâtrale inscrite au Répertoire de la Comédie-Française. La Bibliothèque nationale de France reconnaît en 1995 son «œuvre singulière» en lui consacrant une exposition et lui rend hommage comme «l'un des grands écrivains de notre siècle». L'année suivante, ses œuvres complètes entrent dans la Bibliothèque de la Pléiade avec une préface qui, en soulignant l'originalité de son projet—explorer la terre inconnue des tropismes—la compare à «une héroïne des lettres». Seuls onze auteurs, dont seulement deux femmes, y étaient entrés de leur vivant: Marguerite Yourcenar, première femme élue à l'Académie Française, l'a précédée en effet en 1982, deux ans après son élection. Bien que le catalogue de la Pléiade comprenne plus de trois cent titres, on n'y découvre que cinq femmes écrivains françaises ayant des volumes consacrés uniquement à leurs œuvres (les autres étant Sévigné, Sand et Colette). L'œuvre de Sarraute a été traduite en plus de trente langues. Sa place parmi les auteurs canoniques du XXe siècle semble solidement assurée.

Elle a donc échappé à la menace de disparition que représentait sa marginalisation au sein du groupe du Nouveau Roman. Son intérêt pour les profondeurs de la subjectivité humaine était en effet aux antipodes de l'extériorité vantée par un Robbe-Grillet et son projet mimétique de reproduire dans le langage une réalité préexistante, au lieu d'écrire selon le principe que le langage crée la réalité, la rendait suspecte et l'isolait. Que signifie cette consécration? Sarraute serait-elle pour les architectes du canon une femme alibi, sans danger pour le patriarcat? Si elle croit que l'écriture est neutre, si elle refuse l'écriture féminine, si elle conjure l'exclusion en tant que femme en s'identifiant à des prédécesseurs surtout masculins (Dostoïevski, Proust, Joyce, Kafka...), si elle représente l'écrivain authentique au masculin («Ce que voient les oiseaux»; *Entre la vie et la mort,* roman, 1968), elle semble conforter aussi les préjugés patriarcaux, évitant les théories et les grands événements qui font les grandes œuvres (les guerres, l'Histoire, les crimes, les amours...), en s'en tenant à la zone circonscrite qui depuis toujours a été abandonnée aux femmes: l'intime, la sensibilité, l'intérieur. Brillante styliste des mouvements intérieurs et d'une matière ténue, elle ferait figure d'une nouvelle Sévigné. S'agirait-il d'un énorme malentendu de la part des arbitres du canon qui fait qu'elle occupe, malgré son sexe et les aspects véritablement, subversivement—et non conventionnellement—féminins de son œuvre, la place qu'elle mérite dans le canon littéraire du XXe siècle?

Nathalie Tcherniak naît en Russie à Ivanovo-Vosnessensk le 18 juillet 1900 dans une famille d'intellectuels juifs. Son père Ilya, inventeur d'un procédé empêchant le délavage des couleurs, tient une fabrique de matières colorantes. Sa mère Pauline écrit sous un pseudonyme masculin des romans, des nouvelles et des contes pour enfants. Après leur divorce en 1902, Nathalie sera ballottée entre son père et sa mère, tous deux remariés, et passera son temps entre Paris, Genève, Ivanovo et Saint-Pétersbourg. Elle parle français et russe et, grâce à la mère de sa belle-mère, elle apprend l'allemand et le piano. Bonne élève, elle adore les études. À partir de 1909, elle vit à Paris avec sa belle-mère Véra et son père, émigré en France pour des raisons politiques. Elle évoquera toute cette période dans *Enfance* (1983). Après avoir obtenu une licence d'anglais à la Sorbonne en 1920, elle étudie l'histoire à Oxford (1920–1921) et la sociologie à Berlin (1921–1922). À Berlin elle est vivement impressionnée par la lecture du roman *Tonio Kröger* de Thomas Mann. De retour à Paris, elle s'inscrit à la faculté de droit où elle rencontre Raymond Sarraute qui partage sa passion pour la littérature et l'initie à la peinture. Mariés en 1925, ils auront trois filles, Claude, Anne et Dominique. Raymond sera le soutien infaillible de son écriture. En 1923, elle découvre Proust en lisant *À l'ombre des jeunes filles en fleurs,* puis en 1926 *Ulysse* de Joyce et *Mrs. Dalloway* de Woolf; elle comprend que désormais on ne peut plus écrire comme on l'avait fait avant. Pendant une douzaine d'années elle exerce sans passion le métier d'avocate; en 1932, se tournant vers la littérature, elle compose ses deux premiers *Tropismes.* Une première édition comprenant dix-neuf textes paraîtra dans l'indifférence générale chez Denoël en 1939, le manuscrit ayant été refusé par Gallimard et Grasset, éditeurs plus prestigieux. La guerre éclate et, sous l'Occupation, elle se voit radiée du barreau en tant que Juive. Refusant de porter l'étoile jaune, elle se réfugie à la campagne où, sous le nom de Nicole Sauvage, elle se fait passer pour la gouvernante de ses propres filles et prépare *Portrait d'un inconnu,* roman qui ne se vendra qu'à 400 exemplaires lors de sa parution en 1948 chez un autre petit éditeur, Robert Marin.

Si son second roman, *Martereau* (1953), est mieux accueilli par la critique et par le public, c'est seulement trois ans plus tard avec la parution de *L'Ère du soupçon* et la réédition de *Portrait d'un inconnu,* toujours accompagné de la préface de Sartre, que Sarraute sort tout à fait de l'obscurité. C'est l'essor du Nouveau Roman. Le moment est propice pour une réédition de *Tropismes* qui paraît en 1957 avec un texte supprimé et six ajoutés; cette fois le livre ne passe pas inaperçu. En 1959, le grand succès du *Planétarium* marque la consécration de la romancière comme l'une des voix les plus originales de l'époque. Dans la rencontre entre un romancier en puissance et une écrivaine académique caricaturale, à l'intérieur d'un univers factice, planétarium métaphorique fait de lieux communs, ce roman illustre une impulsion essentielle de l'écriture sarrautienne, la réflexion sur la création. La réflexion sur l'art doublée d'une satire se poursuit dans *Les Fruits d'or* (1963; Prix international de littérature, 1964), où c'est la montée et la chute d'un roman du même titre qui font naître les tropismes chez les admirateurs et les détracteurs, satire mordante des milieux littéraires. Le thème de la création artistique domine également *Entre la vie et la mort* (1968) où les tropismes mettent au jour l'expérience d'un écrivain aux prises avec l'effort créateur et *Vous les entendez?* (1972) où une statue de pierre primitive, admirée par un maître de maison et son ami collectionneur mais objet supposé des rires des jeunes gens de la maison, sert d'incitation aux tropismes. Le thème de la réception d'une œuvre d'art est déjà présent dans *Tropismes* (voir *Tropisme* XII, ci-dessous). Dans *«disent les imbéciles»* (1976) c'est au pouvoir destructeur du langage que Sarraute s'en prend, à sa tendance à étiqueter, à classer, à créer des hiérarchies (d'un côté, les «suprêmement intelligents», de l'autre, «les imbéciles»), à transformer des êtres vivants et complexes en personnages simplifiés, en statues inanimées, ou bien en conformistes apeurés devant le danger que leurs idées indépendantes soient accueillies par un «disent les imbéciles». De plus en plus, ce sont les mots qui déclenchent les tropismes. Avec *L'Usage de la parole* (1980) et ses derniers livres, *Ici* (1995) et *Ouvrez* (1997), Sarraute abandonne la narration continue et retrouve la forme poétique du texte court utilisée dans *Tropismes* pour sonder à présent les effets tropistiques, les «légers remous» ou les «brèves ondulations», que produisent des mots convenus ou banals comme «Ich sterbe» («je meurs,» derniers mots de Tchekhov), «À très bientôt», «Le mot Amour» ou «Mon petit» (*L'Usage de la parole*). Dans *Ici* comme dans *Tu ne t'aimes pas* (1989) les personnages ont presque totalement disparu; ce ne sont plus que des locuteurs, des voix désincarnées. *Ouvrez* pousse l'esthétique de l'abstraction à la limite: les mots sont les seuls protagonistes du drame. Des mots exclus, repoussés derrière une paroi transparente en faveur de mots convenables, «sortables», observent: «Par moments, ce qu'ils voient leur donne envie d'intervenir, ils n'y tiennent plus, ils appellent... Ouvrez». Belle synthèse de toute l'entreprise de Sarraute: ouvrir une brèche dans les parois lisses des contrevérités, de la convention sociale, verbale et littéraire, pour laisser entrer non *la* vérité, mais de la vérité, de la vie, de l'inconvenant, de l'exclu.

Outre ses romans, entre 1964 et 1982, Nathalie Sarraute écrit six pièces pour la radio qui sont aussi magistralement interprétées sur la scène et parfois filmées: *Le Silence* (1964), *Le Mensonge* (1966), *Isma ou Ce qui s'appelle rien* (1970), *C'est beau* (1972), *Elle est là* (1978), *Pour un oui pour un non* (1982). Continuations de l'œuvre romanesque, ce sont des pièces minimalistes, souvent très drôles, sur «rien», où l'action consiste en des drames microscopiques de la vie quotidienne. Selon un procédé que Sarraute appelle «le gant retourné», le dedans devient le dehors, l'action dramatique des tropismes, située dans les romans au niveau du prédialogue ou de la sous-conversation, se déploie ici dans le dialogue lui-même. Bien reçu par le public, son théâtre lui vaut en 1996 le Grand Prix de théâtre de la Société des auteurs et compositeurs dramatiques.

En 1983, un an avant *L'Amant* de Marguerite Duras et *Le Miroir qui revient* de Robbe-Grillet, Sarraute annonce avec *Enfance* le renouvellement de l'autobiographie qui marque les années 1980. Guère une «histoire de ma vie» classique, linéaire, *Enfance* s'organise en soixante-dix courtes séquences, fragments discontinus à l'instar de *Tropismes,* pour créer, non un récit clos et sûr de lui, mais un montage ouvert et interrogatif de souvenirs. Sarraute invente pour ceci une technique nouvelle: deux voix narratrices entrent en dialogue; la première épouse la sensibilité de la petite écorchée vive du passé, alors que son double, plus détaché, maintient sur le travail du souvenir et sur la recherche d'une continuité entre l'identité de l'enfant et celle de la femme adulte, une perspective critique. Récit du déchirement de la petite Natacha entre deux parents, deux pays et deux langues, de l'émergence de sa voix à elle face à celle de l'Autre, maître de la parole, tentative de mise en mots et en images de sensations, de «mouvements» alors informulés, ressentis «hors des mots», de tropismes suscités par le choc de certaines phrases, par la rencontre de l'enfant avec un langage à la fois destructeur et envoûtant, *Enfance* retrouve les sources de l'écriture de Sarraute et obtient un grand succès.

Avec une nouvelle pièce radiophonique en cours, Nathalie Sarraute s'éteint, presque centenaire, le 19 octobre 1999 à Paris.

Si toute l'œuvre de Sarraute découle de *Tropismes,* dans *Tropismes* tout découle de l'enfance. Les quatre *Tropismes* suivants révèlent un monde archaïque de peurs et de désirs remontant à la petite enfance, avant l'entrée dans l'ordre symbolique du langage, avant la socialisation: désir de contact, de fusion avec autrui, comme recherche de sécurité, instinct de survie; et, en même temps, peur d'être engouffré, écrasé dans son individualité, répulsion face à l'avilissement du contact. De même, les images font souvent revivre l'atmosphère primitive à la fois magique et sinistre des contes de fées. Du côté de la vie, de la liberté, de l'authenticité, de l'informe, de l'informulé, c'est-à-dire, du côté des tropismes, l'enfant s'oppose aux maîtres, les adultes inauthentiques, détenteurs du langage, autorités au pouvoir mortel de subjugation et de nomination, personnages trompe-l'œil (XII), poupées sans vie (X), propagateurs de lieux communs rassurants, dont l'enfant finit par être la victime docile, refoulant toute tentation de révolte (VIII, XXI). Sarraute nous fait ressentir le symbolique, langue institué ou ordre social, comme une violence faite à l'être libre, que celui-ci soit incarné par un enfant ou par un artiste novateur (voir dans XII, la proscription de Rimbaud et Proust). Dans le heurt entre l'enfant et l'adulte, entre l'individu solitaire inadapté et le groupe conformiste compact, entre le magma confus des tropismes souterrains et les contours nets, les surfaces lisses et mortes, sans aspérités ni fêlures, censés endiguer les tropismes, se joue ainsi, métaphoriquement, la lutte chez l'auteur elle-même pour «investir dans du langage une part, si infime fût-elle, d'innommé». Car «[à] peine cette chose informe, toute tremblante et flageolante, cherche-t-elle à se montrer au jour qu'aussitôt ce langage si puissant et si bien armé, qui se tient toujours prêt à intervenir pour rétablir l'ordre—son ordre—saute sur elle et l'écrase» («Ce que je cherche à faire»).

Nonobstant les dénégations de Sarraute et son refus de toute étiquette, y compris féministe ou psychanalytique, il est clair que cette recherche s'apparente à celle d'écrivaines communément associées à *l'écriture féminine* comme Cixous, Duras, Chawaf, et Colette et de théoriciennes du féminin comme Luce Irigaray ou Julia Kristeva en ce qu'elle valorise ce qui se range chez elles sous la rubrique globale du *préœdipien,* stade dominé par le rapport à la mère, précédant l'entrée dans le symbolique, l'établissement de l'ordre du Père et la constitution de l'identité—y compris sexuelle—et lié au sémiotique («une articulation provisoire, un rythme non expressif», Kristeva, *Polylogue,* 1977). Comme elles, Sarraute veut mettre en valeur une expérience corporelle préverbale faite de rythmes et de pulsions, marquée par l'oralité, qui précède le langage institué, le traverse et le soutient (rappelant «l'effet femme» selon Kristeva, «Unes femmes», 1975). Elle cherche à ouvrir le langage à «ces actions minuscules qui sous-tendent et poussent en avant le dialogue, en lui donnant sa véritable signification» («Conversation et sous-conversation», *L'Ère du soupçon*). Ainsi que celles qui cherchent dans les blancs et dans le silence les traces d'un féminin refoulé, elle met en évidence une matière censurée, un non-dit refoulé dans les trous du discours social (XXI), ces «craquelures» dans un mur épais qu'elle s'efforce d'élargir pour mieux les sonder, d'où ces «phrases hachées, suspendues, cabrées devant le danger» de la correction grammaticale ou du respect des usages («Ce que je cherche à faire»). Le symbolique chez Sarraute s'assimile donc à l'extérieur, au visible, à la surface imperméable, au social, à tout ce qui fait barrage aux tropismes et les refoule, à tout ce qui relève de l'identité—personnage, intrigue, cadre précis, classification—et non de ce «magma sans nom, sans contours» («L'Ère du soupçon») anonyme et fluide, comparable au féminin théorisé par d'autres (voir, par exemple, Irigaray, «La "mécanique" des fluides», *Ce Sexe qui n'en pas un,* 1977), qu'elle tâche de faire remonter jusqu'à la parole sans le trahir en l'exprimant. Coureuse de bords entre le sémiotique et le symbolique, entre l'innommé et le langage, entre le préconscient et le conscient, Sarraute ressemble en effet à ces «sujets casseurs des automatismes» que Cixous estime seuls capables de penser l'écriture féminine («Le Rire de la Méduse», 1975). Iconoclaste, elle sonde les profondeurs inconnues de la sous-conversation, nous montrant «qu'au-delà de cette surface spéculaire qui supporte le discours, s'annonce non le vide du rien mais l'éblouissement d'une spéléologie aux facettes innombrables» qui «menace d'ignition» (Irigaray, *Speculum de l'autre femme,* 1974) les clichés, les images toutes faites et les certitudes d'une pensée paternaliste, sinon patriarcale.

Tropismes

VIII

Quand il était avec des êtres frais et jeunes, des êtres innocents, il éprouvait le besoin douloureux, irrésistible, de les manipuler de ses doigts inquiets, de les palper, de les rapprocher de soi le plus près possible, de se les approprier.

Quand il lui arrivait de sortir avec l'un d'eux, d'emmener l'un d'eux «promener», il serrait fort, en traversant la rue, la petite main dans sa main chaude, prenante, se retenant pour ne pas écraser les minuscules doigts, pendant qu'il traversait en regardant avec une infinie prudence, à gauche et puis à droite, pour s'assurer qu'ils avaient le temps de passer, pour bien voir si une auto ne venait pas, pour que son petit trésor, son petit enfant chéri, cette petite chose vivante et tendre et confiante dont il avait la responsabilité, ne fût pas écrasée.

Et il lui apprenait, en traversant, à attendre longtemps, à faire bien attention, en traversant les rues sur le passage clouté, car «il faut si peu de chose, car une seconde d'inattention suffit pour qu'il arrive un accident».

Et il aimait aussi leur parler de son âge, de son grand âge et de sa mort. «Que diras-tu quand tu n'auras plus de grand-père, il ne sera pas là, ton grand-père, car il est vieux, tu sais, très vieux, il sera bientôt temps pour lui de mourir. Est-ce que tu sais ce qu'on fait quand on est mort? Lui aussi, ton grand-père, il avait une maman. Ah! où elle est maintenant? Ah! Ah! où elle est maintenant, mon chéri? elle est partie, il n'a plus de maman, elle est morte depuis longtemps, sa maman, elle est partie, il n'y en a plus, elle est morte.»

L'air était immobile et gris, sans odeur, et les maisons s'élevaient de chaque côté de la rue, les masses plates, fermées et mornes des maisons les entouraient, pendant qu'ils avançaient lentement le long du trottoir, en se tenant par la main. Et le petit sentait que quelque chose pesait sur lui, l'engourdissait. Une masse molle et étouffante, qu'on lui faisait absorber inexorablement, en exerçant sur lui une douce et ferme contrainte, en lui pinçant légèrement le nez pour le faire avaler, sans qu'il pût résister—le pénétrait, pendant qu'il trottinait doucement et très sagement, en donnant docilement sa petite main, en opinant de la tête très raisonnablement, et qu'on lui expliquait comme il fallait toujours avancer avec précaution et bien regarder d'abord à droite, puis à gauche, et faire bien attention, très attention, de peur d'un accident, en traversant le passage clouté[1].

X

Dans l'après-midi elles sortaient ensemble, menaient la vie des femmes. Ah! cette vie était extraordinaire! Elles allaient dans des «thés», elles mangeaient des gâteaux qu'elles choisissaient délicatement, d'un petit air gourmand: éclairs au chocolat, babas et tartes.

1. Ce dénouement rassemble des motifs récurrents chez Sarraute. Voici, par exemple, la fin du *Tropisme* XXIII: «Et peu à peu une faiblesse, une mollesse, un besoin de se rapprocher d'eux, d'être approuvée par eux, la faisait entrer avec eux dans la ronde. [...] bien sagement, comme une bonne petite fille docile, elle leur donnait la main et tournait avec eux.

Ah, nous voilà enfin tous réunis, bien sages, faisant ce qu'auraient approuvé nos parents, nous voilà donc enfin tous là, convenables, chantant en chœur comme de braves enfants qu'une grande personne invisible surveille pendant qu'ils font la ronde gentiment en se donnant une menotte triste et moite.»

Tout autour c'était une volière pépiante, chaude et gaiement éclairée et ornée. Elles restaient là, assises, serrées autour de leurs petites tables et parlaient.

Il y avait autour d'elle un courant d'excitation, d'animation, une légère inquiétude pleine de joie, le souvenir d'un choix difficile, dont on doutait encore un peu (se combinerait-il avec l'ensemble bleu et gris? mais si pourtant, il serait admirable), la perspective de cette métamorphose, de ce rehaussement subit de leur personnalité, de cet éclat.

Elles, elles, elles, elles, toujours elles, voraces, pépiantes et délicates.

Leurs visages étaient comme raidis par une sorte de tension intérieure, leurs yeux indifférents glissaient sur l'aspect, sur le masque des choses, le soupesaient un seul instant (était-ce joli ou laid?), puis le laissaient retomber. Et les fards leur donnaient un éclat dur, une fraîcheur sans vie.

Elles allaient dans des thés. Elles restaient là, assises pendant des heures, pendant que des après-midi entières s'écoulaient. Elles parlaient: «Il y a entre eux des scènes lamentables, des disputes à propos de rien. Je dois dire que c'est lui que je plains dans tout cela quand même. Combien? Mais au moins deux millions. Et rien que l'héritage de la tante Joséphine... Non... comment voulez-vous? Il ne l'épousera pas. C'est une femme d'intérieur qu'il lui faut, il ne s'en rend pas compte lui-même. D'intérieur... D'intérieur...» On le leur avait toujours dit. Cela, elles l'avaient bien toujours entendu dire, elle le savaient: les sentiments, l'amour, la vie, c'était là leur domaine. Il leur appartenait.

Et elles parlaient, parlaient toujours, répétant les mêmes choses, les retournant, puis les retournant encore, d'un côté puis de l'autre, les pétrissant, les pétrissant, roulant sans cesse entre leurs doigts cette matière ingrate et pauvre qu'elles avaient extraite de leur vie (ce qu'elles appelaient «la vie», leur domaine), la pétrissant, l'étirant, la roulant jusqu'à ce qu'elle ne forme plus entre leurs doigts qu'un petit tas, une petite boulette grise.

XII

Dans ses cours très suivis au Collège de France, il s'amusait de tout cela.

Il se plaisait à farfouiller, avec la dignité des gestes professionnels, d'une main implacable et experte, dans les dessous de Proust ou de Rimbaud, et étalant aux yeux de son public très attentif leurs prétendus miracles, leurs mystères, il expliquait «leur cas».

Avec son petit œil perçant et malicieux, sa cravate toute faite et sa barbe carrée, il ressemblait énormément au Monsieur peint sur les réclames, qui recommande en souriant, le doigt levé: Saponite—la bonne lessive, ou bien la Salamandre modèle: économie, sécurité, confort.

«Il n'y a rien», disait-il, «vous voyez, je suis allé regarder moi-même, car je n'aime pas m'en laisser accroire, rien que je n'aie moi-même mille fois déjà étudié cliniquement, catalogué et expliqué.

«Ils ne doivent pas vous démonter. Tenez, ils sont entre mes mains comme des petits enfants tremblants et nus, et je les tiens dans le creux de ma main devant vous comme si j'étais leur créateur, leur père, je les ai vidés pour vous de leur puissance et de leur mystère, j'ai traqué, harcelé ce qu'il y avait en eux de miraculeux.

«Maintenant, ils sont à peine différents de ces intelligents, de ces curieux et amusants loufoques qui viennent me raconter leurs interminables histoires pour que je m'occupe d'eux, les apprécie et les rassure.

«Vous ne pouvez pas plus vous émouvoir que mes filles quand elles reçoivent leurs amies dans le salon de leur mère et bavardent gentiment et rient sans se soucier de ce que je dis à mes malades dans la pièce voisine.»

Ainsi il professait au Collège de France. Et partout alentour, dans les facultés avoisinantes aux cours de littérature, de droit, d'histoire ou de philosophie, à l'Institut et au Palais, dans les autobus, les métros, dans toutes les administrations, l'homme sensé, l'homme normal, l'homme actif, l'homme digne et sain, l'homme fort triomphait.

Évitant les boutiques pleines de jolis objets, les femmes qui trottinaient alertement, les garçons de café, les étudiants en médecine, les agents, les clercs de notaire, Rimbaud ou Proust, arrachés de la vie, rejetés hors de la vie et privés de soutien, devaient errer sans but le long des rues, ou somnoler, la tête tombant sur la poitrine, dans quelque square poussiéreux.

XXI

Dans son tablier noir en alpaga, avec sa croix épinglée chaque semaine sur sa poitrine[2], c'était une petite fille extrêmement «facile», une enfant très docile et très sage: «Il est pour les enfants, madame, celui-là?» demandait-elle à la papetière, quand elle n'était pas sûre, en achetant un journal illustré ou un livre.

2. À rapprocher de l'évocation par Sarraute d'elle-même petite fille dans *Enfance,* avec «la croix que la maîtresse épingle sur mon tablier et que je porte toute la semaine». La petite fille docile de ce tropisme pourrait bien être elle-même. Mais si, depuis le début, les tropismes prennent leur source dans ce qu'elle a personnellement ressenti, s'ils sont «l'expression spontanée d'impressions très vives» sur lesquelles son attention s'était fixée dès son enfance (préface, *L'Ère du soupçon*), l'autobiographie est toujours dépassée par la visée générale. Sarraute veut mettre au jour une matière anonyme et universelle.

Elle n'aurait jamais pu, oh, non, pour rien au monde elle n'aurait pu, déjà à cet âge-là, sortir de la boutique avec ce regard appuyé sur son dos, avec tout le long de son dos quand elle allait ouvrir la porte pour sortir, le regard de la papetière.

Elle était grande maintenant, petit poisson deviendra grand, mais oui, le temps passe vite, ah, c'est une fois passé vingt ans que les années se mettent à courir toujours plus vite, n'est-ce pas? eux aussi trouvaient cela? et elle se tenait devant eux dans son ensemble noir qui allait avec tout, et puis le noir, c'est bien vrai, fait toujours habillé ... elle se tenait assise, les mains croisées sur son sac assorti, souriante, hochant la tête, apitoyée, oui, bien sûr elle avait entendu raconter, elle savait comme l'agonie de leur grand-mère avait duré, c'est qu'elle était si forte, pensez donc, ils n'étaient pas comme nous, elle avait conservé toutes ses dents à son âge... Et Madeleine? Son mari... Ah, les hommes, s'ils pouvaient mettre au monde des enfants, ils n'en auraient qu'un seul, bien sûr, ils ne recommenceraient pas deux fois, sa mère, la pauvre femme, le répétait toujours—Oh! oh! les pères, les fils, les mères!—l'aînée était une fille, eux qui avaient voulu avoir un fils d'abord, non, non, c'était trop tôt, elle n'allait pas se lever déjà, partir, elle n'allait pas se séparer d'eux, tout près, le plus près possible, bien sûr elle comprenait, c'est si gentil, un frère aîné, elle hochait la tête, elle souriait, oh, pas elle la première, oh, non, ils pouvaient être tout à fait rassurés, elle ne bougerait pas, oh, non, pas elle, elle ne pourrait jamais rompre cela tout à coup. Se taire; les regarder; et juste au beau milieu de la maladie de la grand-mère se dresser et, faisant un trou énorme, s'échapper en heurtant les parois déchirées et courir en criant au milieu des maisons qui guettaient accroupies tout au long des rues grises, s'enfuir en enjambant les pieds des concierges qui prenaient le frais assises sur le seuil de leurs portes, courir la bouche tordue, hurlant des mots sans suite, tandis que les concierges lèveraient la tête au-dessus de leur tricot et que leurs maris abaisseraient leur journal sur leurs genoux et appuieraient le long de son dos, jusqu'à ce qu'elle tourne le coin de la rue, leur regard[3].

3. L'un des six morceaux écrits entre 1939 et 1941, ce texte a été publié pour la première fois en 1957 dans la deuxième édition de *Tropismes*. Mais il développe des motifs apparents dès le *Tropisme* II, le deuxième à avoir été écrit, dont voici la fin: «Il fallait leur répondre et les encourager avec douceur, et surtout, surtout ne pas leur faire sentir, ne pas leur faire sentir un seul instant qu'on se croyait différent. Se plier, se plier, s'effacer: "Oui, oui, oui, oui, c'est vrai, bien sûr", voilà ce qu'il fallait leur dire, et les regarder avec

sympathie, avec tendresse, sans quoi un déchirement, un arrachement, quelque chose d'inattendu, de violent allait se produire, quelque chose qui jamais ne s'était produit et qui serait effrayant. [...] avec une force immense, il les secouerait comme de vieux chiffons sales, les tordrait, les déchirerait, les détruirait complètement. Mais [...] [a]vant qu'il ait le temps de se jeter sur eux—avec cet instinct sûr, cet instinct de défense, cette vitalité facile qui faisait leur force inquiétante, ils se retourneraient sur lui et, d'un coup, il ne savait comment, l'assommeraient.»

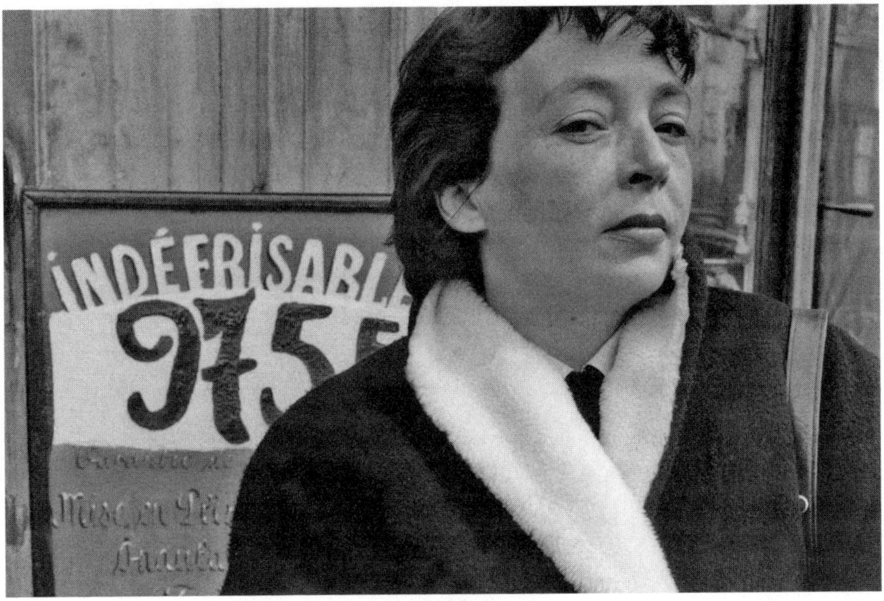

Marguerite Duras

(1914–1996)

Je suis en permanence un objet de scandale[...]. Je crois que la littérature est scandaleuse parce qu'elle est rare et qu'elle rend les gens fous.
—Marguerite Duras, «Au-delà des pages», interview télévisée, 26 juin 1988

Romancière, dramaturge, auteur de récits courts qui échappent à toute classification, scénariste, cinéaste, journaliste, essayiste, Marguerite Duras est sans conteste la grande dame des lettres françaises de la seconde moitié du XXe siècle. À partir de la publication en 1950 d'un roman autobiographique, *Un Barrage contre le Pacifique,* elle commence à attirer l'attention du public et de la critique en France. Mais c'est le succès du roman *Moderato cantabile* (1958) et du film *Hiroshima mon amour* (1959) qui assoit sa célébrité. Ces œuvres marquent aussi un tournant décisif dans son écriture, l'abandon de la forme réaliste

---

Marguerite Duras (photo Robert Doisneau, Agence Rapho)

relativement conventionnelle de ses premiers romans pour un style très personnel, plus allusif que descriptif, à la fois envoûtant et dérangeant. Cette écriture «dangereuse» met l'auteur au bord de la «folie» et vise, symboliquement, à «rend[re] les gens fous». Car, «traduite», selon Duras, du noir, du silence, d'une intelligence «organique» plutôt que théorique ou rationnelle («Interview», Susan Husserl-Kapit, 1975), elle met en échec le discours de maîtrise en place pour afficher ce qu'il refoule, pour dire l'indicible: le désir, la mort, l'horreur, le deuil, le «féminin», l'irreprésentable, «l'autre». Par son écriture expérimentale, Duras devance ou croise des mouvements artistiques majeurs en France: en particulier, le Nouveau Roman des années 1950 et 1960, le cinéma Nouvelle Vague, le renouvellement de l'autobiographie avec les «autofictions» des années 1980, et surtout le féminisme et l'écriture féminine des années 1970. Ses affinités avec les recherches des femmes écrivains de cette époque sont évidentes—Hélène Cixous, dans «Le Rire de la Méduse» (1975), en quelque sorte le manifeste de l'écriture féminine, la cite en effet comme la seule femme écrivain française à part Colette à avoir su «inscrire de la féminité»—et elle-même proclame que son écriture part d'un «rejet violent de la syntaxe» en faveur du «blanc dans la chaîne, [...] ce féminin», c'est-à-dire, en faveur des trous et des failles qui seraient les lieux du refoulement du féminin dans le discours (*Les Parleuses,* 1974). Elle refusera pourtant l'étiquette d'écriture féminine, comme elle refusera l'appartenance à toute école et à toute orthodoxie. Avec la parution en 1984 de son roman autobiographique, *L'Amant,* Prix Goncourt et best-seller mondial, Duras triomphe en tant qu'écrivaine «populaire» et sa réputation nationale et internationale est désormais consacrée. Elle devient alors une femme publique, vedette des médias, objet d'entretiens très suivis à la radio et à la télévision (dont la célèbre émission «Apostrophes» de Bernard Pivot, en septembre 1984, avant le Goncourt), ainsi que d'interviews innombrables dans les magazines et les journaux. Elle fonde une mythologie personnelle, une «légende Duras», et elle provoque la fascination. Devenue monument littéraire, elle se plaît à cultiver le scandale, polarisant le public en Durassophiles et Durassophobes, en idolâtres et allergiques. Marguerite Duras ne laisse pas indifférent.

Son œuvre non plus, redevenue par la mort de l'auteur le vrai monument Duras, comme l'atteste le nombre toujours croissant des études critiques, tandis que la curiosité du grand public à l'égard de sa personne semble s'apaiser. Car même dans la mort, pendant quelque temps, elle a continué à scandaliser: une biographie aux révélations «scandaleuses» de Laure Adler, sortie en 1998, a eu un retentissement énorme en France et, immédiatement traduite, à l'étranger. Le succès de cette biographie a concouru à banaliser la personne, à la faire déconsidérer en tant que diva outrecuidante et ridicule (féminité banale, politique ambiguë, féminisme ambigu; «la légende vivante, la pythie, la reine Marguerite choit de son trône», se réjouit *Le Figaro littéraire,* 27 août 1998). Provisoirement au moins, il a contribué à escamoter l'œuvre avec tout ce qu'elle pouvait comporter de subversif, de novateur et de dérangeant, surtout venant de la part d'une femme, et à entraver une appréciation juste de la place de cette œuvre dans la production littéraire et cinématographique française du XXe siècle. Mais cette stratégie du ridicule et de l'avilissement qui a servi traditionnellement à dénigrer les femmes écrivains (comme ce fut le cas de Madeleine de Scudéry, exemple classique de ce processus) ne semble plus marcher. L'œuvre de Marguerite Duras est aujourd'hui universellement reconnue comme une des œuvres canoniques du siècle.

L'écriture de Marguerite Duras dérange parce qu'elle se veut approche constante et inlassable de *l'autre.* La femme est chez elle la figure principale de cette altérité; autour de cette figure viennent se grouper tous les autres exclus ou marginaux, tous les opprimés, tous les refoulés de la société patriarcale: les fous, les enfants, les ouvriers, les Juifs, les colonisés, les étrangers, les victimes de guerre, les homosexuels, les criminels, les lépreux. Inscrivant le féminin comme l'autre, l'œuvre de Duras articule alors une vision de l'Histoire, un engagement politique autant que littéraire; et l'écriture se fait pour elle chose sacrée. «Apprenez à lire», avise-t-elle dans *La Douleur* (1985), «ce sont des textes sacrés». Il faut lire cette œuvre dans sa richesse et sa complexité. Ancrée dans le concret—une vie, l'Histoire—elle s'approche de l'abstrait, voire du mystique, à force de vouloir aborder un absolu: une douleur et un deuil universels. En même temps, la sensibilité personnelle de Duras s'ouvre sur toute l'Histoire du XXe siècle: le colonialisme, la deuxième guerre mondiale (Hiroshima, la Shoah), la lutte contre les fascismes de tous bords, le communisme, mai 68, le féminisme. La légende Duras, autobiographique et personnelle, débouche sur l'horreur du monde moderne, voire post-moderne. Dès lors, le livre devient pour elle, non pas un livre, mais «des larmes, de la douleur, des désespoirs qu'on ne peut pas encore arrêter ni raisonner. Des colères politiques fortes comme la foi en Dieu» (*Écrire,* 1993).

Née Marguerite Donnadieu, le 4 avril 1914 à Gia Dinh, dans la banlieue de Saigon, elle passe son enfance et son adolescence en Indochine, alors colonie française. Son père est professeur de mathématiques et sa mère, Marie Legrand, institutrice, tous les deux Français d'origine très modeste. Elle a deux frères plus âgés, Pierre et le «petit frère», Paul, dit Paulo. À quatre ans, elle est privée de son père: tombé malade en 1918, il est rapatrié en France où il meurt trois ans plus tard. Sa mère rentre alors en France avec les enfants pour régler la succession, puis en 1924 retourne en Indochine où elle est nommée institutrice dans une école pour indigènes à Sadek, ensuite à Vinh-Long, dans le delta du Mékong, poste qui la situe «au dernier rang de la société blanche» («Apostrophes», 1984). En 1926 elle met toutes ses économies dans l'achat d'une concession au Cambodge qui, inondée six mois de l'année par la mer, se révèle incultivable; elle n'avait pas compris qu'en plus du gouvernement colonial, pour avoir une terre cultivable, il fallait payer les agents corrompus du cadastre. L'indignation devant l'injustice, l'acharnement insensé de sa mère à ériger des barrages, sa folie de les voir s'écrouler, ses réclamations aussi futiles que violentes contre l'administration coloniale, son désespoir, le climat à la fois d'humiliation et de haine du pouvoir dans cette famille de marginaux, «cette histoire commune de ruine et de mort» (*L'Amant*), c'est de là que sortiront non seulement des œuvres ouvertement autobiographiques comme *Un Barrage contre le Pacifique, L'Éden cinéma* (1977), *L'Amant* et *L'Amant de la Chine du Nord* (1991), mais toute l'œuvre de Duras. De même, son écriture portera l'empreinte de son identité créole, de la langue vietnamienne qu'enfant elle parlait aussi couramment que le français, et de son sentiment permanent d'être étrangère en France.

Marguerite Donnadieu obtient son baccalauréat en philosophie au lycée français de Saigon et, en 1932, part définitivement pour Paris où elle fait des études de mathématiques et de science politique et obtient une licence en droit. En 1938, elle devient fonctionnaire au Ministère des Colonies, à la demande duquel elle publiera en 1940, sous le nom de Marguerite Donnadieu et en collaboration avec Philippe Roques, *L'Empire français*. Elle épouse Robert Antelme en 1939. En 1942, elle accouche d'un enfant mort-né, perd son «petit frère» en Indochine, et fait la connaissance de Dionys Mascolo avec qui elle aura après la guerre une liaison de dix ans et un fils, Jean, né en 1947. C'est sans doute pendant ces mêmes années qu'elle se met véritablement à écrire. Sous le pseudonyme de Marguerite Duras (du nom de la petite localité du Lot-et-Garonne où son père avait acheté une propriété), elle publie un premier roman, *Les Impudents*, en 1943. Sous l'Occupation elle est fonctionnaire à la commission de contrôle du papier d'édition; mais, en 1943, aux côtés de Robert Antelme et de Dionys Mascolo, elle s'engage dans la Résistance où elle se lie au futur Président de la République François Mitterrand (*alias* "Morland"), à qui elle vouera une amitié à vie. En 1944, elle s'inscrit au parti communiste. Sur le point d'en être expulsée, elle démissionnera en 1950, mais elle gardera jusqu'à la fin de sa vie «l'espoir communiste» (1993, cité par Adler). Arrêté en 1944, son mari est déporté à Auschwitz, puis à Dachau; Mitterrand l'y découvrira à peine vivant l'année suivante et Dionys Mascolo le ramènera en France où Marguerite l'aidera à revenir à la vie. Elle racontera ces événements pénibles près de quarante ans plus tard dans *La Douleur.* Bien qu'elle divorce de Robert Antelme en 1946, ils resteront très liés et leur appartement rue Saint-Benoît à Paris, désormais celui de Duras, continuera à être un lieu de rencontre pour écrivains et intellectuels de gauche.

Elle connaît son premier grand succès avec *Un Barrage contre le Pacifique,* nommé pour le Goncourt. Duras insistera toujours que, si elle ne l'a pas eu, c'est qu'elle était femme et communiste. Les années cinquante verront aussi la publication du *Marin de Gibraltar* (roman, déconstruction ironique des récits de Hemingway, 1952), des *Petits Chevaux de Tarquinia* (roman, 1953), d'une pièce de théâtre *Des journées entières dans les arbres* (1954, prix Jean Cocteau), et d'un roman de facture minimaliste et d'inspiration marxiste, *Le Square* (1955, adapté pour la scène en 1956, préfigurant ainsi les œuvres «hybrides» à venir). En même temps, elle poursuit son activité journalistique et milite en faveur du peuple algérien pendant la guerre d'Algérie (guerre d'indépendance de cette colonie française, 1954–1962).

En 1957, elle a une expérience érotique déterminante pour son écriture, expérience violente, effrayante, «suicidaire» (*Les Parleuses*), assaisonnée de coups et d'alcool, avec un homme marié, Gérard Jarlot, écrivain scénariste avec qui elle collaborera sur plusieurs scénarios, y compris *Hiroshima mon amour* pour lequel il sera conseiller littéraire. Dès lors, son écriture se radicalise et elle s'engage dans la nouvelle voie des livres «dangereux». Une première transposition fictive de cette histoire donnera *Moderato cantabile,* qui met en place le ton, le style original et les motifs obsessionnels de Duras: l'amour mêlé à la mort, le désir fou, l'alcool, la fascination érotique, l'attrait du crime et de l'abjection, le voyeurisme, la circulation du désir entre personnages à identité interchangeable, éléments qui se retrouvent dans *Hiroshima mon amour* dont le scénario est rédigé peu de temps après et sous le coup de la crise provoquée par cette liaison. Le fameux «Tu me tues./ Tu me fais du bien» fait écho à cette expérience. Duras donnera une version plus explicite de cette histoire traumatique de passion et de violence en 1980 dans le récit, *L'Homme assis dans le couloir.* Dans *La Vie matérielle* (1987) elle reviendra encore sur «cette étrange disposition de [leur] désir», cette fois sur le mode autobiographique.

Le Ravissement de Lol V. Stein (roman, 1964) inaugure un cycle «indien» où Duras expérimente le point de vue. Dans *Le Vice-Consul* (roman, 1966), *India Song* (texte, théâtre, film, 1973; film, 1975), *Son Nom de Venise dans Calcutta désert* (film, 1976), ainsi que *La Femme du Gange* (film, 1973) et *L'Amour* (roman,

1971), les mêmes personnages réapparaissent, projetés à chaque fois «dans de nouvelles régions narratives». Leur histoire étant toujours inventée par des «mémoires déformantes, créatives» (*India Song*), aucune version ne sera la définitive. Cette pulsion de répétition et l'incertitude qui l'accompagne apparaissent déjà dans *Hiroshima mon amour.* Avec sa valorisation du «mot-trou», le mot absent qui dirait le féminin, *Le Ravissement de Lol V. Stein* est sans doute le texte le plus représentatif de l'écriture féminine, bien qu'il anticipe d'une décennie le mouvement culturel associé à cette notion. Et avec la fascination herméneutique exercée sur le narrateur masculin (et sur des lecteurs innombrables) par son héroïne «folle», il rencontre l'essor en France de la psychanalyse lacanienne, attirant cet hommage ambigu de Jacques Lacan: «Marguerite Duras s'avère savoir sans moi ce que j'enseigne.» Mais ce roman d'avant-garde raconte en fait le délabrement des moyens rationnels face à une folie et une ignorance valorisées paradoxalement comme sources authentiques de connaissance.

Pendant les années soixante et soixante-dix, Duras poursuit son activité politique. Elle participe aux événements de mai 68 (révolte gauchiste des étudiants, des ouvriers et des intellectuels contre le gouvernement de Charles de Gaulle et remise en cause des valeurs sociales traditionnelles), qui trouveront un reflet dans *Détruire, dit-elle* (roman et film, 1969). Œuvre apocalyptique aux éléments romanesques raréfiés à l'extrême, *Détruire, dit-elle* est une critique de la société de consommation et une apologie de l'amour libre, de l'oubli de la connaissance, de la destruction (des institutions sociales, des structures mentales, des formes romanesques, même des phrases) et de l'anarchie en vue d'un renouveau spirituel et politique qui instaurerait une utopie communiste, construction imprévisible sur des ruines. Les femmes, les enfants, les Juifs et les fous sont ici les «Autres», marginaux dissidents et porteurs éventuels de la révolution. En 1971, Duras signe l'appel des 343 réclamant la légalisation de l'avortement; elle s'associe ainsi à la première grande manifestation du Mouvement de Libération des Femmes, comme elle s'associera en général à la cause féministe, sans toutefois y militer. Pendant les années soixante-dix, elle contribue aussi à la revue féministe *Sorcières* et élabore sa position par rapport au féminin et au féminisme dans une série d'entretiens avec Xavière Gauthier, publiés dans *Les Parleuses*. Ses idées controversées, sa complicité apparente avec les images traditionnelles de la femme—folle, silencieuse, prostituée, fatale, maternelle—lui attireront des critiques de la part de certaines féministes comme des anti-féministes.

Marguerite Duras consacre la décennie soixante-dix principalement au cinéma et au théâtre. L'expérimentation du point de vue narratif lié au thème du désir se retrouve dans la disjonction entre l'image ou la scène (lieu de la représentation) et les voix *off*, extérieures à l'action, situées dans l'espace de la mémoire, de la lecture, ou de l'écriture, qui s'efforcent de se rappeler, de ressusciter ou bien d'inventer une histoire passée, désormais inaccessible, d'amour et de mort (*India Song; Son Nom de Venise; Éden Cinéma*, pièce; *Savannah Bay*, pièce, 1982). Un film, *Le Camion* (1977), pousse l'expérimentation narrative encore plus loin: il s'agit d'une histoire seulement virtuelle et d'une mise en scène de la lecture. Un dialogue depuis la «chambre noire» ou «chambre de lecture» entre Duras et l'acteur Gérard Depardieu (devant la caméra, il est en train de lire le script pour la première fois) à propos d'un film qui *aurait été* tourné est entrecoupé de scènes où se matérialisent seuls des camions, toujours différents, roulant dans de vagues paysages de banlieue, les personnages de l'histoire n'étant jamais représentés. «Je suis dans un rapport de meurtre avec le cinéma», constatera la cinéaste pour dire sa rupture avec le cinéma traditionnel et avec la passivité du spectateur qu'il suppose (*Les Yeux verts*, 1980) et pour souligner sa mise en valeur novatrice du texte et de la voix au dépens de l'image.

Avec les années quatre-vingts, Duras abandonne progressivement le cinéma et le théâtre pour l'écrit romanesque. Ces années, qui lui apportent sa réussite la plus spectaculaire avec *L'Amant*, sont également marquées par la présence dans sa vie d'un nouvel amour, un jeune homosexuel de trente-cinq ans son cadet, Yann Andréa, qu'elle a rencontré en 1980. Il sera le compagnon assidu de sa vieillesse et son soutien pendant ses maladies. Alcoolique et fumeuse de longue date, elle en subit maintenant les séquelles. En 1982 elle entre à l'Hôpital Américain de Neuilly pour une cure de désintoxication qui sera rapportée dans le détail par Andréa (*M.D.*, 1983). Hospitalisée à nouveau pour insuffisance respiratoire en 1988, elle passera cinq mois dans le coma. Elle sort de l'hôpital en juin 1989, munie d'une canule pour respirer et, indomptable, se remet à écrire (*La Pluie d'été*, roman, merveilleux hymne à l'enfance et chant de deuil pour les victimes de l'Holocauste, 1990) et à donner des interviews à la télévision et à la radio. Dans les derniers textes de Duras, Yann Andréa devient souvent un personnage fictif, figure d'un amour et d'une histoire également «impossibles» aux yeux du monde mais possibles néanmoins dans l'écriture (*La Vie matérielle*). Ces livres seront en effet de plus en plus une réflexion sur l'écriture. Ainsi, dans *Emily L.* (roman, 1987), figurant Duras, la narratrice raconte son rapport à l'écriture et reconnaît qu'elle fait partie d'une longue tradition de femmes écrivains. Elle s'identifie à l'héroïne Emily L., nouvel avatar d'Emily Dickinson (1830–1886, poète américaine) et incarnation de la femme écrivain brimée par le patriarcat. En un geste qui mime la répression de l'œuvre des femmes écrivains dans l'histoire littéraire et celle de l'œuvre de Duras par une certaine critique misogyne, le poème d'Emily L. sur «la dernière différence: celle, interne, au centre des significations» est brûlé par son mari paternaliste et patriarcal comme «un crime». Crime contre l'ordre en place, indécence ou scandale, inconvenance, Duras revendique comme des *qualités* ces connotations culturelles négatives de l'écriture des femmes, ayant elle-même vécu au départ, comme tant de femmes avant elle, l'acte d'écrire comme un acte coupable. «Pendant quinze ans», avoue-t-elle dans *La Vie matérielle,* «j'ai jeté mes manuscrits aussitôt que le livre était paru. Si je cherche pourquoi, je crois que c'était pour effacer le crime [...], pour atténuer l'indécence d'écrire quand on était une femme.[...] Pendant dix ans, j'ai brûlé mes manuscrits.[...] Je me souviens des lendemains de ces jours-là [...], les tables redevenaient disponibles, lisses, libres, toutes traces effacées.» Avec *Écrire* et *C'est tout* (1995), Duras livre son témoignage ultime sur l'acte d'écrire comme salut, comme sauvagerie—à la fois douleur et bonheur—comme deuil généralisé où se fondent et se confondent le malheur du monde moderne et le malheur de la condition humaine. Elle y redit encore sa croyance en des livres faits de nuit et de silence, avec à l'horizon, utopique, «une écriture du non-écrit [...] brève, sans grammaire, une écriture de mots seuls. Des mots sans grammaire de soutien. Égarés. Là, écrits.» Raréfaction à laquelle accèdent par moments ces derniers sursauts d'une écrivaine dont l'existence s'est confondue jusqu'à la fin avec la littérature. «Y.A.: Elle fait quoi, Duras?/ M.D.: Elle fait la littérature» (*C'est tout*). Marguerite Duras est morte à Paris, le 3 mars 1996, dans son appartement de la rue Saint-Benoît. Elle est enterrée au Cimetière Montparnasse.

Hiroshima mon amour, comme l'œuvre de Duras en général, allie le thème du désir avec celui de l'impossibilité de raconter. Ce dernier thème est à l'origine du scénario. En 1958, la société Argos qui avait déjà produit *Nuit et brouillard* (1956), court métrage inoubliable d'Alain Resnais sur les camps de concentration, demande au cinéaste de faire un long métrage sur les séquelles de la bombe atomique à Hiroshima. Pensant qu'il n'est plus possible de faire un film documentaire sur ce sujet, comme on le lui demande, Resnais a l'idée de l'aborder par le biais d'une fiction et il confie la rédaction du scénario à Marguerite Duras. Il envisage «une histoire d'amour [...] mais d'où l'angoisse atomique ne serait pas absente» («Entretien avec Alain Resnais», 1962). C'était la rencontre de deux grands créateurs autour des mêmes obsessions: la mémoire et l'oubli, le temps et l'amour, la nuit et l'horreur du monde moderne. C'était aussi la mise en question commune du discours de maîtrise et de la représentation conventionnelle d'une histoire et de l'Histoire, avec ses personnages cohérents, son temps chronologique et linéaire, sa certitude, la cohésion entre les mots et l'image, entre la bande sonore et ce qui apparaît à l'écran. Les séquelles de la bombe se voient alors aussi bien dans l'éclatement des éléments narratifs du film que dans le ton de mélancolie nostalgique et de deuil. Reflet d'une nouvelle réalité post-atomique, cette structure «éclatée» contribuera à l'avènement de la Nouvelle Vague et deviendra l'image de marque des films de Duras. Face à l'impuissance de parler d'Hiroshima, «cette incapacité totale de rendre compte d'un événement de cette envergure, de cette dimension, de ce qui est le plus grand événement du XXe siècle, avec les camps de concentration» (*Marguerite Duras à Montréal,* 1981), Duras comprend que la seule manière de témoigner de l'horreur sans la trahir, c'est de «faire renaître cette horreur de ces cendres en la faisant s'inscrire en un amour qui sera forcément particulier et "émerveillant"» et d'aboutir ainsi à «une espèce de faux documentaire qui sera bien plus probant de la leçon de HIROSHIMA qu'un documentaire de commande» (*Hiroshima mon amour*).

N'ayant pas été sélectionné pour représenter la France au festival de Cannes en 1959 de crainte de choquer les Américains, le film est projeté hors festival. Les cinéastes l'accueillent avec enthousiasme et il connaît par la suite un immense succès dans le monde entier, y compris aux États-Unis. Plus de 250 000 spectateurs admireront ce film, pourtant réputé «difficile», rien qu'en France. Pour Duras, ce triomphe artistique est en même temps un échec financier et reste lié à un sentiment d'injustice, à la conviction d'avoir été volée par les producteurs parce que femme: au lieu d'obtenir dans son contrat un pourcentage des recettes, elle a accepté en toute ignorance pour son travail la somme fixe qu'on lui offrait, perdant ainsi des sommes énormes.

Film sur l'impossibilité de raconter, sur la narration comme trahison d'un absolu, sur le travail de la mémoire collective et individuelle pour ne pas oublier ce qui dépasse toute représentation et tout entendement, *Hiroshima mon amour* met en jeu des fragments de trois histoires se déroulant à trois moments et en deux lieux associés à deux amours impossibles, Hiroshima et Nevers. L'histoire présente, l'amour de rencontre en 1957 à Hiroshima entre un architecte japonais et une actrice française qui joue dans un film sur la paix, se donne comme cadre d'une tentative pour voir, pour comprendre, et pour dire deux histoires, l'une privée et l'autre publique, qui échappent à la vue, à la compréhension et à la narration: l'histoire inventée par Duras de l'amour de la Française à Nevers pour un soldat allemand tué en 1944 à la Libération et l'Histoire, celle déclenchée le 6 août 1945 par le bombardement d'Hiroshima. L'histoire présente se veut en même temps répétition des deux histoires passées, répétition où l'histoire d'amour à Nevers prend toujours le dessus sur celle du cataclysme d'Hiroshima. Les fragments se juxtaposent, souvent dans un rapport de contradiction scandaleuse, comme dans le titre même du film et dans les premières images, inintelligibles, où les corps des amants, coupés par la caméra à la hauteur de la tête et des hanches, se confondent avec les corps mutilés des victimes d'Hiroshima, créant une structure en contrepoint qui sème le doute sur ce qui est vu, donc *compris,* qui confond les catégories de la pensée rationnelle, pour mieux faire *ressentir* l'horreur et le deuil incompréhensibles. Le public ne sait pas d'où émanent les deux voix, le «je» et le «tu» du début, car aucun ancrage du point de vue ne stabilise d'abord la narration. Quand la voix masculine, sur les images chaotiques du début, insiste «Tu n'as *rien* vu à Hiroshima,» le «tu» pourrait tout aussi bien s'adresser à nous. C'est aussi notre vue, comme notre vision de l'Histoire, qui sont mises en question. Il est impossible de revoir Hiroshima. Aux reconstructions du cataclysme nucléaire, au musée et à l'hôpital qui témoignent visuellement du désastre pendant «l'opéra» d'Hiroshima au commencement, aux décors du film sur la paix de la troisième partie, constructions inadéquates, toujours montrées en train de se défaire, fait place un autre mode d'appréhension. Le film promet en effet un apprentissage de la vue, mais à travers un passage par le noir. Quand le Japonais demande à la Française à la fin de la première partie, «Et pourquoi voulais-tu voir tout à Hiroshima?» elle répond, «de bien regarder, je crois que ça s'apprend», et, dans le film de Resnais, l'écran reste noir quelques instants, comme pour signaler ce passage vers l'obscurité et l'inconscient, «vers l'inintelligibilité de la vérité» (*Emily L.*).

À partir de là le film travaille quelques paradoxes durassiens. L'oubli inspire l'horreur, mais pour se souvenir, il faut avoir oublié. Le temps est cyclique: de même qu'à la mort et à la destruction succède la renaissance, et à la renaissance la mort et la destruction, de même la mémoire succède à l'oubli, et l'oubli à la mémoire. En même temps, la mémoire est déjà une forme d'oubli: au lieu de ressusciter le moment passé, moment de la perte de l'objet aimé, dont on ne veut pas faire le deuil, elle le remplace par une histoire «racontable», donc forcément falsifiée. Cette histoire permet de vivre dans le présent, de prendre en main la douleur du passé et de survivre, de ne pas se perdre dans l'indifférenciation désirée avec un/la mort, mais il s'agit toujours d'une trahison. Ce que dit Duras du rapport entre la vie et l'autobiographie s'applique également au travail de la mémoire dans ce scénario: «l'événement lui-même est détruit [...] par le livre. Ce n'est jamais ce qui a été vécu. Mais le livre fait ce miracle; c'est que, très vite, ce qui est écrit a été vécu. Ce qui est écrit a remplacé ce qui a été vécu» («F comme fiction», émission télévisée de Pierre Dumayet, octobre 1992). Dans «la résurgence» ou la répétition du passé s'inscrivent toujours des différences; on le voit dès le premier flash-back au début de la seconde partie du film où les yeux fermés ou ouverts des acteurs et les éclairages différents minent l'effet de ressemblance et d'identification entre passé et présent que crée le mouvement identique de la main du Japonais endormi au présent à Hiroshima et celle du soldat agonisant à Nevers en 1944. De même, dans le rituel de la mémoire au café (Partie IV), le Japonais est et n'est pas le soldat allemand, en dépit de l'identité suggérée par les pronoms personnels et les temps des verbes: «Quand tu es dans la cave, je suis mort?» Il joue un rôle et son jeu a l'efficacité d'un transfert psychanalytique. Par le langage cérémonial qui caractérise aussi bien le récitatif du début sur Hiroshima que leur conversation sur Nevers au café, la Française s'efforce d'atteindre un absolu, mais cet absolu demeurera à jamais hors d'atteinte. C'est la définition même de l'acte d'écrire selon Duras: «une approche constante qui n'atteint pas» (*Les Yeux verts*). Et la Française émergera de la résurgence de Nevers pour mieux reconnaître l'oubli présent et futur, l'oubli inévitable de Nevers, oubli dont sera frappée aussi son histoire d'amour avec le Japonais et auquel, paradoxalement, elle finira elle-même par consacrer, comme à une sorte de sauvegarde, les deux amours. «La mémoire, de toute façon, est un échec», affirme Duras; «ce dont je traite, c'est toujours la mémoire de l'oubli. On sait qu'on a oublié, c'est ça la mémoire» (*Marguerite Duras à Montréal*).

De plus, le moment qu'on cherche à répéter n'a jamais été vécu. Ainsi le vide s'inscrit au sein de ce travail de répétition et de mémoire. Le moment de la mort du soldat, celui de la séparation d'avec le corps bien aimé, a échappé à la Française, comme le Japonais était lui-même absent au moment du bombardement. L'écriture de Duras cerne l'absence: «Écrire ce n'est pas raconter des histoires. C'est le contraire de raconter des histoires. C'est raconter tout à la fois. C'est raconter une histoire et l'absence de cette histoire. C'est raconter une histoire qui en passe par son absence» (*La Vie matérielle*). La Française souhaite «une inconsolable mémoire, une mémoire d'ombres et de pierre» mais tout ce qu'elle peut trouver c'est «l'ombre "photographiée" sur la pierre d'un disparu de Hiroshima», la trace d'une absence. L'inscription de l'absence fait de l'œuvre de Duras une œuvre à la fois post-moderne (post-Auschwitz et post-Hiroshima) et *féminine*, car ce vide est aussi pour elle le lieu du féminin, et son inscription sous forme de blancs et de trous dans la forme ou dans l'histoire racontée est faite pour désarticuler le discours en place, discours «masculin», plein. L'inscription de l'absence devient alors un acte politique, le refus de la dialectique de la différence absolue qui fait de l'autre l'ennemi, l'inférieur(e), à éliminer ou à refouler (comme quand le père, déshonoré, enferme la Française dans la cave à Nevers): l'inscription de l'absence se fait protestation «contre l'inégalité posée en principe par certains peuples contre d'autres peuples, contre l'inégalité posée en principe par certaines races contre d'autres races, contre l'inégalité posée en principe par certaines classes contre d'autres classes.» Mise en question des rapports même/autre qui fondent le patriarcat, la structure «féminine» d'*Hiroshima mon amour* est une structure dissidente. Dans cette invention traître qui se veut inscription de la différence—comme l'est aussi, à l'intérieur de l'histoire, la résurgence de Nevers et d'Hiroshima—la vérité ne se trouve plus dans le choix de l'un ou de l'autre des éléments d'une opposition, mais dans le maintien des deux ensemble. Ainsi, à la remarque sensée du Japonais qui repose sur un choix rationnel, «Quand tu parles, je me demande si tu mens ou si tu dis la vérité», la Française ne peut que répondre, d'une manière insensée, «folle», mais vraie: «Je mens. Et je dis la vérité.»

L'imbrication de l'amour et de la mort met en scène d'autres paradoxes durassiens. La passion est envisagée dans sa double acception d'amour érotique et de souffrance mortelle selon un mythe de l'amour qui remonte au Moyen Âge, le mythe de Tristan et Iseut qui informe l'amour courtois et l'amour mystique (voir «Guigemar» de Marie de France et le «Dit de l'âme» de la Béguine anonyme, [I]), et elle se présente à la fois comme drame qui permet la constitution de l'identité de la femme et comme ce qui met l'identité en danger. Dans la répétition avec le Japonais de l'amour passé, la Française cherche la fusion avec l'autre, l'abolition de la séparation qui fonde l'identité. «Dévore-moi», supplie-t-elle. Elle recherche un état de bien-être absolu dans l'indifférenciation entre son corps et le corps de l'aimé, qui à la limite signifierait sa mort: l'indistinction d'avec le soldat mort et la mort de son moi. En même temps, la répétition du passé lui permet de se dédoubler pour mieux se (re)voir—dans le fantasme de la résurgence de Nevers le «je» renvoie à elle-même en tant que participante et spectatrice, en tant qu'objet et sujet du regard—et de se retrouver dans ce qui la définit. Elle est *celle qui n'est pas morte d'amour.* Elle est définie par cette perte de l'amour... et de la mort.

Comme toujours chez Duras, le deuil de l'objet aimé renvoie à une autre perte, irrécupérable, celle du corps de la mère au moment de la naissance. La recherche de l'indifférenciation est au fond une tentative de régression vers un état de bien-être prénatal d'avant la séparation qui crée les distinctions entre le corps de l'une et le corps de l'autre. La structure féminine dissidente serait ainsi plus précisément une structure «maternelle», d'avant l'ordre du Père.

Quand la Française pousse un cri informe comme celui d'un enfant qui appelle «maman» et la mère accourt dans le passé, le geste de celle-ci de serrer son enfant dans ses bras est identique dans le film à celui du Japonais qui serre la Française dans ses bras au café. L'objet aimé archaïque demeure hors d'atteinte; alors le deuil de cet objet qui engendre le désir répété de fusion avec un homme aimé ne peut jamais s'achever. L'amour, jamais satisfait, continue de circuler «de personne à personne» (*Les Parleuses*), aucun amour au monde ne pouvant remplacer cet amour absolu. Vers la fin du film, la scène au café avec un autre Japonais sous les yeux de l'amant illustre bien cette circulation du désir dans un rapport triangulaire typiquement durassien où l'un des personnages joue le rôle de voyeur. Le deuil se perpétue, donc l'amour se perpétue. D'où aussi le mouvement vers l'abstraction et vers la dépossession des personnages, vers la perte de leur individualité, aboutissant à l'échange final des noms de ville.

Procédant de «l'ombre interne», l'écriture de Duras nous entraîne dans «la chambre noire» ou «chambre de lecture», lieu irreprésentable du deuil et du désir, «la nuit noire» du sexe féminin (*La Maladie de la mort*, 1982). Ce qu'elle nomme la chambre noire rejoint petit à petit dans son œuvre l'ombre interne du monde moderne. Et l'espace maternel, utérin, lieu idéal de l'écriture et de la lecture où se confondent les identités, où coexistent masculin et féminin, même et autre, singulier et pluriel, en passant par la nuit d'Hiroshima, finira par s'assimiler à «la chambre des Juifs» (*Yann Andréa Steiner*, 1992), lieu de mémoire ultime pour dire le deuil de l'autre—religieux, ethnique, racial, économique, aussi bien que sexuel—dans le monde moderne.

Hiroshima mon amour
(Extraits)

Synopsis

Nous sommes dans l'été 1957, en août, à Hiroshima[1].

Une femme française, d'une trentaine d'années, est dans cette ville. Elle y est venue pour jouer dans un film sur la Paix.

L'histoire commence la veille du retour en France de cette Française. Le film dans lequel elle joue est en effet terminé. Il n'en reste qu'une séquence à tourner.

1. N'ayant pas reçu l'autorisation de reproduire le scénario intégral, nous en présentons des extraits. Nos résumés des parties omises sont signalés par {}. Le texte intégral de *Hiroshima mon amour* et des appendices est disponible dans la collection Folio chez Gallimard.

C'est la veille de son retour en France que cette Française, qui ne sera jamais nommée dans le film—cette femme anonyme—rencontrera un Japonais (ingénieur, ou architecte) et qu'ils auront ensemble une histoire d'amour très courte.

Les conditions de leur rencontre ne seront pas éclaircies dans le film. Car ce n'est pas là la question. On se rencontre partout dans le monde. Ce qui importe, c'est ce qui s'ensuit de ces rencontres quotidiennes.

Ce couple de fortune, on ne le voit pas au début du film. Ni elle. Ni lui. On voit en leur lieu et place des corps mutilés—à hauteur de la tête et des hanches—remuants—en proie soit à l'amour, soit à l'agonie—et recouverts successivement des cendres, des rosées, de la mort atomique—et des sueurs de l'amour accompli.

Ce n'est que peu à peu que de ces corps informes, anonymes, sortiront leurs corps à eux.

Ils sont couchés dans une chambre d'hôtel. Ils sont nus. Corps lisses. Intacts.

De quoi parlent-ils? Justement de HIROSHIMA.

Elle lui dit qu'elle a tout vu à HIROSHIMA. On voit ce qu'elle a vu. C'est horrible. Cependant que sa voix à lui, négatrice, taxera les images de mensongères et qu'il répétera, impersonnel, insupportable, qu'elle n'a rien vu à HIROSHIMA.

Leur premier propos sera donc allégorique. *Ce sera, en somme, un propos d'opéra.* Impossible de parler de HIROSHIMA. Tout ce qu'on peut faire c'est de parler de l'impossibilité de parler de HIROSHIMA. *La connaissance de Hiroshima* étant a priori posée comme un leurre exemplaire de l'esprit.

Ce début, ce défilé officiel des horreurs déjà célébrées de HIROSHIMA, évoqué dans un lit d'hôtel, cette évocation *sacrilège,* est volontaire. On peut parler de HIROSHIMA partout, même dans un lit d'hôtel, au cours d'amours de rencontre, d'amours adultères. Les deux corps des héros, réellement épris, nous le rappelleront. Ce qui est vraiment sacrilège, si sacrilège il y a, c'est HIROSHIMA même. Ce n'est pas la peine d'être hypocrite et de déplacer la question.

Si peu qu'on lui ait montré du *Monument Hiroshima,* ces misérables vestiges d'un *Monument de Vide,* le spectateur devrait sortir de cette évocation nettoyé de bien des préjugés et prêt à tout accepter de ce qu'on va lui dire de nos deux héros.

Les voici, justement, revenus à leur propre histoire.

Histoire banale, histoire qui arrive chaque jour, des milliers de fois. Le Japonais est marié, il a des enfants. La Française l'est aussi et elle a également deux enfants. Ils vivent une aventure d'une nuit.

Mais où? À HIROSHIMA.

Cette étreinte, si banale, si quotidienne, a lieu dans la ville du monde où elle est le plus difficile à imaginer: HIROSHIMA. Rien n'est «donné» à HIROSHIMA. Un halo particulier y auréole chaque geste, chaque parole, d'un sens supplémentaire à leur sens littéral. Et c'est là un des desseins majeurs du film, en finir avec la description de l'horreur par l'horreur, car cela a été fait par les Japonais eux-mêmes, mais faire renaître cette horreur de ces cendres en la faisant s'inscrire en un amour qui sera forcément particulier et «émerveillant». Et auquel on croira davantage que s'il s'était produit partout ailleurs dans le monde, dans un endroit que la mort n'a pas *conservé.*

Entre deux êtres géographiquement, philosophiquement, historiquement, économiquement, racialement, etc., éloignés le plus qu'il est possible de l'être, HIROSHIMA sera le terrain commun (le seul au monde peut-être?) où les données universelles de l'érotisme, de l'amour, et du malheur apparaîtront sous une lumière implacable. Partout ailleurs qu'à HIROSHIMA, l'artifice est de mise. À HIROSHIMA, il ne peut pas exister sous peine, encore, d'être nié.

En s'endormant, ils parleront encore de HIROSHIMA. Différemment. Dans le désir et peut-être à leur insu, dans l'amour naissant.

Leurs conversations porteront à la fois sur eux-mêmes et sur HIROSHIMA. Et leurs propos seront mélangés, mêlés de telle façon, dès lors, *après l'opéra de* HIROSHIMA—qu'ils seront indiscernables les uns des autres.

Toujours leur histoire personnelle, aussi courte soit-elle, l'emportera sur HIROSHIMA.

Si cette condition n'était pas tenue, ce film, encore une fois, ne serait qu'un film de commande de plus, sans aucun intérêt sauf celui d'un documentaire romancé. Si cette condition est tenue, on aboutira à une espèce de faux documentaire qui sera bien plus probant de la leçon de HIROSHIMA qu'un documentaire de commande.

Ils se réveilleront. Et reparleront, tandis qu'elle s'habille. De chose et d'autre et aussi de HIROSHIMA. Pourquoi pas? C'est bien naturel. Nous sommes à HIROSHIMA.

Et elle apparaît tout à coup, complètement habillée en infirmière de la Croix-Rouge.

(Dans ce costume, qui est en somme l'uniforme de la vertu officielle, il la désirera de nouveau. Il voudra la revoir. Il est comme tout le monde, comme tous les hommes, *exactement,* et il y a dans ce déguisement un facteur érotique commun à tous les hommes. (Éternelle infirmière d'une guerre éternelle...)

Pourquoi, alors qu'elle aussi le désire, ne veut-elle pas le revoir? Elle n'en donne pas de raisons claires.

Au réveil, ils parleront aussi de son passé à elle.

Que s'est-il passé à NEVERS, dans sa ville natale, dans cette Nièvre où elle a été élevée? Que s'est-il passé dans sa vie pour qu'elle soit ainsi, si libre et traquée à la fois, si honnête et si malhonnête à la fois, si équivoque et si claire? Si désireuse de vivre des amours de rencontre? Si lâche devant l'amour?

Un jour, lui dit-elle, un jour à NEVERS, elle a été folle. Folle de méchanceté. Elle le dit, comme elle dirait qu'une fois, à NEVERS, elle a connu une intelligence décisive. De la même façon.

Si cet «incident» de NEVERS explique sa conduite actuelle à HIROSHIMA, elle n'en dit rien. Elle raconte l'incident de NEVERS comme autre chose. Sans en dire la cause.

Elle s'en va. Elle a décidé de ne pas le revoir.

Mais ils se reverront.

Quatre heures de l'après-midi. Place de la Paix à HIROSHIMA (ou devant l'hôpital).

Des cameramen s'éloignent (on ne les voit jamais dans le film que s'éloignant avec leur matériel). On défait des tribunes. On décroche les banderoles.

La Française dort à l'ombre (peut-être) d'une tribune que l'on défait.

On vient de tourner un film édifiant sur la Paix. Pas un film ridicule du tout, mais un film DE PLUS, c'est tout.

Un homme japonais passe dans la foule qui côtoie une fois de plus le décor du film qu'on vient de terminer. Cet homme est celui que nous avons vu le matin dans la chambre. Il voit la Française, s'arrête, va vers elle, la regarde dormir. Son regard à lui la réveille. Ils se regardent. Ils se désirent beaucoup. Il n'est pas là par hasard. Il est venu pour la revoir encore.

Le défilé aura lieu presque immédiatement après leur rencontre. C'est la dernière séquence du film qu'on tourne là. Défilés d'enfants, défilés d'étudiants. Chiens. Chats. Badauds. Tout HIROSHIMA sera là comme il l'est toujours lorsqu'il s'agit de servir la Paix dans le monde. Défilé déjà *baroque*.

La chaleur sera très grande. Le ciel sera menaçant. Ils attendront que passe le défilé. C'est pendant celui-ci, que lui, lui dira qu'il croit qu'il l'aime.

Il l'emmènera chez lui. Ils parleront très brièvement de leur existence respective.

Ce sont des gens heureux dans le mariage et qui ne cherchent ensemble aucune contrepartie à une infortune conjugale.

C'est chez lui, et pendant l'amour, qu'elle commencera à lui parler de Nevers.

Elle fuira encore de chez lui. Ils iront dans un café, sur le fleuve pour «tuer le temps avant son départ.» La nuit déjà.

Ils resteront là encore quelques heures. Leur amour augmentera en raison inverse du temps qu'il leur restera avant le départ de l'avion le lendemain matin.

C'est dans ce café qu'elle lui dira pourquoi elle a été folle à NEVERS.

Elle a été tondue à NEVERS, en 1944, à vingt ans. Son premier amant était un Allemand. Tué à la Libération.

Elle est restée dans une cave, tondue, à NEVERS. C'EST SEULEMENT LORSQUE HIROSHIMA est arrivé qu'elle a été assez décente pour sortir de cette cave et se mêler à la foule en liesse des rues[2].

Pourquoi avoir choisi ce malheur personnel? Sans doute parce qu'il est également, lui-même, un absolu. Tondre une fille parce qu'elle a aimé d'amour un ennemi officiel de son pays, est un absolu et d'horreur et de bêtise.

On verra NEVERS, comme dans la chambre, on l'a déjà vu. Et ils reparleront encore d'eux-mêmes. Imbrication encore une fois de NEVERS, et de l'amour, de HIROSHIMA et de l'amour. Tout se mélangera sans principe préconçu et de la façon dont ce mélange doit se faire chaque jour, partout, où sont les couples bavards du premier amour.

Elle partira encore de là. Elle le fuira encore.

Elle essaiera de rentrer à l'hôtel, d'assagir son humeur, n'y arrivera pas, ressortira de l'hôtel et retournera vers le café qui, alors, sera fermé. Et restera là. Se souviendra de NEVERS (monologue intérieur), donc de l'amour même.

L'homme l'a suivie. Elle s'en aperçoit. Elle le regarde. Ils se regardent, dans l'amour le plus grand. Amour sans emploi, égorgé comme celui de NEVERS. Donc relégué déjà dans l'oubli. Donc perpétuel. (Sauvegardé par l'oubli même.)

2. La France fut occupée par les Allemands en 1940. Le 6 juin 1944 les Alliés débarquèrent en Normandie et avec le soutien des Résistants libérèrent progressivement le pays. Paris fut libéré le 25 août. Après la Libération, il y eut des représailles contre ceux qui avaient collaboré avec l'Occupant. Les femmes qui avaient eu des relations avec des soldats allemands furent prises dans ce mouvement de vengeance et d'épuration. Beaucoup d'entre elles furent tondues. Pour comble de déshonneur et de honte, elles furent souvent promenées nues dans les rues. En écrivant le scénario, Duras se souvenait sans doute du sort de sa voisine et amie, Betty Fernandez, tondue à la Libération et promenée dans les rues du Quartier Latin. Le 6 août de l'année suivante, la première bombe atomique fut larguée sur Hiroshima par les Américains, détruisant la ville et faisant 130 000 victimes, dont 80 000 tués. Une seconde bombe atomique, larguée sur Nagasaki trois jours plus tard, provoqua la capitulation du Japon, mettant fin à la guerre. Ainsi l'épreuve de la Française à Nevers est censée avoir duré environ un an.

Elle ne le rejoindra pas.

Elle traînera à travers la ville. *Et lui la suivra comme il suivrait une inconnue.* À un moment donné, il l'abordera et il lui demandera de rester à HIROSHIMA, comme dans un *aparté*. Elle dira non. Refus de tout le monde. Lâcheté commune[3].

Les jeux sont faits, vraiment, pour eux.

Il n'insistera pas.

Elle traînera à la gare. Lui la rejoindra. Ils se regarderont comme des ombres.

Plus un mot à se dire à partir de là. L'imminence du départ les cloue dans un silence funèbre.

Il s'agit bien d'amour. Ils ne peuvent plus que se taire. Une scène extrême aura lieu dans un café. On l'y retrouvera en compagnie d'un autre Japonais.

Et à une table on retrouvera celui qu'elle aime, complètement immobile, sans aucune réaction que celle d'un désespoir librement consenti, mais qui le dépasse *physiquement*. C'est déjà comme si elle était à «d'autres». Et lui ne peut que le comprendre.

À l'aurore, elle rentrera dans sa chambre. Lui, frappera à la porte quelques minutes après. Il n'aura pas pu éviter cela. «Impossible d'éviter de venir», s'excusera-t-il.

Et dans la chambre *rien* n'aura lieu. Ils en seront réduits l'un et l'autre à une impuissance mutuelle terrifiante. La chambre *«l'ordre du monde»*, restera, autour d'eux qu'ils ne dérangeront plus jamais.

Pas d'aveux échangés. Plus un geste.

Simplement, ils s'appelleront encore. Quoi? NEVERS, HIROSHIMA. Ils ne sont en effet encore personne à leurs yeux respectifs. Ils ont des noms de lieu, des noms qui n'en sont pas. C'est, comme si le désastre d'une femme tondue à NEVERS et le désastre de HIROSHIMA se répondaient EXACTEMENT.

Elle lui dira: «Hiroshima, c'est ton nom.»

3. Note: Certains spectateurs du film ont cru qu'elle «finissait» par rester à Hiroshima. C'est possible. Je n'ai pas d'avis. L'ayant amenée à la limite de son refus de rester à Hiroshima, nous ne nous sommes pas préoccupés de savoir si—le film fini—elle arrivait à transgresser son refus. [Note de Duras.]

PARTIE I

[Le film s'ouvre sur le développement du fameux «champignon» de BIKINI[4].

Il faudrait que le spectateur ait le sentiment, à la fois, de revoir et de voir ce «champignon» pour la première fois.

Il faudrait qu'il soit très grossi, très ralenti, et que son développement s'accompagne des premières mesures de G. Fusco[5].

A mesure que ce «champignon» s'élève sur l'écran, au-dessous de lui][6]*, apparaissent, peu à peu, deux épaules nues.*

On ne voit que ces deux épaules, elles sont coupées du corps à la hauteur de la tête et des hanches.

Ces deux épaules s'étreignent et elles sont comme trempées de cendres, de pluie, *de* rosée *ou de* sueur, *comme on veut.*

Le principal c'est qu'on ait le sentiment que cette rosée, cette transpiration, a été déposée par [le «champignon» de BIKINI], *à mesure de son éloignement, à mesure de son évaporation.*

Il devrait en résulter un sentiment très violent, très contradictoire, de fraîcheur et de désir.

Les deux épaules étreintes sont de différente couleur, l'une est sombre et l'autre est claire.

La musique de Fusco accompagne cette étreinte presque choquante.

La différenciation des deux mains respectives devrait être très marquée.

La musique de Fusco s'éloigne. Une main de femme, [très agrandie], reste posée sur l'épaule jaune, posée est une façon de parler, agriffée conviendrait mieux.

Une voix d'homme, mate et calme, récitative, annonce:

LUI

Tu n'as *rien* vu à Hiroshima. Rien.

À utiliser à volonté.

Une voix de femme, très voilée, mate *également, une voix de* lecture récitative, *sans ponctuation, répond:*

ELLE

J'ai *tout* vu. *Tout.*

4. Atoll des îles Marshall (Micronésie), lieu d'expériences atomiques américaines (bombes A et H) de 1946 à 1956. Le champignon représente le nuage de l'explosion atomique.

5. La musique du film a été composée par Giovanni Fusco et Georges Delerue.

6. Ce qui est entre crochets est abandonné. [Note de Duras.]

La musique de Fusco reprend, juste le temps que la main de femme se resserre encore sur l'épaule, qu'elle la lâche, qu'elle la caresse, et qu'il reste sur cette épaule jaune la marque des ongles de la main blanche.

Comme si la griffure pouvait donner l'illusion d'être une sanction du: «Non, tu n'as rien vu à Hiroshima.»

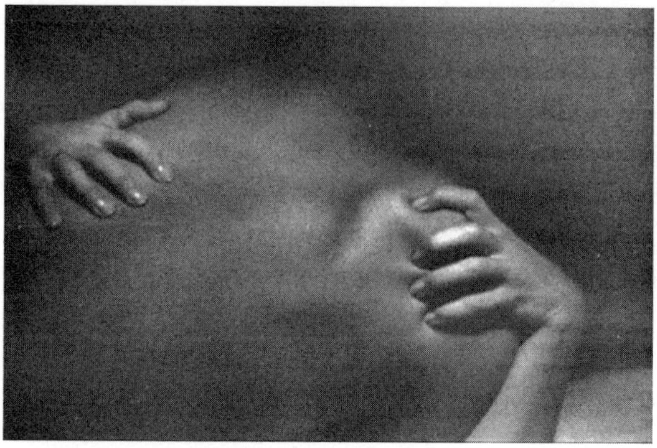

Hiroshima mon amour (© Argos Films)

Puis la voix de femme reprend, calme, également récitative et terne:

ELLE

Ainsi l'hôpital, je l'ai vu. J'en suis sûre. L'hôpital existe à Hiroshima. Comment aurais-je pu éviter de le voir?

L'hôpital, couloirs, escaliers, malades dans le dédain suprême de la camera[7]. *(On ne la voit jamais en train de voir.)*

On revient à la main maintenant agriffée sans relâche sur l'épaule de couleur jaune.

LUI

Tu n'as pas vu d'hôpital à Hiroshima. Tu n'as rien vu à Hiroshima.

Ensuite la voix de la femme se fait plus, plus impersonnelle. Faisant un sort (abstrait) à chaque mot.

7. À partir du texte initial très schématique, Resnais a rapporté un grand nombre de documents du Japon. De ce fait le texte initial a été non seulement débordé mais modifié et considérablement augmenté pendant le montage du film. [Note de Duras.]

Voici le musée qui défile[8]*, De même que sur l'hôpital lumière aveuglante, laide.*

Panneaux documentaires.

Pièces à conviction du bombardement.

Maquettes.

Fers ravagés.

Peaux, chevelures brûlées, en cire.

Etc.

ELLE

Quatre fois au musée...

LUI

Quel musée à Hiroshima?

ELLE

Quatre fois au musée à Hiroshima. J'ai vu les gens se promener. Les gens se promènent, pensifs, à travers les photographies, les reconstitutions, faute d'autre chose, à travers les photographies, les photographies, les reconstitutions, faute d'autre chose, les explications, faute d'autre chose.

Quatre fois au musée à Hiroshima.

J'ai regardé les gens. J'ai regardé moi-même pensivement, le fer. Le fer brûlé. Le fer brisé, le fer devenu vulnérable comme la chair. J'ai vu des capsules en bouquet: qui y aurait pensé? Des peaux humaines flottantes, survivantes, encore dans la fraîcheur de leurs souffrances. Des pierres. Des pierres brûlées. Des pierres éclatées. Des chevelures anonymes que les femmes de Hiroshima retrouvaient tout entières tombées le matin, au réveil.

J'ai eu chaud place de la Paix. Dix mille degrés sur la place de la Paix. Je le sais. La température du soleil sur la place de la Paix. Comment l'ignorer?... L'herbe, c'est bien simple...

LUI

Tu n'as rien vu à Hiroshima, rien.

Le musée défile toujours.

Puis à partir de la photo d'un crâne brûlée, on découvre la place de la Paix (qui continue *ce crâne).*

Vitrines du musée avec les mannequins brûlées.

Séquences de films japonais de (reconstitution) sur Hiroshima.

8. On revient régulièrement aux corps assemblés. [Note de Duras.]

L'homme échevelé.

Une femme sort du chaos, etc.

ELLE

Les reconstitutions ont été faites le plus sérieusement possible.

Les films ont été faits le plus sérieusement possible.

L'illusion, c'est bien simple, est tellement parfaite que les touristes pleurent.

On peut toujours se moquer mais que peut faire d'autre un touriste que, justement, pleurer?

ELLE

[...que justement pleurer afin de supporter ce spectacle abominable entre tous. Et d'en sortir suffisamment attristé pour ne pas perdre la raison.]

ELLE

[Les gens restent là, pensifs. Et sans ironie aucune, on doit pouvoir dire que les occasions de rendre les gens pensifs sont toujours excellentes. Et que les monuments, dont quelquefois on sourit, sont cependant les meilleurs prétextes à ces occasions...]

ELLE

[À ces occasions... de penser. D'habitude, il est vrai, lorsque l'occasion de penser vous est offerte... avec ce luxe... on ne pense rien. N'empêche que le spectacle des autres que l'on suppose être en train de penser est encourageant.]

ELLE

J'ai toujours pleuré sur le sort de Hiroshima. Toujours.

Panoramique sur une photo de Hiroshima prise après la bombe, un «désert nouveau» sans référence aux autres déserts du monde.

LUI

Non.

Sur *quoi* aurais-tu pleuré?

La place de la Paix défile, vide sous un soleil éclatant qui rappelle celui de la bombe, aveuglante. Et sur ce vide, encore une fois, la voix de l'homme:

On erre sur la place vide (à 13 heures?).

Les bandes d'actualités prises après le 6 août 45.

Fourmis, vers, sortent de terre.

L'alternance des épaules continue. La voix féminine reprend, devenue folle, en même temps que les images défilent, devenues folles elles aussi.

ELLE

J'ai vu les actualités.

Le deuxième jour, dit l'Histoire, je ne l'ai pas inventé, dès le deuxième jour, des espèces animales précises ont resurgi des profondeurs de la terre et des cendres.

Des chiens ont été photographiés.

Pour toujours.

Je les ai vus.

J'ai *vu* les actualités.

Je les *ai vues.*

Du premier jour.

Du deuxième jour.

Du troisième jour.

LUI, *il lui coupe la parole.*

Tu n'as rien vu. Rien.

Chien amputé.
Gens, enfants.
Plaies.
Enfants brûlés hurlant.

ELLE

...du quinzième jour aussi.

Hiroshima se recouvrit de fleurs. Ce n'étaient partout que bleuets et glaïeuls, et volubilis et belles-d'un-jour qui renaissaient des cendres avec une extraordinaire vigueur, inconnue jusque-là chez les fleurs[9].

9. Cette phrase est presque textuellement une phrase de Hershey [*sic*] dans son admirable reportage sur Hiroshima. Je n'ai fait que la reporter sur les enfants martyrs. [Note de Duras.]

Il s'agit du reportage classique sur l'explosion de la bombe atomique et sur l'expérience de six survivants du cataclysme par John Hersey, *Hiroshima* (New York: Knopf, 1946), publié d'abord dans le magazine américain, *The New Yorker,* le 31 août 1946. Le numéro, qui était entièrement consacré à ce texte en raison de son importance—chose révolutionnaire à l'époque—fut épuisé en quelques heures. Ce reportage au style simple et descriptif sur la réalité de la bombe atomique, sur l'horreur éprouvée à Hiroshima, provoqua un grand débat dans la presse concernant les implications pour la conscience humaine de la guerre nucléaire. Lu par des acteurs, le texte intégral de *Hiroshima* fut diffusé à la radio aux Etats-Unis, par la BBC, et par les radios nationales du Canada et de l'Australie. Dès 1947, traduit en plusieurs langues, le livre de Hersey était connu dans le monde entier.

ELLE

Je n'ai *rien* inventé.

LUI

Tu as *tout* inventé.

ELLE

Rien.

De même que dans l'amour cette illusion existe, cette illusion de pouvoir ne jamais oublier, de même j'ai eu l'illusion devant Hiroshima que jamais je n'oublierai.

De même que dans l'amour.

Des pinces chirurgicales s'approchent d'un œil pour l'extraire.

Les actualités continuent.

ELLE

J'ai vu aussi les rescapés et ceux qui étaient dans les ventres des femmes de Hiroshima.

Un bel enfant se tourne vers nous. Alors nous voyons qu'il est borgne.

Une jeune fille brûlée se regarde dans un miroir.

Une autre jeune fille aveugle aux mains tordues joue de la cithare.

Une femme prie auprès de ses enfants qui meurent.

Un homme se meurt de ne plus dormir depuis des années. (Une fois par semaine, on lui amène ses enfants.)

ELLE

J'ai vu la patience, l'innocence, la douceur apparente avec lesquelles les survivants provisoires de Hiroshima s'accommodaient d'un sort tellement injuste que l'imagination d'habitude pourtant si féconde, devant eux, se ferme.

Toujours on revient à l'étreinte si parfaite des corps.

ELLE, *bas.*

Écoute...

Je sais...

Je sais *tout.*

Ça a continué.

LUI

Rien. Tu ne sais *rien.*

Nuage atomique.

Atomium qui tourne.

Des gens dans des rues marchent sous la pluie.

Pêcheurs atteints par la radio-activité.

Un poisson non comestible.

Des milliers de poissons non comestibles enterrés.

ELLE

Les femmes risquent d'accoucher d'enfants mal venus, de monstres, mais ça continue.

Les hommes risquent d'être frappés de stérilité, mais ça continue.

La pluie fait peur.

Des pluies de cendres sur les eaux du Pacifique.

Les eaux du Pacifique tuent.

Des pêcheurs du Pacifique sont morts.

La nourriture fait peur.

On jette la nourriture d'une ville entière.

On enterre la nourriture de villes entières.

Une ville entière se met en colère.

Des villes entières se mettent en colère.

Actualités: des manifestations.

ELLE

Contre qui, la colère des villes entières?

La colère des villes entières qu'elles le veuillent ou non, contre l'inégalité posée en principe par certains peuples contre d'autres peuples, contre l'inégalité posée en principe par certaines races contre d'autres races, contre l'inégalité posée en principe par certaines classes contre d'autres classes.

Cortèges de manifestants.

Discours «muets» dans les haut-parleurs.

ELLE, *bas.*

...Écoute-moi.

Comme toi, je connais l'oubli.

LUI

Non, tu ne connais pas l'oubli.

ELLE

Comme toi, je suis douée de mémoire. Je connais l'oubli.

LUI

Non, tu n'es pas douée de mémoire.

ELLE

Comme toi, moi aussi, j'ai essayé de lutter de toutes mes forces contre l'oubli. Comme toi, j'ai oublié. Comme toi, j'ai désiré avoir une inconsolable mémoire, une mémoire d'ombres et de pierre.

L'ombre «photographiée» sur la pierre d'un disparu de Hiroshima.

ELLE

J'ai lutté pour mon compte, de toutes mes forces, chaque jour, contre l'horreur de ne plus comprendre du tout le pourquoi de se souvenir. Comme toi, j'ai oublié...

Boutiques où, à cent exemplaires, se trouve le modèle réduit du Palais de l'Industrie, seul monument dont la charpente tordue est restée debout après la bombe—et qui a été conservé ainsi depuis.

Boutique abandonnée.

Car de touristes japonais.

Touristes, place de la Paix.

Chat traversant la place de la Paix.

ELLE

Pourquoi nier l'évidente nécessité de la mémoire?...

Phrase scandée sur les plans du squelette du Palais de l'Industrie.

ELLE

...Écoute-moi. Je sais encore. Ça recommencera.

Deux cent mille morts.

Quatre-vingt mille blessés.

En neuf secondes. Ces chiffres sont officiels. Ça recommencera.

Arbres.

Église.

Manège.

Hiroshima reconstruit. Banalité.

ELLE

Il y aura dix mille degrés sur la terre. Dix mille soleils, dira-t-on. L'asphalte brûlera.

Église.

Réclame japonaise.

ELLE

Un désordre profond régnera. Une ville entière sera soulevée de terre et retombera en cendres...

Du sable. Un paquet de cigarettes «Peace».

Une plante grasse étalée comme une araignée sur du sable.

ELLE

Des végétations nouvelles surgissent des sables...

Quatre étudiants «morts» bavardent au bord du fleuve.

Le fleuve.

Les marées.

Les quais quotidiens de Hiroshima reconstruite.

ELLE

...Quatre étudiants attendent ensemble une mort fraternelle et légendaire.

Les sept branches de l'estuaire en delta de la rivière Ota se vident et se remplissent à l'heure habituelle, très précisément aux heures habituelles d'une eau fraîche et poissonneuse, grise ou bleue suivant l'heure et les saisons. Des gens ne regardent plus le long des berges boueuses la lente montée de la marée dans les sept branches de l'estuaire en delta de la rivière Ota.

Le ton récitatif cesse.

Les rues de Hiroshima, les rues encore. Des ponts.

Passages couverts.

Rues.

Banlieue. Rails.

Banlieue.

Banalité universelle.

ELLE

...Je te rencontre.

Je me souviens de toi.

Qui es-tu?

Tu me tues.

Tu me fais du bien.

Comment me serais-je doutée que cette ville était faite à la taille de l'amour?

Comment me serais-je doutée que tu étais fait à la taille de mon corps même?

Tu me plais. Quel événement. Tu me plais.

Quelle lenteur tout à coup.

Quelle douceur.

Tu ne peux pas savoir.

Tu me tues.

Tu me fais du bien.
Tu me tues.
Tu me fais du bien.
J'ai le temps.
Je t'en prie.
Dévore-moi.
Déforme-moi jusqu'à la laideur.
Pourquoi pas toi?
Pourquoi pas toi dans cette ville et dans cette nuit pareille aux autres au point de s'y méprendre?
Je t'en prie...

Très brutalement, le visage de la femme apparaît très tendre, tendu vers le visage de l'homme.

ELLE

C'est fou ce que tu as une belle peau.

Gémissement heureux de l'homme.

ELLE

Toi...

Le visage du Japonais apparaît après celui de la femme dans un rire extasié (éclaté), qui n'est pas de mise dans le propos. Il se retourne:

LUI

Moi, oui. Tu m'auras vu.

Les deux corps nus apparaissent. Même voix de femme, très voilée, mais cette fois, non déclamatoire.

ELLE

Tu es complètement japonais ou tu n'es pas complètement japonais?

LUI

Complètement. Je suis japonais.

LUI

Tu as les yeux verts. C'est bien ça?

ELLE

Oh, je crois..., oui... je crois qu'ils sont verts.

Il la regarde. Affirme doucement:

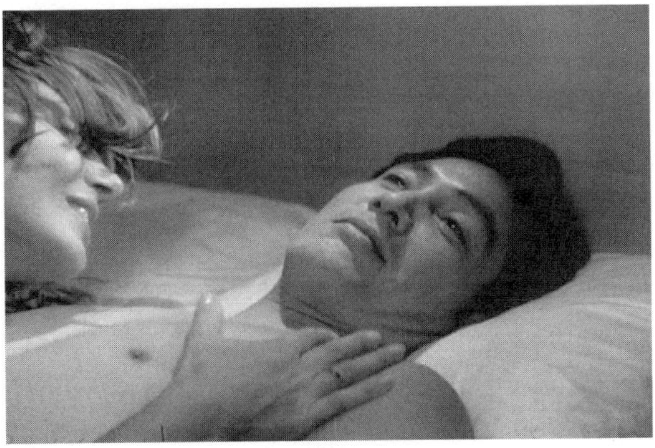

Hiroshima mon amour (© Argos Films)

LUI

Tu es comme mille femmes ensemble...

ELLE

C'est parce que tu ne me connais pas. C'est pour ça.

LUI

Peut-être pas tout à fait pour cela seulement.

ELLE

Cela ne me déplaît pas, d'être mille femmes ensemble pour toi.

Elle lui embrasse l'épaule et se cale la tête dans le creux de cette épaule. Elle a la tête tournée vers la fenêtre ouverte, vers Hiroshima, la nuit. Un homme passe dans la rue et tousse. (On ne le voit pas, on l'entend seulement.) Elle se relève.

ELLE

Écoute... C'est quatre heures...

LUI

Pourquoi?

ELLE

Je ne sais pas qui c'est. Tous les jours il passe à quatre heures. Et il tousse.

Silence. Ils se regardent.

ELLE

Tu y étais, toi, à Hiroshima...

Il rit, comme à un enfantillage.

LUI

Non... bien sûr.

Elle lui caresse l'épaule nue encore une fois. Cette épaule est effectivement belle, intacte.

ELLE

Oh. C'est vrai... Je suis bête.

Presque souriante.

Il la regarde tout à coup, sérieux et hésitant, puis il finit par le lui dire:

LUI

Ma famille, elle, était à Hiroshima. Je faisais la guerre.

Elle arrête son geste sur l'épaule.

Timidement, cette fois, avec un sourire, elle demande:

ELLE

Une chance, quoi?

Il la quitte du regard, pèse le pour et le contre:

LUI

Oui.

Elle ajoute, très gentille mais affirmative:

ELLE

Une chance pour moi aussi.

Un temps.

LUI

Pourquoi tu es à Hiroshima?

ELLE

Un film.

LUI

Quoi, un film?

ELLE

Je joue dans un film.

LUI

Et avant d'être à Hiroshima, où étais-tu?

ELLE

À Paris.

Un temps encore, encore plus long.

LUI

Et avant d'être à Paris?...

ELLE

Avant d'être à Paris?... J'étais à Nevers. *Ne-vers.*

LUI

Nevers?

ELLE

C'est dans la Nièvre. Tu ne connais pas.

Un temps. Il demande, comme s'il venait de découvrir un lien HIROSHIMA-NEVERS*:*

LUI

Et pourquoi voulais-tu voir tout à Hiroshima?

Elle fait un effort de sincérité:

ELLE

Ça m'intéressait. J'ai mon idée là-dessus. Par exemple, tu vois, de bien regarder, je crois que ça s'apprend.

PARTIE II

Il passe dans la rue un essaim de bicyclettes qui roule en roue libre, dans un bruit qui s'amplifie et décroît.

Elle est en peignoir de bain sur le balcon de la chambre d'hôtel. Elle le regarde. Elle tient à la main une tasse de café.

Lui dort encore. Il a les bras en croix, il est allongé sur le ventre. Il est nu jusqu'à la ceinture.

[Un rayon de soleil entre par les rideaux et fait sur son dos un petit signe, comme deux traits croisés (ou taches ovales).]

Elle regarde avec une intensité anormale ses mains qui frémissent doucement comme quelquefois, dans le sommeil, celles des enfants. Ses mains sont très belles, très viriles.

Tandis qu'elle regarde ses mains, il apparaît brutalement à la place du Japonais, le corps d'un jeune homme, dans la même pose, mais mortuaire, sur le quai d'un fleuve, en plein soleil. (La chambre est dans la pénombre.) Ce jeune homme agonise.

Ses mains sont également très belles, ressemblant étonnamment à celles du Japonais. Elles sont agitées des soubresauts de l'agonie. [On ne voit pas le vêtement que porte cet homme parce qu'une jeune femme est allongée sur son corps, bouche contre bouche. Les larmes qui coulent de ses yeux se mêlent au sang qui coule de sa bouche.]

[La femme—celle-ci—a les yeux fermés. Tandis que l'homme sur lequel elle est allongée a les yeux fixes de l'agonie.]

L'image dure très peu de temps.

Elle est figée dans sa pose, adossée à la fenêtre. Il se réveille. Il lui sourit. Elle, ne lui sourit pas immédiatement. Elle continue à le regarder attentivement, sans changer de pose. Puis elle lui apporte le café.

ELLE

Tu veux du café?

Il acquiesce. Il prend la tasse. Un temps.

ELLE

À quoi tu rêvais?

LUI

Je ne sais plus... Pourquoi?

Elle est redevenue naturelle, très très gentille.

ELLE

Je regardais tes mains. Elles bougent quand tu dors.

Il regarde ses propres mains, à son tour, avec étonnement et il joue peut-être à faire bouger ses doigts.

LUI

C'est quand on rêve, peut-être, sans le savoir.

Avec calme, gentillesse, elle fait un signe dubitatif.

{Leur conversation continue pendant qu'elle fait sa toilette. Elle lui apprend qu'il est le premier Japonais de sa vie; il rit. Ils parlent encore d'Hiroshima. Le jour du bombardement il faisait beau à Paris et le monde entier était joyeux. Ils étaient jeunes; elle avait vingt ans et lui vingt-deux. Puis ils parlent du présent. Il dit qu'il fait de l'architecture et de la politique et elle répond qu'elle est à Hiroshima parce qu'elle joue dans un film sur la paix. (Elle porte un costume d'infirmière.) Il voudrait la revoir, mais elle lui apprend que le lendemain à la même heure elle sera repartie pour la France. Stupéfait, il croit que c'est pour cela qu'elle lui a permis de monter dans sa chambre. Elle lui assure que non. Alors, il avoue ne pas savoir quand elle ment et quand elle dit la vérité. À quoi elle répond: «Je mens. Et je dis la vérité.» Est-ce à Nevers qu'elle ira en rentrant? Non, plus jamais à Nevers. «Nevers, tu vois, c'est la ville du monde, et même c'est la chose du monde à laquelle, la nuit, je rêve le plus. En même temps que c'est la chose du monde à laquelle je pense le moins.» C'est là qu'elle a été «jeune» et «folle», «folle de méchanceté». «Petit à petit», sa folie est passée après la guerre, et puis, «forcément», quand elle a eu des enfants. Le Japonais insiste qu'il voudrait rester avec elle quelques jours, mais elle refuse encore et monte seule dans le taxi qui l'emmène au lieu du tournage.}

PARTIE III

{Sur la place de la Paix on est en train de tourner la dernière séquence du film dans lequel joue la Française. Les ouvriers ont commencé à défaire les décors. Le Japonais arrive. Son regard intense sur elle réveille la Française endormie au pied d'un arbre. Leur amour revient très fort pendant que se déroule un long défilé où l'on voit des pancartes anti-nucléaires et des acteurs figurant les victimes brûlées d'Hiroshima. Duras insiste: «*Toujours cette histoire personnelle l'emportera sur l'histoire forcément démonstrative de Hiroshima.*» Le Japonais finit par entraîner la Française loin du défilé.

Nous les retrouvons dans la maison vide du Japonais. Ils semblent tous les deux mal à l'aise. La femme du Japonais est absente. Chacun se dit heureux dans son mariage. «Ç'aurait été trop simple», conclut le Japonais. Ils s'embrassent. Après l'amour, leur conversation reprend. Sur des images de son passé à Nevers, la Française raconte son amour pour un soldat allemand pendant la guerre et la mort du soldat. Le Japonais comprend obscurément que cette expérience l'a définie et que c'est grâce à Nevers qu'il peut seulement commencer à la connaître. Affolée devant le temps qui reste avant son départ, la Française crie: «Je veux partir d'ici.»}

PARTIE IV

Sur le fleuve, à Hiroshima, la nuit tombe en de longues traînées lumineuses.

Le fleuve se vide et se remplit suivant les heures, les marées. Des gens regardent parfois la lente montée de la marée le long des berges boueuses.

Un café est en face de ce fleuve. C'est un café moderne, américanisé avec une grande baie. Lorsqu'on est assis dans le fond du café, on ne voit plus les rives du fleuve mais seulement le fleuve lui-même. C'est dans cette imprécision que se dessine l'embouchure du fleuve. C'est là que finit Hiroshima et commence le Pacifique. L'endroit est à moitié vide. Ils sont assis à une table au fond de la salle. Ils sont l'un en face de l'autre, soit joue contre joue, soit front contre front. On vient de les quitter dans la détresse à l'idée des seize heures qui les séparent de leur séparation définitive. On les retrouve presque dans le bonheur. Le temps passe sans qu'ils s'en aperçoivent. Un miracle *s'est produit. Lequel? Justement, la* résurgence de Nevers. *Et la première chose qu'il dit, dans cette pose éperdument amoureuse, c'est:*

LUI

Ça ne veut rien dire, en français, Nevers, autrement?

ELLE

Rien. Non.

LUI

Tu aurais eu froid, dans cette cave à Nevers si on s'était aimés?

ELLE

J'aurais eu froid. À Nevers les caves sont froides, été comme hiver. La ville s'étage le long d'un fleuve qu'on appelle la Loire.

LUI

Je ne peux pas imaginer Nevers.

Nevers. La Loire.

ELLE

Nevers. Quarante mille habitants. Bâti comme une capitale—(mais). Un enfant peut en faire le tour. *(Elle s'écarte de lui.)* Je suis née à Nevers *(elle boit)*, j'ai grandi à Nevers. J'ai appris à lire, à Nevers. Et c'est là que j'ai eu vingt ans.

LUI

Et la Loire?

Il lui prend la tête dans les mains.
Nevers.

ELLE

C'est un fleuve sans navigation aucune, toujours vide, à cause de son cours irrégulier et de ses bancs de sable. En France, la Loire passe pour un fleuve très beau, à cause surtout de sa lumière... tellement douce, si tu savais.

Ton extasié. Il lui lâche la tête, écoute très intensément.

LUI

Quand tu es dans la cave, je suis mort?

ELLE

Tu es mort... et...

Nevers: l'Allemand agonise très lentement sur le quai.

ELLE

...comment supporter une telle douleur?

ELLE

La cave est petite.

Pour faire de ses mains, le geste de la mesurer, elle se retire de sa joue. Et elle continue, très près de sa figure, mais non plus collée à elle. Aucune incantation. Elle s'adresse à lui très passionnément.

ELLE

...très petite.

ELLE

La Marseillaise passe au-dessus de ma tête... C'est... assourdissant...

Elle se bouche les oreilles, dans ce café (à Hiroshima). Il règne dans ce café un grand silence tout à coup.

Caves de Nevers. Mains saignantes de Riva[10].

ELLE

Les mains deviennent inutiles dans les caves. Elles grattent. Elles s'écorchent aux murs... à se faire saigner...

Des mains saignent quelque part, à Nevers. Les siennes, sur la table, sont intactes.

Riva lèche son propre sang à Nevers.

ELLE

...c'est tout ce qu'on peut trouver à faire pour se faire du bien...

ELLE

...et aussi pour se rappeler...

ELLE

...J'aimais le sang depuis que j'avais goûté au tien.

Ils se regardent à peine quand elle parle. Ils regardent Nevers. Ils sont, tous deux, un peu comme des possédés de Nevers. Il y a sur la table deux verres. Elle boit avidement. Lui plus lentement. Leurs mains sont posées sur la table.

Nevers.

10. Emmanuelle Riva, l'actrice qui joue la Française («Elle»).

ELLE

La société me roule sur la tête. Au lieu du ciel... forcément... Je la vois marcher, cette société. Rapidement pendant la semaine. Le dimanche, lentement. Elle ne sait pas que je suis dans la cave. On me fait passer pour morte, morte loin de Nevers. Mon père préfère. Parce que je suis déshonorée, mon père préfère.

Nevers: un père, un pharmacien de Nevers, derrière la vitrine de sa pharmacie.

LUI

Tu cries?

La chambre de Nevers.

ELLE

Au début, non, je ne crie pas. Je t'appelle doucement.

LUI

Mais je suis mort.

ELLE

Je t'appelle quand même. Même mort. Puis un jour, tout à coup, je crie, je crie très fort comme une sourde. C'est alors qu'on me met dans la cave. Pour me punir.

LUI

Tu cries quoi?

ELLE

Ton nom allemand. Seulement ton nom. Je n'ai plus qu'une seule mémoire, celle de ton nom.

Chambre de Nevers, cris silencieux.

ELLE

Je promets de ne plus crier. Alors on me remonte dans ma chambre.

Chambre de Nevers. Couchée, la jambe relevée, dans le désir.

ELLE

Je n'en peux plus d'avoir envie de toi.

LUI

Tu as peur?

ELLE

J'ai peur. Partout. Dans la cave. Dans la chambre.

LUI

De quoi?

Taches au plafond de la chambre de Nevers, objets terrifiants de Nevers.

ELLE

De ne plus te revoir, jamais, jamais.

Ils se rapprochent de nouveau comme au début de la scène.

ELLE

Un jour, j'ai vingt ans. C'est dans la cave, ma mère vient et me dit que j'ai vingt ans. *(Un temps, comme pour se souvenir.)* Ma mère pleure.

LUI

Tu craches au visage de ta mère?

ELLE

Oui.

(Comme s'ils savaient ensemble ces choses.) Il se détache d'elle.

LUI

Bois.

ELLE

Oui.

Il tient le verre, la fait boire. Elle est toujours hagarde à force de se souvenir. Et tout à coup:

ELLE

Après, je ne sais plus rien. Je ne sais plus rien...

Lui, pour l'encourager, l'inspirer.

LUI

Ce sont des caves très anciennes, très humides, les caves de Nevers... tu disais...

Elle se laisse prendre au piège.

ELLE

Oui. Pleines de salpêtre. [Je suis devenue une imbécile.]

Sa bouche contre les murs de la cave de Nevers, qui mord.

ELLE

Quelquefois un chat entre et regarde. Ce n'est pas méchant. Je ne sais plus rien.

Un chat entre dans une cave à Nevers et regarde cette *femme.*
Elle ajoute.

ELLE

Après je ne sais plus rien.

LUI

Combien de temps?

Elle ne sort pas de la possession.

ELLE

L'éternité. *(Avec évidence.)*

Quelqu'un, un homme tout seul, met un disque musette français dans le juke-box. Pour que dure le miracle de l'oubli de Nevers, pour que rien ne «bouge», le Japonais verse le contenu de son verre dans celui de la Française.

Dans une cave de Nevers brillent les yeux d'un chat et les yeux de Riva.

Quand elle entend le disque musette (saoule ou folle), elle sourit et elle crie.

ELLE

Ah! Que j'ai été jeune un jour.

Elle revient à Nevers, à peine en est-elle sortie. Elle est hantée *(le choix des adjectifs est volontairement varié).*

ELLE

La nuit... ma mère me fait descendre dans le jardin. Elle regarde ma tête. Chaque nuit elle regarde ma tête avec attention. Elle n'ose pas encore s'approcher de moi... C'est la nuit que je peux regarder la place, alors je la regarde. Elle est immense *(gestes)!* Elle s'incurve en son milieu. [On dirait un lac.]

Soupirail de la cave de Nevers. À travers ce soupirail, roues irisées des bicyclettes qui passent dans l'aurore de Nevers.

ELLE

C'est à l'aurore que le sommeil vient.

LUI

Parfois il pleut?

ELLE

...le long des murs.

Elle cherche, elle cherche, elle cherche.

ELLE

Je pense à toi. Mais je ne le dis plus. (*Presque* maligne.)

Ils se rapprochent.

LUI

Folle.

ELLE

Je suis folle d'amour pour toi. *(Un temps.)* Mes cheveux repoussent. À ma main, chaque jour, je le sens. Ça m'est égal. Mais quand même, mes cheveux repoussent...

Riva dans son lit à Nevers, la main dans ses cheveux.

Elle passe ses mains dans les cheveux.

LUI

Tu cries, avant la cave?

ELLE

Non. Je ne sens rien...

Ils sont joue contre joue, les yeux à moitié fermés, à Hiroshima.

ELLE

[Ils sont jeunes. Ce sont des héros sans imagination.] Ils me tondent avec soin jusqu'au bout. Ils croient de leur devoir de bien tondre les femmes.

LUI

Tu as honte pour eux, mon amour? *(Très net.)*

La tonte.

ELLE

Non. Tu es mort. Je suis bien trop occupée à souffrir. Le jour tombe. Je ne suis attentive qu'au bruit des ciseaux sur ma tête *(ceci est dit dans la plus grande immobilité)*. Ça me soulage un tout petit peu... de... ta mort... comme...

...comme, ah! tiens, je ne peux pas mieux te dire, comme pour les ongles, les murs, de la colère.

Elle continue, éperdument contre lui à Hiroshima.

ELLE

Ah! quelle douleur. Quelle douleur au cœur. C'est fou... On chante *La Marseillaise* dans toute la ville. Le jour tombe. Mon amour mort est un ennemi de la France. Quelqu'un dit qu'il faut la faire se promener en ville. La pharmacie

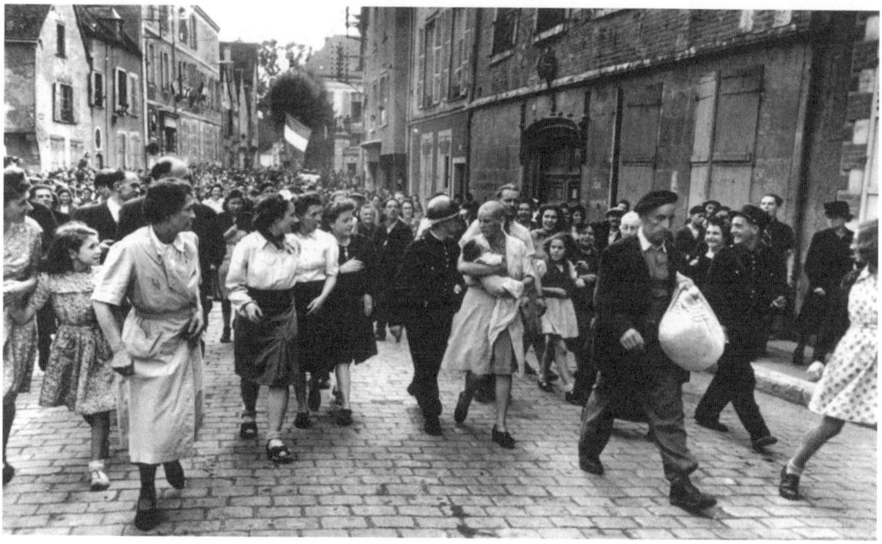

Chartres, 18 août 1944 (photo Robert Capa/Magnum Photos)

de mon père est fermée pour cause de déshonneur. Je suis seule. Il y en a qui rient. Dans la nuit je rentre chez moi.

Scène de la place à Nevers. Elle doit pousser un cri informe mais que dans toutes les «langues» du monde on reconnaisse comme celui d'un enfant qui appelle sa mère: maman. Lui, toujours, contre elle. Et il lui tient les mains.

LUI

Et puis, un jour, mon amour, tu sors de l'éternité.

Chambre Nevers.

Riva tourne en rond. Renverse des objets. Sauvage, animalité de la raison.

ELLE

Oui, c'est long.

On m'a dit que ç'avait été très long.

À six heures du soir, la cathédrale Saint-Étienne sonne, été comme hiver. Un jour, il est vrai, je l'entends. Je me souviens l'avoir entendue avant—avant—pendant que nous nous aimions, pendant notre bonheur.

Je commence à voir.

Je me souviens avoir déjà vu—avant—avant—pendant que nous nous aimions, pendant notre bonheur.

Je me souviens.

Je vois l'encre.
Je vois le jour.
Je vois ma vie. Ta mort.
Ma vie qui continue. Ta mort qui continue

Chambre et cave de Nevers.

et que l'ombre gagne déjà moins vite les angles des murs de la chambre. Et que l'ombre gagne déjà moins vite les angles des murs de la cave. Vers six heures et demie.

L'hiver est terminé.

Un temps. À Hiroshima.
Elle tremble.
Elle se retire de la figure.

ELLE

Ah! C'est horrible. Je commence à moins bien me souvenir de toi.

Il tient le verre et la fait boire. Elle est horrifiée par elle-même.

ELLE

...Je commence à t'oublier. Je tremble d'avoir oublié tant d'amour...
...Encore *(à boire).*

Elle divague. Cette fois. Seule. Lui la perd.

ELLE

On devait se retrouver à midi sur le quai de la Loire. Je devais repartir avec lui.

Quand je suis arrivée à midi sur le quai de la Loire il n'était pas tout à fait mort.

Quelqu'un avait tiré d'un jardin.

Le jardin du quai de Nevers.
Elle délire, ne le regarde plus.

ELLE

Je suis restée près de son corps toute la journée et puis toute la nuit suivante. Le lendemain matin on est venu le ramasser et on l'a mis dans un camion. C'est dans cette nuit-là que Nevers a été libérée. Les cloches de l'église Saint-Étienne sonnaient... sonnaient... Il est devenu froid peu à peu sous moi. Ah! qu'est-ce qu'il a été long à mourir. Quand? Je ne sais plus au juste. J'étais couchée sur lui... oui... le moment de sa mort m'a échappé vraiment puisque... puisque même à ce moment-là, et même après, oui, même après, je peux dire que je n'arrivais pas à trouver la moindre différence entre ce corps mort et le mien... Je ne pouvais trouver entre ce corps et le mien que des ressemblances... hurlantes, tu comprends? C'était mon premier amour... *(crié)*.

Le Japonais lui envoie une gifle. (Ou bien comme on voudra, il lui écrase les mains dans les siennes.) Elle agit comme si elle ne savait pas d'où lui vient ce mal. Mais elle se réveille. Et fait comme si elle comprenait que ce mal était nécessaire.

ELLE

Et puis un jour... J'avais crié encore. Alors on m'avait mise dans la cave.

Sa voix reprend son rythme.

(Ici toute la scène de la bille qui rentre dans la cave, qu'elle ramasse, qui est chaude, sur laquelle elle referme sa main, etc., et qu'elle rend aux enfants, au-dehors, etc.)

ELLE

...Elle était chaude...

Il la laisse parler sans comprendre. Elle reprend.

ELLE

(Un temps.) Je crois que c'est à ce moment-là que je suis sortie de la méchanceté.

Temps.

Je ne crie plus.

Temps.

Je deviens raisonnable. On dit: «Elle devient raisonnable.»

Temps.

Une nuit, une fête, on me laisse sortir.

À l'aurore, à Nevers, au bord d'une rivière.

C'est le bord de la Loire. C'est l'aurore. Des gens passent sur le pont plus ou moins nombreux suivant les heures. De loin, ce n'est personne.

Place de la République, à Nevers, de nuit.

ELLE

Ce n'est pas tellement longtemps après que ma mère m'annonce qu'il faut que je m'en aille, dans la nuit, à Paris. Elle me donne de l'argent. Je pars pour Paris à bicyclette, la nuit.

C'est l'été. Les nuits sont bonnes.

Quand j'arrive à Paris, le surlendemain, le nom Hiroshima est sur tous les journaux. Mes cheveux ont atteint une longueur décente.

Je suis dans la rue avec les gens.

Quelqu'un a remis le disque de musette dans le juke-box.

Elle ajoute. Comme si elle se réveillait.

ELLE

Quatorze ans ont passé.

Il lui sert à boire. Elle boit. Elle redevient apparemment très calme. Ils sortent du tunnel de Nevers.

ELLE

Même des mains je me souviens mal... De la douleur, je me souviens encore un peu.

LUI

Ce soir?

ELLE

Oui, ce soir je m'en souviens. Mais un jour, je ne m'en souviendrai plus. Du tout. De rien.

Elle lève la tête sur lui à ce moment-là.

ELLE

Demain à cette heure-ci je serai à des milliers de kilomètres de toi.

LUI

Ton mari, il sait cette histoire?

Elle hésite.

ELLE

Non.

LUI

Il n'y a que moi, alors?

ELLE

Oui.

Il se lève de la table, la prend dans ses bras, la force à se lever à son tour, et l'enlace très fort, scandaleusement. Les gens regardent. Ils ne comprennent pas. Il est dans une joie violente. Il rit:

LUI

Il n'y a que moi qui sache. Moi seulement.

En même temps qu'elle ferme les yeux, elle dit:

ELLE

Tais-toi.

Elle se rapproche encore plus de lui. Elle lève sa main, et, très légèrement, elle lui caresse la bouche avec sa main. Elle dit, presque dans un bonheur soudain:

ELLE

Ah! que c'est bon d'être avec quelqu'un quelquefois.

Ils se séparent, très lentement.

LUI

Oui *(avec ses doigts sur sa bouche).*

[Le disque, sur la machine, le juke-box vient de diminuer subitement de volume.]

Une lampe s'éteint quelque part. Soit sur la berge du fleuve, soit dans le bar.

Elle a sursauté. Elle a retiré sa main restée sur la bouche. Lui, n'avait pas oublié l'heure. Il dit:

LUI

Parle encore.

ELLE

Oui.

Elle cherche. N'y arrive pas.

LUI

Parle.

Elle dit, à plat:

ELLE

[J'ai l'honneur d'avoir été déshonorée. Le rasoir sur la tête, on a, de la bêtise, une intelligence extraordinaire...]

Je désire avoir vécu cet instant-là. Cet incomparable instant.

Il dit, retiré du moment présent:

LUI

Dans quelques années, quand je t'aurai oubliée, et que d'autres histoires comme celle-là, par la force encore de l'habitude, arriveront encore, je me souviendrai de toi comme de l'oubli de l'amour même. Je penserai à cette histoire comme à l'horreur de l'oubli. Je le sais déjà.

Des gens entrent dans le café. Elle les regarde et demande (l'espoir revient):

ELLE

La nuit, ça ne s'arrête jamais, à Hiroshima?

Ils entrent dans une comédie dernière. Mais elle s'y laisse prendre. Cependant qu'il répond en mentant.

LUI

Jamais ça ne s'arrête, à Hiroshima.

Elle sourit. Et, dans une extrême douceur, dans une détresse souriante, elle dit (adorablement):

ELLE

Comme ça me plaît... les villes où toujours il y a des gens qui sont réveillés, la nuit, le jour...

La patronne au bar éteint une lampe. Le disque s'est terminé. Ils sont presque dans la pénombre. L'horaire tardif mais cependant inéluctable de la fermeture des cafés à Hiroshima est atteint.

Ils baissent les yeux tous les deux, comme saisis par une extrême pudeur. Ils sont foutus à la porte du monde ordonné où leur histoire ne peut pas s'inscrire. Impossible de lutter.

Elle le comprend tout à fait, d'un seul coup.

Quand ils relèvent les yeux, ils sourient cependant «pour ne pas pleurer» au sens le plus couru de l'expression.

Elle se lève. Il ne fait aucun geste pour la retenir.

Ils sont dehors, dans la nuit, devant le café.

Elle se tient debout devant lui.

ELLE

Il faut éviter de penser à ces difficultés que présente le monde, quelquefois. Sans ça, il deviendrait tout à fait irrespirable.

(Cette dernière phrase est dite dans un «souffle».)

Une dernière lampe s'éteint dans le café, très près. Ils ont les yeux baissés. [Un canot à moteur évoquant le bruit d'un avion remonte le fleuve vers la mer.]

ELLE

Éloigne-toi de moi.

Il s'éloigne. Regarde le ciel au loin et dit:

LUI

Le jour n'est pas encore levé...

ELLE

Non. *(Un temps.)* Il est probable que nous mourrons sans nous être jamais revus?

LUI

Il est probable, oui. *(Un temps.)* Sauf, peut-être, un jour, la guerre...

Un temps.
Elle répond. Marquer l'ironie.

ELLE

Oui, la guerre…

PARTIE V

{Rentrée à l'hôtel, la Française hésite puis pénètre dans sa chambre vide, va vers le lavabo, se trempe le visage dans l'eau. Pendant qu'elle se regarde dans la glace, on entend son «dialogue intérieur» où alternent «je» et «elle» pour la désigner, le «tu» renvoyant au soldat allemand qu'elle dit avoir «trompé» avec le Japonais: «J'ai raconté notre histoire. Elle était, vois-tu, racontable.» À la fin, elle consacre à nouveau le soldat allemand à l'oubli: «Regarde comme je t'oublie.»

Vite repartie, elle s'arrête près du café où elle était avec le Japonais avant. On entend son monologue intérieur. D'une voix enfantine et se recroquevillant sur elle-même dans une pose également enfantine, elle dit qu'elle va rester à Hiroshima. Avec lui. Le Japonais arrive et, tout en affirmant qu'il ne peut pas la quitter, il ralentit le pas pendant qu'elle s'éloigne, augmentant la distance entre eux. Sur les images alternées des rues d'Hiroshima et de Nevers, le poème de la Française entendu dans la première partie («Je te rencontre./ Je me souviens de toi.») est repris en monologue intérieur, avec des variations aboutissant cette fois à l'acceptation de l'oubli: «Du temps viendra. Où nous ne saurons plus du tout nommer ce qui nous unira. Le nom s'en effacera peu à peu de notre mémoire./ Puis, il disparaîtra tout à fait.»

Nous la retrouvons ensuite assise sur une banquette de la salle d'attente de la gare, à côté d'une vieille femme japonaise. Son monologue intérieur continue: cette fois, c'est son «histoire de quatre sous» et la «petite coureuse», la «petite tondue» de Nevers, qu'elle donne à l'oubli, et, pour finir, le Japonais aussi: «Tu deviendras une chanson.[11]»

On la retrouve maintenant dans une boîte de nuit, «Le Casablanca», où le Japonais l'a suivie. Assise seule à une table, elle est abordée par un Japonais inconnu, tandis que celui qu'elle aime les regarde de loin. Elle ne répond que par signes aux avances de l'inconnu. À travers les vitres, la lumière augmente. La nuit est terminée. Arrive «l'aurore des condamnées».

11. Dans le film, au moment où elle prononce ces mots on entend «Hiroshima, Hiroshima!" presque chanté par le haut-parleur de la gare.

On la retrouve enfin dans sa chambre. C'est maintenant tout à fait l'aurore. La chambre est redevenue propre et intacte. Le Japonais arrive. Ils ne se touchent pas. Le Japonais assiste au contraire la Française «dans l'absence de lui-même». Il l'aide à le noyer «dans l'oubli universel». Ils ne s'appellent plus à la fin que par des noms de lieux *éclatés:* «Hi-ro-shi-ma. C'est ton nom. [...] Ton nom à toi est Nevers. Ne-vers-en-Fran-ce.»}

APPENDICES

LES ÉVIDENCES NOCTURNES
(Extraits)

(Notes sur Nevers)[12]

UN NEVERS IMAGINAIRE

Nevers où je suis née, dans mon souvenir, est indistinct de moi-même. C'est une ville dont un enfant peut faire le tour.

Délimitée d'une part par la Loire, d'autre part par les Remparts.

Au-delà des Remparts il y a la forêt.

Nevers peut être mesurée au pas d'un enfant.

Nevers «se passe» entre les Remparts, le fleuve, la forêt, la campagne. Les Remparts sont imposants. Le fleuve est le plus large de France, le plus renommé, le plus beau.

Nevers est donc délimitée comme une capitale.

Quand j'étais une petite fille et que j'en faisais le tour, je la croyais immense. Son ombre, dans la Loire, tremblait, l'agrandissant encore.

Cette illusion sur l'immensité de Nevers je l'ai gardée longtemps, jusqu'au moment où j'ai atteint l'âge d'une jeune fille.

12. Sans ordre chronologique. «Faites comme si vous commentiez les images d'un film fait,» m'a dit Resnais. [Note de Duras.]

Alors Nevers s'est fermée sur elle-même. Elle a grandi comme on grandit. Je ne savais rien des autres villes. J'avais besoin d'une ville à la taille de l'amour même. Je l'ai trouvée dans Nevers même.

Dire de Nevers qu'elle est une petite ville est une erreur du cœur et de l'esprit. Nevers fut immense pour moi.

Le blé est à ses portes. La forêt est à ses fenêtres. La nuit, des chouettes en arrivent jusque dans les jardins. Aussi faut-il s'y défendre d'y avoir peur.

L'amour y est surveillé comme nulle part ailleurs.

Des gens seuls y attendent leur mort. Aucune autre aventure que celle-là ne pourra faire dévier leur attente.

Dans ces rues tortueuses se vit donc la ligne droite de l'attente de la mort.

L'amour y est impardonnable. La faute, à Nevers, est d'amour. Le crime, à Nevers, est le bonheur. L'ennui y est une vertu tolérée.

Des fous circulent dans ses faubourgs. Des bohémiens. Des chiens. Et l'amour.

Dire du mal de Nevers serait également une erreur de l'esprit et du cœur.

LE MARIAGE DE NEVERS

Je devins sa femme dans le crépuscule, le bonheur et la honte. Quand ça a été fait, la nuit était venue sur nous. Nous ne nous en étions pas aperçus.

La honte avait disparu de ma vie. Nous avons été joyeux de voir la nuit. J'avais toujours eu peur de la nuit. Celle-là était une nuit noire comme jamais je n'en ai vu depuis. Ma patrie, ma ville, mon père ivre, s'y trouvèrent noyés. Avec l'occupation allemande. Dans le même sac.

Nuit noire de la certitude. On l'a regardée avec attention et ensuite avec gravité. Puis une à une, des montagnes sont montées à l'horizon.

AUTRE NOTE SUR LE JARDIN DUQUEL ON A TIRÉ SUR L'ALLEMAND

L'amour sert à mourir plus commodément à la vie.

Ce jardin pourrait faire croire en Dieu.

Cet homme, ivre de liberté, avec sa carabine, cet inconnu de la fin de juillet 44, cet homme de Nevers, mon frère, comment aurait-il pu savoir?

SUR LA PHRASE: «ET PUIS, IL EST MORT»

Riva ne parle plus elle-même quand cette image apparaît.

Donner un signe extérieur de sa douleur serait dégrader cette douleur.

Elle vient seulement de le découvrir, mourant, sur le quai, dans le soleil. C'est pour nous autres que l'image est insupportable. Pas pour Riva. Riva a cessé de nous parler. Elle a cessé, tout simplement.

Il vit encore.

Riva, sur lui, est dans l'absolu de la douleur. Elle est dans la *folie.*

La voir lui sourire à ce moment-là serait même logique.

La douleur a son obscénité. Riva est obscène. Comme une folle. Son entendement a disparu.

C'était son premier amour. C'est sa première douleur. Nous pouvons à peine regarder Riva dans cet état. Nous ne pouvons rien faire pour elle. Qu'attendre. Attendre que la douleur prenne en elle une forme reconnaissable et décente.

Fresson[13] meurt. Il est comme lié au sol. Il a été pris de plein fouet par la mort. Son sang coule de lui comme le fleuve et comme le temps. Comme la sueur. Il meurt comme un cheval, avec une force insoupçonnable. Il est très occupé à cela. Puis une douceur interviendra avec sa venue à elle et la certitude de l'inutilité de lutter contre sa mort. Douceur des yeux de Fresson. Ils se sourient. Oui. *Tu vois, mon amour, même cela nous était possible.* Triomphe funèbre. Accomplissement. Je suis sûre de ne pas pouvoir te survivre, à ce point que je te souris.

LA MÈRE DE RIVA

La mère est vive. Bien plus jeune que le père. Ce qu'elle aime le plus au monde est son enfant. Quand Riva crie, elle s'affole pour elle. La mère a peur que l'on fasse encore du mal à son enfant. Elle tient toute la maison dans ses mains. Elle est forte. Elle ne veut pas que Riva meure. Elle est avec son enfant d'une tendresse brutale. Mais d'une tendresse sans limites. Contrairement au père, elle ne désespère pas de Riva.

13. Bernard Fresson: l'acteur qui joue le soldat allemand.

Ils la descendent dans la cave comme si elle avait dix ans. Ils sont en noir. Riva, au milieu des deux, est habillée en clair. Chemise de nuit en dentelles, de très jeune fille, faite par la mère, par une mère qui oublie toujours que son enfant grandit.

UN CHAT ENTRE DANS LA CAVE DE NEVERS

Le chat, toujours égal à lui-même, entre dans la cave. Il s'attend à tout. Riva a oublié l'existence des chats.

Les chats sont domestiqués complètement. Leur conduite est de gentillesse. Leurs yeux ne sont pas domestiqués. Les yeux du chat et les yeux de Riva se ressemblent et se regardent. Vidés. Presque impossible de soutenir le regard d'un chat. Riva le peut. Elle entre peu à peu dans le regard du chat. Il n'y a plus dans la cave qu'un seul regard, celui du chat-Riva.

L'éternité échappe à toute qualification. Ce n'est ni beau ni laid. Ça peut être un caillou, l'angle brillant d'un objet? *Le regard du chat? Tout* à la fois. Le chat qui dort. Riva qui dort. Le chat qui veille. L'intérieur du regard du chat ou l'intérieur du regard de Riva? Pupilles circulaires où rien n'accroche. Immenses, ces pupilles. Des cirques vides. Où bat le temps.

NEVERS
(Pour mémoire)
(Extraits)

RIVA RACONTE ELLE-MÊME SA VIE À NEVERS

[...] Je me mis à rêver à un ennemi, la nuit, le jour.

Et dans mes rêves l'immoralité et la morale se mélangèrent de façon telle que l'une ne fut bientôt plus discernable de l'autre. J'eus vingt ans.

Un soir, faubourg St-..., alors que je tournais une rue, quelqu'un me saisit par les épaules. Je ne l'avais pas vu arriver. C'était la nuit, huit heures et demie du soir, en juillet. C'était l'ennemi.

On s'est rencontrés dans les bois. Dans les granges. Dans les ruines. Et puis, dans des chambres.

Un jour, une lettre anonyme arrivait à mon père. La débâcle commençait. Nous étions en juillet 1944. J'ai nié.

C'est encore sous les peupliers qui bordent la rivière qu'il m'a annoncé son départ. Il partait le lendemain matin pour Paris, en camion. Il était heureux parce que c'était la fin de la guerre. Il me parla de la Bavière où je devais le retrouver. Où nous devions nous marier.

Déjà il y avait des coups de feu dans la ville. Les gens arrachaient les rideaux noirs. Les radios marchaient nuit et jour. À quatre-vingts kilomètres de là, déjà, des convois allemands gisaient dans des ravins.

J'exceptais cet ennemi-ci de tous les autres.

C'était mon premier amour.

Je ne pouvais plus entrevoir la moindre différence entre son corps et le mien. Je ne pouvais plus voir entre son corps et le mien qu'une similitude hurlante.

Son corps était devenu le mien, je n'arrivais plus à l'en discerner. J'étais devenue la négation vivante de la raison. Et toutes les raisons qu'on aurait pu opposer à ce manque de raison, je les aurais balayées, et comment, comme châteaux de cartes, et comme, justement, des raisons purement imaginaires. Que ceux qui n'ont jamais connu d'être ainsi dépossédés d'eux-mêmes me jettent la première pierre. Je n'avais plus de patrie que l'amour même.

J'avais laissé un mot à mon père. Je lui disais que la lettre anonyme avait dit vrai: que j'aimais un soldat allemand depuis six mois. Que je voulais le suivre en Allemagne.

Déjà, à Nevers, la Résistance côtoyait l'ennemi. Il n'y avait plus de police. Ma mère revint.

Il partait le lendemain. Il était entendu qu'il me prendrait dans son camion, sous des bâches de camouflage. Nous nous imaginions que nous pourrions ne plus nous quitter jamais.

On est encore allés à l'hôtel, une fois. Il est parti à l'aube rejoindre son cantonnement, vers Saint-Lazare.

Nous devions nous retrouver à midi, sur le quai de la Loire. Lorsque je suis arrivée, à midi, sur le quai de la Loire, il n'était pas encore tout à fait mort. On avait tiré d'un jardin du quai.

Je suis restée couchée sur son corps tout le jour et toute la nuit suivante.

Le lendemain on est venu le ramasser et on l'a mis dans un camion. C'est pendant cette nuit-là que la ville fut libérée. Les cloches de Saint-Lazare emplirent la ville. Je crois bien, oui, avoir entendu.

On m'a mise dans un dépôt du Champ de Mars. Là, certains ont dit qu'il fallait me tondre. Je n'avais pas d'avis. Le bruit des ciseaux sur la tête me laissa dans une totale indifférence. Quand ce fut fait, un homme d'une trentaine d'années m'emmena dans les rues. Ils furent six à m'entourer. Ils chantaient. Je n'éprouvais rien.

Mon père, derrière les volets, a dû me voir. La pharmacie était fermée pour cause de déshonneur.

On me ramena au dépôt du Champ de Mars. On me demanda ce que je voulais faire. Je dis que je n'avais pas d'avis. Alors on me conseilla de rentrer.

C'était minuit. J'ai escaladé le mur du jardin. Il faisait beau. Je me suis étendue afin de mourir sur l'herbe. Mais je ne suis pas morte. J'ai eu froid.

J'ai appelé Maman très longtemps... Vers deux heures du matin les volets se sont éclairés.

On me fit passer pour morte. Et j'ai vécu dans la cave de la pharmacie. Je pouvais voir les pieds des gens, et la nuit, la grande courbe de la place du Champ de Mars.

Je devins folle. De méchanceté. Je crachais, paraît-il, au visage de ma mère. Je n'ai que peu de souvenirs de cette période pendant laquelle mes cheveux ont repoussé. Sauf celui-ci que je crachais au visage de ma mère.

Puis, peu à peu, j'ai perçu la différence du jour et de la nuit. Que l'ombre gagnait l'angle des murs de la cave vers quatre heures et demie et que l'hiver, une fois, se termina.

La nuit, tard, parfois, on me permit de sortir encapuchonnée. Et seule. À bicyclette.

Mes cheveux ont mis un an à repousser. Je pense encore que si les gens qui m'ont tondue s'étaient souvenus du temps qu'il faut pour que les cheveux repoussent ils auraient hésité à me tondre. C'est par faute d'imagination des hommes que je fus déshonorée.

Un jour, ma mère est arrivée pour me nourrir, comme elle faisait d'habitude. Elle m'a annoncé que le moment était venu de m'en aller. Elle m'a donné de l'argent.

Je suis partie pour Paris à bicyclette. La route était longue mais il faisait chaud. L'été. Quand je suis arrivée à Paris, le surlendemain matin, le mot Hiroshima était sur tous les journaux. C'était une nouvelle sensationnelle. Mes cheveux avaient atteint une longueur décente. Personne ne fut tondu.

PORTRAIT DU JAPONAIS

C'est un homme d'une quarantaine d'années. Il est grand. Il a un visage assez «occidentalisé».

Le choix d'un acteur japonais à type occidental[14] doit être interprété de la façon suivante:

Un acteur japonais au type japonais très accusé risquerait de faire croire que c'est surtout parce que le héros est japonais que la Française est séduite par lui.

14. Le rôle du Japonais ("Lui") est tenu par Eiji Okada.

Donc on retomberait, qu'on le veuille ou non, dans le piège de l'exotisme, et dans le racisme involontaire inhérent nécessairement à tout exotisme.

Il ne faut pas que le spectateur dise: «Que les Japonais sont donc séduisants!», mais qu'ils disent: «Que *cet homme-là* est donc séduisant!»

C'est pourquoi il vaut mieux atténuer la différence de type entre les deux héros. Si le spectateur n'oublie jamais qu'il s'agit d'un Japonais et d'une Française, la portée profonde du film n'existe plus. Si le spectateur l'oublie, cette portée profonde est atteinte.

Monsieur Butterfly n'a plus cours. De même Mademoiselle de Paris. Il faut tabler sur la fonction égalitaire du monde moderne. Et même tricher pour en rendre compte. Sans cela, quel intérêt y aurait-il à faire un film franco-japonais? Il faut que ce film *franco-japonais* n'apparaisse *jamais franco-japonais,* mais *anti-franco-japonais.* Ce serait là une victoire.

De profil, il pourrait presque être français. Front haut. Bouche large. Lèvres prononcées mais *dures.* Aucune mièvrerie dans le visage. Aucun angle sous lequel il apparaîtrait une imprécision (une indécision) des traits.

En somme, il est d'un type «international». Il faudrait que sa séduction soit immédiatement reconnaissable par tout le monde comme étant celle des hommes qui sont arrivés à leur maturité sans fatigue prématurée, sans subterfuges.

Il est ingénieur. Il fait de la politique. Ce n'est pas par hasard. Les techniques sont internationales. Le jeu des coordonnées politiques l'est aussi. Cet homme est un homme moderne, déniaisé quant à l'essentiel. Il ne serait dépaysé profondément dans aucun pays du monde.

Il coïncide avec son âge, et physiquement, et moralement.

Il n'a pas «triché» avec la vie. Il n'a pas eu à le faire: c'est un homme que son existence a toujours intéressé et toujours suffisamment intéressé pour qu'il ne «traîne» par-derrière lui un mal de l'adolescence qui fait, si souvent, les hommes de quarante ans, des faux jeunes hommes encore à la recherche de ce qu'ils pourraient bien trouver à faire, pour *paraître* sûrs d'eux-mêmes. Lui, s'il n'est pas sûr de lui-même, c'est pour de bonnes raisons.

Il n'a pas de vraie coquetterie mais il n'est pas négligé non plus. *Il n'est pas coureur.* Il a une femme qu'il aime, deux enfants. Il aime cependant les femmes. Mais jamais il n'a fait une carrière «d'homme à femmes». Il croit que ce genre de carrière-là est une carrière de «remplacement» méprisable, et de plus suspecte. Que celui qui n'a jamais connu l'amour d'une seule femme est passé à côté et de l'amour et même de la virilité.

C'est pour cela même qu'il vit avec cette jeune Française une aventure véritable, même si elle est de rencontre. C'est parce qu'il ne croit pas à la vertu des amours de rencontre qu'il vit avec la Française un amour de rencontre avec cette sincérité, cette violence.

PORTRAIT DE LA FRANÇAISE

Elle a trente-deux ans.

Elle est plus séduisante que belle.

On pourrait l'appeler elle aussi d'une certaine manière «The Look». Tout, chez elle, de la parole, du mouvement, «en passe par le regard».

Ce regard est oublieux de lui-même. Cette femme regarde pour son compte. Son regard ne consacre pas son comportement, il le déborde *toujours*.

Dans l'amour, sans doute toutes les femmes ont de beaux yeux. Mais celle-ci, l'amour la jette dans le désordre de l'âme (choix volontairement stendhalien[15] du terme) un peu plus avant que les autres femmes. Parce qu'elle est davantage que les autres femmes «amoureuse de l'amour même».

Elle sait qu'on ne meurt pas d'amour. Elle a eu, au cours de sa vie, une splendide occasion de mourir d'amour. Elle n'est pas morte à Nevers. Depuis, et jusqu'à ce jour, à Hiroshima, où elle rencontre ce Japonais, elle traîne en elle, avec elle, le «vague à l'âme» d'une *sursitaire* à une chance unique de décider de son destin.

Ce n'est pas le fait d'avoir été tondue et déshonorée qui marque sa vie, c'est cet échec en question: elle n'est pas morte d'amour le 2 août 1944, sur ce quai de Loire.

Ceci n'est pas contradictoire à son attitude à Hiroshima avec le Japonais. Au contraire, ceci est en relation directe avec son attitude avec ce Japonais... Ce qu'elle raconte au Japonais, c'est cette chance qui, en même temps qu'elle l'a perdue, l'a définie.

Le récit qu'elle fait de cette chance perdue la transporte littéralement hors d'elle-même et la porte vers cet homme nouveau.

Se livrer corps et âme, c'est ça.

15. *Stendhal* (Henri Beyle, dit): écrivain français (1783–1842), célèbre surtout pour *Le Rouge et le Noir* (1830) et *La Chartreuse de Parme* (1839), romans où la peinture réaliste de la société s'allie à l'exaltation de l'enthousiasme et de l'amour. Il est également l'auteur d'une autobiographie fictive, *La Vie de Henry Brulard* (posthume, 1890), et d'un essai, *De l'amour* (1822), dans lequel il analyse la naissance ("la cristallisation") de l'amour-passion et le phénomène inverse de «décristallisation».

C'est là l'équivalence non seulement d'une possession amoureuse, mais d'un *mariage.*

Elle livre à ce Japonais—*à Hiroshima*—ce qu'elle a de plus cher au monde, son expression actuelle même, sa *survivance* à la mort de son amour, *à Nevers.*

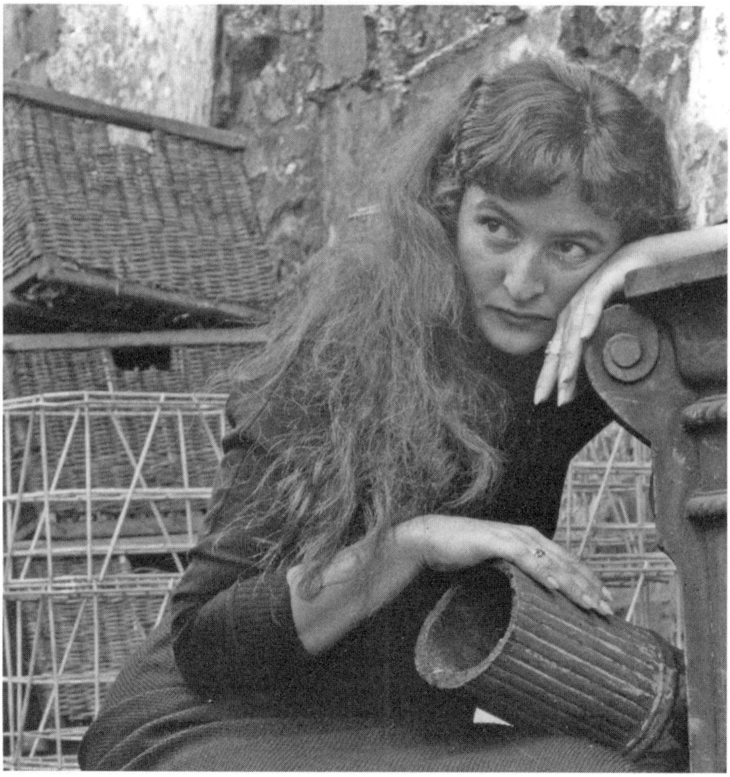

Joyce Mansour

(1928–1986)

Donnez-moi une langue de haute laine
J'enseignerai aux seigneurs
Comment briser leurs dieux de craie
Leurs pénis édentés
Aux pieds du grand corbeau blanc
Pourcroâ?
—Joyce Mansour, *Le Grand jamais,* 1981

Joyce Mansour (photo Gilles Ehrmann © Agence TOP)

La voix de Joyce Mansour est singulière, violente, passionnée, angoissée, agressive, obscène, choquante, troublante, belle, hideuse, excessive. Elle ne chante pas, elle crie—comme l'annonce le titre de son premier recueil poétique, *Cris* (1953) —non pas un amour sentimental ou idéalisé, mais un érotisme avide, enragé, cruel, souvent macabre; et elle met en scène un univers cauchemardesque teinté d'humour noir. Proto-féministe et surréaliste à la fois, elle occupe une place ambiguë au sein du surréalisme, mouvement littéraire et artistique qui l'accueille dès ses débuts, mouvement dont elle s'inspire et auquel elle demeure attachée pendant toute sa carrière, mais avec lequel, en tant que femme, elle entre aussi dans un dialogue parodique, voire polémique, qui laisse pressentir le féminisme des années soixante-dix.

Car si le mouvement surréaliste a depuis ses débuts pendant les années vingt exalté la femme, c'est surtout en tant que muse, en tant que médiatrice entre le connu et l'inconnu, entre le réel et le surréel, et non en tant que créatrice. De plus, ce mouvement qui à ses origines n'a admis aucune femme, est souvent marqué par une profonde ambivalence—voire une misogynie—à l'égard des femmes: dans les écrits, la femme-enfant, libre, innocente, ouverte au merveilleux et parfois folle, se double de la femme-sorcière, fascinante certes, mais dangereuse parce que fascinante. Dans *Manifeste du surréalisme* (1924), André Breton, chef de ce mouvement d'avant-garde, le plus important et le plus influent de la première moitié du XXe siècle, en livre les principes essentiels qui seront adaptés par Mansour à sa vision particulière: exploration sans aucune censure de l'inconscient et du rêve au moyen de *l'écriture automatique* («Dictée de la pensée, en l'absence de tout contrôle exercé par la raison, en dehors de toute préoccupation esthétique ou morale»); revendication de la liberté et d'un non-conformisme absolu; révolte contre les valeurs et la rationalité bourgeoises; refus de toute limite; procès de l'attitude réaliste; emploi d'images insolites, apparemment arbitraires, rapprochant des éléments considérés dans la vie courante comme fortement contradictoires ou incompatibles; recours au hasard comme point de départ de la création et à «l'absurdité immédiate» comme tremplin d'une révélation. L'érotisme est privilégié par les surréalistes comme moyen de libération et comme voie d'accès au surréel. Seuls les hommes font alors officiellement partie du groupe surréaliste: les écrivains Louis Aragon, Paul Éluard, Robert Desnos, Philippe Soupault, Roger Vitrac, entre autres. Pendant les années 1930, les femmes commencent à être pleinement associées au mouvement, signant des manifestes et participant à des expositions surréalistes; à l'exception de la très jeune poète Gisèle Prassinos, ce sont avant tout des artistes: Meret Oppenheim, Lee Miller, Leonora Carrington,

Dora Maar, Frida Kahlo, Valentine Hugo, Léonor Fini. Dispersé pendant la guerre, le groupe surréaliste se reconstitue à Paris à la fin des années 1940, mais il semble maintenant en porte-à-faux et à l'arrière-garde dans un climat intellectuel transformé par l'expérience de la guerre et de la Résistance. Dans la période d'après-guerre, si le surréalisme est délaissé par les jeunes gens, de nouvelles femmes, pour la plupart étrangères comme celles qui les ont précédées, se joignent au mouvement et sont accueillies avec enthousiasme par Breton et les autres surréalistes (l'Allemande Unica Zürn, par exemple); parmi elles, c'est surtout la jeune Anglo-égyptienne Joyce Mansour qui se fera connaître, même au-delà du groupe, et qui apportera au mouvement un souffle de vie.

Mais les affinités de Joyce Mansour avec le surréalisme ont tendance à la marginaliser aux yeux d'un jeune public porté alors vers de nouvelles avant-gardes; en même temps, sa complicité apparente avec une certaine misogynie surréaliste (voir plus loin «Je veux me montrer nue à tes yeux chantants») la fait méconnaître d'abord par l'avant-garde féministe—dans son étude inaugurale *Surréalisme et sexualité,* 1971, à cause de son traitement de la sexualité, Xavière Gauthier met Mansour essentiellement dans le même camp que les hommes. Par ailleurs, elle a subi la "double marginalisation" (Susan Suleiman, *Subversive Intent,* 1990) réservée aux femmes dans les mouvements d'avant-garde initiés par des hommes: marginalisée à l'intérieur d'un mouvement qui se donne lui-même pour marginal. Suite au féminisme des années soixante-dix, l'intérêt porté non seulement à l'image de la femme chez les surréalistes masculins mais à la découverte des œuvres de femmes réelles liées au surréalisme, contribuera à faire reconnaître Joyce Mansour comme la plus importante des femmes poètes surréalistes et comme une voix féminine unique, comme une femme sujet qui met en question de l'intérieur mais non sans ambivalence les images de la femme et les présupposés de ce mouvement culturel dominé par les hommes. Absente des grandes anthologies de la poésie française du XXe siècle et même des anthologies consacrées spécifiquement au surréalisme, les volumes publiés de son vivant étant épuisés, la poésie de Joyce Mansour risquait de devenir introuvable. Mais aujourd'hui elle est traduite en anglais, ses poèmes figurent dans des anthologies, et depuis 1990 les études sérieuses sur son œuvre se multiplient, facilitées par la parution en 1991 de son œuvre complète (poésie et prose).

Qui est cette Joyce Mansour, cette étrangère à l'identité fluctuante, plurielle et fuyante? «Toute ma beauté noyée dans tes yeux sans prunelles/ La mort dans ton ventre qui mange ma cervelle/ Tout ceci fait de moi une étrange demoiselle»

(*Cris*): les critiques se sont tout de suite saisis de cet autoportrait en «étrange demoiselle» pour fabriquer une Joyce Mansour mythique, belle femme exotique et énigmatique à l'imagination étrange, sans rapport apparent avec sa personnalité mondaine. C'était réduire à une étiquette familière, mélange de surréalisme et d'orientalisme, tout ce qu'il y a d'inouï, d'insaisissable et justement d'irréductible dans son écriture et tout ce qu'il semble y avoir de contradictoire entre sa vie et son œuvre. Née le 25 juillet 1928 à Bowden en Angleterre de parents juifs égyptiens, Joyce Patricia Ades grandit au Caire dans un milieu anglophone aisé. Elle fait des études en Angleterre et en Suisse. Très sportive, elle participe à des concours hippiques et à des compétitions de courses à pied, remportant le championnat d'Égypte du cent mètres plat. Lectrice vorace, elle lit entre 250 et 300 livres par an en anglais et en français. Deux expériences cruelles de la mort pendant son adolescence hanteront son imaginaire et seront à l'origine de son écriture: sa mère succombe à un cancer du sein à l'âge de quarante-et-un ans et son premier mari meurt six mois après leur mariage. Dans ses écrits, ces sources autobiographiques des motifs obsédants de la maladie et de la mort seront occultées par des allusions, elles-mêmes le plus souvent indirectes, à la mythologie égyptienne et par l'onirisme, intensifiant l'effet d'étrangeté et d'inintelligibilité de certaines images et renforçant de la sorte le mythe de «l'étrange demoiselle». À vingt-et-un ans, elle épouse Samir Mansour qui appartient à la communauté francophone du Caire. Son œuvre future sera rédigée presque exclusivement en français.

La poésie pour Mansour est un cri, elle répond à un besoin; elle écrit un poème, dit-elle, «comme on mange, comme on est malade, ou comme on va aux cabinets». Serait-ce sa façon (parodique?) de concilier aux yeux du monde deux exigences qui paraissent encore à son époque contradictoires: celle de l'écriture, même quand il s'agit de l'écriture *automatique* des surréalistes, et celle de la féminité? La critique, en retour, ressasse à son propos le stéréotype de la femme qui écrit sans vocation ni aspiration, indifférente aux règles littéraires et à la correction grammaticale, dont l'écriture ne sert que d'exutoire. J. H. Matthews, auteur d'une monographie sur Mansour, explique ainsi la genèse de son écriture: des images lui seraient venues spontanément au cours de ses trajets en voiture entre le Caire et Alexandrie et elle aurait fini tout simplement par les transcrire. Nonobstant ces professions de spontanéité et de négligence esthétique, il n'en demeure pas moins que son français est corrigé par son fils et ses écrits publiés.

Au moment où elle commence à écrire, elle connaît déjà le surréalisme et l'écriture automatique; au Caire elle fréquente Georges Henein (1914–1973), écrivain surréaliste égyptien lié à Breton, et elle rencontre le Français Henri Michaux (1899–1984), explorateur solitaire de l'inconscient et du rêve dont les poèmes et les tableaux s'apparentent aux productions surréalistes. Sorti à Paris, *Cris* retient l'attention de Breton qui lui adresse au Caire des lettres enthousiastes. Le recueil reçoit un compte rendu élogieux en 1954 dans la revue surréaliste *Médium*. Joyce Mansour est désormais lancée. Au milieu des années cinquante, les Mansour s'installent définitivement à Paris; Joyce ne retournera plus jamais en Égypte.

Devenue l'amie intime de Breton à qui elle dédie plusieurs de ses livres, elle participe régulièrement aux réunions du groupe surréaliste. Elle collabore avec des peintres proches du surréalisme, dont certains illustrent ses livres (Matta, Pierre Alechinsky, Wilfredo Lam, Jorge Camacho, Pierre Molinier, Hans Bellmer). Son appartement luxueux dans le XVIe arrondissement avec sa collection superbe d'art et de masques océaniens constituée sur les conseils de Breton—lui n'a pas les moyens de Samir Mansour pour s'offrir tous les objets extraordinaires découverts pendant ses promenades aux puces en compagnie de Joyce—sert de cadre en 1959, lors de l'Exposition internationale du surréalisme «Éros», à un événement surréaliste célèbre: l'exécution du testament du Marquis de Sade. Au cours de cette cérémonie le sculpteur québécois Jean Benoît fait une entrée fracassante à l'intérieur d'une statue gigantesque et fantastique créée par lui et s'applique à la place du cœur un fer rougi à blanc au nom de Sade. Mansour contribue aussi aux revues surréalistes *Bief, L'Archibras* et *La Brèche;* ce sont des parodies sarcastiques et drôles de la presse féminine dont «Prête, à portée» et «Les jeux de l'amour et du bazar»: «*Conseils d'une consœur.* Comment épouser un roi?—Fréquentez la cour. Votre fils pleure la nuit quand vos amis vous déshabillent?—Achetez la pile Albert, elle ne s'allume qu'une seule fois et tue quand on s'en sert» (*Bief,* numéro 1, 15 novembre 1958); «*Notre courrier de cuissons et de cœurs.* Mme X de Bône nous écrit: Mon mari a laissé sa tête dans le four/ Que dois-je faire? Nous conseillons l'utilisation: Des bols en fil de fer/ Qui vont au feu en couleur/ Et qui conservent les époux/ Vous verrez l'avenir est à vous» (*Bief,* numéro 3, 15 janvier 1959). En 1983, aux côtés de Nathalie Sarraute, Alain Robbe-Grillet et Eugène Ionesco, elle joue dans la pièce *Freshwater* de Virginia Woolf.

Entre 1953 et sa mort à Paris d'un cancer du sein le 25 août 1986, elle publiera de nombreux recueils de poésie, parmi lesquels il faut citer *Déchirures* (1955), *Rapaces* (1960), *Carré blanc* (1965), *Phallus et momies* (1969), *Pandémonium* (1976), *Faire signe au machiniste* (1977) et *Trous noirs* (1986); une pièce, *Le Bleu des fonds* (1968), mise à mort du Père et dérision de la primauté du phallus dans le discours psychanalytique lacanien, écrite dans la veine violemment érotique et transgressive de Georges Bataille (*Le Bleu du ciel* 1935; publié en 1957); et des récits en prose, *Les Gisants satisfaits* (1958; la nouvelle «Le Cancer» à propos de la passion d'un garçon pour la bosse d'une femme brouille l'antinomie beauté/ hideur), *Jules César* (1958, histoire d'«enfants normaux» «nés ensemble à Sodome d'une vache et d'un fossoyeur après deux heures de travail bien arrosées de bière» et élevés par une nourrice méchante nommée Jules César), *Ça* (1970; le conte «La Pointe» s'ouvre sur cet aphorisme provocant, «L'artichaut a des limites, l'anormal n'en a pas») et *Histoires nocives* (1973; sous la frénésie sexuelle, «Îles flottantes» dissimule une critique virulente des hôpitaux en général et de la psychanalyse en particulier). Quel que soit le genre pratiqué, Mansour fait preuve d'une imagination qui ne s'arrête devant aucun interdit, aucune convention littéraire, aucune règle du bon goût et de la décence. Et le public ne cessera de s'étonner que cette belle femme élégante, riche, mondaine, douce et gaie, épouse et mère de famille comblée par la vie soit non seulement l'amie attitrée de révolutionnaires surréalistes mais l'auteur elle-même d'œuvres violentes, aussi impudiques et agressives qu'angoissées, si neuves, mais aussi si âpres, si cruelles et tellement perverses, ce qui alimentera au dépens de l'écriture le mythe de l'«étrange demoiselle».

Les poèmes ultérieurs invitent à chercher d'autres éclairages du fameux autoportrait de Joyce Mansour en «étrange demoiselle». L'étrangeté—les tensions, les confusions et les contradictions, cette fois au niveau de l'écriture elle-même—serait liée en grande partie à sa situation d'*étrangère* prise entre deux langues, deux cultures, à la recherche d'une place et d'une voix, cherchant surtout à s'imposer en tant que femme sujet et créatrice dans un surréalisme où la position de sujet et de créateur est indéniablement dévolue à l'homme. Joyce Mansour revendique tantôt avec inquiétude, tantôt avec humour, tantôt avec agressivité, tantôt avec optimisme, tantôt avec pessimisme, une parole, une vision et une écriture à elle, au féminin, qui soient fidèles à ses identifications plurielles et fluctuantes, tout en cherchant à s'identifier au projet de libération absolue et à l'image unique de la Femme que les surréalistes masculins ont imaginés. D'où ses alternatives de cris et de silence: «J'écrirai à deux mains/ Le jour que je me tairai [...] Malade de silence rentré/ Je crierai à plein ventre/ Le jour que je mourrai» (*Rapaces*). D'où la reprise parodique d'images conventionnelles de la féminité pour dire l'envie d'écrire: «J'ai envie/ C'est ridicule/ D'une distraction/ D'une mélodie/ De quelque griffonnage/ Ou confiture de dame»

(«Dans la forêt hors des gonds de la patrie», *Carré blanc*). D'où aussi la hantise de ne pas être lue: «L'écriture sourde/ Tombe sur l'herbe grasse/ Et meurt./ Qui lira mon amour évanoui?/ [...] Seuls les dieux savent lire» (*Déchirures*). D'où enfin le malaise devant le rôle de bel objet sans autorité voué à répéter la parole et à se prêter au regard de l'artiste-maître: «Petit perroquet dans une cage trop dorée/ Lasse de ne rien faire avec autorité» (*Rapaces*); «J'ai envie de sangloter/ [...] Je ne suis plus qu'une femme nue/ Au bout/ Des rayons verts qui jaillissent de tes yeux/ Une femme nue peinte de la main d'un inconnu» («Sentiments positifs envers John», *Carré blanc*).

Dans un dialogue plus ou moins implicite avec les œuvres des surréalistes, la poésie de Joyce Mansour interroge de l'intérieur leur image de la femme. Le jeu entre la répétition des images surréalistes et leur mise en question est particulièrement complexe dans «J'aime tes bas», le poème liminaire du premier recueil *Cris* et en quelque sorte sa signature de poète. Qu'il n'est pas toujours facile de situer son regard et sa voix sur une échelle allant de la complicité à la contestation féministe se voit encore dans «Je veux me montrer nue à tes yeux chantants», poème qui brouille les rôles de sujet et d'objet et qui s'arrête sur une image de soumission et d'infériorité, voire d'abjection, de la femme. Le poème relève d'un érotisme à la manière de Georges Bataille où la jouissance est liée à la transgression d'un tabou, à «des actes impies», à la souillure et à l'obscénité, et où l'énergie vitale déployée par l'homme dans la relation érotique, poussée à la limite, se confond avec une agressivité et une violence pouvant aller jusqu'à la mort ou au meurtre. Pour Bataille, la libération absolue promise par l'érotisme implique «l'approbation de la vie jusque dans la mort» (*L'Érotisme*, 1957); comme le marquis de Sade, il a fortement inspiré les surréalistes. D'un côté, dans sa poésie, Mansour semble assumer complaisamment le rôle féminin prévu dans ce discours, objet ou sujet de la cruauté: «Pour être aimé il faut être cruel» (*Cris*); «Que mes seins te provoquent/ Je veux ta rage./ [...] Que mes désirs soient exaucés sur le sol fertile/ De ton corps sans pudeur» (*Cris*). De l'autre, elle semble tourner en dérision ce discours et le parodier, comme dans «Les vices des hommes» où le «je» poétique, cannibale, joue avec les clichés du vagin denté et de la mangeuse d'homme, ou bien dans ces vers tirés de *Pandémonium* où l'humour noir frappe non seulement la forme que prend la révolte mais aussi l'angoisse métaphysique à l'origine de cette vision de l'érotisme: «Mieux vaut mourir en rut/ Que renoncer à la luxure/ Beau fruit de la révolution/ L'homme libre vaincra la mort.» En se distanciant dès le début par l'ironie ou par la parodie du discours masculin imité, pour se dire, Mansour met en œuvre une stratégie subversive féminine, le mimétisme ou la répétition ludique, qui ne sera articulée que bien plus tard, au moment de l'essor du féminisme en France, par la théoricienne Luce Irigaray:

> Jouer de la mimésis, c'est donc, pour une femme, tenter de retrouver le lieu de son exploitation par le discours, sans s'y laisser simplement réduire. C'est se resoumettre [...] à des «idées», notamment d'elle, élaborées dans/par une logique masculine, mais pour faire «apparaître», par un effet de répétition ludique, ce qui devait rester occulté: le recouvrement d'une possible opération du féminin dans le langage. C'est aussi «dévoiler» le fait que, si les femmes miment si bien, c'est qu'elles ne se résorbent pas simplement dans cette fonction. *Elles restent aussi ailleurs:* autre insistance de «matière», mais aussi de «jouissance». (*Ce Sexe qui n'en est pas un,* 1977)

Mise à part cette question déroutante, «Si Dieu est un cerf-volant/ Qui diable est George Sand» («Incendies spontanées», *Faire signe au machiniste*), Joyce Mansour ne se réfère guère à d'autres femmes écrivains, bien qu'on puisse déceler chez elle des parentés avec la révolte et avec certaines images décadentes de la perversité sexuelle chez Renée Vivien (voir, par exemple, «La Rançon» de Vivien) aussi bien qu'avec les aspirations métaphysiques d'une Anna de Noailles. Pour trouver des modèles féminins lui permettant de légitimer son propre statut de femme sujet du discours et de la création, elle cherche plutôt du côté de la mythologie égyptienne: dans «Une femme créait le soleil» sa réécriture du mythe de Nout (voir la note; le nom de cette déité égyptienne n'apparaîtra que plus tard, dans «Pour celles qui désirent dans l'ombre et le brouillard», *Phallus et momies*) se fond avec l'expression de sa sexualité afin de combler le vide qui menace et le corps de la femme et la parole issue de ce corps.

Sa parole est en effet une parole du corps et chez elle érotique et poétique se confondent. Le corps féminin est présent chez Mansour dans toute sa matérialité, y compris dans ses aspects répugnants et dans sa décrépitude («L'enfer des femmes prend naissance dans leur corps/ Et finit sans maquillage/ À la morgue», «L'Horizon de l'aveugle», *Faire signe au machiniste;* voir aussi «J'aime tes bas»), alors qu'un poète surréaliste comme Breton, en dépit de sa valorisation de l'érotisme, a tendance à sublimer le corps de la femme et à l'idéaliser, au point qu'on a pu le comparer dans sa relative pudeur aux troubadours du Moyen Âge, ce qui semblerait inviter à son tour une comparaison entre Mansour et les trobairitz. En insistant sur le corps non censuré, comme sur l'inconscient non censuré, en tant que source de communication («mon pubis [...]/ Se cramponne au téléphone», *Rapaces*), en tant que source de jouissance, de parole et de savoir, en tant qu'espace où les oppositions et les identités deviennent floues (par exemple, intérieur/extérieur, humain/animal, humain/végétal dans «Connais-tu encore le doux arôme des plantaniers», sujet/objet, masculin/féminin ailleurs), Mansour préfigure encore l'avant-garde féministe qui prendra plus tard—à certains égards seulement et en le mettant au féminin—la relève du surréalisme (voir l'injonction d'écrire le corps dans «Le Rire de la Méduse» de Cixous, la notion du sémiotique chez Julia Kristeva et celle de la spécificité féminine chez Irigaray). Elle le fait aussi en déviant la révolte générale des surréalistes contre toute autorité, et le pouvoir de déranger l'ordre en place qu'ils incarnaient en la figure de la femme, vers une révolte active et spécifiquement féministe contre le phallocentrisme et le patriarcat («Noyée au fond d'un rêve ennuyeux», «Les vices des hommes», «Phallus et momies»).

L'angoisse métaphysique chez Mansour est viscérale et elle la traduit pour mieux l'exorciser en des images corporelles atroces, obscènes («Cracher son sperme dans la gueule ouverte du tombeau», «Caresser une plaie», *Faire signe au machiniste*), car «Obscène la mort» («Inventaire non exhaustif de l'indécent ou le nez de la Méduse», *Faire signe au machiniste*) et mieux vaut «Nommer une blessure/ Avant qu'elle ne suppure» (*Trous noirs*). Parfois c'est un rire dévastateur, déstabilisant, par où s'exprime la révolte («Phallus et momies»), qui fait écran à l'angoisse («La Cuirasse»).

Cris, Déchirures, Rapaces, les titres des premiers recueils expriment la violence de la révolte mais symbolisent en même temps, surtout les deux premiers, la naissance difficile, douloureuse, de la voix poétique. Cris et déchirures de l'accouchement, cris de la venue au monde, autant que ceux de la jouissance, ceux de la douleur, ceux de la rage, ceux de la haine, du blasphème et du mépris. Les titres sont ambivalents comme l'est la voix poétique elle-même, prise entre la délivrance et l'inquiétude de la création. Si *Rapaces* semble de prime abord connoter négativement l'oralité agressive des oiseaux de proie et donc la violence de la rencontre érotique, ce titre évoque aussi et plus positivement la divinité égyptienne Nekhebet à tête de vautour, déesse-mère protectrice des naissances et des pharaons, ainsi que le symbolisme bienfaisant du faucon dans cette mythologie. Les textes-cris mansouriens marquent l'avènement dans la poésie d'une langue sauvage, pré- ou anti-sociale, dont l'effet est de déstabiliser la syntaxe, les sens univoques, les vérités et la rationalité de l'ordre symbolique. En cela, Joyce Mansour se montre tout à la fois surréaliste et féministe, déroutante et bouleversante.

J'aime tes bas

J'aime tes bas qui raffermissent tes jambes
J'aime ton corset qui soutient ton corps tremblant
Tes rides tes seins ballants ton air affamé
Ta vieillesse contre mon corps tendu
Ta honte devant mes yeux qui savent tout
Tes robes qui sentent ton corps pourri
Tout ceci me venge enfin
Des hommes qui n'ont pas voulu de moi.
Cris, 1953[1]

Je veux me montrer nue à tes yeux chantants

Je veux me montrer nue à tes yeux chantants.
Je veux que tu me voies criant de plaisir.
Que mes membres pliés sous un poids trop lourd
Te poussent à des actes impies.
Que les cheveux lisses de ma tête offerte
S'accrochent à tes ongles courbés de fureur.
Que tu te tiennes debout aveugle et croyant
Regardant de haut mon corps déplumé.
Cris

Une femme créait le soleil

Une femme créait le soleil
En elle
Et ses mains étaient belles
La terre plongeait sous ses pieds
L'assaillant de l'haleine fertile
Des volcans
Ses narines palpitaient ses paupières se baissaient
Empesées par le lourd limon de l'oreiller[2]

1. Premier poème du recueil.

2. Allusion probable à Nout: dans la mythologie égyptienne, déesse primordiale du ciel dont le ventre étoilé est le firmament; elle est en même temps mère du soleil

C'est la nuit
Et l'égratignure tranquille où meurt le vide haletant
Se bat se débat s'ouvre et doucement se ferme
Sur la verge dodelinante de Noé l'explorateur[3].
Cris

Les vices des hommes

Les vices des hommes
Sont mon domaine
Leurs plaies mes doux gâteaux
J'aime mâcher leurs viles pensées
Car leur laideur fait ma beauté.
Cris[4]

—c'est-à-dire mère de son propre père, le dieu-soleil Râ—qui renaît chaque matin de son ventre. En tant que protectrice des morts, elle accueille les âmes jugées dignes de monter au ciel. Nout épouse son frère jumeau Geb, dieu de la terre, ce qui provoque la colère de Râ et leur séparation par Shu, dieu de l'air, personnification du vide. L'écho de ce mythe de l'union Nout-Geb se fait entendre dans le double contexte de la sexualité et de la créativité qui est celui du poème. Le culte de Nout se répandit quand elle fut connue sous le nom d'Hathor, déesse représentée sous la forme d'une vache, ou d'une femme à tête de vache, portant le disque solaire entre ses cornes en forme de lyre. Elle se présente alors sous son double aspect de séduisante jeune femme, déesse de la fertilité, de la joie, de la musique et de l'amour, et de redoutable œil du soleil inspirant la terreur, envoyée par Râ sous forme de lionne pour dévorer les méchants, dualité qui n'est pas étrangère à la poésie de Mansour.

3. Nous reproduisons ici la version remaniée de ce poème publiée dans *Rapaces* (1960), volume qui contient également *Cris* et *Déchirures*, parus antérieurement. Voici la version originale publiée en 1953 dans *Cris:* «Une femme créait en elle le soleil/ Et ses mains étaient belles à voir./ La terre s'ouvrait sous ses pieds fertiles/ Et l'enveloppait de son haleine orangée/ Fécondant ainsi la sérénité» (version reprise dans *Prose & poésie: Œuvre complète*). L'allusion à «son haleine orangée» pourrait renvoyer au sang versé par Hathor quand elle accouche chaque matin du soleil.

4. Dernier poème du recueil.

La Cuirasse

Quand la guerre pleuvra sur la houle et sur les plages
J'irai à sa rencontre armée de mon visage
Coiffée d'un lourd sanglot
Je m'étendrai à plat ventre
Sur l'aile d'un bombardier
Et j'attendrai
Quand le ciment brûlera sur les trottoirs
Je suivrai l'itinéraire des bombes parmi les grimaces de la foule
Je me collerai aux décombres
Comme une touffe de poils sur un nu
Mon œil escortera les contours allongés de la désolation
Des morts brasillants de soleil et de sang
Se tairont à mes côtés
Des infirmières gantées de peau
Pataugeront dans le doux liquide de la vie humaine
Et les moribonds flamberont
Comme des châteaux de paille
Les colonnades s'enliseront
Les astres bêleront
Même les pantalons de flanelle s'engloutiront
Dans l'espace géant de la peur
Et je ricanerai dents découvertes violette d'extase dithyrambique
Hystérique généreuse
Quand la guerre pleuvra sur la houle et sur les plages
J'irai à sa rencontre armée de mon visage
Coiffée d'un lourd sanglot
Rapaces, 1960[5]

Noyée au fond d'un rêve ennuyeux

Noyée au fond d'un rêve ennuyeux
J'effeuillais l'homme
L'homme cet artichaut drapé d'huile noire
Que je lèche et poignarde avec ma langue bien polie

5. Premier poème du recueil.

L'homme que je tue l'homme que je nie
Cet inconnu qui est mon frère
Et qui m'offre l'autre joue
Quand je crève son œil d'agneau larmoyant
Cet homme qui pour la communauté est mort assassiné
Hier avant-hier et avant ça et encore
Dans ses pauvres pantalons pendants de surhomme
Rapaces

Connais-tu encore le doux arôme des plantaniers

Connais-tu encore le doux arôme des plantaniers
Combien étranges peuvent être les choses familières après un départ
Combien triste la nourriture
Combien fade un lit
Et les chats
Te rappelles-tu les chats aux griffes stridentes
Qui hurlaient sur le toit quand ta langue me fouillait
Et qui faisaient le gros dos quand tes ongles m'écorchaient
Ils vibraient quand je cédais
Je ne sais plus aimer
Les bulles douloureuses du délire se sont évanouies de mes lèvres
J'ai abandonné mon masque de feuillage
Un rosier agonise sous le lit
Je ne me déhanche plus parmi la pierraille
Les chats ont déserté le toit.
Rapaces[6]

Phallus et momies
(Extraits)

J'ai suivi la route parallèle
Derrière le tulle des ténèbres [...]

6. «Noyée au fond d'un rêve ennuyeux» et «Connais-tu encore le doux arôme des plantaniers» figurent dans la partie du recueil intitulée «Pericoloso sporgersi» (Il est dangereux de se pencher), avis aux passagers dans les vieux trains internationaux signalant ici l'exploration périlleuse où le «je» poétique, nous entraînant à sa suite, s'aventure et se risque.

Je hais les satisfaits
Les stériles les nantis [...]
Tout casser
Briser l'image du pénis paternel
Lové comme un serpent dans un vase de Gallé[7]
Écraser sa tête sous un talon d'acier
(Un vague sentiment de retour
Vagit dans le ravin
Passe outre)
Il faut rire en montant les marches de la vieille maison
Éventrer les acteurs égrenant leurs bigoteries
Haïr les fébriles égorger les assis [...]
Phallus et momies, 1969

7. Émile Gallé (1846–1904): verrier, céramiste et ébéniste français. Empruntant des motifs à la botanique et à l'entomologie, sa verrerie réalise des effets remarquables de transparence et d'opacité et témoigne d'une grande virtuosité technique. Un des créateurs de l'Art nouveau, Gallé acquit une réputation mondiale (adapté du *Petit Robert des Noms propres*).

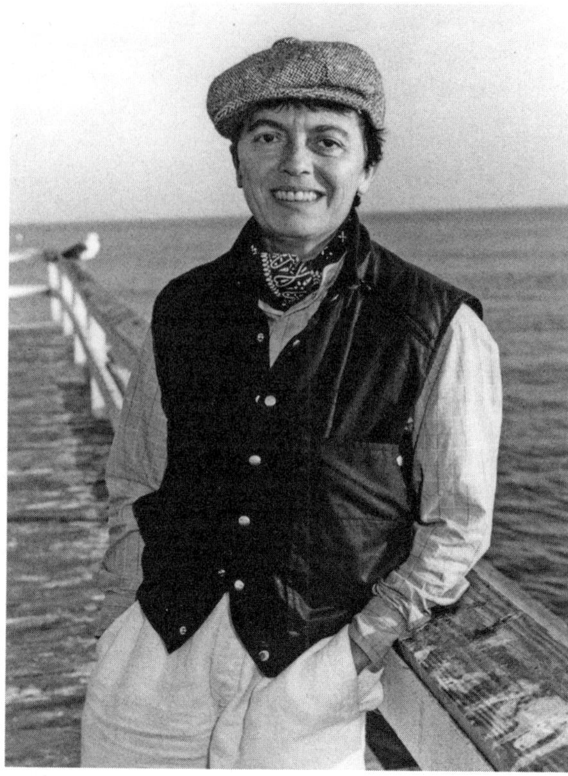

Monique Wittig

(1935–2003)

Les lesbiennes ne sont pas des femmes.
—Monique Wittig, «La Pensée straight», 1978

Il nous faut dans un monde où nous n'existons que passées sous silence, au propre dans la réalité sociale au figuré dans les livres, il nous faut donc, que cela nous plaise ou non, nous constituer nous-mêmes, sortir comme de nulle part, être nos propres légendes dans notre vie même, nous faire

---

Monique Wittig en 1983 (© Babette Mangolte 1985)

nous-mêmes êtres de chair aussi abstraites que des caractères de livre ou des images peintes.
—Monique Wittig, «Le Point de vue, universel ou particulier»
avant-note à *La Passion* de Djuna Barnes, 1982

Forte et originale, la voix de Monique Wittig se distingue parmi celles des écrivaines féministes post-mai 68 en ce qu'elle affirme dans des écrits théoriques et littéraires un féminisme matérialiste et un point de vue lesbien militant. Comme Hélène Cixous, Luce Irigaray et d'autres théoriciennes de la différence ou de la spécificité féminine, elle cherche à déconstruire la pensée patriarcale qui fait de la femme l'Autre. Mais tandis que les théoriciennes différentialistes revendiquent pour la femme une autre altérité calquée sur un modèle maternel plutôt que patriarcal, Monique Wittig, comme Simone de Beauvoir, réclame pour la femme le rôle de sujet et l'égalité et elle rejette absolument le paradigme maternel. Alors que d'autres théoriciennes et écrivaines s'efforcent de déconstruire l'opposition binaire hiérarchisée comme le fondement de la pensée patriarcale, Wittig s'attaque à ce qu'elle dénomme «the straight mind» ou «la pensée straight», c'est-à-dire hétéronormative, et à la catégorie de sexe qui la soutient. Au-delà du patriarcat, c'est la pensée hétéronormative qui crée selon elle des catégories de dominés. Et elle analyse la catégorie de sexe d'un point de vue marxiste, en termes de classe et de conflits de classes. Elle rejoint ainsi la perspective de Simone de Beauvoir selon laquelle la femme est une construction culturelle non un fait de nature; l'essai «On ne naît pas femme» (1980) où Wittig réfute la définition essentialiste de la femme en faveur de celle de classe, et dont le titre fait écho à la fameuse formule de Beauvoir, «On ne naît pas femme: on le devient», la situe très délibérément dans la lignée de celle-ci, bien que sa lutte contre la pensée «straight» et contre la notion même de sexe biologique la particularise.

Là où elle se distingue de Beauvoir et se rapproche encore, malgré leurs divergences fondamentales, des théoriciennes de la différence et des praticiennes de *l'écriture féminine,* c'est dans sa croyance que la transformation de l'ordre social implique une transformation de la langue, dans son expérimentation linguistique, stylistique et formelle, et dans le travail de «sémiologie politique» («La Pensée straight») qu'elle effectue sur les discours oppressifs de l'hétérosexualité pour rendre caduques les catégories de sexe. D'où sa célèbre formule qui eut dans les milieux féministes de la fin des années soixante-dix l'effet d'une bombe, «Les lesbiennes ne sont pas des femmes», les lesbiennes n'étant pas définies, à la différence de la classe des femmes, par leur relation de dépendance à l'égard des hommes; d'où son expérimentation avec les pronoms personnels, dont «elles», donné pour sujet universel dans *Les Guérillères* (1969). Mise en question du langage, de la narration et des représentations conventionnels, travail sur la matérialité des mots, sa littérature est une littérature d'avant-garde. S'inspirant des recherches formelles du Nouveau Roman, elle fut accueillie avec enthousiasme par les nouveaux romanciers Nathalie Sarraute, Claude Simon et Alain Robbe-Grillet, tous membres du jury qui lui attribua en 1964 le Prix Médicis pour son premier roman, *L'Opoponax*.

Avec *Les Guérillères*, roman aussi neuf et inventif par sa forme que *L'Opoponax*, mais plus ouvertement féministe, lesbienne et militante, elle se tailla une place de choix dans le canon féministe du roman du XXe siècle, même si elle éloigna le grand public et certains critiques que le thème de l'enfance dans le premier roman avait séduits. Épopée gynocentrique et utopie féministe dont les thèmes politiques et la recherche linguistique et formelle anticipent les polémiques des années soixante-dix, œuvre féministe et lesbienne révolutionnaire, *Les Guérillères* connut un immense rayonnement international. La victoire sur la culture patriarcale de ces «guérillères» (néologisme de Wittig à partir de *guerrières* et *guérilleros*) inaugure la première grande vision utopique de la littérature issue du mouvement de libération des femmes, contribuant à faire de ce roman un classique des «nouveaux féminismes français» (voir Marks et de Courtivron, *New French Feminisms*, 1981) et une inspiration pour toute une série de romans utopiques féministes en France, au Québec et dans les pays anglo-saxons.

Les Guérillères inscrit Wittig dans une longue lignée de femmes dont l'histoire, occultée par la culture phallocentrique, devient ici perceptible dans les lacunes où s'insèrent des listes (voir ci-dessous). Nouvel avatar des listes de femmes illustres, cette pratique, qui remonte à Christine de Pizan, sert encore à mettre en valeur un héritage, une continuité, une communauté, celle-ci présentée par Wittig comme volontairement hétéroclite et ouverte. Constituées de prénoms de femmes tirées de l'histoire, de la littérature, d'une multiplicité de cultures et d'époques, de prénoms masculins féminisés, de prénoms courants ou bien inventés, ces listes ponctuent et font éclater la cohérence narrative, mimant à la fois une continuité/communauté ouverte—une liste peut toujours se prolonger—et une discontinuité qui, en jouant contre la cohérence, empêche de voir la tradition féminine comme un monolithe. Ce continuum implique la diversité dans l'unité. Mais, lorsque Monique Wittig s'interroge ailleurs sur la place des femmes dans la tradition spécifiquement littéraire, elle semble perdre de vue cette hétérogénéité des femmes effacées de la mémoire culturelle. Elle insiste alors seulement sur la suppression d'une tradition *lesbienne*, à commencer par les écrits de Sapho: «il n'y a aucun doute, une guerre a été entreprise contre le lesbianisme. La destruction systématique des textes issus de cette culture, la clandestinité dans laquelle elle a été plongée en atteste»; «Aujourd'hui, la culture lesbienne est encore, en partie clandestine, en partie ouverte, marginale en tout cas et complètement méconnue de *la* culture» («Paradigme», 1979); «Qu'y a-t-il entre Sappho et *Ladies Almanack* de Barnes? Rien» («Le Point de vue, universel ou particulier»). Estimant qu'il n'y a que quelques grands auteurs par siècle, qu'ils soient femmes ou hommes, elle récuse la notion que les femmes dans l'ensemble aient été victimes de préjugés ayant présidé à la formation du canon traditionnel (interview, Jardine et Menke, *Shifting Scenes,* 1991). Sa méconnaissance des femmes écrivains du passé—dans cette interview datant de 1986–87 elle ne mentionne que Sand et Colette—la montre en retard sur son temps, plus encore que Simone de Beauvoir en 1949 et qu'Hélène Cixous en 1975. Pour ce qui est de l'inscription des femmes dans la tradition culturelle, il y a écart apparent entre son faire littéraire et son dire théorique, celui-ci tendant à attribuer aux termes polémiques de «lesbienne» et de «*la* culture lesbienne» l'abstraction catégorique et monolithique qu'elle reproche justement à «la pensée straight».

Née le 13 juillet 1935 en Alsace, Monique Wittig commence à écrire à l'âge de douze ou treize ans, au moment où elle tombe amoureuse d'une petite fille: «mon langage», explique-t-elle, «était le seul moyen de donner une réalité à cette expérience niée, impossible» (interview, *L'Art vivant,* décembre 1973–janvier 1974). Installée dès les années cinquante à Paris, elle fait des études aux Langues orientales et à la Sorbonne. En 1986, elle obtiendra un doctorat de l'École des Hautes Études en Sciences Sociales avec une thèse sur «Le Chantier littéraire». La publication en 1964 de son premier roman, *L'Opoponax,* lui vaut, outre le Prix Médicis, les éloges d'écrivains renommés, comme Marguerite Duras («le premier livre moderne qui ait été fait sur l'enfance») et Mary McCarthy («L'enfance de tout le monde», compte rendu de la traduction américaine, 1966). Roman d'apprentissage au féminin, *L'Opoponax* ressuscite la parole inventive et sans tabous de l'enfance, inaugurant l'exploration du rapport entre langage et identité sexuelle. À la place du «je» attendu, le pronom indéfini «on» universalisant le point de vue de l'élève Catherine Legrand permet à celle-ci de se forger une identité dans un espace neutre, dans un espace libre en dehors de toute détermination sexuée, en dehors de «la catégorie de sexe» (voir l'essai du même titre, 1982). Surgissant petit à petit dans le texte, le «je» de l'héroïne se dissimule d'abord sous celui de l'opoponax («je suis l'opoponax»), créature imaginaire qu'elle s'invente pour se dire. C'est ainsi sous le masque de «l'opoponax» qu'elle écrit des billets doux à Valérie Borge, objet d'un désir sans place ni voix dans ce microcosme de l'ordre social que représente l'école religieuse qu'elles fréquentent. Un «on dit» devenu lyrique grâce à leur amour enfin partagé fait place au «je»/opoponax pour se muer à la dernière phrase du roman en un «je» pleinement assumé («tant je l'aimais qu'en elle encore je vis»), signalant son appropriation transgressive du discours amoureux normatif appris à l'école, masculin et hétérosexuel—en l'occurrence un vers de Maurice Scève (*Délie,* 1544)—pour exprimer un sujet et un désir libres.

Engagée passionnément dans les révoltes estudiantines et ouvrières de mai 68, Wittig comprend vite que les femmes sont laissées pour compte dans ce mouvement de contestation idéologique et qu'elles ont à militer indépendamment des hommes pour leur propre cause. Elle participe alors à des réunions féministes et devient l'une des fondatrices du Mouvement de Libération des Femmes (MLF). C'est à cette époque aussi que, cristallisant à travers sa fiction éclatée l'activisme radical et la colère de ce mouvement féministe naissant, elle achève *Les Guérillères,* roman qui met en scène une guerre totale livrée par «elles» contre le patriarcat. En août 1970, elle participe à la manifestation spectaculaire qui déclenche le mouvement: faisant suite à une grève générale des femmes aux États-Unis, avec l'écrivaine Christiane Rochefort et quelques autres femmes, elle se rend à l'Arc de Triomphe, symbole sacré du patriotisme et des valeurs viriles, pour déposer sur la tombe du soldat inconnu une gerbe en l'honneur de sa «femme inconnue». Cette action a un retentissement énorme dans les médias qui baptisent alors le mouvement du sigle MLF, version française de la «women's lib» américaine. Figure de proue dans les groupes féministes et lesbiens radicaux du début des années soixante-dix, Wittig est membre fondatrice des Féministes révolutionnaires, groupe voué à la destruction totale de l'ordre patriarcal, des Gouines rouges et des Petites Marguerites.

Des dissensions amères entre lesbiennes séparatistes et féministes hétérosexuelles surgissent bientôt au sein du MLF. En butte aux hostilités de certaines théoriciennes et militantes, Wittig quitte la France en 1976 pour s'installer définitivement aux États-Unis. Elle ne quitte pas pour autant le mouvement féministe. En 1977, elle accepte l'invitation de s'associer au collectif de *Questions féministes,* revue dirigée par Simone de Beauvoir dont le programme de théorie féministe radicale répond à son idée «qu'une révolution épistémologique [est] nécessaire dans l'analyse de l'oppression des femmes» (Wittig, introduction, *La Pensée straight,* 2001). Mais la publication dans *Questions féministes* en 1980 de son essai «La Pensée straight» ravive la dispute sur les rapports entre lesbianisme, hétérosexualité et féminisme, scindant le collectif et précipitant la dissolution de la revue, laquelle renaîtra l'année suivante sous le titre *Nouvelles Questions féministes,* toujours sous le patronage de Simone de Beauvoir mais sans les lesbiennes désireuses de fonder un mouvement politique basé sur le lesbianisme. Wittig s'associera alors à *Feminist Issues,* revue créée en 1980 à Berkeley en Californie, qui prendra la relève de *Questions féministes* pour publier les textes de féministes matérialistes françaises. En 1992, elle publie aux États-Unis *The Straight Mind,* recueil d'essais théoriques majeurs qui auront un impact incalculable sur la pensée féministe et lesbienne et sur la théorie queer dans les pays anglo-saxons. La version française de ce texte, après avoir été refusée par deux ou trois éditeurs, ne paraît qu'en 2001. Si cette publication tardive prouve à quel point ses idées ont été difficilement acceptées en France, elle suggère également un progrès vers la reconnaissance de sa place parmi les auteurs et les théoriciens français de son temps. En effet, Wittig a attiré une foule en 1997 lors de sa participation à un colloque sur les études gays et lesbiennes à Beaubourg et, en 1999, elle a réussi à faire éditer en France *Paris-la-politique et autres histoires,* recueil de «textes parasites» tombés d'autres œuvres. (Ensemble de textes daté de 1985 et basé sur ses années militantes, *Paris-la-politique* est une parabole des luttes pour le pouvoir au sein des groupes féministes.) En juin 2001, la parution de *La Pensée Straight* a été l'occasion d'un colloque à Paris sur son œuvre théorique, politique et littéraire commémorant justement «Wittig, le retour».

Au moment de sa mort, survenue le 3 janvier 2003, d'un accident cardiaque, Monique Wittig était professeur d'études féministes («Women's Studies») et de français à l'Université d'Arizona à Tucson. Elle avait enseigné dans plusieurs universités américaines, dont Berkeley, Duke et New York University. Parfaitement bilingue, elle traduisait elle-même ses essais d'anglais en français et vice versa; elle avait également publié des traductions, de Djuna Barnes et d'Herbert Marcuse, et écrit des textes de fiction en anglais.

Pendant ses années de lutte féministe et de réflexion théorique, Wittig n'avait cessé de travailler sur «ce qui [lui] import[ait] le plus: l'écriture» (introduction, *La Pensée straight*). La littérature est en fait le lieu privilégié où se poursuit son projet radical de faire la guerre à la culture patriarcale en la «lesbianisant», c'est-à-dire en universalisant le point de vue minoritaire lesbien, pour elle le seul qui permette de penser au-delà des catégories de sexe et des oppositions binaires qui étayent la culture «straight». Travailler les formes, les pronoms personnels, les mots en tant que matériau brut, s'approprier et déconstruire la culture, les mythes et les chefs-d'œuvre du passé et construire à partir de leurs fragments un ordre nouveau («Elles disent qu'il faut brûler tous les livres et ne garder de chacun d'eux que ce qui peut les présenter à leur avantage dans un âge futur. [...] Elles disent qu'en ce qui les concerne tout est à faire à partir d'éléments embryonnaires», *Les Guérillères*), récrire le canon littéraire et redéfinir les genres traditionnels, c'est faire de sa littérature *une machine de guerre* capable de renverser le vieil ordre socio-politique: «Toute œuvre littéraire importante est, au moment de sa production, comme le cheval de Troie. Toute œuvre ayant une nouvelle forme fonctionne comme une machine de guerre, car son intention et son but sont de démolir les vieilles formes et les règles conventionnelles.[...] Les vieilles formes littéraires auxquelles on a été habitué apparaissent à la longue démodées, inefficaces, incapables d'opérer des transformations» («Le Cheval de Troie», 1984).

Si *Les Guérillères* récrit «au lesbien» l'épopée traditionnelle, *Le Corps lesbien* (1973) reprend à son compte toute la tradition poétique amoureuse de l'Occident et la met en pièces. Après le «on» de *L'Opoponax* et le «elles» des *Guérillères,* un «je» féminin scindé en «j/e» s'adressant à un «tu», sa «plus aimée», marque ici à la fois la relation schizoïde des lesbiennes à un langage qui leur dénie le statut de sujet et la destruction du discours amoureux conventionnel, masculin et hétérosexiste, que leur prise de parole signifie. Comme *Les Guérillères,* ce livre ne porte pas l'étiquette «roman». Il s'agit plutôt d'une série de poèmes en prose où l'amour entre femmes se dit en un langage et avec des images non récupérables par la tradition amoureuse dominante. À la place de la tendresse, d'un lyrisme sentimental ou d'un érotisme plaisant, on trouve la violence, la force, la dévoration réciproque, une passion agressive, viscérale, cannibale; à la place du blason, des métaphores et d'autres images conventionnelles du corps féminin, on trouve à l'intérieur des blocs narratifs et dans les doubles pages en majuscules gras qui les interrompent des énumérations anatomiques des parties du corps. Le corps féminin est violemment démembré pour se remembrer autrement que selon les paradigmes de la culture «straight». Des fragments de cette culture subsistent mais parodiés, lesbianisés, pris dorénavant dans une construction nouvelle: ainsi «Heureuse si comme Ulyssea j/e pouvais revenir d'un long voyage» récrit le fameux vers de Joachim du Bellay («Heureux qui, comme Ulysse, a fait un beau voyage», *Les Regrets,* 1558) pour articuler le désir d'un sujet féminin inédit; et Achillea, Patroclea, Archimedea, Ganymedea et Christa, se substituant aux figures masculines familières évoquées par leurs noms, peuplent une nouvelle mythologie exclusivement féminine où règne, dans des îles où le décor de Lesbos s'actualise, Sappho, déesse patronne du verbe et de l'amour, au milieu des amazones.

L'ambition de Wittig est à la fois de rappeler et de réinventer l'histoire des femmes en réécrivant les mythes, les fables, les légendes, les figures historiques et littéraires, travail qui rejoint, toutes différences traversées, celui d'écrivaines comme Hélène Cixous, Renée Vivien, Joyce Mansour, Andrée Chedid et Chantal Chawaf. «Fais un effort pour te souvenir. Ou, à défaut, invente»: à cette injonction de l'une des guérillères, *Brouillon pour un dictionnaire des amantes* (1976, écrit en collaboration avec Sande Zeig) répond de manière à la fois ludique et réfléchie. De même que les listes dans *Les Guérillères,* ce recueil s'inscrit dans une longue tradition polémique de «femmes illustres» inaugurée en France par *Le Livre de la Cité des Dames* (1405) de Christine de Pizan. Et, comme les œuvres précédentes de Wittig, ce dictionnaire encyclopédique mais volontairement lacunaire (la «disposition lacunaire» du dictionnaire «permet de faire disparaître les éléments qui ont distordu notre histoire»), représente une prise du pouvoir de nomination par des femmes sujets. Leur appropriation d'un genre familier androcentrique, geste critique à la fois sérieux, humoristique et malicieux, souligne par l'inverse—il n'y a pas d'entrée «homme» et les hommes se remarquent seulement par leur absence—à quel point les dictionnaires, l'histoire et le langage en général sont fondés sur l'exclusion des femmes. Pour Wittig, il y a une relation directe entre l'abstraction du langage et la réalité matérielle des femmes («Le langage projette des faisceaux de réalité sur le corps social. Il l'emboutit et le façonne violemment», «La Marque du genre», 1985), d'où la nécessité de bouleverser le vocabulaire et de redéfinir les noms propres. Dictionnaire revu et corrigé d'un point de vue lesbien, *Brouillon pour un dictionnaire des amantes* illustre la verve et l'inventivité de Wittig: tantôt elles inspirent des néologismes (une entrée est consacrée aux «donastères») tantôt des féminisations parodiques (les chevalières du Graal). Les couples hétérosexuels sont remplacés par des couples d'homosexuelles: ainsi Louise Labé et Clémence de Bourges deviennent des amantes et, en citant les vers où Labé, se posant en héritière de la lyre de Sapho, évoque «l'amour lesbienne», Wittig et Zeig élident non seulement Phébus (Apollon), donateur de la lyre, mais aussi la référence géographique (l'île de Lesbos habitée par Sapho) au profit de la référence sexuelle. Une Labé réinterprétée de la sorte devient alors un *exemplum* autorisant chez ses émules, telle une nouvelle Sapho, la transgression d'un double interdit social: l'amour et l'écriture lesbiens. Comme chez Vivien, des figures féminines traditionnellement négatives, telles qu'Ève et Lilith, sont transformées en modèles positifs. En revanche, les mères sont présentées négativement: ce sont elles qui ont provoqué la chute de l'âge d'or et inventé le néologisme «femme» «pour désigner leur fonction, celles-qui-engendrent-d'abord-et-avant-tout» et se distinguer ainsi des «amazones» dont elles ont ensuite éclipsé le règne. À partir d'éléments puisés dans «la *Bibliothèque,* ensemble des livres et fragments du passé sauvés par les amantes pendant la dernière période de chaos», *Brouillon* rappelle/invente l'histoire des amantes depuis l'âge d'or, époque où les amazones, les amantes primordiales, vivaient en harmonie dans le jardin terrestre, à travers l'âge d'argent, l'âge de bronze, puis l'origine du chaos, l'âge de fer, jusqu'au présent, l'âge de gloire, rétablissement de l'harmonie perdue et triomphe des amantes. Les amazones d'aujourd'hui ont enfin recouvré leur tradition d'une culture féminine autonome, mais cela «ne s'est pas fait sans mal». Au terme de cette trajectoire utopique «l'arbre des contraires», emblème de la pensée «straight», disparaît du jardin paradisiaque et la métamorphose perpétuelle des mots et des fables, à l'image de l'errance des amazones, assure la victoire définitive d'une pluralité ouverte sur des identités oppressives et statiques.

Avec sa pièce *Le Voyage sans fin* (*The Constant Journey,* produite en anglais aux États-Unis en 1984 et l'année suivante en français à Paris), Wittig revient à l'épopée parodique pour récrire le *Don Quichotte* de Cervantès. Ici tous les personnages sont féminins et les livres dont se nourrit l'imagination «folle» de Quichotte sont écrits par elle; tous racontent—rappellent ou inventent—les exploits des femmes, *La geste des Amazones,* inachevée, étant pour Quichotte le modèle de la chevalerie errante. Quant à la Bible, contre-modèle éventuel, elle n'en a relevé que les guerrières ou les rebelles: Deborah, Jael, Vashti. Wittig montre l'énergie, la force physique et l'héroïsme de Quichotte tandis que des voix *off* enregistrées, plus conventionnelles, murmurent leur désapprobation. L'image (les gestes, pantomimes et acrobaties, de Quichotte et de Panza) et la bande-son (les mots et les sons) sont dissociées, comme dans certains films. Le décalage entre l'action sur scène et la narration discontinue des voix *off* rappelle aussi certaines pièces de Marguerite Duras et d'autres femmes dramaturges récentes qui cherchent à attirer l'attention des spectateurs sur les contraintes qu'exercent la narration et les représentations traditionnelles sur l'expression et le désir de sujets féminins. Dans *Le Voyage sans fin,* Wittig met en scène sa vision utopique d'amantes combattant l'injustice, prenant modèle tant sur des histoires de chevaliers errants (textes canoniques de la culture occidentale) que sur des légendes d'amazones (tradition féminine effacée par cette culture), de femmes se constituant en sujets de l'action, du discours et de l'écriture en dehors des prescriptions de la catégorie de sexe ou de la construction culturelle «Femme».

Avec *Virgile, non* (1985) Wittig ne propose rien de moins qu'une réécriture parodique de *La Divine Comédie* de Dante en «opéra des gueuses». Au lieu de

Dante guidé par un Virgile plutôt doux, c'est une «Wittig» fictive («je»), aussi naïve et utopique qu'intransigeante et passionnelle, guidée par une lesbienne sévère mais réaliste et compréhensive, Manastabal, qui entreprend cette quête à travers l'enfer de l'oppression des femmes, les limbes où sont marginalisées les affranchies, et le paradis lesbien. Prenant le contre-pied de *La Divine Comédie* pour mieux la déconstruire en tant que modèle canonique et masculin de la quête initiatique, «ce voyage tout ensemble classique et profane» se fait dans le désordre, au présent, et ici bas. Car c'est dans un San Francisco moderne où les trois sphères coexistent—décor réaliste, fantastique, et utopique en même temps—que se déroule toute l'action. La céleste Béatrice de Dante devient ici «celle qui est ma providence» que «Wittig» retrouve au bout de sa quête dans un «paradis palpable sensible souverain». Et tant anges et chérubins (sexués!) au paradis qu'«âmes damnées» en enfer et habituées des limbes—bar lesbien où «Wittig» et Manastabal s'arrêtent de temps en temps pour se reposer et boire de la tequila—sont des femmes. Ici Wittig renverse avec la perspective chrétienne de Dante la vision baudelairienne des lesbiennes en tant que «femmes damnées», représentation si influente et si tenace qu'elle fit encore le malheur de Renée Vivien au début du siècle. Dans *Virgile, non,* les âmes damnées, ce sont les hétérosexuelles vivant sous le régime patriarcal, soumises à toutes les horreurs attenantes à leur condition d'esclaves de «l'ennemi». Sous le regard universalisé lesbien, ce sont elles qui revêtent l'étrangeté de «l'autre». En enfer, «Wittig» observe deux parades particulièrement horrifiantes: l'une montre les femmes exploitées par la publicité et par la pornographie, l'autre, qui la fait défaillir, les femmes battues et victimes de mutilations sexuelles. Manastabal prévient «Wittig» que son chagrin face à ces horreurs n'est qu'une insulte de plus pour les victimes; pour aider à sortir de leur enfer celles qui le veulent, ce qu'il faut, encore plus que la compassion, c'est le détachement et la «passion active». De même que le style noble côtoie ici le style vulgaire, les scènes d'horreur alternent avec des scènes parfois très drôles, comme celle où «Wittig», en butte, parce que lesbienne, à la haine et à la peur des clientes dans une laverie automatique, se met nue devant elles pour prouver qu'elle n'a «rien de spécial à exhiber», déchaînant des réactions exagérées et comiques: cris de panique («au viol»), tentatives de fuite dans un séchoir qui tourne. Sous l'effet de leurs représentations stéréotypées, son corps se couvre de poils et d'écailles et, quand elles se ruent sur elle pour la mutiler, elle se sauve de justesse. L'expérience de la féministe militante et les propos de la théoricienne austère imprègnent la fiction. D'une part, Monique Wittig montre la mésentente et la méfiance qui enveniment les rapports entre les libératrices lesbiennes et celles qu'elles prétendent libérer. D'autre part, elle reprend pour désigner les deux protagonistes et les lesbiennes des limbes une comparaison récurrente dans ses énoncés théoriques (voir surtout «On ne naît pas femme»): ce sont des femmes «marron», c'est-à-dire des transfuges à la classe des femmes, comme l'étaient les esclaves «marron» américains qui échappaient à l'esclavage. Mais dans le dialogue entre «Wittig» et Manastabal surtout, l'humour, la parodie et l'ironie n'épargnent ni son idéalisme ni ses prises de position séparatistes. *Virgile, non* ressemble en effet à une critique de sa propre conscience féministe. Par ailleurs, le livre contient une réflexion importante sur l'écriture: car le paradis est ineffable et si c'est à «Wittig» d'écrire l'opéra des gueuses, Manastabal l'avertit de ne pas se laisser emporter par les mots. L'enjeu pour gagner le paradis c'est de trouver les mots justes qui permettront à d'autres d'envisager cette utopie lesbienne. La fin est optimiste: la quête de l'héroïne «Wittig» se termine dans la musique et dans la joie sur un festin de mots (listes d'oiseaux, d'aliments, d'ustensiles, de verbes culinaires) alors qu'un chérubin seins nus annonce que «tout est prêt pour la cuisine des anges».

Récemment Monique Wittig s'était tournée vers le cinéma. En 2001 est sorti *The Girl,* film réalisé par Sande Zeig sur un scénario co-écrit avec Wittig et basé sur une nouvelle du même titre, premier texte de fiction rédigé par Wittig en anglais. Ce film noir contemporain met en scène la liaison entre une Peintre et une Fille qui la fascine. La Fille est prise entre son attirance pour la Peintre et ses relations avec un Homme mystérieux, possessif et jaloux. Ces personnages sans noms évoluent dans un Paris intemporel et ont l'abstraction d'archétypes pour mieux insister sur le choc entre l'hétérosexualité et le lesbianisme, synonyme de liberté. L'histoire est racontée en *off* par la Peintre-Narratrice, technique cinématographique qui sert ici à universaliser le point de vue lesbien et à frapper d'étrangeté les rapports hétérosexuels.

Les sélections des *Guérillères* qui suivent permettront d'apprécier certains des traits distinctifs de l'écriture de Wittig: le renversement et le détournement d'un genre traditionnel (la poésie épique et particulièrement la chanson de geste, avec remplacement du héros épique masculin par «elles», une collectivité féminine héroïque); la disposition du texte en fragments poétiques; l'éclatement de la notion même de genre et des éléments constitutifs du récit réaliste (personnages consistants, intrigue, temps et espace cohérents); les variations typographiques; les listes valorisant la pluralité, l'abondance et la complexité contre la pensée binaire et le sens univoque; l'universalisation du point de vue minoritaire lesbien («elles» déplaçant «ils», généralement employé pour l'universel, en vient à inclure certains hommes); la vision utopique d'une collectivité inspirée par ou réinstaurant un âge d'or d'amazones; le travail de sémiologie politique porté sur le langage en place et sur les discours de certaines disciplines (psychanalyse lacanienne et freudienne, anthropologie de Lévi-Strauss) en tant qu'instruments de domination centrés sur le phallus et fondés sur l'exclusion des femmes; la contestation de l'histoire officielle contre laquelle se dressent les listes et les récits des guérillères; le rejet de toute pensée de la différence et par conséquent de la domination, qu'elle soit inspirée par des hommes ou par des femmes; le jeu intertextuel, signalé dans ce livre comme dans *Brouillon pour un dictionnaire des amantes* par une bibliographie finale; la nécessité de joindre au travail sur les signes (le langage et la culture) l'action politique concrète; et la perspective marxiste qui préside à l'analyse et à l'action politiques. Trois cercles au milieu d'une page blanche ponctuent le texte dont la structure elle-même est circulaire. Refusant la clôture, la fin raconte le début chronologique de la guerre contre le patriarcat, c'est-à-dire le début de tout ce qui a été raconté auparavant et déjà de façon non linéaire, ceci pour établir, contre l'attente des lecteurs et dans l'espoir de situer «elles» au-delà des catégories de sexe, l'universalité de leur perspective et leur statut à la fois de héros de la *gesta* (chanson de geste) et d'agents de gestes symboliques destinés à renverser l'héritage culturel masculin selon un principe structural et militant énoncé dans un poème au début, «TOUT GESTE EST RENVERSEMENT», et rappelé dans le poème final, «GESTE RENVERSEMENT». La narration est faite par une voix anonyme et impersonnelle qui enregistre tel(le) un(e) anthropologue les activités et les paroles («elles disent») des guérillères; celles qui portent un nom apparaissent dans un fragment et disparaissent aussitôt. La première personne «nous» n'émerge qu'au dernier paragraphe du livre pour souligner que le rôle puissant de sujet de l'énonciation est approprié par une collectivité ouverte à l'autre sexe, mais grammaticalement et idéologiquement féminine, faite de subjectivités individuelles (voir le possessif «mes») mais solidaires ayant acquis de l'autorité—provisoire parce que rien n'est définitif et *tout* doit être *sans relâche* remis en cause, *renversé*—et une conscience de classe. Le motif du cercle et la lettre O se retrouvent partout et Wittig en exploite tout le potentiel polysémique. Revêtant des significations plurielles, irréductibles et parfois contradictoires, le cercle et le O renvoient à un temps cyclique, mythique. Ils renvoient aux cycles de la destruction et de la création d'un ordre nouveau à partir de bribes de ce qui a été détruit, au néant et au tout, au zéro et à la sphère, au vide où ont été consignées l'histoire et la parole des femmes et à l'idéal d'inclusion, à la révolution, au sexe des guérillères et à l'iconographie qui le met en valeur, à leurs bouches ouvertes pour parler, crier, chanter.

Ces extraits des *Guérillères* et de *Brouillon pour un dictionnaire des amantes* permettront aussi de comparer la réécriture par Wittig de contes de fées, de légendes et de mythes à celle d'autres écrivaines de la même époque, telles que Chawaf et Chedid, et de revenir sur l'ensemble des tentatives des femmes écrivains à travers les siècles pour opposer à l'histoire et aux histoires dominantes une autre histoire des femmes et d'autres récits, pour faire apparaître les lacunes dans l'héritage patriarcal, ce trou de mémoire collectif, afin de proposer aux femmes d'autres modèles que ceux de la culture dominante. Écriture et réécriture, souvenir et invention sont les moyens puissants employés par Wittig pour surmonter l'oppression et projeter un futur utopique.

À titre d'exemple, prenons son traitement du mythe de Philomèle, figure récurrente de la femme écrivain dans les pages de cette anthologie. Une Philomèle réinventée fait une apparition discrète mais significative dans *Les Guérillères.* Évoquée d'abord dans une des listes de prénoms, elle réapparaît sous un nom qui la situe à une distance ironique de son aïeule ovidienne: Philomèle Sarte. La broderie au moyen de laquelle la Philomèle d'Ovide transmet à sa sœur l'histoire de son viol a disparu, comme le viol lui-même. La métamorphose de Philomèle s'est déplacée. C'est la broderie qui s'est transformée en mot: *Sarte,* renvoyant étymologiquement au latin *sartor,* signifiant tailleur, nom masculin qui suggère ici le dépassement de la catégorie de sexe, et à *sartus,* participe passé du verbe latin *sarcire,* qui veut dire raccommoder. Il s'agit d'une Philomèle «raccommodée», re-membrée. Loin d'avoir été privée de sa langue pour l'empêcher de raconter son malheur, loin d'avoir perdu la voix, Philomèle Sarte chante «sans discontinuer» et si elle reste debout, c'est précisément grâce à son chant, expression esthétique d'une énergie venue du corps, un corps intact, non métamorphosé, non dissimulé. Le corps engendre aussi du langage, car le nom *Sarte* évoque également *sartorius,* nom anatomique d'un muscle de la cuisse, le plus long du corps humain. Si elle s'arrête de chanter, la nouvelle Philomèle de Wittig tombe. Le message de Wittig semble clair: la femme écrivain doit «chanter» sans discontinuer pour ne pas retomber dans l'état de victime; si elle se fatigue, les amantes seront là pour l'aider.

«Comme les feuilles au moindre souffle vous vous envolez, si belles que vous soyez, si fortes, si légères, d'un entendement si subtil si prompt. Redoutez la dispersion. Restez jointes comme les caractères d'un livre. Ne quittez pas le recueil. Sur les tas de feuilles elles sont assises[...]» (*Les Guérillères*). Avec *Les Guérillères* et *Brouillon pour un dictionnaire des amantes,* Wittig nous offre sa version mythique d'un travail sacré et urgent chez les femmes écrivains que l'on peut observer tout au long des siècles. Ce travail consiste à recueillir, à sauvegarder, à transformer, à augmenter et à transmettre tout un héritage culturel féminin censuré par la tradition dominante et souvent consigné à l'oralité, donc menacé de disparition. Comme Marie de France avec les lais bretons, comme Marguerite de Navarre et Madeleine de Scudéry avec la conversation, comme Marie-Catherine d'Aulnoy, Gabrielle de Villeneuve et Chantal Chawaf avec les contes de fées, Monique Wittig ouvre la littérature à une matière exclue et dénigrée: un âge d'or amazonien, préservée à l'origine sous forme orale. *Les Guérillères,* qui marque l'accès d'«elles» à la parole, esquisse l'histoire de ce passage de l'oral à l'écrit chez les conteuses: depuis les histoires, les mythes, et les légendes racontés oralement à des auditrices attentives («elles disent»), à une tentative collective pour composer un dictionnaire dont *Brouillon pour un dictionnaire des amantes,* malgré son titre, sera une version aboutie, jusqu'aux histoires et à l'histoire écrites dans un grand registre ouvert et sans cesse augmenté par les écritures diverses des guérillères. Elles seront relayées par les amantes, «porteuses de fables» de *Brouillon pour un dictionnaire des amantes,* qui, en reprenant la tradition des conteuses, récitantes, poétesses, musiciennes et narratrices orales, en recueillant les récits oraux et en constituant une *Bibliothèque,* anthologie de livres et de fragments du passé sauvés par elles, en propageant et en transformant cette matière (des fragments de la poésie de Sapho transformés et attribués à d'autres parcourent leur dictionnaire), en privilégiant la métamorphose perpétuelle des textes, offrent sans doute l'image la plus complète de la mission sacrée de l'écrivaine selon Wittig et de son engagement lesbien. Comme les listes, leur texte est un recueil où le passé s'inscrit amoureusement comme une ouverture sur un avenir utopique où les femmes seront les sujets d'une Histoire et d'une écriture en pleine évolution.

Les Guérillères
(Extraits)

[…][1]

Il arrive que par temps gris elles se mettent à pleurer à chaudes larmes, en disant que sous le soleil les toits des maisons et les murs ont une tout autre couleur. Le brouillard est étendu sur l'eau sur les champs autour des maisons. Il pénètre derrière les fenêtres closes. Quelqu'une[2] vient pour visiter la maison. Elle ne peut pas la voir. Les grands tableaux dont les couleurs sont violentes disparaissent derrière des vapeurs orange. Elle se laisse tomber par terre alors en demandant qu'on la distraie. On lui raconte avec beaucoup de détails l'histoire de celle qui, parlant de sa vulve, a coutume de dire que grâce à cette boussole elle peut naviguer du levant au couchant.

[…]

1. Signale une omission de plus d'une demi-page.
2. Forme féminine vieillie, très rarement usitée dans la langue moderne.

CE QUI LES DÉSIGNE COMME L'ŒIL DES CYCLOPES, LEUR UNIQUE PRÉNOM, OSÉE BALKIS SARA NICÉE IOLE CORÉ SABINE DANIÈLE GALSWINTHE EDNA JOSÈPHE[3]

3. Première des listes de prénoms qui jalonnent le roman, en général toutes les cinq pages, toujours sur la page de droite, selon Wittig «la page de l'histoire» («Quelques remarques sur *Les Guérillères*», 1994), elles interviennent souvent au milieu d'un des blocs textuels ou fragments qui composent le livre. Inscrites en carrés de majuscules, elles occupent à chaque fois le milieu d'une page blanche. La longue liste qui en résulte est ouverte et fermée par un poème imprimé dans les mêmes caractères. Cette liste figure pour Wittig «un cortège qui traverse le livre, représentant les guérillères comme venant du monde entier» («Quelques remarques sur *Les Guérillères*»). Quant à l'importance qu'elle attache aux noms, elle précise: «Il me semble que le nom d'une personne, c'est son histoire, c'est en soi un récit. Ce n'est pas seulement une étiquette. Là, il y a quelqu'un. Ce nom magiquement en donne une manifestation. Ce peut être un pseudonyme, le nom d'une personne réelle ou d'un personnage» («J'ai connu la guillotine», interview par Claire Devarrieux, *Libération*, 17 juin 1999). La succession des blocs textuels est interrompue aussi trois fois par un grand cercle épais au centre d'une page blanche (voir plus loin); ces cercles marquent les trois parties du livre.

Il y a quelque part une sirène. Son corps vert est couvert d'écailles. Son visage est nu. Les dessous de ses bras sont couleur d'incarnat. Quelquefois elle se met à chanter. Elles disent que de son chant on n'entend qu'un O continu. C'est ce qui fait que ce chant évoque pour elles, comme tout ce qui rappelle le O, le zéro ou le cercle, l'anneau vulvaire.

[...]

Elles rappellent l'histoire de celle qui a longtemps habité là où les chameaux passent. Tête nue sous le soleil, Clémence Maïeul a sans cesse invoqué Amaterasu[4] la déesse du soleil, en coupant ses cheveux en abondance, en se baissant par trois fois vers le sol qu'elle frappe de ses mains et en disant, je te salue, grande Amaterasu, au nom de notre mère, au nom de celles qui vont venir. Que notre règne arrive. Que cet ordre soit rompu. Que les bons et les méchants soient abattus. Elles disent que Clémence Maïeul a souvent dessiné sur le sol l'O qui est le signe de la déesse, le symbole de l'anneau vulvaire.

[...]

Elles disent que les références à Amaterasu ou à Cihuacoatl[5] ne sont plus de mise. Elles disent qu'elles n'ont pas besoin des symboles ou des mythes. Elles disent que le temps où elles sont parties de zéro est en train de s'effacer dans leurs mémoires. Elles disent qu'elles peuvent à peine s'y référer. Quand elles répètent, il faut que cet ordre soit rompu, elles disent qu'elles ne savent pas de quel ordre il est question.

[...]

Anémone Flavien leur raconte l'histoire de la marchande d'épingles qui frappe à la porte de la jeune fille. Quand la jeune fille ouvre la fenêtre et se

4. Cf. Amaterasu Omikami: divinité principale de la religion shintoïste du Japon, personnification du Soleil et ancêtre légendaire de la lignée impériale japonaise (*Le Petit Robert des Noms propres*).

5. Déesse aztèque de la terre et de la guerre et mère du genre humain, patronne des naissances et des femmes mortes en couches. Elle enfantait toujours des jumeaux. Cihuacoatl veut dire «femme-serpent». Selon la mythologie aztèque, les pleurs et les hurlements de Cihuacoatl annonçaient la guerre et la misère.

penche, le chat blanc lui passe devant la figure, ce qui la fait crier. Ses cheveux pendent du côté où elle est penchée. La marchande alors lui présente des épingles dans ses mains ouvertes. Elles ont des têtes vertes rouges bleues. Quand la marchande se tord le pied, elle lâche toutes ses épingles entre les pavés disjoints. La jeune fille se plaint tout haut que sa parure va être gâchée. Une petite fille qui passe se met à ramasser les épingles rouges vertes bleues, elle les pose en se relevant dans les mains de la marchande. La marchande d'épingles lève la tête vers le ciel, elle se met à courir en ouvrant les mains, en riant de toutes ses forces, en jetant partout les épingles vertes rouges bleues, la petite fille la suit à cloche-pied, tandis que la jeune fille se met à pousser des cris perçants à sa fenêtre.

[...]

DÉMONE ÉPONINE GABRIELLE
FULVIE ALEXANDRA JUSTINE
PHILOMÈLE CÉLINE HÉLÈNE
PHILIPPINE ZOÉ HORTENSE
SOR DOMINIQUE ARABELLE
MARJOLAINE LOYSE ARMANDE

[...]

Elles disent que les féminaires[6] privilégient les symboles du cercle, de la circonférence, de l'anneau, du O, du zéro, de la sphère. Elles disent que cette série de symboles leur a donné un fil conducteur pour lire un ensemble de légendes qu'elles ont trouvées dans la bibliothèque et qu'elles ont appelées le cycle du graal. Il y est question des quêtes pour retrouver le graal entreprises par un certain nombre de personnages. Elles disent qu'on ne peut pas se tromper sur le symbolisme de la table ronde qui a présidé à leurs réunions. Elles disent qu'à l'époque où les textes ont été rédigés, les quêtes du graal ont été des tentatives singulières uniques pour décrire le zéro le cercle l'anneau la coupe sphérique contenant le sang. Elles disent qu'à en juger par ce qu'elles savent de l'histoire qui a suivi, les quêtes du graal n'ont pas abouti, qu'elles en sont restées à l'ordre du récit[7].

[...]

Il y a aussi les légendes où les jeunes femmes ayant dérobé le feu leurs vulves en ont été les porteuses. Il y a l'histoire de celle qui s'est endormie cent ans pour s'être blessé le doigt à son fuseau, le fuseau étant donné pour le symbole du clitoris. À propos de cette histoire, elles font beaucoup de plaisanteries sur la maladresse de celle à qui les précieuses indications d'un féminaire ont manqué. Elles disent en riant qu'il faut qu'elle ait été le phénomène dont il est parlé par ailleurs, celle qui, à la place de la petite langue prompte au plaisir,

6. Néologisme de Wittig évoquant des mots comme *bréviaire, dictionnaire, glossaire, séminaire* et *bestiaire*. Les féminaires recueillent les figures qui ont servi par le passé à décrire le corps des femmes. Ils permettent une première prise de conscience chez les guérillères d'elles-mêmes en tant que collectivité. Dans la deuxième partie du livre les féminaires seront brûlés et remplacés par «le grand registre», toujours ouvert, dans lequel «elles» peuvent à tout moment écrire quelque chose. Mise en abyme des *Guérillères*, le grand registre n'a pas d'ordre de succession et la lecture peut se faire «au hasard». Les femmes deviennent alors sujets du discours et de la connaissance, créatrices et intermédiaires d'histoires et de l'histoire. Dans ce texte vivant et changeant, «les écritures si diverses qu'elles soient ont toutes un caractère commun». Communauté, solidarité et continuité ne signifient pas uniformité; la diversité de l'héritage culturel féminin est recueillie et perpétuée dans le grand registre, livre idéal.

7. Voir l'entrée «Graal» dans *Brouillon pour un dictionnaire des amantes.*

a eu un dard venimeux. Elles disent qu'elles ne comprennent pas qu'on l'ait appelée la belle au bois dormant[8].

[...]

Blanche Neige court dans la forêt. Ses pieds se prennent dans les racines des arbres, ce qui fait qu'elle trébuche à tout moment. Elles disent que les petites filles connaissent l'histoire par cœur. Rose Écarlate derrière la suit, contrainte de courir en criant. Blanche Neige dit qu'elle a peur. Blanche Neige dit en courant, o mes aïeux, je me jette à vos sacrés genoux. Rose Écarlate rit. Elle rit tellement qu'elle tombe, qu'elle se met en colère pour finir. Hurlant de rage, Rose Écarlate poursuit Blanche Neige avec un bâton, menaçant de l'assommer si elle ne s'arrête. Blanche Neige plus blanche que la soie blanche de sa tunique se laisse tomber au pied d'un arbre. C'est alors que Rose Écarlate rouge comme une pivoine ou bien rouge comme une rose rouge va et vient avec fureur devant elle, en frappant la terre de son bâton en criant, tu n'en as pas, tu n'en as pas. Blanche Neige tourne la tête à droite pour voir passer Rose Écarlate, puis à gauche pour la voir repasser tandis qu'elle répète de plus en plus fort, tu n'en as pas, tu n'en as pas, si bien que pour finir Blanche Neige demande, qu'est-ce que je n'ai pas? ce qui a pour effet d'immobiliser Rose Écarlate disant, des sacrés aïeux, tu n'en as pas. Blanche Neige dit qu'elle veut bien s'en passer, d'autant plus qu'elle n'a plus peur du tout et s'emparant d'un bâton, elle se met à courir de tous côtés, on peut la voir cogner de toutes ses forces contre les troncs des arbres, cinglant les souples arbustes, frappant les racines moussues. À un moment donné, elle donne un grand coup de bâton à Rose Écarlate endormie au pied d'un chêne et ressemblant à une grosse racine, rose comme une rose rose.

[...]

8. Voir l'entrée «Belle-au-Bois-Dormant» dans *Brouillon pour un dictionnaire des amantes.*

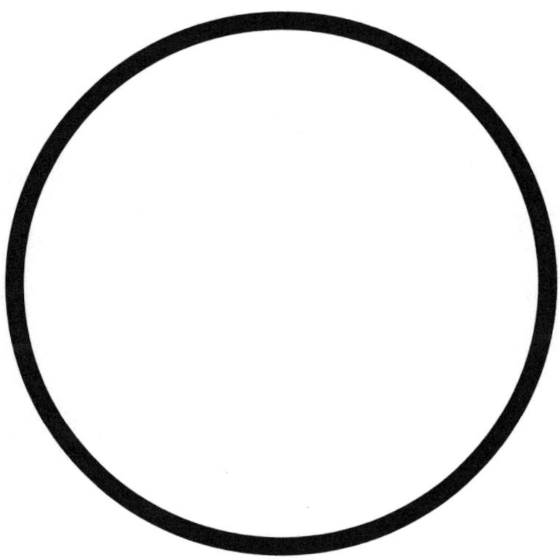

Dans la légende de Sophie Ménade, il est question d'un verger planté d'arbres de toutes les couleurs. Une femme nue y marche. Son beau corps est noir et brillant. Ses cheveux sont des serpents fins et mobiles qui produisent une musique à chacun de ses mouvements. C'est la chevelure conseillère. On l'appelle ainsi parce qu'elle communique par la bouche de ses cent mille serpents avec la femme porteuse de la chevelure. Orphée, le serpent préféré de la femme qui marche dans le jardin, sans cesse lui conseille de manger du fruit de l'arbre du milieu du jardin. La femme goûte du fruit de chacun des arbres en demandant à Orphée le serpent comment reconnaître le bon. Il lui est répondu qu'il est étincelant, qu'à le regarder simplement on a la joie au cœur. Ou bien il lui est répondu que, dès qu'elle aura mangé le fruit, sa taille se développera, elle grandira, ses pieds ne quitteront pas le sol tandis que son front touchera les étoiles. Et lui Orphée et les cent mille serpents de sa chevelure s'étendront de part et d'autre de son visage, ils lui feront une couronne brillante, ses yeux deviendront pâles comme des lunes, elle aura la connaissance. Elles alors pressent Sophie Ménade de questions. Sophie Ménade dit que la femme du verger aura la vraie connaissance du mythe solaire que tous les textes ont à dessein obscurci. Elles alors la pressent de questions. Sophie Ménade dit, soleil qui épouvantes et ravis/ insecte multicolore, chatoyant/ tu te consumes dans la mémoire nocturne/ sexe qui flamboie/ le cercle est ton symbole/ de toute éternité tu es/ de toute éternité tu seras. Elles, à ces paroles, se mettent à danser, en frappant la terre de leurs pieds. Elles commencent une danse circulaire, en battant des mains, en faisant entendre un chant dont il ne sort pas une phrase logique.

[...]

Quelquefois Philomèle Sarte chante accroupie sur ses talons, en faisant osciller le buste d'avant en arrière en se balançant de droite à gauche. Si elle s'arrête de chanter, elle tombe en avant, la face contre terre, ou latéralement, sa joue heurtant le sol, ses jambes se repliant en chien de fusil. Alors elle chante sans discontinuer. Quand ses yeux se ferment à cause de la fatigue, deux d'entre elles la portent sur un lit ou bien sur l'herbe au soleil et elle s'endort ainsi[9].

[...]

9. Dans l'édition de Minuit, ce texte commence à la page 75 alors que la liste où figure le nom de Philomèle se trouve à la page 57: renversement des chiffres à l'image du retournement par Wittig des associations conventionnelles du mythe ovidien.

Elles disent qu'elles appréhendent leurs corps dans leur totalité. Elles disent qu'elles ne privilégient pas telle de ses parties sous prétexte qu'elle a été jadis l'objet d'un interdit. Elles disent qu'elles ne veulent pas être prisonnières de leur propre idéologie. Elles disent qu'elles n'ont pas recueilli et développé les symboles qui dans les premiers temps leur ont été nécessaires pour rendre leur force évidente. Par exemple elles ne comparent pas les vulves au soleil à la lune aux étoiles. Elles ne disent pas que les vulves sont comme les soleils noirs dans la nuit éclatant.

[...]

Il arrive qu'elles parlent ensemble de la dernière fable qui a été rapportée. Par exemple Diane Ebèle raconte à Aimée Dionis la fable de Koue Feï où il est question d'une jeune fille qui poursuit le soleil. Elle est sans cesse sur le point de l'atteindre. Pour lui échapper, le soleil se plonge dans la mer. Koue Feï alors se met à nager derrière lui. Elle traverse ainsi tout l'océan. Elle s'approche de lui au moment où il sort des eaux pour lui échapper une fois encore. En hâte Koue Feï saute dans le soleil et s'y introduit. Dans son mouvement elle le fait basculer, quelques étoiles tombent de ce fait. Cependant Koue Feï est parvenue à s'asseoir dans le soleil. À présent elle décide de sa marche. Elle peut lui faire parcourir son orbite lentement ou plus vite à son gré. C'est ce qui fait que pour avoir le beau temps quand elles partent à la pêche les petites filles s'adressent à Koue Feï, maîtresse du soleil, pour qu'elle s'arrête un peu au-dessus de la mer[10].

10. Cf. le héros légendaire chinois Kuafu, géant dont il est dit qu'il voulut rattraper le soleil pour le fixer dans le ciel. Il courut dans la direction du soleil couchant et l'avait presque rejoint quand la chaleur et la soif l'empêchèrent de continuer sa poursuite. Pour se désaltérer, il but d'un seul trait toutes les eaux du Huanghe (fleuve Jaune), puis celles de la rivière Wei, mais il avait encore très soif. Alors il se dirigea vers le nord pour boire dans le Grand lac. À mi-chemin, il s'écroula et mourut de soif, laissant tomber son bâton qui se métamorphosa en une forêt de pêchers aux fruits désaltérants (ou en la forêt de Deng) sur son corps transformé en montagne. Histoire apparentée au mythe grec de Dédale et Icare: à chaque fois un héros téméraire, sans aucun sens de la mesure, veut se rapprocher du soleil, tombe et meurt, car le contrôle de la nature échappe à l'humain. [Pour différentes versions de l'histoire du «père hâbleur Kuafu», l'on peut consulter l'*Anthologie des mythes et légendes de la Chine ancienne* de Rémi Mathieu (Paris: Gallimard, 1989), 49–51.] Notons que «feï» peut signifier «voler» en chinois, renvoyant ici à l'aspect libérateur de la fable renouvelée, et qu'en substituant «feï» pour «fu», Wittig remplace, ici comme ailleurs, une forme masculine courante par une forme féminine insolite et

[...]

Elles disent, ils t'ont tenue à distance, ils t'ont maintenue, ils t'ont érigée, constituée dans une différence essentielle. Elles disent, ils t'ont, telle quelle, adorée à l'égal d'une déesse, ou bien ils t'ont brûlée sur leurs bûchers, ou bien ils t'ont reléguée à leur service dans leurs arrière-cours. Elles disent, ce faisant, ils t'ont toujours dans leurs discours traînée dans la boue. Elles disent, ils t'ont dans leurs discours possédée violée prise soumise humiliée tout leur saoul. Elles disent que, chose étrange, ce qu'ils ont dans leurs discours érigé comme une différence essentielle, ce sont des variantes biologiques. Elles disent, ils t'ont décrite comme ils ont décrit les races qu'ils ont appelées inférieures. Elles disent, oui, ce sont les mêmes oppresseurs dominateurs, les mêmes maîtres qui ont dit que les nègres et les femelles n'ont pas le cœur la rate le foie à la même place qu'eux, que la différence de sexe, la différence de couleur signifient l'infériorité, droit pour eux à la domination et à l'appropriation. Elles disent, oui, ce sont les mêmes oppresseurs dominateurs qui ont écrit des nègres et des femelles qu'ils sont universellement fourbes hypocrites rusés menteurs superficiels gourmands pusillanimes, que leur pensée est intuitive et sans logique, que chez eux la nature est ce qui parle le plus fort et caetera. Elles disent, oui, ce sont les mêmes oppresseurs dominateurs qui dorment couchés sur leurs coffres pour protéger leur argent et qui tremblent de peur quand la nuit vient.

[...]

Elles disent, esclave tu l'es vraiment si jamais il en fut. Ils ont fait de ce qui les différencie de toi le signe de la domination et de la possession. Elles disent, tu ne seras jamais trop nombreuse pour cracher sur le phallus, tu ne seras jamais trop déterminée pour cesser de parler leur langage, pour brûler leur monnaie d'échange leurs effigies leurs œuvres d'art leurs symboles. Elles disent, ils ont tout prévu, ta révolte ils l'ont d'avance baptisée révolte d'esclave, révolte contre nature, ils l'appellent révolte par laquelle tu veux t'approprier ce qui leur appartient, le phallus. Elles disent, je refuse désormais de parler ce langage, je

---

valorisée. «Feï» en chinois peut également signifier «princesse» ou «reine consorte». Ces multiples jeux de mots métamorphosant l'outrecuidant Kuafu en l'héroïne idéalisée Koue Feï, «maîtresse du soleil» sont annoncés dès le nom de la conteuse: Diane Ebèle (= Diane est belle).

refuse de marmotter après eux les mots de manque manque de pénis manque d'argent manque de signe manque de nom. Je refuse de prononcer les mots de possession et de non-possession. Elle disent, si je m'approprie le monde, que ce soit pour m'en déposséder aussitôt, que ce soit pour créer des rapports nouveaux entre moi et le monde.

[...]

Elles disent, malheureuse, ils t'ont chassée du monde des signes, et cependant ils t'ont donné des noms, ils t'ont appelée esclave, toi malheureuse esclave. Comme des maîtres ils ont exercé leur droit de maître. Ils écrivent de ce droit de donner des noms qu'il va si loin que l'on peut considérer l'origine du langage comme un acte d'autorité émanant de ceux qui dominent. Ainsi ils disent qu'ils ont dit, ceci est telle ou telle chose, ils ont attaché à un objet et à un fait tel vocable et par là ils se le sont pour ainsi dire appropriés. Elles disent, ce faisant ils ont gueulé hurlé de toutes leurs forces pour te réduire au silence. Elles disent, le langage que tu parles t'empoisonne la glotte la langue le palais les lèvres. Elles disent le langage que tu parles est fait de mots qui te tuent. Elles disent, le langage que tu parles est fait de signes qui à proprement parler désignent ce qu'ils se sont appropriés. Ce sur quoi ils n'ont pas mis la main, ce sur quoi ils n'ont pas fondu comme des rapaces aux yeux multiples, cela n'apparaît pas dans le langage que tu parles. Cela se manifeste juste dans l'intervalle que les maîtres n'ont pas pu combler avec leurs mots de propriétaires et de possesseurs, cela peut se chercher dans la lacune, dans tout ce qui n'est pas la continuité de leurs discours, dans le zéro, le O, le cercle parfait que tu inventes pour les emprisonner et pour les vaincre.

[...]

OMPHALE CORINNE ELFREDA
LU-HOU MEI-FEI VICVAVARA
QI-JI VIJAYA BHATITARIKA
LUDGARDE GERTRUDE DIANE
ROGNEDE MALAN CLÉOPÂTRE
AMÉRIZ BETHSABÉE CLAUDE

[...]

Elles s'adressent aux jeunes hommes en ces termes, jadis vous avez compris que nous nous sommes battues pour vous en même temps que pour nous. À cette guerre qui a été aussi la vôtre vous avez pris part. Aujourd'hui, ensemble, répétons comme un mot d'ordre, que toute trace de violence disparaisse de cette terre, alors le soleil a la couleur du miel et la musique est bonne à entendre. Eux applaudissent et crient de toutes leurs forces. Ils ont apporté leurs armes. Elles les enterrent en même temps que les leurs en disant, que s'efface de la mémoire humaine la guerre la plus longue, la plus meurtrière qu'elle ait jamais connue, la dernière guerre possible de l'histoire. Elles souhaitent aux survivantes et aux survivants l'amour la force la jeunesse, qu'ils fassent une alliance durable sur des bases qu'aucun différend ne pourra compromettre à l'avenir. Quelqu'une se met à chanter, semblables à nous/ ceux qui ouvrent la bouche pour parler/ mille grâces à ceux qui ont entendu notre langage/ et ne l'ayant pas trouvé excessif/ se sont joints à nous pour transformer le monde.

[...]

Il faut, disent-elles, faire abstraction de tous les récits concernant celles qui parmi elles ont été vendues battues prises séduites enlevées violées et échangées comme marchandises viles et précieuses. Elles disent qu'il faut faire abstraction des discours qu'on leur a fait tenir contre leur pensée et qui ont obéi aux codes et aux conventions des cultures qui les ont domestiquées. Elles disent qu'il faut brûler tous les livres et ne garder de chacun d'eux que ce qui peut les présenter à leur avantage dans un âge futur. Elles disent qu'il n'y a pas de réalité avant que les mots les règles les règlements lui aient donné forme. Elles disent qu'en ce qui les concerne tout est à faire à partir d'éléments embryonnaires. Elles disent qu'en premier lieu le vocabulaire de toutes les langues est à examiner, à modifier, à bouleverser de fond en comble, que chaque mot doit être passé au crible.

[...]

URSULE OBI ANTIGONE
ANTIGONE AGNETHE
NON—SIGNES DÉCHIRANT
SURGIS VIOLENCE DU BLANC
DU VIVACE DU BEL AUJOURD'HUI
D'UN GRAND COUP D'AILE IVRE
TROUÉ DÉCHIRÉ LE CORPS
(INTOLÉRABLE)
ÉCRIT PAR DÉFAUTS

SURGIS NON—SIGNES ENSEMBLE
ÉVIDENTS—DÉSIGNÉ LE TEXTE
(PAR MYRIADES CONSTELLATIONS)
QUI MANQUE

LACUNES LACUNES LACUNES
CONTRE TEXTES
CONTRE SENS
CE QUI EST À ÉCRIRE VIOLENCE
HORS TEXTE
DANS UNE AUTRE ÉCRITURE
PRESSANT MENAÇANT
MARGES ESPACES INTERVALLES
SANS RELÂCHE
GESTE RENVERSEMENT.

[...]

Mues par une impulsion commune, nous étions toutes debout pour retrouver comme à tâtons le cours égal, l'unisson exaltant de l'Internationale[11]. Une vieille soldate grisonnante sanglotait comme une enfant. Alexandra Ollontaï[12] retenait à peine ses larmes. L'immense chant envahit la salle, creva portes et fenêtres, monta vers le ciel calme. La guerre est terminée, la guerre est terminée, dit à mes côtés une jeune ouvrière. Son visage rayonnait. Et lorsque ce fut fini et que nous restions là dans une sorte de silence embarrassé, quelqu'une au fond de la salle cria, camarades, souvenons-nous de celles qui sont mortes pour la liberté. Et nous entonnâmes alors la Marche funèbre, un air lent, mélancolique et pourtant triomphant[13].

11. Hymne révolutionnaire international, exécuté pour la première fois à la fête des travailleurs de Lille en 1888. Ce fut l'hymne national soviétique jusqu'à la deuxième guerre mondiale et il est demeuré l'hymne international des partis socialistes et communistes (adapté du *Petit Robert des Noms propres*).

12. Cf. Aleksandra Mikhaïlovna Kollontaï (1872–1953). Membre du parti bolchevik depuis 1915, elle participa à la Révolution de 1917 et devint commissaire à l'Assistance publique puis (1920) responsable du secteur féminin. Proche des «communistes de gauche» (1918) et de l'opposition ouvrière (1920–1922), elle fut la première femme diplomate, en poste en Norvège, au Mexique et en Suède. On lui doit plusieurs ouvrages: *Les Fondements sociaux de la condition féminine* (1909), *La Famille et l'État communiste* (1919) (*Le Petit Robert des Noms propres*).

13. Fin du livre.

Brouillon pour un dictionnaire des amantes

Monique Wittig
Sande Zeig
(Extraits)

BELLE-AU-BOIS-DORMANT

Se dit généralement d'une amante oublieuse de son clitoris. Elle tombe alors dans une espèce de somnolence dont elle ne connaît pas le motif. Elle peut rester dans cet état un laps de temps indéterminé. On a connu une belle-au-bois-dormant particulièrement solitaire puisque cet état l'a prise au milieu d'un bois. Cent ans ont passé avant qu'une de ses amantes la trouve au cours d'une promenade. L'état de somnolence prend fin en principe pour la belle quand une amante lui rappelle avec délicatesse qu'elle a un clitoris.

ÉRINNA[14]

Amante de Sapho, poétesse née à Telos, île proche de Rhodes. Elle a écrit un long poème épique qui, d'après des fragments cités çà et là, célébrait son amante Sappho. Ce poème a été détruit en même temps que les poèmes de Sappho par les adversaires des lesbiennes. «Voilà les chants d'Érinna, qu'ils sont plaisants, qu'ils sont légers./ Si la mort eût tardé, quelle renommée eût égalé la sienne?» (Tiré de la *Bibliothèque*, ensemble des livres et fragments du passé sauvés par les amantes pendant la dernière période de chaos.)

ÈVE ET LILITH

Deux amantes célèbres de l'âge de bronze qui vivaient en Palestine. Leur amour était si fort, dit-on, qu'il a survécu à un long séjour forcé que toutes deux ont dû faire dans le désert. C'est là qu'elles ont développé leur endurance légendaire.

GRAAL

Le cycle du Graal rassemble une série de contes dont chacun se réfère à une table ronde autour de laquelle se regroupaient les chevalières du Graal au nombre de treize, nombre identique au nombre d'amazones d'un collège de sorcières. Le but des chevalières a été la recherche ou quête d'une coupe

14. Sur Érinne et Sapho, voir la note sur *Les Femmes illustres* de Madeleine de Scudéry, [I] 256–57. Dans *Brouillon pour un dictionnaire des amantes*, pour l'entrée «Sappho», Wittig et Zeig présentent simplement une page blanche.

pleine de sang. On a perdu le sens de cette coupe. D'après certaines, la coupe a un jour recueilli le sang d'Oreithyia, une amazone très aimée, morte au cours d'un combat, coupe qui par la suite a disparu dans le tumulte de la mêlée. D'où la recherche de ses amantes et de ses amies. Selon d'autres, le graal a un jour recueilli le sang du corps de Sappho que les chevalières, ses amantes, cherchent sans relâche.

LABÉ (LOUISE)

Poétesse et guerrière de la fin de l'âge de fer qui vivait en Gaule. Elle était l'amante de Clémence de Bourges à qui elle a écrit de célèbres lettres. C'est en pensant à elle qu'elle a remercié qui lui «a donné la lyre qui les vers / soûlait de chanter de l'amour lesbienne/ et à ce coup pleurera de la mienne», (Louise Labé, *Élégies,* Gaule, âge de fer).

MOT

À cause de tous les déplacements de sens, glissements de sens, pertes de sens que les mots ont tendance à subir, il arrive un moment où ils n'agissent plus sur la ou les réalités. Il faut alors les réactiver. Ce n'est pas une opération simple et elle peut prendre toute sorte de formes. La plus répandue est celle que pratiquent les porteuses de fables. Les porteuses de fables changent sans arrêt de place. Elles racontent, entre autres, d'une place à l'autre les métamorphoses des mots. Elles-mêmes changent les versions de ces métamorphoses, non pas pour rendre les choses plus confuses mais parce qu'elles ont enregistré ces changements. Ils ont pour conséquence d'éviter pour les mots une fixation de sens.

Il y a aussi le tribut que les amantes paient aux mots. Elles font des assemblées où elles lisent toutes ensemble des dictionnaires, elles se mettent d'accord sur les mots dont elles n'ont pas envie de se passer. Puis elles décident suivant les groupes, les communautés, les îles, les continents du tribut possible suivant les mots et elles le paient de leur personne (ou ne le paient pas). Celles qui le font appellent ça plaisamment «écrire sa vie avec son sang», ce qui, disent-elles, est la moindre des choses.

RÉCITANTE

Les conteuses qui depuis l'âge d'argent ont choisi une vie errante et se sont déplacées de communauté en communauté, de place en place, de ville en ville, s'appelaient des récitantes, ce pouvait être des poétesses, des musiciennes qui récitaient en s'accompagnant d'un instrument et même en chantant, ce pouvait être de simples narratrices qui parlaient sans mimiques et sans gestes. Elles ont d'une façon générale évité les grandes cités des mères où elles n'étaient pas très bien accueillies. En effet elles racontaient les histoires d'amantes lointaines, d'amazones qui n'étaient des déesses qu'un jour par an, le jour de leur fête. Elles se sont refusées à devenir les porte-parole des grandes mères et des déesses régnantes. Elles ont refusé les hyperboles, les métaphores, ce que plus tard on a appelé les pièges d'une symbolique totalitaire où seules celles qui consentaient à entrer dans le cycle engendrement/production avaient droit de discours. Depuis l'âge de gloire les porteuses de fables ont repris leur tradition.

VIE

«Et il y avait au milieu du jardin deux arbres, l'arbre des contraires et l'arbre de vie. L'arbre de vie était beau à regarder. Ses branches s'étendaient jusqu'au sol. Ses feuilles étaient larges et luisantes. Les fleurs et les fruits y poussaient en même temps, ils étaient de plusieurs couleurs. Quand la main les touchait elle devenait collante de leur suc. Toutes ont mangé de chaque sorte de fruit et de fleur de l'arbre de vie. Elles l'ont trouvé bon au goût et ainsi en mangeant chaque jour, elles se sont mises à vivre pour toujours», (Beni Amer, *Leur Genèse*, Cerné, âge de gloire).

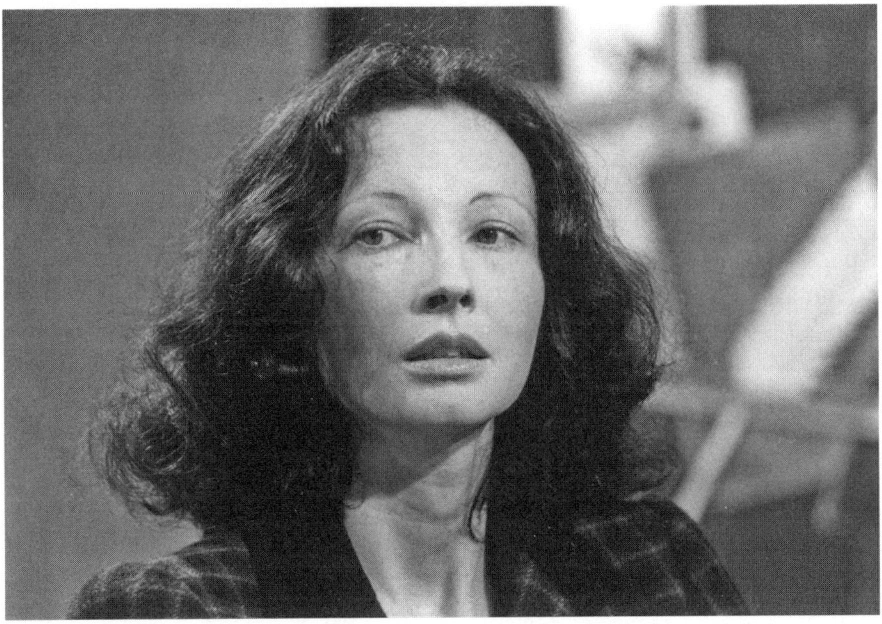

Chantal Chawaf

(1943–)

L'œuvre de Chantal Chawaf émane du traumatisme d'une naissance violente dans le fracas des bombardements de la deuxième guerre mondiale. Arrachement brutal au corps d'une mère mourante, cette origine situe son œuvre au carrefour du personnel, biologique et affectif, et de l'histoire: la guerre, la politique. L'écriture de Chawaf sera une recherche du lien, revenant sans cesse sur ce rapport brisé avec le corps maternel, afin d'élaborer, face aux séparations mortifères, une langue, une littérature, une éthique, une politique qui allient et vivifient. Écriture, donc, du régressif ou plutôt d'une symbolisation du rapport préœdipien à la mère, liant le corps au verbe (*Le Corps et le verbe,* 1992), le corps à l'esprit. Par sa quête d'une écriture du maternel et sa revendication de valeurs féminines-maternelles, l'œuvre de Chawaf, tout en rappelant celles de

---

Chantal Chawaf (© Photographie Louis Monier, Paris)

Desbordes-Valmore et de Colette, s'inscrit dans la lignée de l'*écriture féminine* des années soixante-dix (terme associée à l'écrivaine Hélène Cixous, au groupe Psych et Po, cercle d'écrivaines et de théoriciennes féministes publiées en grande partie par les Éditions des Femmes, ainsi qu'aux théories de Luce Irigaray, notamment dans *Speculum de l'autre femme,* 1974, et *Ce Sexe qui n'en est pas un,* 1977). L'écriture féminine affirme la *différence* féminine, se démarquant du féminisme beauvoirien (Beauvoir, Wittig) qui prône l'*égalité* des sexes et qui dénonce la notion de différence, tenue pour une construction culturelle, comme complice de l'idéologie dominante.

Celle qui portera le nom, Chantal Chawaf, naît en septembre 1943. Alors que ses parents et sa tante se dirigent vers une clinique du faubourg parisien de Boulogne-sur-Seine où sa mère se rend pour accoucher, une bombe lancée par les Alliés contre les usines Renault de Boulogne-Billancourt, fabricants pendant l'Occupation de matériel militaire pour les Allemands, tombe à côté de sa cible, frappant des civils. Ses parents et sa tante sont tués dans la voiture qui les conduisait à la clinique; le bébé est extrait par césarienne du corps de sa mère agonisante et confié provisoirement à une pouponnière qui ne peut pas le garder, comme prévu, jusqu'au retour dans le Nord de sa famille dispersée par l'exode, car, entre-temps, un arrêté du maire de Boulogne ordonne l'évacuation intégrale de la pouponnière, en prévision de l'imminence de nouveaux bombardements sur la ville. La directrice de la pouponnière remet illégalement la petite fille à un couple aisé en mal d'enfants qu'elle informe de la situation. Faisant inscrire la fausse date du 15 novembre sur son acte de naissance, ils la feront passer pour leur propre fille. Ainsi, la petite fille issue d'un milieu d'industriels du textile du Nord et d'universitaires du Poitou, devient Chantal Pierron de la Montluel, fille faussement légitime d'un autre couple qui lui cachera son identité jusqu'à ce qu'elle atteigne l'âge de vingt ans. Ces événements inspireront son premier roman *Retable,* 1974, de même que *Vers la lumière,* 1993, et le chef-d'œuvre de sa maturité, *Le Manteau noir,* 1998, où l'histoire de la deuxième guerre mondiale et de l'Occupation est revue dans la perspective angoissée du fœtus-nourrisson arraché à ses origines, point de vue original qui met à jour tout ce que dissimulent les récits officiels de la guerre. Ils hanteront également les romans *Rougeâtre,* 1978; *Landes,* 1980; *La Vallée incarnate,* 1984; et *Elwina, le roman fée,* 1985.

Son enfance et son adolescence sont entièrement tournées vers les mots. Elle écrit des poèmes, des textes de prose et du théâtre dès l'âge de six ans. Remarquée pour ses dons en littérature par ses professeurs, elle suit très tôt, parallèlement au cours du lycée, des cours particuliers intensifs presque quotidiens en latin et en grec ancien. À l'âge de dix-huit ans, elle est capable de lire Aristophane ou Xénophon dans le texte grec. Et puis, soudain, vers l'âge de vingt ans, elle interrompt brutalement ses études de lettres. Son éducation se poursuivra plus individuellement mais aussi plus librement tout en restant en étroit contact avec l'institution et avec les universitaires et les chercheurs qui se pencheront sur son œuvre. Sa grande culture et sa curiosité inlassable marqueront son écriture: «Je lis tout ce que je peux lire [...], tout ce que je peux découvrir —et dans tous les domaines, et en particulier: littéraires et scientifiques. Je n'arrête pas de lire» (*La Quinzaine littéraire,* 1989). Ses écrits, se succédant depuis 1974 à un rythme régulier, presque un livre par an, se nourrissent de ses vastes connaissances en psychanalyse, en biologie, en sciences humaines, en écologie, en philosophie, en culture populaire—depuis les cultures orales du passé, des contes de fées et de la France rurale jusqu'à la culture rock des jeunes des années soixante et soixante-dix—en histoire, en peinture et en musique, en cinéma, en littérature, en histoire littéraire.

En 1966 elle épouse un ingénieur de Syrie, Assem Chawaf, et part pour Damas où naîtront ses deux enfants, Rayane et Jinane. C'est là que, marquée par l'expérience personnelle de la maternité, elle donnera naissance aussi à une écriture originale—recherche de «la chair linguistique» (*Nouvelles littéraires,* 1976), d'un langage qui renoue avec le corps, avec le monde sensoriel et matériel, et ainsi avec la vie. À son retour en France en 1973, elle trouve Paris en pleine ébullition féministe. Son premier texte, *Retable, La Rêverie,* publié l'année suivante aux Éditions des Femmes par le groupe Psych et Po, se fait remarquer comme un des premiers exemples de *l'écriture féminine,* écriture du corps de la femme. Car, si *Retable* exprime le deuil du corps maternel, l'angoisse de la séparation, *La Rêverie* est le chant heureux de la jouissance érotique chez la femme adulte, «servante de la vie».

À partir de cette date, elle fera paraître plus de vingt romans remarquablement novateurs par leur forme non linéaire et leur style poétique, romans où la trame événementielle s'efface le plus souvent devant «la force de la vie» («Est-ce que la littérature...?» 1980), devant l'expérience affective et corporelle la plus intime des personnages. Cette expérience est rendue par une prolifération d'images et de métaphores, alimentaires et biologiques surtout, mais aussi textiles, féeriques, zoologiques, terriennes. Écriture originale où la continuité de vie et le rapport au charnel se traduisent en de longues phrases sinueuses au rythme respiratoire, aux mouvements biologiques, sensoriels, de palpitation, de circulation, d'écoulement. Outre les titres déjà mentionnés, il faut citer: *Cercœur,* 1975; *Blé de semences,* 1976; *Le Soleil et la Terre,* 1977; *Maternité,* 1979;

Crépusculaires, 1981; *Les Surfaces de l'orage*, 1982; *L'Intérieur des heures*, 1987; *Rédemption*, 1989; *L'Éclaircie*, 1990; *Issa*, 1999; *Mélusine des détritus*, 2002; *L'Ombre*, 2004; *La Sanction*, 2004; *Infra-Monde*, 2005; *Sable noir*, 2005. Chantal Chawaf est également l'auteur d'une pièce de théâtre, *Chair chaude*, 1976, et de nombreux articles et essais théoriques, parmi lesquels un livre important, *Le Corps et le verbe: la langue en sens inverse*. Depuis 2000, elle dirige la collection «Esprits Libres» aux Éditions du Rocher. *L'Érotique des mots*, livre «inclassable» sur «l'amour de lire et d'écrire» écrit avec Régine Deforges, a été publié dans cette collection en 2004.

Méditation fondamentale sur la nature du langage littéraire, l'œuvre de Chawaf se veut approche d'une «écriture du féminin», ce qui signifie pour elle chercher à faire advenir dans le langage et dans les formes surannées du roman, un certain féminin, maternel et sauvage, refoulé et redouté par le social comme une «perte des repères du vieux monde» (entretien inédit, 1984), ouvert à la vie et à l'autre. Puisant son modèle et son originalité dans notre relation charnelle archaïque à la mère, son écriture est avant tout une écriture de la résistance aux cloisonnements et à la solitude, une écriture de l'amour et de «l'angoisse sublimée» (entretien inédit). Écrire, pour elle, c'est «demander au langage d'avoir pour vocation d'apprendre l'amour aux hommes comme aux femmes et d'apprendre aux hommes et aux femmes à se rencontrer pour faire la vie et pour faire des sociétés plus vivables» (entretien inédit). Devant un ordre social menacé par la prédominance de valeurs «viriles»—la guerre, la séparation, l'abstraction, la mort—Chawaf propose une quête de l'esprit de la mère, origine qui détiendrait aussi l'une des clefs de l'avenir, une garantie de survie. «On avance à reculons. On ne va plus vers la mort, on va vers la vie» («Deux ou trois idées pour la survie de notre héros», 1988). C'est ce désir de l'esprit maternel qui marque la relation de ses héroïnes au monde et à autrui, mais c'est l'élucidation de leur quête qui permet aux désirs et aux besoins individuels—aveugles, violents, souvent destructeurs—de se sublimer, de s'élargir, et finalement de s'épanouir en une véritable éthique, en une politique, en ce qu'elle appelle une *maternité active* (entretien inédit). De même, l'écriture de Chawaf vise, non pas une régression à la mère, à ce passé pré-verbal, mais une symbolisation du féminin, l'inscription du féminin dans la langue sociale, pour nourrir et «faire la vie». Le texte lui-même devient matrice, instrument de cette maternité active. «Il y a cette fonction de nourrir et de constituer les tissus des mots, des phrases et des paragraphes, à l'intérieur de l'écriture, comme si, en n'oubliant de transmettre le message d'aucune terminaison sensitive de la peau, on développait une autre matrice, et que d'elle le mouvement linéaire des phrases, les coulées d'images de l'enfance, les réminiscences sortaient en articulant leurs plages phosphorescentes comme celles des anneaux abdominaux du carabe d'or d'un conte, et que cette douce phosphorescence du travail de l'inconscient illuminait l'effort...» («L'Ecriture», 1976).

Prolongeant cette réflexion sur «la maternité de l'écriture», *Le Corps et le verbe* prône une littérature à la fois sensible et intellectuelle, un langage fusionnel, qui, retrouvant «la force perdue» du régressif, n'opposeraient plus la chair à l'esprit, ni le corps au verbe, ni le féminin au masculin. Critique du dualisme occidental, cet essai théorique proclame l'urgence de faire accéder au verbal «la langue préhistorique, oubliée», «la langue sans nom», «pour que la langue soit enfin entière», pleinement humaine, pour que se traduise en mots une «spiritualité de la vie» ancrée dans le corps humain, pour que s'élaborent une éthique et une politique qui empêchent la violence et la guerre. Chawaf met en lumière à travers les âges et les cultures, «le rôle féminin d'initiatrice [...] du vivant du corps», rôle incarné selon elle par l'antique figure de «la mère esprit», par l'Ève biblique «donnant à manger à Adam [...] les fruits de l'arbre de la connaissance de la chair», par la courtisane Sidouri de l'épopée de Gilgamesh, par la figure mythique de Déméter. Sous sa plume, le Graal devient «symbole du corps ignoré», signe spirituel et «peut-être maternel» d'une connaissance perdue, au moment où se perdent la parole mère et la fonction initiatrice de la maternité (voir aussi la réinterprétation de la légende du Graal chez Monique Wittig). Ainsi, elle rejoint toute une série de femmes écrivains du XXe siècle, Vivien, Cixous, Wittig, parmi d'autres, qui ont cherché à réinterpréter dans un sens positif des mythes et des modèles féminins traditionnellement négatifs dans la culture occidentale.

L'œuvre de Chawaf, très prisée par la critique française (entretiens à la radio, à la télévision, dans les journaux) mais loin d'atteindre le public des best-sellers, est surtout connue et étudiée dans les pays anglo-saxons où elle est considérée comme un exemple-type de l'écriture féminine, étiquette que Chawaf en est venue elle-même à récuser comme étant trop séparatiste. Elle a été invitée de nombreuses fois aux États-Unis et au Canada pour faire des lectures et des conférences sur sa poétique. Quelques-unes de ses œuvres ont été traduites en anglais. En France, après la sortie du *Manteau noir,* les médias ont tenté de récupérer son œuvre auprès du grand public par le biais de l'autofiction. Mais, si dans l'ensemble son œuvre s'inspire des données autobiographiques, elle ne se réduit pas à elles; amplification éthique et politique d'une pensée venue de la conscience du corps, elle ne dit pas *une* vie mais *la* vie, ne raconte pas simplement *une* histoire, mais *l'Histoire.*

Fées de toujours (1988) est le conte d'une mère à sa fille, qui à son tour devient conteuse, invente et écrit les fées. La première partie, *La mère racontait à la petite fille,* comprend plusieurs chapitres qui tracent à rebours l'histoire des fées, du vingtième siècle à la préhistoire. Viennent ensuite *Quelques pages du cahier de la jeune fille,* extraites d'un texte de Jinane Chawaf, fille de l'auteur, puis *Mère conteuse* de Chantal Chawaf, et enfin *L'Avenir* où la parole passe à nouveau à sa fille. À travers une réflexion sur les contes de fées et sur leur transmission, Chawaf nous livre une part essentielle de sa vision littéraire et éthique. À la différence de Wittig qui récrit les contes de fées pour leur ôter leur pouvoir d'oppression patriarcale, Chawaf met en relief leurs origines féminines, les reliant à la maternité et à l'enfance, enfance individuelle et enfance du monde. Dans un mouvement typique chez l'auteur, allant de l'individuel à l'universel, la chambre close, métaphore de la matrice, où la petite fille enrhumée écoute les contes racontés par sa mère, s'ouvre sur l'espace infini de l'amour et de la vie, la maladie de la petite fille figurant celle de notre civilisation coupée de ses origines «primitives», de sa préhistoire. C'est vers la mémoire de notre passé recouvert, refoulé, censuré, qu'il faut revenir d'urgence, affirme Chawaf, pour y libérer des valeurs positives de vie, d'amour et de culture qui nous permettront de partir sur d'autres bases et de guérir notre civilisation malade. L'écriture du régressif projette un futur utopique qui ouvre des perspectives écologiques: «Tu vas sentir leur magie transformer la rue, les arbres rabougris» assure la mère à propos de ces «mots-fées» qui charrient en nous «le bruit intérieur de la vie». Dans un roman récent, *Mélusine des détritus,* conte de fées désespéré publié sous son nom de petite fille et d'adolescente, celui de ses tout premiers écrits qui étaient déjà des contes de fées—Marie de la Montluel—Chawaf aura encore recours au thème de «la fée déesse-mère» pour développer la dimension écologique de cette vision. Plus sombre que *Fées de toujours,* ce roman est un long cri d'angoisse proféré par Mélusine, «la vie fée», jeune fille asthmatique elle aussi à la recherche de l'archaïque, à la recherche de l'air et de l'eau purs de ses origines primitives, à la recherche de mots vivants, dans un monde moderne contaminé par la pollution, les centrales nucléaires et les intérêts commerciaux, dans un monde au langage en déperdition, dans une France dévastée mais indifférente à la perte de son patrimoine.

Dans *Fées de toujours,* en remontant au passé des contes de fées, à leurs origines orales, pré-verbales, pré-latines, «gauloises», Chawaf révise l'histoire littéraire qui valorise au contraire l'écriture féerique «civilisée» de l'époque de Louis XIV et Charles Perrault plutôt que les conteuses originaires de la tradition écrite, et qui réduit les contes de fées des époques suivantes à une littérature bien pensante pour enfants, véhicule de valeurs culturelles, patriarcales, à un répertoire d'images fantasmatiques non éclairées par la pensée et le langage, occultant leurs sources féminines et «sauvages». Ainsi furent oubliés un autre savoir, issu des premiers humains, et «une exigence spirituelle féminine» qui, à travers ces contes, se transmettaient de mère en fille, de grand-mère à petite-fille, de nourrice à fillette de l'aristocratie. «Les femmes de l'époque de Mademoiselle Lhéritier se transmettaient-elles un savoir qui, trop méprisé par les hommes, s'est peu à peu perdu à mesure que l'histoire du langage tendait vers la modernité?» se demande la mère. Comme toute l'œuvre de Chawaf, *Fées de toujours* résiste aux falsifications de l'histoire, en revenant aux origines pour faire accéder au langage les «non-dits de l'Histoire» (*Le Manteau noir*).

Quête d'une langue capable de revivifier le langage social, de mots-fées capables de transformer la réalité; quête d'un langage nourricier, abondant, comme celui de notre passé pré-verbal, le style de Chawaf, sensuel et poétique, débordant d'images et de métaphores, accueillant des mots vieillis, des mots paysans et patois, traduit cette recherche d'une «langue-mère» qui serait la symbolisation du corps et de la nature, de l'imaginaire et de l'inconscient, le carrefour de l'oral et de l'écrit. «L'aboutissement de l'écriture n'est-il pas de prononcer le corps? Pour moi», explique-t-elle, «la juxtaposition sensuelle des mots a fonction de libérer une pâte vivante, la matière. Le langage, dans l'écriture, s'est éloigné de son lieu d'origine le corps, la terre. [...] Le langage féminin ne peut que travailler passionnément, scientifiquement, poétiquement, politiquement la vie pour la rendre invulnérable» («La Chair linguistique»). L'aboutissement de cette quête serait alors un féminin spiritualisé par l'écriture, participant à redéfinir «l'humain universel», c'est-à-dire, «cette affectivité du corps» qui remonte à la relation archaïque, intra-utérine, des hommes et des femmes au corps de leur mère pour se poursuivre dans la créativité et dans la culture («Contre la fiction», 1987). «Phénomène d'osmose», écrit Chawaf dans *Fées de toujours,* «les mots se chargent d'oxygène, plongent dans le sang, se rapportent au cœur, quelque chose de maternel est enfin là en nous, et nous, nous respirons mieux.»

Si, avec le temps, ils sont devenus «seulement les ruines du château-grotte des langues originelles», les contes de fées demeurent pour Chawaf des lieux d'une mémoire confuse de la langue-mère, du féminin, du corps et de la terre, mémoire en danger de se perdre tout à fait. De même que la nature et les saisons, de même que les contes oraux en patois, ils suscitent des «réminiscences primitives», transmettent «les traces vivantes, culturelles [...] de l'inconnu [...] et de ces mouvements cosmiques du verbe et du silence des origines». À l'instar des historien(ne)s d'aujourd'hui pour qui «la difficulté de l'histoire des femmes tient d'abord à l'effacement de leurs traces» (Michelle Perrot, *Les Femmes ou les silences de l'Histoire,* 1998), à l'instar de Christine de Pizan, d'Hélisenne de Crenne, de Madeleine de Scudéry, de Monique Wittig, d'Andrée Chedid, de toutes celles qui, à travers les siècles, œuvrèrent pour que le fil ténu de la mémoire de l'apport féminin à l'histoire ne soit pas rompu, Chawaf découvre et transmet les traces d'une continuité féminine. Cette continuité implique non seulement la transmission du féminin mais une transmission féminine: car, à travers les âges, telle Chawaf, ce sont les femmes—fées, conteuses, aïeules, mères et filles—initiatrices de la vie («les fées qu'on appelait aussi les Mères étaient initiatrices, elles montraient aux hommes, souvent en songe, le chemin de la connaissance», *Fées de toujours*), qui font figure de gardiennes et de propagatrices d'une mémoire précaire parce qu'enracinée historiquement dans l'oralité, privée d'écriture.

«Les femmes ont la passion des coffrets», constate Michelle Perrot dans *Les Femmes ou les silences de l'Histoire.* «Les femmes gardent les factures d'électricité et de gaz, pendant vingt ans, sans raison aucune que celle d'archiver le temps [...], le temps passé par elles, et dont il ne reste rien», observe Marguerite Duras dans *La Vie matérielle* (1987). Chez Chawaf, ce qu'elles renferment dans leurs coffrets, ce qui assure au contraire la survie du «féminin», ce ne sont pas seulement des *choses* qui fixent le souvenir, mais aussi des *mots,* «un vrai dictionnaire des petits chemins du français où on se promène dans la matière de la vie». Le texte lui-même est coffret, ou bien herbier ou encore vieux dictionnaire, lieu où se préservent les objets d'une cueillette immémoriale: mots, figures de rhétorique, fleurs séchées du langage qui gardent la couleur et l'odeur de la vie. «Il y a ces phrases-coffrets», raconte Chawaf, «où on enferme précieusement ce que la sensation a de fugitif» («L'Écriture»). On retrouve alors chez elle l'antique geste des femmes écrivains, celui qui motive leurs recueils et leurs listes de femmes illustres aussi bien que les anthologies de leurs œuvres faites par d'autres femmes (Louise de Keralio à la veille de la Révolution française, Louise d'Alq à la fin du XIXe siècle), à savoir, le geste de recueillir, d'emmagasiner (comme Le Prince de Beaumont dans ses célèbres *Magasins*), de ramasser, de cueillir, de récupérer, de conserver, d'accumuler, afin de préserver et d'*échanger:* «elles échangent avec les hommes la grammaire, le discours» (*Fées de toujours*). Dans ce geste de recueillir pour échanger, pour «échanger et mêler le discours des unes et le discours des autres» (entretien inédit), s'incarnent le vœu utopique chawafien de dépasser les frontières entre masculin et féminin, le refus des vieilles dualités, des identités séparées et des exclusions, l'ouverture à l'autre sexe. Ce geste vise une mémoire, une langue et une littérature renouvelées, vraiment inclusives et vivifiantes. En lui se traduit la maternité en tant que «loi symbolique de l'échange, [...] source de parole vivante» (*Le Corps et le verbe*).

Et ce geste de recueillir pour conserver et échanger se fond avec celui de Philomèle, se fait narration en broderie. «Je colle grain à grain chaque mot, chaque prononciation, chaque geste, c'est du travail au petit point» (*Fées de toujours*). L'écriture de Chawaf devient alors la confection d'un texte-tapisserie, comme le sont aussi les contes de fées, pour dire le féminin refoulé, pour transmettre un «message sacré» et humain toujours menacé de «décoloration» et d'oubli.

Fées de toujours
(Extraits)

La mère racontait à la petite fille

La mère est assise au chevet de la petite fille enrhumée.

—Aujourd'hui, lui dit-elle, tu ne sors pas. Il fait mauvais. Il pleut, il vente.

La mère et l'enfant passeront l'après-midi dans la chambre bien close.

—Je vais t'emmener dans le monde des mots-fées, dit la mère. Nous irons les chercher dans d'immenses salles à double fond où nous marcherons sur la glace bleue. Nous écouterons l'écho, nous surplomberons les pays du ciel.

La petite ouvre grands les yeux.

—Nous irons en traîneau dans les nuages, promet la mère. Des mots pointeront tout à l'heure comme des blocs de rubis, de saphir, d'émeraude, un pêle-mêle de couleurs. Il y aura une grotte translucide, une brume. Tu verras l'or onduler par vagues, briller comme les irisations d'une île de glace. Et dans cette confusion, tu ne démêleras rien d'autre que des scintillements. Tu n'apercevras pas la fée, tu rêveras seulement d'elle, plus tu l'imagineras, plus tu approcheras d'elle, moins tu la distingueras. C'est beaucoup mieux, elle ne peut pas être réelle, elle n'existe pas. Elle n'est que des mots: les plus beaux. Ils avancent en toi, très, très loin. Ils produisent en toi le bruit intérieur de la vie. Tu vas sentir leur magie transformer la rue, les arbres rabougris. Tu vas t'émerveiller. Les mots-fées sont en nous. Mais pourquoi attendre? Partons tout de suite vers eux.

Par quoi commencer? Où aller?

D'abord des images très vieilles des vieux meubles de la pièce où nous déjeunons et dînons chaque soir au sud de la maison. Le fauteuil du papa ours qui a endossé sa robe de chambre molletonnée et a enfilé ses pantoufles. La table à ouvrage de la maman ourse et le petit tableau noir de l'ourson qui apprend à lire et à écrire les mots-fées. Au coin du feu, le souffle invisible... Quelque chose brûle dans ces flammes. Ce ne sont pas des fagots ramassés à la tombée de la nuit par la grand-mère ourse dans les bois. Non. Quelque chose monte. Tu vas l'entendre crépiter. Tu vas entendre la lumière. L'entendre parler, chanter. Les braises du foyer ont une voix, un chant sourd de leur pigment incandescent. Les cendres de l'âtre disent qu'il y avait une autre terre, elles scandent leur mémoire: «Terre et chair», «Terre et chair». Rivière d'étoiles et de soleil accrochés aux boucles rousses dans la pâte d'un langage où cuisaient doucement les mots d'une astronomie fabuleuse dans les chaudrons des bonnes fées et des mauvaises fées, au temps où les hommes et les femmes étaient peut-être encore cannibales, où ils attrapaient les phrases entre leurs gencives et leurs dents pour se nourrir de contes d'ogres et d'ogresses, pour se faire peur, pour faire sortir d'eux la peur qui les dévorait à l'intérieur. Ils étaient frustes, rustres. Ils n'écrivaient pas encore. La langue paysanne racontait et la poésie restait longuement dans la bouche. On la suçait, on la mâchait, elle faisait danser le sang, les nerfs, elle était savoureuse comme un lait crémeux, comme du beurre pour le passé encore enfant qui tétait les énormes mamelles gonflées de langage. Ce n'était peut-être pas un langage encore vraiment verbal. C'étaient d'abord les travaux des champs. Greffer le pommier, le poirier, le cerisier et le prunier, renouveler au potager les semis de laitues, de pois, de radis, finir de planter les asperges, alimenter de choux et de seigle les vaches qu'on conduisait le jour au pâturage et qu'on rentrait la nuit, commencer à sortir les agneaux aux beaux jours. Le labeur ne manquait pas. On labourait, on ensemençait, on décortiquait, on taillait, on plantait, on fauchait, on égrenait, on réparait, on fabriquait entre les palissades et les haies d'un château. Parfois apparaissait une fée: fée céréalière des grains, fée forestière des fougères et des clairières, fée fluviale des joncs et des roseaux, fée des greniers aux longs pagnes de racines et de tubercules, on était chrétien mais les fées étaient encore les païennes petites filles de divinités oubliées et de rites perdus. Une princesse fée venait se cacher dans une basse-cour ou dans un rucher et pour plusieurs mois elle était la compagne des poules, des oies, des abeilles. Sa chevelure sentait bon l'ail, l'échalote, les pommes de terre, les fraises. La fille dormait dans la paille et la cendre. Elle s'appelait Peau d'Âne, Cucendron, Cendrillon. Une incarnation blonde, rousse, brunie de la terre fermière. Mais un soir survient le cerf enchanté qui, dans la souillonne, reconnaît celle qu'il était allé chercher partout, sur chaque île, sur chaque montagne, au fond des mers, des lacs, sans jamais la trouver et sans reculer devant aucune sombre forêt de bronze, de fer ou de cuivre qu'il n'avait jamais hésité à traverser, sachant qu'au centre bleu de l'aurore, un aigle de cristal lui apporterait le dix-septième rayon, l'éclairerait jusqu'au cœur de la fée qui alors transfigurée par le halo du soleil levant s'ouvrirait à son prince...

Que me reste-t-il du prince Charmant et de sa fiancée Aurore dans ma mémoire où s'embrouillent les mots qui donnent de nouvelles formes aux formes anciennes mais te transmettent quoi, ma petite? Est-ce que je t'apprends à imaginer? Tu as trois ans, quatre ans, cinq ans, six ans et inlassablement je te perpétue les contes, je t'en lis, je t'en invente et je déforme, je te dis ce qu'il m'en vient encore, ce que l'hiver, le printemps, l'été, l'automne m'apportent encore comme des réminiscences primitives.

Avons-nous des origines minérales, végétales, animales? Avant d'être des humains, avons-nous été des esprits habitant dans les courges, dans les melons, dans les primevères, dans les jacinthes, dans le muguet, dans les arbres, dans l'âme des agneaux, des brebis, des chats, des oiseaux, des crapauds, des lézards, de tout ce qui alors n'était même pas encore là? Des paysages que nous connaissons, seules existaient déjà les forêts de grandes fougères. Sinon, c'étaient d'autres espèces, c'étaient d'autres noms: des oiseaux-reptiles disparus comme l'archéoptérix avec les vingt et une vertèbres de sa longue queue, c'étaient des ratitae aux nombreuses dents aiguës et recourbées, oiseaux plongeurs, nageurs, mangeurs de poissons, c'étaient des mammifères volants, c'était la locomotion de longues mandibules, d'incisives crochues, de doigts dilatés, de carapaces, toute une vie monstrueuse aujourd'hui fossilisée, peut-être les lointains ancêtres des dragons et des sorcières des contes...

Les violettes ne sont pas toujours violettes, elles sont quelquefois mauves ou blanches mais toujours notre enfance fée y est protégée comme dans une maison fragile qui ne se cueille pas, se respire quand on s'agenouille dans l'herbe pour mieux revoir, mieux se rappeler, pour observer de plus près les fleurs des bois ou des champs.

La vie n'a pas tout de suite monté en nous en bouffées chaudes, brûlantes de sensations et de sentiments. Elle a d'abord été solitaire. L'humanité n'existait pas encore. Même la terre, au début n'existait pas... Même plus loin encore, l'univers n'existait pas. Il n'y avait rien. Pas de temps, pas d'espace. Même pas le vide. Mais peut-être du silence?

C'est secret, c'est tout au fond de nous, pour toujours, et depuis toujours... On ne peut pas en parler, on ne peut qu'y croire, croire de toutes nos forces. C'est comme l'amour. C'est comme je t'aime. C'est là où ça ne commence ni ne finit. C'est au-delà de tout. Ce qu'on ne saura jamais. C'est la vie: plus loin, plus loin qu'on ne pourra jamais connaître. C'est de là qu'elle nous porte, qu'elle nous dépasse. Le cœur, la chair, le sang le disent...

[...] Un petit creux fait dans la terre, une tourte aux herbes, de la marjolaine, du serpolet, des primevères, des mamelles et de la boue. Dans le vocabulaire alphabétique proche de la terre, il y avait le quartal dans le Dauphiné pour mesurer les grains, il y avait le lien d'un fagot, c'était la riorta. Il y avait le soc de la charrue, le fond d'un bourbier et un verbe pour éparpiller la braise du feu et on se nourrissait de sarassou: un fromage sans beurre. Et solié, c'était le plancher qui couvrait le sol près d'une grange. Un mot imitait le bruit du vent: sisinna. Et des mots de sauge et de saumure, des mots celtiques, des mots latins avec lesquels on fauchait les prés, on pressait le vin. Mais continue de tourner les pages de la terre: il y a des auvents, des poutres, des frelons, les cris des charretiers, le raccommodage des vêtements, les beignets, les brebis, les bœufs, le château fort, c'est un vrai dictionnaire des petits chemins du français où on se promène dans la matière de la vie. On voit le gouffre d'une rivière, les aulnes, une langue d'images venues de Gaule, les fées patoises vieilles comme la terre, les fées allobroges, les fées druidiques, les fêtes du soleil et des solstices. Les mots français des invasions racontées tout au début du français en langue romane. Perrault, Madame d'Aulnoy, Mademoiselle Lhéritier, Madame de Murat, Mademoiselle Bernard, Mademoiselle de La Force au dix-septième siècle francisent les fées. Les étrangères, les païennes, les barbares quittent les mots du peuple de la campagne ou de la montagne pour prendre la forme chrétienne, civilisée et aristocratique des mots et des phrases de la ville, pour s'épurer dans un français qui décrit avec une préciosité baroque ou une rigueur classique les fées à l'allure de princesse du sang, les habille comme les grandes dames de la cour de Louis XIV où en s'amusant on créait ces contes, une altière mythologie de salons. Excepté Perrault, que sa nièce, Mademoiselle Lhéritier, initia peut-être à ce genre littéraire nouveau, les auteurs de contes de fées du Grand Siècle sont des femmes, qui s'évadent dans un style producteur de petits chefs-d'œuvre, comme un art mineur qui s'écrit donc pour réjouir des adultes avant d'être condamné, au dix-neuvième siècle et au vingtième siècle, à n'enchanter que les enfants. Comme si les adultes, au cours de l'histoire et de son évolution, devaient s'éloigner de l'imaginaire comme d'une régression et perdre l'imagination, seule capable de comprendre, de sentir le merveilleux...

À la base des fées follement imaginées, une langue-mère, langue celtique, gauloise, pré-latine précédait la langue romane qui donna son nom au genre littéraire du roman. Les contes, un autre genre littéraire, si présents dans les patois, demeurent les traces vivantes, culturelles du mystère des altérations et de l'inconnu des conjectures et de ces mouvements cosmiques du verbe et du silence des origines.

Dix-septième siècle

[...] La petite s'est endormie. Il pleut à torrents. La mère s'assoit devant la table à écrire, reprend pour elle-même sa lecture des poétesses des fées, ces femmes du dix-septième siècle, auteurs mi-enfants, mi-érudites. La mère choisit les «œuvres meslées» de Mademoiselle Lhéritier, un petit livre rouge brun contenant *l'Innocente Tromperie, l'Avare Puny, les Enchantements de l'Éloquence, les Aventures de Finette,* nouvelles publiées à Paris, en MDCLXXXXVI, chez l'éditeur Jean Guignard. La nièce de Perrault écrit en guise de préface une lettre à sa protectrice, la duchesse d'Épernon, à qui elle demande d'écouter «une de ces fables gauloises qui viennent apparemment en droite ligne des conteurs ou troubadours de Provence, si célèbres autrefois...» La mère lit: «Vous vous étonnerez sans doute... que ces contes tout incroiables qu'ils sont soient venus d'âge en âge jusqu'à nous sans qu'on se soit donné le soin de les écrire.» À l'origine de l'art de conteuse de Mademoiselle Lhéritier sont une mémoire, une parole ancestrales, orales. Mademoiselle Lhéritier puise à ce qu'elle avait, enfant, écouté, entendu d'une mère, d'une grand-mère ou d'une nourrice. Elle écrit au sujet des contes: «Ils ne sont pas aisés à croire: mais tant que, dans le monde, on verra des enfants, des mères et des mères-grand, on en gardera la mémoire.»

Furetière, dans son dictionnaire, pour préciser sa définition du conte cite comme expression proverbiale: «Des contes de vieilles dont on amuse les enfants», «des contes à dormir debout, de peau d'asne, de la cigogne, de la mère l'Oye.» Les femmes de l'époque de Mademoiselle Lhéritier se transmettaient-elles un savoir qui, trop méprisé par les hommes, s'est peu à peu perdu à mesure que l'histoire du langage tendait vers la modernité? On se pose la question devant la révélation que l'auteur des *Enchantements de l'Éloquence,* Mademoiselle Lhéritier, nous fait au sujet de ses propres sources: «Une dame très instruite des antiquités grecques et romaines et encore plus savante dans les antiquités gauloises m'a fait ce conte quand j'étais enfant...» La nièce de Perrault est une terrienne. Elle défend l'obscure et méconnue civilisation des fées contre la civilisation des dieux méditérranéens de l'occupant romain auquel, au dix-septième siècle, plus que jamais, se référait la culture dominante. «Contes pour contes, il me paraît que ceux de l'antiquité gauloise valent bien à peu près ceux de l'antiquité grecque: et les fées ne sont pas moins en droit de faire des prodiges que les dieux de la fable...» Leurs racines celtiques et pré-celtiques, sur le sol de France, remonteraient au néolithique et même à la préhistoire. Les contes de Mademoiselle Lhéritier sont ambitieux. Ils sont un peu les métaphores féeriques d'une exigence spirituelle féminine, d'une éthique qui cherche peut-être à rivaliser avec la morale masculine, héritière de Rome, ou à s'en affranchir: «Je suis ravie, écrit Mademoiselle Lhéritier, quand je vois les filles de qualité s'occuper à lire; si elles s'y appliquaient toutes, on ne les verrait pas si embarrassées de leur loisir, elles ne courraient point tant de spectacle en spectacle et de berlan en berlan...» La mère se promet de lire les belles phrases le lendemain à la petite. [...] La mère expliquera à la petite fille que le sanglier du conte venait des lointains du temps et qu'avant les contes il y eut des rites et des religions préhistoriques où les hommes chasseurs, les animaux gibiers étaient étroitement liés pour la survie de l'espèce humaine dans un langage de symboles et d'images qui représentait, croit-on, l'au-delà, le monde d'après la vie et la mort. Les contes de fées descendent sans doute de la sagesse et de l'expérience des premiers humains. Mais les contes sont seulement les ruines du château-grotte des langues originelles et ils n'initient plus qu'à l'imaginaire, qu'aux espaces de l'imaginaire infini...

[...] Mais depuis le dix-septième siècle, la période des fées vivantes semble s'être désintégrée. La mère, impatiente de nourrir d'imaginaire et de merveilleux la petite affamée, est allée en vain au musée des Arts et Traditions populaires avec l'espoir d'y recueillir les paroles des fées, d'y percevoir ce qui aurait été préservé de leur voix nourricière mais elle est déçue: il reste seulement des contes en train de mourir et ce long article, publié en mil huit cent soixante-deux, écrit par Émile Montégut, sur «le caractère des fées en général et des fées françaises en particulier»: «Avec le dix-septième siècle expire définitivement le règne des vraies fées françaises; effarouchées au dix-huitième siècle par le règne de la révolution philosophique elles disparaissent et redeviennent mystérieuses et clandestines.» [...]

Dix-septième, dix-huitième, dix-neuvième, vingtième siècle

Mil huit cent dix. Le feu flambe dans l'âtre. Le lustre est chargé de bougies. Ton arrière-arrière-arrière-arrière-arrière-grand-mère, dans sa robe de soie et ses brodequins, lit à sa fille la mythologie qu'écrivit Madame de Genlis pour éduquer la jeunesse de son temps: «La plus belle des déesses s'unit au plus laid des dieux.» Un béguin entoure de ses dentelles jaunies le visage de l'enfant. La splendide déesse, épouse de Vulcain, à laquelle le myrte et la rose étaient consacrés, s'appelait: l'Écume, Vénus, Aphrodite, Anadiomène, Anaïtis, Artympasa, Cypris mais on la surnommait aussi Androphonos parce qu'elle était homicide. Cette allégorie de la beauté changeait en rocher, en caillou ceux dont elle voulait se venger. Elle fut aimée de Typhon, père des vents de tempête et fils de la terre et du Tartare, et monstre aux cent têtes de serpent, aux langues noires, aux yeux de feu, aux aboiements de chien, aux sifflements de serpent, aux mugissements de taureaux, aux rugissements de lion.

Quittons le dix-neuvième siècle et remontons un siècle plus loin: au dix-huitième siecle.

En ce temps-là, on appelait le roi: Monseigneur le Dauphin. Les préfaces des livres de rhétorique destinés aux jeunes demoiselles privilégiaient alors les affinités du langage et de la féminité. Ton aïeule lit à sa fille, en MDCCXLIX:

«Il y aurait de la témérité et même de l'extravagance à prétendre instruire les dames dans le bel art de parler. Les hommes qui ont peu d'équité conviennent de bonne grâce que la délicatesse des pensées, le choix heureux des expressions, les vifs et légers agréments du discours sont l'apanage de ce sexe charmant et que la nature lui a libéralement accordé, de ce côté-là, ce qui n'est souvent dans les hommes que le fruit d'une étude assidue et d'un travail opiniâtre. La compagnie des femmes (j'entends des femmes aimables et spirituelles) est absolument nécessaire pour polir l'esprit et pour inspirer les sentiments; c'est surtout la meilleure force où nous puissions puiser les grâces naïves de l'éloquence: leur conversation, toujours agréable, souvent même utile, est une espèce de rhétorique pratique.»

La jeune fille, les yeux baissés sur un ouvrage de tapisserie, écoute sa mère l'instruire. «Au dix-septième siècle, dit encore cette mère du dix-huitième siècle, Deshoulières parlait des femmes et de leur enseignement»:

Tous les jours leur ignorance aimable,
À la honte du grec et du latin, fait voir
Combien souvent est préférable
L'usage du monde au savoir.

De génération en génération, ces mères et ces filles du langage, ces Françaises, cette langue maternelle, cette lignée de mots, de phrases, d'images et de rêves transmettent leurs fées, leurs contes, leurs romans où elles se magnifient elles-mêmes ou au contraire se noircissent, où elles échangent avec les hommes la grammaire, le discours, elles aiment, elles épousent, elles enfantent, elles écrivent, elles racontent, elles nourrissent, elles éduquent, elles souffrent, elles meurent, elles sont immortelles... Elles se promènent, sorcières, savantes et poétesses dans les bois, dans les jardins, dans les champs, elles ramassent des feuilles, des herbes, des mots, des verbes, elles ramassent toute la tendresse, toute la férocité, on les a habituées à cueillir depuis l'enfance de la civilisation et elles cueillent les définitions, la narration, l'élocution, les styles, les figures, la démonstration, la communication, l'apostrophe, la description, l'exclamation, l'interrogation, la métaphore, l'allégorie, l'allusion, la périphrase, la répétition comme elles cueillent les coquelicots, les marguerites, les épis de blé, les primevères, les boutons d'or, les violettes, les iris. (Elles savent aujourd'hui qu'elles trouveront toujours des iris pour la fête des mères.) «Il y avait aussi les foins, les fêtes paroissiales, les pèlerinages, tout le mois de mai, le mercredi soir—c'était le mois de Marie—, nous allions au salut. J'étudiais le grec, le latin, conte la villageoise de mil neuf cent quatre-vingt-sept. Mes dictionnaires, le Gaffiot et le Bailly, me servaient à faire sécher les fleurs et les feuilles que j'avais cueillies. Je m'intéressais au matériau, à sa magie, à la couleur, à l'odeur du mot, au plaisir de trouver une définition, une similitude, une difference.»

Les sorcières aimaient les exemples, elles fuyaient les préceptes. La démarche de ces terriennes, c'était la cueillette. Elles rapportaient, de leurs promenades, des plantes, des broussailles, des écorces de bouleau, des lichens, des mousses, des graines. Les pétales de roses étaient plus fragiles que les feuilles; les artistes collaient les phrases, les mots guérisseurs sur les pages de leur herbier. Les dames de littérature faisaient des bouquets de rimes, de vers; elles récupéraient, nostalgiques, les vieux poèmes, les cahiers d'école, les débris de légendes, les amours oubliées, les végétaux, elles ne jetaient rien, elles accumulaient, conservaient, accrochaient au mur les mots par ordre alphabétique; d'abord les *a*, les *b*, les *c*, les algues, la ciboulette fleurie, les *f*: freezia. Elles tiraient du dictionnaire de leurs sensations, de leurs émotions les changements d'une langue.

La terrienne

[...] Les contes de fées, c'est le même problème qu'en tapisserie: un problème de décoloration, de recoloration. Autrefois les tapisseries étaient plus vives, elles sont aujourd'hui décolorées, les fées aussi, mes mots, mon écriture, mon imagination aussi. Je ne suis plus une petite fille, je suis une femme, une adulte et de même qu'on doit éviter de mettre à la lumière du soleil les fleurs séchées car le soleil décolore tout ce qui est papier et teinture, de même il faut éviter la conscience trop claire, il faut rester dans l'ombre, dans l'inconscient; c'est ce qui protège le mieux, c'est ce qui garde au chaud du cœur les rêves de la nuit, les rêveries du crépuscule, les images complètement closes, ces produits de l'intérieur de la chair; toute notre enfance. [...]

Préhistoire

[...] Les fées, plus près de la nature que de la culture, plus près de la sauvagerie que de la civilisation, précisent d'autres bornes. Celles d'un espace totalement libre où il est encore permis d'imaginer...

Mère conteuse

[...] Pour exprimer l'immatériel Charles Perrault écrivait ses contes pour «cuisiniers et lavandières» dans les phrases courtes et rationnelles inspirées du style des fables de Jean de la Fontaine. Depuis, nous n'avons plus ce calme, nous sentons l'urgence. Nous avons un rythme haletant, menacé.

Comme si peu à peu, le langage, ses cultures, ses croyances, avaient abandonné la société, à qui des conteuses, des conteurs survivants s'obstinent à adresser la suite du message sacré qui n'est plus que bribes, imagerie éparpillée, hachée, nerveuse... spectre d'un universel désespoir. [...]

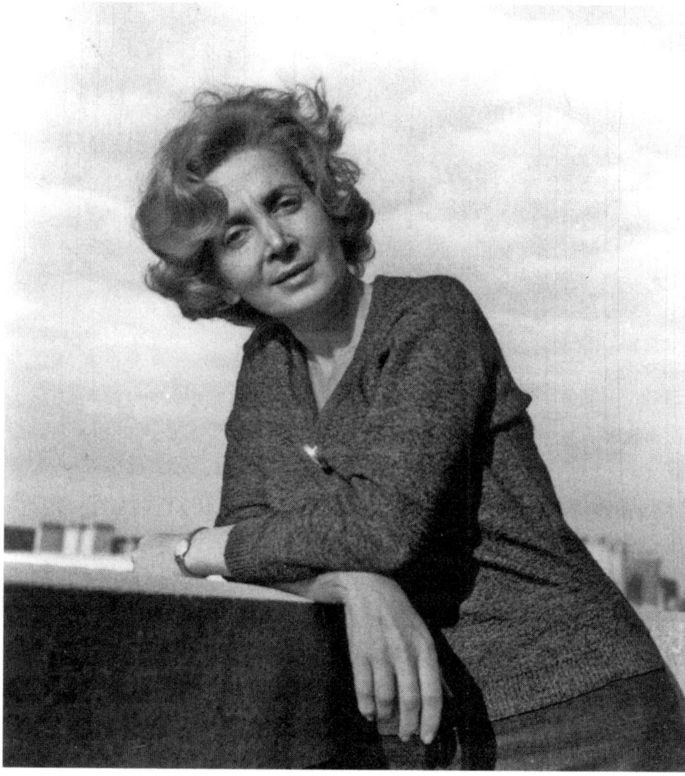

Andrée Chedid

(1920–)

C'est le sentiment de l'Autre qui donne l'espoir.
—Andrée Chedid, citée dans «La plume et le masque»,
Libération, 1er août 2000

«Française, née Egyptienne d'origine libanaise»: ainsi s'identifie Andrée Chedid, en se réjouissant de «ces métissages» (*Rencontrer l'inespéré,* 1993). Car elle vit sa triple appartenance comme une ouverture à l'autre, comme

Andrée Chedid (photo offerte par Andrée Chedid et reproduite avec sa permission)

une richesse qu'aucun sentiment d'aliénation ni d'exil involontaire ne vient entacher. Et de ce brassage culturel, de cette unité dans la diversité, elle fait la source et l'engagement d'une œuvre originale, ample et variée, œuvre bien de son temps, mais libre de toute école et échappant à toute classification: poésie avant tout et parcourant le tout, mais aussi romans, nouvelles, théâtre, essais, livres pour enfants, collages. Traduite en plusieurs langues et mondialement reconnue comme une figure marquante des lettres françaises, elle a reçu de nombreux prix littéraires, dont le Prix Louise Labé (1966), l'Aigle d'or de la poésie (1972), le Grand Prix des Lettres Françaises de l'Académie Royale de Belgique (1975), la Bourse Goncourt de la nouvelle (1979), le Grand Prix de la Poésie de la Société des Gens de Lettres (1990), le Prix France-Liban (1991), le Grand Prix de Littérature Paul Morand décerné par l'Académie Française (1994) et la Bourse Goncourt/Adrien Bertrand de poésie (2002) pour l'ensemble de son œuvre.

Andrée Saab naît au Caire le 20 mars 1920, de parents aisés. Son enfance égyptienne dans une maison qui longe le Nil est ponctuée de voyages d'été en France. Sa mère peu traditionaliste divorce, chose inouïe dans ce milieu chrétien, lui offrant un modèle d'indépendance et de liberté. Dans *Les Saisons de passage* (récit autobiographique, 1996), telle une Colette mesurant dans *Sido* (1929), sans méconnaître ce qu'elle doit à son père, ce qui en elle relève de sa mère, Chedid rend hommage à cet héritage maternel, à «cet esprit d'indépendance semé en [elle] comme un germe, de femme à femme; et, du côté maternel, de génération en génération». Elle fait ses premières études dans des pensionnats français en Égypte et à Paris et obtient une licence en journalisme de l'Université américaine du Caire. Dès 1936, elle commence à écrire des poèmes. À l'âge de vingt-deux ans, elle épouse Louis Chedid, alors étudiant en médecine. Le couple passe ensuite trois ans au Liban. En 1943, Andrée Chedid publie un premier recueil de poésie en anglais, *On the Trails of My Fancy.* En 1946, elle s'installe définitivement à Paris, ville synonyme de liberté, d'un certain anonymat favorisant une percée hors de son milieu vers de nouvelles identités, d'un «exil libérateur» indispensable pour son art. Car toute identité trop figée fait figure chez elle de carcan, d'«étroite peau» (*L'Étroite peau,* nouvelles, 1965; rééditée avec *Les Corps et le temps,* 1979). Et c'est pourquoi elle tend à donner peu de précisions sur sa vie. Bien que l'Égypte et le Liban soient depuis toujours très présents dans son oeuvre, ce n'est qu'avec *Les Saisons de passage* qu'elle exploite—avec une liberté de romancière favorisée par l'éloignement temporel—la veine proprement autobiographique. «On se sent chaque fois plus libre que toutes ses appartenances», explique-t-elle. «On voudrait parler de visage à visage, d'oeil à oeil» (*Magazine littéraire,* août 1969). Elle prendra la nationalité française, mais elle vit en vérité dans un monde sans frontières, à l'échelle de l'humanité, comme son oeuvre. D'où son affirmation que sa véritable patrie, c'est la littérature. Multiculturelle, Chedid est aussi polyglotte. Elle parle couramment l'anglais et le français et maîtrise un peu l'arabe parlé, mais elle s'exprime de préférence en français; à partir d'un premier recueil poétique composé en français, *Textes pour une figure* (1949), tous ses livres seront écrits dans cette langue. À ce titre, elle témoigne d'une conception ouverte de l'espace culturel français aux XXe et XXIe siècles où la littérature d'expression française apparaît comme chose composite et mobile, non délimitée par le territoire de France, mais définie plutôt par une langue partagée et enrichie par la diversité culturelle. Andrée Chedid a deux enfants, le compositeur et chanteur populaire Louis Chedid et Michèle, peintre, et quatre petits-enfants, dont l'un, Matthieu, dit M, fils de Louis, chanteur populaire comme son père, chante souvent les poèmes écrits par sa grand-mère. Son mari est un chercheur éminent; ancien directeur de recherche au CNRS et professeur honoraire à l'Institut Pasteur, il a aussi dirigé un laboratoire de recherches en Floride, aux Etats-Unis.

Poète avant tout, c'est par la poésie qu'Andrée Chedid entame sa carrière littéraire. L'essentiel de ses premiers recueils, dont *Textes pour un poème, Textes pour le vivant* (1953), *Terre et poésie* (1956), *Seul le visage* (1960), *Double-Pays* (1965), *Contre-Chant* (1968), est repris dans *Textes pour un poème (1949–1970),* publiés en 1987. Un deuxième recueil brassant encore vingt-et-un ans de production poétique paraît en 1991: *Poèmes pour un texte (1970–1991)* rassemble des poèmes de *Visage premier* (1972), de *Fraternité de la parole* (1976), de *Cavernes et Soleils* (1979), d'*Épreuves du vivant* (1983) ainsi que des poèmes inédits. Trois autres recueils, *Par-delà les mots, Territoires du souffle* et *Rythmes* paraissent en 1995, 1999 et 2003, respectivement. Ces titres annoncent les grands thèmes et la démarche poétique de Chedid. Visant l'universalité, toutes les terres et tous les temps, et se tenant «par-delà» ou «en deçà des particularités» («Chantiers de l'existence et de l'écrit», dans *Chantiers de l'écrit,* 1996)—sauf dans *Cérémonial de la violence,* 1976, qui traite de la guerre civile au Liban—sa poésie est néanmoins ancrée dans l'expérience concrète, physique et sensuelle, des civilisations de l'Orient et de l'Occident. De même que, face à la mort, elle célèbre le vivant, elle se nourrit du vécu, de la terre et des paysages du Moyen Orient et de l'Europe, de la rencontre avec le visage dispersé de l'humain, «visage neuf ou vieilli» («Femmes de tous les temps»), «visage premier» demeurant «en chacune de nos faces» («Visage premier»), mais enfoui sous des masques (âge, lieu, société, religion, race, sexe, classe), obscurci par les préjugés et les habitudes. L'imaginaire de Chedid est fondé sur la tolérance et sur l'amour de la différence.

Sa poésie se donne comme *cheminement,* comme *épreuve,* dans tous les sens du terme, ou *chantier*—mots clés chez elle—comme mouvement *pour,* c'est-à-dire, *vers,* la perfection verbale et vers les autres, vers un ailleurs et «une cible heureusement inatteignable, un projet perfectible et jamais bouclé» («Ouverture», *Textes pour un poème*). Fuyant tout dogmatisme comme une forme de répression, refusant toute conclusion définitive comme un enfermement et une limitation, Chedid s'inspire de ces paroles de René Char (poète français, 1907–1988): «Aller me suffit.» «Je ne cherche pas d'épilogue», explique-t-elle, «ni de jardin perdu; seule la poursuite me mène. Ainsi, chaque poème achevé continue de m'apparaître [...] comme un anneau dans la chaîne qui me relie à tous les vivants» («Ouverture», *Textes pour un poème*), comme un espace mobile, sans «racines» ni frontières, où se déploie une parole qui se veut, dirait-elle, fraternelle.

Je dis
Pour être Ensemble.
(«Démarche II», *Contre-Chant*)

Chaque poème de Chedid émane d'un travail d'artisan; elle façonne rigoureusement la matière brute des images et du langage et elle cultive à fond la textualité. Mais dans ses poèmes très condensés, très dépouillés, d'autant plus évocateurs qu'ils sont elliptiques, c'est avec des mots de tous les jours qu'elle pose les questions fondamentales de l'être humain sur sa destinée: «Où en es-tu, Vie?/ Où en sommes-nous?» («Contre-Chant»), «Où est l'homme/ En ce vacarme/ En cette lande crevassée?» «Vers quelle durée/ Tous ces instants?/ Vers quel mirage/ Nos cheminements?» («Métamorphoses II» et «Vers quoi?» *Par-delà les mots*).

Voulant toucher un public plus large que celui de la poésie, Chedid aborde l'écriture romanesque en 1952, avec *Le Sommeil délivré.* Écrivaine prolifique, elle a publié depuis cette date plus d'une douzaine de romans et de récits et quatre recueils de nouvelles, dont *À la mort, à la vie* en 1992. La même sensibilité tournée vers autrui et vers les problèmes humains universels—la mort, l'amour, la vie—imprègne ces textes, comme plus tard le théâtre. Mais, tout en accédant à l'universalité de la poésie et du mythe, la vision s'y particularise. Une histoire concrète s'y déroule généralement dans un cadre historique et géographique précis: la France, les États-Unis ou, la plupart du temps, l'Égypte moderne ou ancienne (*Le Sommeil délivré; Le Sixième jour,* 1960, adapté à l'écran en 1986 par le cinéaste égyptien Youssef Chahine; *L'Autre,* 1969, adapté à l'écran par Bernard Giraudeau, cinéaste français, en 1990; *La Cité fertile,* 1972; *Nefertiti et le rêve d'Akhnaton,* 1974; *Les Marches de sable,* 1981, romans), ou le Liban en guerre (*La Maison sans racines,* 1985; *L'Enfant multiple,* 1989, romans). Des romans comme *Le Survivant* (1963) et *L'Enfant multiple,* en alternant de cadre, jettent des ponts entre l'Orient et l'Occident. Dans *Le Message* (2000), histoire d'une jeune femme, «à la fois anonyme et singulière», mortellement blessée par une balle alors qu'elle traversait un pont dans un pays en guerre pour rejoindre, de l'autre côté, l'amant qu'elle avait quitté sur un malentendu, Chedid approfondit ce motif humaniste du pont qui relie des êtres au fond semblables malgré leurs différences et renouvelle son message de paix et d'amour face aux violences qui ne cessent de déchirer le monde. Au manichéisme et aux exclusions, elle oppose toujours des passerelles. Souvent, ce sont les femmes qui sont porteuses de l'espoir et des valeurs de paix, de justice, de tolérance et d'amour. Bien qu'elle ne se considère pas comme féministe dans un sens conventionnel et qu'elle tende à subsumer la condition féminine sous la condition humaine en général, au premier plan des œuvres en prose on découvre régulièrement (avant même le mouvement féministe des année 1970) des héroïnes aux prises avec les contraintes de leur condition de femme: femmes ordinaires, anonymes, conduites à se taire dans des pays comme l'Égypte; femmes prenant conscience de leur asservissement dans des cultures traditionnelles, se heurtant aux interdits religieux et sociaux, s'insurgeant contre les rôles que la société leur assigne; femmes chargées de sortir des rôles prévus pour présider à la construction d'une société plus juste, telle Nefertiti, ou telle la grand-mère du *Sixième jour,* archétype maternel et symbole de résurrection bien qu'elle échoue au dénouement à sauver son petit-fils—et elle-même—de la mort. L'histoire peut finir mal, mais le rêve de justice et d'harmonie survit et se propage. Avec les enfants, ces personnages féminins sortis de leur «longues patiences» incarnent la possibilité du changement et, face aux violences et aux tragédies en tous genres, l'espoir inébranlable de Chedid en l'avenir.

Novatrice en tant que romancière, n'hésitant pas à mélanger les genres ni à associer l'oralité des conteuses aux procédés narratifs de la modernité, Chedid l'est aussi dans son écriture pour la scène. Marionnettes, masques, mime, chant, danse, musique, dialogue poétique, caractérisation stylisée, jeux d'ombres, chœurs inspirés du théâtre grec, tout est mis à contribution dans sa dramaturgie originale. Ses pièces inclassables ne se ressemblent pas non plus entre elles. Classique et shakespearienne, *Bérénice d'Égypte* (1968) raconte la lutte de Bérénice, sœur de Cléopâtre, contre la tyrannie de son père, Ptolémée, tandis que

Les Nombres (1968) met en scène le drame psychologique de Debora, figure tirée de l'Ancien Testament, aux prises avec la guerre et le pouvoir. Dans *La Déesse Lare* (1977), pièce féministe en huit tableaux, c'est au public de choisir entre les cinq dénouements possibles mimés par les acteurs et d'envisager d'autres identités pour la femme que celle, étouffante, d'épouse et de mère, prônée par cette déesse romaine du foyer. De même que sa poésie et ses romans, les pièces de Chedid s'élèvent de la réalité quotidienne à la dimension mythique ou métaphorique et opposent à la quête sanglante du pouvoir la puissance de l'amour et de la vie. Elles mettent généralement à l'avant-scène des figures féminines, souvent tirées de la légende ou de l'histoire, dans leur lutte pour sortir de leur «étroite peau» et dans leur relation au pouvoir (à ce titre, voir aussi *Échec à la reine,* 1984). Comme Renée Vivien, Marguerite Yourcenar (1903–1987, première femme élue à l'Académie Française, en 1980), Hélène Cixous, Monique Wittig et bien d'autres écrivaines de l'époque moderne, Chedid renouvelle notre vision des figures féminines mythiques, historiques et légendaires du passé, ouvrant ainsi de nouvelles possibilités d'avenir.

Si, traditionnellement, les femmes écrivains ont été quasiment exclues de l'histoire littéraire, les femmes poètes l'ont été encore plus. Minorité d'une minorité, en tant que poètes elles sont doublement marginalisées. De Louise Labé à Marceline Desbordes-Valmore il y aurait en principe un abîme; autour de Desbordes-Valmore un vide. Les femmes poètes du XXe siècle sont pratiquement inexistantes dans les anthologies conventionnelles. Mais de nombreuses études et anthologies récentes de la poésie féminine cherchent à compenser cette omission et attribuent à Chedid une place importante. Tout en se réjouissant de l'attention que l'on commence à accorder aux femmes poètes, et se disant contente d'en être, elle refuse cependant de se situer dans cette catégorie, comme elle résiste d'ailleurs à toute étiquette qui limite ou refoule. Si les recherches des femmes écrivains l'intéressent et si en tant que femme elle se sent concernée, elle insiste qu'elle ne pratique pas pour autant *l'écriture féminine.* Pourtant, Andrée Chedid se voit comme faisant partie de toute une tradition littéraire féminine, en particulier poétique, elle lit ses contemporaines (comme Marie-Claire Bancquart, poète et romancière née en 1932, à qui elle dédie des poèmes et qui elle-même rend hommage à Chedid) et sa poésie rejoint quelques-unes des grandes tendances de l'écriture féminine moderne. Les trois poèmes sélectionnés pour clore cette anthologie sur un dernier aperçu rétrospectif de la tradition féminine, après ceux fournis par les textes de Chawaf et de Wittig, en témoignent abondamment.

Comme tant de femmes écrivains depuis Christine de Pizan, Chedid entend préserver la mémoire du passé féminin pour rendre possible la libération des femmes du présent, leur éclosion hors de leurs vieilles carapaces. Elle voit le passé comme une délivrance des obstacles, des vieux modes de pensée patriarcaux qui ont cherché pendant des siècles à maintenir les femmes dans le rôle d'objet face au sujet masculin. Cet optimisme de Chedid quant à la libération progressive des femmes au cours des âges, libération menant d'après elle à leur conquête du statut de sujet, sujet complet où le corps n'est plus coupé de l'esprit ni du verbe (voir Chawaf), s'accorde parfaitement aux enthousiasmes féministes des années 1970. Les femmes immémoriales du passé soutiennent, nourrissent et poussent en avant toute une communauté de femmes du présent—éventuellement poètes ou écrivains, puisqu'il s'agit de leurs paroles («Femmes de tous les temps»). Cette continuité et cette communauté—sororales, certes, mais encore plus maternelles—figurant le lien salvateur entre des êtres à la fois semblables et dissemblables et accueillis en tant que tels, motivent l'éclosion du poème et de la poète ainsi qu'une nouvelle naissance, autonome, pour les femmes, en dehors des prescriptions patriarcales. En sortant de l'oubli et du refoulement ce paradigme maternel et vivifiant des rapports humains, elles fondent l'espoir en l'avenir. Car

> [d]ans la sagesse de leur sang millénaire
> [...] S'ébranle le souffle de l'alliance
> Et des promesses à venir
> Elles vont Elles iront
> Dans le futur qu'elles nomment
> Ces femmes sans frontières
> Au présent dévasté
> («Sœurs ennemies», *Territoires du souffle*).

D'autres échos du féminisme contemporain sont perceptibles dans ces poèmes. La poésie pour Chedid est une interrogation, jamais le véhicule d'une idéologie ou d'une théorie. Mais si dans «L'Énigme—Poésie», la réponse—paradoxale—à l'énigme était la femme? Ce poème rencontrerait alors la pensée d'une Hélène Cixous («Le Rire de la Méduse», 1975) ou d'une Julia Kristeva: «J'entends donc par "femme" ce qui ne se représente pas, ce qui ne se dit pas, ce qui reste en dehors des nominations et des idéologies» («La femme, ce n'est jamais ça», *Tel Quel*, 1974; repris dans *Polylogue*, 1977). Et en «[c]elle qui dérange les miroirs» l'on reconnaîtrait la même volonté que chez une Luce Irigaray de troubler les images patriarcales de la femme par «l'éblouissement d'une spéléologie aux facettes innombrables» (*Speculum de l'autre femme*, 1974).

Coureuse de bords, se tenant à la lisière de différentes références pour «celle», Chedid semble s'accorder à la pratique de l'écriture féminine telle que l'a imaginée Cixous.

C'est l'image de la spirale ascendante qui semble tracer chez elle la trajectoire des femmes à travers les âges. Chedid imagine un mouvement cyclique et somme toute positif de régression et de progrès, de mort et de renaissance: «Elles t'ont saisie, les terres éteintes!/ Mais sur nos rives provisoires,/ Où l'aube nous fait encore fête:/ En nous, ton chant s'anime, parfois» («Pour saluer Louise Labbé», 1972). À chaque (re)chute dans les vieilles structures mortifères de la différence absolue succèdent la reconnaissance vivifiante que l'un(e) est multiple, que le/la même porte en soi l'autre et que l'autre porte en soi le/la même. À chaque récidive correspond alors un mouvement en avant et vers le haut. Sorties de leurs «longues patiences», les femmes (écrivains) auront réussi ainsi à briser les obstacles qui entravaient leur mouvement. Elles auront su, d'elles-mêmes, changer de peau et renaître. Et sans renier leur corps, non plus prison ni prétexte à leur subordination, elles auront su donner naissance à l'esprit. Leur passé recouvré, rien ne semble plus entraver leur cheminement, dans leur ressemblance et dans leur diversité, vers un avenir ouvert et imprévisible. «Hors des gouffres de cette chair/ Jusqu'aux épaules de l'espace/ S'élèveront toujours les ailes/ D'un infini improbable/ D'un chant indéfini/ D'un vol incandescent» («Cette chair», *Rythmes*, 2003).

Philomèle s'envole et chante! Et maintenant (r)écoutez le commencement!

L'Énigme—Poésie

Celle qui s'enfouit au creux des choses
Celle qui affleure et se dissipe
Celle qui germe à chaque escale
Celle qui s'écarte à chaque question
Celle qu'aucune parole ne bride
Celle qui consume chaque abri
Celle qui dérange les miroirs
Celle qui n'a ni terme ni nom.

Tant de corps et tant d'âme (1984–1991),
dans *Poèmes pour un texte,* 1991

La Femme des longues patiences

Dans les sèves
Dans sa fièvre
Écartant ses voiles
Craquant ses carapaces
Glissant hors de ses peaux

La femme des longues patiences
se met
lentement
au monde.

Dans ses volcans
Dans ses vergers
Cherchant cadence et gravitations
Étreignant sa chair la plus tendre
Questionnant ses fibres les plus rabotées

La femme des longues patiences
Se donne
lentement
le jour.

Fraternité de la parole[1], 1976; *Poèmes pour un texte*

1. *Fraternité de la parole* a reçu le premier prix de l'Académie Mallarmé.

Femmes de tous les temps

Ancestrales et pourtant fraternelles
Lointaines et pourtant proches

Elles viennent à notre rencontre
Ces Femmes d'un autre âge

Dans la pulpe éphémère de leurs corps
Dans la beauté d'un geste périssable
Dans les brefs remous d'un visage neuf ou vieilli

Ces Femmes immémoriales
                à travers argile et pierres
                écartant les écorces du temps
Se frayent passage jusqu'ici.

Hors du tréfonds des siècles
délivrant l'esprit

Non plus *femmes-objets*
Mais objets devenus Femmes

Elles lèvent échos paroles
et questions d'aujourd'hui.
Fraternité de la parole

Bibliographie choisie

Outre une sélection des œuvres, ne figurent dans cette liste que les principaux ouvrages ayant servi à l'introduction générale, à la présentation des auteurs et à l'établissement des textes. Elle permettra aux lectrices et aux lecteurs de s'orienter dans une bibliographie sur les femmes écrivains qui, après des siècles de silence, est aujourd'hui en pleine expansion.

Ouvrages généraux et anthologies

Albistur, Maïté et Daniel Armogathe. *Histoire du féminisme français.* Paris: Des femmes, 1977.

d'Alq, Louise (Alquié de Rieupeyroux, Louise). *Anthologie féminine: anthologie des femmes écrivains, poètes et prosateurs depuis l'origine de la langue française jusqu'à nos jours.* Paris: Bureaux des Causeries Familières, 1893.

Aubaud, Camille. *Lire les femmes de lettres.* Paris: Dunod, 1993.

Backer, Dorothy Anne Liot. *Precious Women.* New York: Basic Books, 1974.

Baird, J. L. «Introductory Essay on the Nightingale Tradition». In *Rossignol: An Edition and Translation.* Kent, Ohio: Kent State University Press, 1978. 1–53.

Barchilon, Jacques. *Le Conte merveilleux français de 1690 à 1790: cent ans de féerie et de poésie ignorées de l'histoire littéraire.* Paris: Champion, 1975.

Baumgartner, Emmanuèle, éd. et trad. *Pyrame et Thisbé, Narcisse, Philomena: trois contes du XIIe siècle imités d'Ovide.* Édition bilingue. Paris: Gallimard, 2000.

Béalu, Marcel. *Anthologie de la poésie féminine française.* Paris: Stock, 1953.

Beasley, Faith E. *Revising Memory: Women's Fiction and Memoirs in Seventeenth-Century France.* New Brunswick, N.J.: Rutgers University Press, 1990.

Beaumarchais, Jean-Pierre de, Daniel Couty, et Alain Rey, éd. *Dictionnaire des littératures de langue française.* Paris: Bordas, 1994.

Becquer, Annie, Bernard Cerquiglini, Nicole Cholewka, et al. *Femme, j'écris ton nom...: guide d'aide à la féminisation des noms de métiers, titres, grades et fonctions*. Paris: La Documentation française, 1999.

Berriot-Salvadore, Évelyne. *Les Femmes dans la société française de la Renaissance*. Genève: Droz, 1990.

Bersianik, Louky. *Les Agénésies du vieux monde*. Outremont, Québéc: Intégrale, 1982. Repris dans *La Main tranchante du symbole: textes et essais féministes*. Montréal: Les Éditions du remue-ménage, 1990. 238–57.

Bishop, Michael, éd. et trad. *Women's Poetry in France, 1965–1995: A Bilingual Anthology*. Winston-Salem, N.C.: Wake Forest University Press, 1997.

Bonnemaison-Paquin, Christine. «Un Paradoxe féminin: participation et mise en marge dans l'histoire littéraire». In *Masculin/Féminin: le XIXe siècle à l'épreuve du genre*. Chantal Bertrand-Jennings, éd. Toronto: Centre d'études du XIXe siècle Joseph Sablé, 1999. 215–26.

Brownlee, Marina S., Kevin Brownlee, et Stephen G. Nichols, éd. *The New Medievalism*. Baltimore: Johns Hopkins University Press, 1991.

Buck, Claire, éd. *Bloomsbury Guide to Women's Literature*. Londres: Bloomsbury, 1992.

Buffet, Marguerite. *Nouvelles Observations sur la langue française*. Paris: Imprimerie Cusson, 1668.

Byatt, A. S. «Fairy Stories: The Djinn in the Nightingale's Eye». Écrit pour Insel Verlag (mai 1995), <http://www.asbyatt.com/fairy.htm>.

Caws, Mary Ann, éd. *The Yale Anthology of Twentieth-Century French Poetry*. New Haven: Yale University Press, 2004.

Caws, Mary Ann, Mary Jean Green, Marianne Hirsch et Ronnie Scharfman, éd. *Écritures de femmes: nouvelles cartographies*. New Haven: Yale University Press, 1996.

Célestin, Roger, Éliane DalMolin et Isabelle de Courtivron, éd. *Beyond French Feminisms: Debates on Women, Politics, and Culture in France, 1981–2001*. New York: Palgrave Macmillan, 2003.

Cerquiglini, Jacqueline, éd. et trad. *Poètes du moyen âge: chants de guerre, d'amour et de mort*. Paris: Librairie Générale Française, 1987.

Chevalier, Jean et Alain Gheerbrant. *Dictionnaire des symboles*. Paris: Robert Laffont/ Jupiter, 1982.

Chodorow, Nancy. *The Reproduction of Mothering: Psychoanalysis and the Sociology of Gender*. Berkeley: University of California Press, 1978.

Colvile, Georgiana M. M. et Katharine Conley, éd. *La Femme s'entête: la part du féminin dans le surréalisme*. Paris: Lachenal & Ritter, 1998.

Constant, Paule. *Un monde à l'usage des Demoiselles*. Paris: Gallimard, 1987.

Coulet, Henri. *Le Roman jusqu'à la Révolution*. Paris: Armand Colin, 1967.

Coulet, Henri, introd. et éd. *Nouvelles du XVIIIe siècle*. Paris: Gallimard (Bibliothèque de la Pléiade), 2002.

Deforges, Régine, éd. *Poèmes de femmes des origines à nos jours: anthologie*. Paris: Cherche Midi, 1993.

DeJean, Joan. «Classical Reeducation: Decanonizing the Feminine». *Yale French Studies* 75 (1988), 26–39. Repris dans *Displacements: Women, Tradition, Literatures in French*. Joan DeJean et Nancy K. Miller, éd. Baltimore: Johns Hopkins University Press, 1991. 22–36.

———. *Fictions of Sappho: 1546–1937*. Chicago: University of Chicago Press, 1989.

———. «"L'Ombre du classicisme": The French Novel's First Feminism». In *Dilemmes du roman: Essays in Honor of Georges May*. Catherine Lafarge, éd. Saratoga, Calif.: Anma Libri, 1989. 47–56.

———. *Tender Geographies: Women and the Origins of the Novel in France*. New York: Columbia University Press, 1991.

DeJean, Joan et Nancy K. Miller, éd. *Displacements: Women, Tradition, Literatures in French*. Baltimore: Johns Hopkins University Press, 1991.

Dezon-Jones, Élyane. *Les Écritures féminines*. Paris: Magnard, 1983.

Didier, Béatrice. «Écrire pour se trouver». In *Femmes en toutes lettres: les épistolières du XVIIIe siècle*. Marie-France Silver et Marie-Laure Girou Swiderski, éd. *Studies on Voltaire and the Eighteenth Century* 2000:04. Oxford: Voltaire Foundation, 2000. 243–48.

———. *L'Écriture-femme*. Paris: Presses Universitaires de France, 1981.

Dingley, R. J. «The Misfortunes of Philomel». *Parergon* 4 (1986), 73–86.

Duby, Georges et Michelle Perrot, éd. *Histoire des femmes en Occident*. 5 vols. Paris: Plon, 1991–92.

Duchêne, Roger. *Les Précieuses ou comment l'esprit vint aux femmes*. Paris: Fayard, 2001.

Duhet, Paule-Marie, éd. *Cahiers de doléances des femmes en 1789 et autres textes*. Paris: Des femmes, 1989.

Ezell, Margaret J. M. *Writing Women's Literary History*. Baltimore: Johns Hopkins University Press, 1993.

Ferrante, Joan. *To the Glory of Her Sex: Women's Role in the Composition of Medieval Texts*. Bloomington: Indiana University Press, 1997.

Finch, Alison. *Women's Writing in Nineteenth-Century France*. Cambridge: Cambridge University Press, 2000.

Flat, Paul. *Nos Femmes de lettres*. Paris: Perrin, 1909.

Gaudin, Colette. «France». In *Longman Anthology of World Literature by Women, 1875–1975*. Marian Arkin et Barbara Shollar, éd. New York: Longman, 1989. 1116–26.

Gauthier, Xavière. *Surréalisme et sexualité*. Paris: Gallimard, 1971.

Genlis, Stéphanie-Félicité de. *De l'influence des femmes sur la littérature française comme protectrices des lettres et comme auteurs; ou Précis de l'histoire des femmes françaises les plus célèbres*. Paris: Maradan, 1811.

Gilbert, Sandra Caruso Mortola et Susan Dreyfuss David Gubar. «Ceremonies of the Alphabet: Female Grandmatologies and the Female Authorgraph». In *The Female Autograph.* Domna Stanton, éd. New York: New York Literary Forum, 1984. 23–52.

Giraudon, Liliane et Henri Deluy, éd. *Poésies en France depuis 1960: 29 femmes: une anthologie.* Paris: Stock, 1994.

Goldsmith, Elizabeth C., éd. *Writing the Female Voice: Essays on Epistolary Literature.* Boston: Northeastern University Press, 1989.

Goldsmith, Elizabeth C. et Dena Goodman, éd. *Going Public: Women and Publishing in Early Modern France.* Ithaca: Cornell University Press, 1995.

Goodman, Dena. *The Republic of Letters: A Cultural History of the French Enlightenment.* Ithaca: Cornell University Press, 1992.

Gosset, Thierry, éd. *Femmes mystiques: époque médiévale* (anthologie). Paris: La Table Ronde, 1995.

Grande, Nathalie. *Stratégies de romancières: de* Clélie *à* La Princesse de Clèves *(1654–1678).* Paris: Champion, 1999.

Greenberg, Wendy. *Uncanonical Women: Feminine Voice in French Poetry (1830–1871).* Amsterdam: Rodopi, 1999.

Guéret-Laferté, Michelle. «De Philomèle à Philomena». In *La Déclaration amoureuse au moyen âge.* Aimé Petit, éd. Villeneuve d'Asq: Centre d'études médiévales et dialectales de Lille III, 1997. 45–56.

Gutwirth, Madelyn. *The Twilight of the Goddesses: Women and Representation in the French Revolutionary Era.* New Brunswick, N.J.: Rutgers University Press, 1992.

Haase-Dubosc, Danielle et Éliane Viennot, éd. *Femmes et pouvoir sous l'Ancien Régime.* Paris: Rivages, 1981.

Hannon, Patricia. *Fabulous Identities: Women's Fairy Tales in Seventeenth-Century France.* Amsterdam: Rodopi, 1998.

Harries, Elizabeth Wanning. *Twice Upon a Time: Women Writers and the History of the Fairy Tale.* Princeton, N.J.: Princeton University Press, 2001.

Hartman, Geoffrey H. «The Voice of the Shuttle: Language from the Point of View of Literature». In *Beyond Formalism.* New Haven: Yale University Press, 1970. 337–55. Trad. «La Voix de la navette, ou le langage considéré du point de vue de la littérature». *Poétique* 28 (1976), 398–412.

Hearne, Betsy. *Beauty and the Beast: Visions and Revisions of an Old Tale.* Chicago: University of Chicago Press, 1989.

Heymann, Brigitte et Lieselotte Steinbrügge, éd. *Genre-Sexe-Roman: de Scudéry à Cixous.* Frankfort: Peter Lang, 1995.

Hirsch, Marianne. *The Mother/Daughter Plot: Narrative, Psychoanalysis, Feminism.* Bloomington: Indiana University Press, 1989.

———. «Mothers and Daughters». *Signs* 7, No. 1 (Automne 1981), 200–222.

Hollier, Denis, éd. *A New History of French Literature.* Cambridge, Mass.: Harvard University Press, 1989.

Holmes, Diana. *French Women's Writing 1848–1994*. Londres: Athlone, 1996.

Horer, Suzanne et Jeanne Socquet. *La Création étouffée*. Paris: Horay, 1973.

Houssin, Monique et Élisabeth Marsault-Loi. *Écrits de femmes*. Paris: Messidor, 1986.

Hules, Virginia T. «A Topography of Difference». Introd. *French Feminist Criticism: Women, Language, and Literature: An Annotated Bibliography*. Elissa Gelfand et Virginia T. Hules, éd. New York: Garland, 1985. xv–lii.

Irigaray, Luce. *Ce Sexe qui n'en est pas un*. Paris: Minuit, 1977.

———. *Le Corps-à-corps avec la mère*. Ottawa: Éditions de la Pleine Lune, 1981.

———. *Éthique de la différence sexuelle*. Paris: Minuit, 1984.

———. *Et l'une ne bouge pas sans l'autre*. Paris: Minuit, 1979.

———. *J'aime à toi*. Paris: Grasset, 1992.

———. *Je, tu, nous: pour une culture de la différence*. Paris: Grasset, 1990.

———. *Parler n'est jamais neutre*. Paris: Minuit, 1985.

———. *Speculum de l'autre femme*. Paris: Minuit, 1974.

Jardine, Alice. *Gynesis: Configurations of Woman and Modernity*. Ithaca: Cornell University Press, 1985.

———. «Gynesis». *Diacritics* 12 (été 1982), 54–65.

Jardine, Alice A. et Anne M. Menke, éd. *Shifting Scenes: Interviews on Women, Writing, and Politics in Post-68 France*. New York: Columbia University Press, 1991.

Jomand-Baudry, Régine et Jean-François Perrin, éd. *Le Conte merveilleux au XVIIIe siècle: une poétique expérimentale*. Paris: Kimé, 2002.

Jones, Ann Rosalind. *The Currency of Eros: Women's Love Lyric in Europe, 1540–1620*. Bloomington: Indiana University Press, 1990.

———. «New Songs for the Swallow: Ovid's Philomela in Tullia d'Aragona and Gaspara Stampa». In *Refiguring Woman: Perspectives on Gender and the Italian Renaissance*. Marilyn Migiel et Juliana Schiesari, éd. Ithaca: Cornell University Press, 1991. 263–77.

———. «Surprising Fame: Renaissance Gender Ideologies and Women's Lyric». In *The Poetics of Gender*. Nancy K. Miller, éd. New York: Columbia University Press, 1986. 74–95.

Joplin, Patricia Klindienst. «The Voice of the Shuttle Is Ours». *Stanford Literature Review* 1, No. 1 (printemps 1984), 25–53.

Jordan, Constance. *Renaissance Feminism: Literary Texts and Political Models*. Ithaca: Cornell University Press, 1990.

Joukovsky, Françoise, éd. *Images de la femme au XVIe siècle*. Paris: La Table Ronde, 1995.

Kaplan, Carla. «The Language of Crisis in Feminist Theory». In *«Turning the Century»: Feminist Theory in the 1990s*. Glynis Carr, éd. *Bucknell Review* (1992), 68–89.

Kavanagh, Julia. *French Women of Letters: Biographical Sketches*. Leipzig: Bernhard Tauchnitz, 1862.

Kelly-Gadol, Joan. «Did Women Have a Renaissance?» In *Becoming Visible: Women in European History*. Renate Bridenthal et Claudia Koonz, éd. Boston: Houghton Mifflin, 1977. 137–64. Repris dans *Women, History, and Theory: The Essays of Joan Kelly*. Chicago: University of Chicago Press, 1984. 19–50.

Keralio (Robert), Louise Félicité Guinemet de. *Collection des meilleurs ouvrages français composés par des femmes*. 14 vols. Paris: Lagrange, 1786–89.

Kibédi-Varga, A. «Romans d'amour, romans de femmes, à l'époque classique». *Revue des sciences humaines* 44, No. 168 (octobre–décembre 1977), 517–24.

Klindienst, Patricia. «Epilogue to "The Voice of the Shuttle Is Ours"». 1996 <http://www.english.ucsb.edu/faculty/ayliu/research/klindienst2/html>.

Krief, Huguette, éd. *Vivre libre et écrire, anthologie des romancières de la période révolutionnaire (1789–1800)*. Oxford: Voltaire Foundation et Paris: Presses de l'Université de Paris-Sorbonne, 2005.

Kristeva, Julia. «La Femme, ce n'est jamais ça». *Tel Quel* 59 (automne 1974), 19–26. Repris dans *Polylogue*. Paris: Seuil, 1977. 517–24.

———. *La Révolution du langage poétique*. Paris: Seuil, 1974.

———. «Le Temps des femmes». *34/44: Cahiers de recherche de science des textes et documents*. 5 (hiver 1979), 5–19. Repris dans *Les Nouvelles maladies de l'âme*. Paris: Fayard, 1993. 297–331.

———. «Unes femmes». *Les Cahiers du GRIF* 7 (1975), 22–27. Repris dans *Les Cahiers du Grif: le langage des femmes*. Bruxelles: Éditions Complexe, 1992. 57–66.

Kruger, Kathryn Sullivan. «The Greek Web: Arachne and Philomela, Penelope and Helen of Troy». In *Weaving the Word: The Metaphorics of Weaving in Female Textual Production*. Selinsgrove, Pa.: Susquehanna University Press, 2001. 53–86.

Lacassin, Francis, éd. et préf. *Si les fées m'étaient contées: 140 contes de fées de Charles Perrault à Jean Cocteau*. Paris: Omnibus, 2003.

Lanser, Susan S. «Toward a Feminist Narratology». *Style* 20, No. 3 (automne 1986), 341–63.

Lanser, Susan Sniader et Evelyn Torton Beck. «[Why] Are There No Great Women Critics? And What Difference Does It Make?» In *The Prism of Sex: Essays in the Sociology of Knowledge*. Julia A. Sherman et Evelyn Torton Beck, éd. Madison: University of Wisconsin Press, 1979. 79–91.

Lanson, Gustave, éd. *Choix de lettres du XVIIe siècle*. Paris: Hachette, 1904.

Larnac, Jean. *Histoire de la littérature féminine en France*. Paris: Kra, 1929.

La Rochefoucauld, Edmée de. *Femmes d'hier et d'aujourd'hui*. Paris: Grasset, 1969.

Larsen, Anne R. «"Un honneste passetems": Strategies of Legitimation in French Renaissance Women's Prefaces». *L'Esprit créateur* 30, No. 4 (hiver 1990), 11–22.

Larsen, Anne R. et Colette H. Winn, éd. *Writings by Pre-Revolutionary French Women: From Marie de France to Élisabeth Vigée-Lebrun*. New York: Garland, 2000.

Lazard, Madeleine. *Les Avenues de Fémynie: les femmes et la Renaissance*. Paris: Fayard, 2001.

———. *Images littéraires de la femme à la Renaissance*. Paris: Presses Universitaires de France, 1985.

Le Doeuff, Michèle. *Le Sexe du savoir*. Paris: Aubier, 1998.

Lemirre, Élisabeth. Préface. *Le Cabinet des Fées*. t. 1. Élisabeth Lemirre, éd. Arles: Philippe Picquier, 1988. 5–16.

Lemirre, Élisabeth, éd. *Le Cabinet des Fées*, contes choisies. Arles: Philippe Picquier, 2000.

Lerner, Gerda. *The Creation of Feminist Consciousness: From the Middle Ages to Eighteen-seventy*. New York: Oxford University Press, 1993.

———. *Why History Matters: Life and Thought*. New York: Oxford University Press, 1997.

Levy, Darline Gay, Harriet Branson Applewhite et Mary Durham Johnson, éd. et trad. *Women in Revolutionary Paris, 1789–1795*. Urbana: University of Illinois Press, 1979.

Lougee, Carolyn C. *Le Paradis des femmes: Women, Salons, and Social Stratification in Seventeenth-Century France*. Princeton, N.J.: Princeton University Press, 1976.

Maître, Myriam. *Les Précieuses: naissance des femmes de lettres en France au XVIIe siècle*. Paris: Champion, 1999.

Makward, Christiane et Madeleine Cottenet-Hage. *Dictionnaire littéraire des femmes de langue française: de Marie de France à Marie NDiaye*. Paris: Karthala, 1996.

Marand-Fouquet, Catherine. *La Femme au temps de la Révolution*. Paris: Stock/Laurence Pernoud, 1989.

Marcus, Jane. «Liberty, Sorority, Misogyny». In *The Representation of Women in Fiction*. Carolyn G. Heilbrun et Margaret R. Higonnet, éd. Baltimore: Johns Hopkins University Press, 1983. 60–98.

———. «Still Practice, A/Wrested Alphabet: Toward a Feminist Aesthetic». *Tulsa Studies in Women's Literature* 3, Nos 1–2 (printemps–automne 1984), 79–97.

Marks, Elaine. «Lesbian Intertextuality». In *Homosexualities and French Literature*. George Stambolian et Elaine Marks, éd. Ithaca: Cornell University Press, 1979. 353–77.

———. «Women and Literature in France». *Signs* 3, No. 4 (1978), 832–42.

Marks, Elaine et Isabelle de Courtivron, éd. *New French Feminisms*. Amherst: University of Massachusetts Press, 1980.

Mathieu-Castellani, Gisèle. *La Quenouille et la lyre*. Paris: José Corti, 1998.

May, Georges. «Féminisme et roman». In *Le Dilemme du roman au XVIIIe siècle*. Paris: Presses Universitaires de France; New Haven: Yale University Press, 1963. 204–45.

Michel, Natacha et Martine de Rougemont. *Le Rameau subtil: prosatrices françaises entre 1364 et 1954*. Paris: Hatier, 1993.

Miller, Nancy K. *French Dressing: Women, Men and Ancien Régime Fiction*. New York: Routledge, 1995.

———. *Subject to Change: Reading Feminist Writing*. New York: Columbia University Press, 1988.

Mistacco, Vicki. «The Metamorphoses of Philomel». *Écriture courante: Critical Perspectives on French and Francophone Women*. Numéro spécial *Women in French Studies*. Mary Rice-DeFosse et Cathy Yandell, éd. (2005), 205–18.

Mistacco, Vicki, éd. *Breaking the Sequence: Women, Literature, and the Future*. Wellesley College Center for Research on Women, Working Paper No. 93, 1982.

Moulin, Jeanine. *Huit siècles de poésie féminine*. Paris: Seghers, 1975.

———. *La Poésie féminine du XIIe au XIXe siècle*. Paris: Seghers, 1966.

Nichols, Stephen G. «Medieval Women and the Politics of Poetry». In *Displacements: Women, Tradition, Literatures in French*. Joan DeJean et Nancy K. Miller, éd. Baltimore: Johns Hopkins University Press, 1991. 99–125.

Oliver, Kelly, éd. *French Feminism Reader*. Lanham, Md.: Rowman & Littlefield, 2000.

Ovide, *Les Métamorphoses*. Jean-Pierre Néraudau, éd. Georges Lafaye, trad. Paris: Gallimard, 1992.

———. *Les Métamorphoses*. t. II (Livres VI–X). Georges Lafaye, éd. et trad. Paris: Société d'Édition «Les Belles Lettres», 1928.

Paliyenko, Adrianna M. «(Re)placing Women in French Poetic History: The Romantic Legacy». *Symposium* 53, No. 4 (hiver 2000), 261–82.

Parker, Rozsika. *The Subversive Stitch: Embroidery and the Making of the Feminine*. Londres: Women's Press, 1984, réimpr. et rev., 1996.

Perrot, Michelle. *Les Femmes ou les silences de l'Histoire*. Paris: Flammarion, 1998.

Pfeffer, Wendy. *The Change of Philomel: The Nightingale in Medieval Literature*. New York: Peter Lang, 1985.

Picard, Raymond et Jean Lafond, éd. *Nouvelles du XVIIe siècle*. Paris: Gallimard (Bibliothèque de la Pléiade), 1997.

Planté, Christine. *La Petite Sœur de Balzac: essai sur la femme auteur*. Paris: Seuil, 1989.

Planté, Christine, éd. *Femmes poètes du XIXe siècle: une anthologie*. Lyon: Presses Universitaires de Lyon, 1998.

Reynolds, Margaret, éd. *The Sappho Companion*. New York: Palgrave for Saint Martin's Press, 2001.

Robert, Raymonde. *Le Conte de fées littéraire en France de la fin du XVIIe siècle à la fin du XVIIIe siècle*. Nancy: Presses Universitaires de Nancy, 1982; éd. rev. et augm.; supplément bibliographique 1980–2000 établi par Nadine Jasmin avec la collab. de Claire Debru. Paris: Champion, 2002.

Roberts, Mary Louise. *Disruptive Acts: The New Woman in Fin-de-Siècle France*. Chicago: University of Chicago Press, 2002.

Roches, Madeleine des et Catherine des Roches. *Les Œuvres*. Anne R. Larsen, éd. Genève: Droz, 1993.

Rowe, Karen E. «Feminism and Fairy Tales». In *Don't Bet on the Prince: Contemporary Feminist Fairy Tales in North America and England*. Jack Zipes, éd. New York: Methuen, 1986. 209–26.

———. «To Spin a Yarn: The Female Voice in Folklore and Fairy Tale». In *Fairy Tales and Society: Illusion, Allusion, and Paradigm*. Ruth B. Bottigheimer, éd. Philadelphie: University of Pennsylvania Press, 1986. 53–74.

Santoro, Miléna. *Mothers of Invention: Feminist Authors and Experimental Fiction in France and Quebec*. Montréal: McGill-Queen's University Press, 2002.

Sarde, Michèle. *Regard sur les Françaises*. Paris: Stock, 1983.

Sartori, Eva Martin, éd. *The Feminist Encyclopedia of French Literature*. Westport, Conn.: Greenwood Press, 1999.

Sartori, Eva Martin et Dorothy Winne Zimmerman, éd. *French Women Writers: A Bio-Bibliographical Source Book*. New York: Greenwood Press, 1991.

Sauvé, Rachel. *De l'éloge à l'exclusion: les femmes auteurs et leurs préfaciers au XIX*[e] *siècle*. Saint-Denis: Presses Universitaires de Vincennes, 2000.

Schultz, Gretchen. *The Gendered Lyric: Subjectivity and Difference in Nineteenth-Century French Poetry*. West Lafayette, Ind.: Purdue University Press, 1999.

Séché, Alphonse. *Les Muses françaises: anthologie des femmes poètes*. 2 vols. Paris: Louis Michaud, 1908.

Seifert, Lewis C. *Fairy Tales, Sexuality, and Gender in France, 1690–1715: Nostalgic Utopias*. Cambridge: Cambridge University Press, 1996.

Showalter, Elaine. «Feminist Criticism in the Wilderness». *Critical Inquiry* 8, No. 2 (hiver 1981), 179–205.

———. «Piecing and Writing». In *The Poetics of Gender*. Nancy K. Miller, éd. New York: Columbia University Press, 1986. 222–47.

Silver, Marie-France et Marie-Laure Girou Swiderski, introd. In *Femmes en toutes lettres: les épistolières du XVIII*[e] *siècle*. Marie-France Silver et Marie-Laure Girou Swiderski, éd. *Studies on Voltaire and the Eighteenth Century* 2000:04. Oxford: Voltaire Foundation, 2000. 1–5.

Slama, Béatrice. «De la "littérature féminine" à "l'écrire-femme": différence et institution». *Littérature* 44 (décembre 1981), 51–71.

———. «Femmes écrivains». In *Misérable et glorieuse, la femme du XIX*[e] *siècle*. Jean-Paul Aron, éd. Bruxelles: Éditions Complexe, 1984. 213–48. [Première éd., Paris: Fayard, 1980.]

Snyder, Jane McIntosh. *The Woman and the Lyre: Women Writers in Classical Greece and Rome*. Carbondale: Southern Illinois University Press, 1989.

Sorrell, Martin. éd. et trad. *Elles: A Bilingual Anthology of Modern French Poetry by Women*. «Épilogue/Afterword», Jacqueline Chénieux-Gendron. Exeter: University of Exeter Press, 1995.

Stanton, Domna, éd. *The Defiant Muse*. New York: Feminist Press, 1986.

Stephens, Sonya, éd. *A History of Women's Writing in France*. Cambridge: Cambridge University Press, 2000.

Stewart, Joan Hinde. «The Novelists and Their Fictions». In *French Women and the Age of Enlightenment*. Samia I. Spencer, éd. Bloomington: Indiana University Press, 1984. 197–211.

Storer, Mary Elizabeth. *Contes de fées du Grand Siècle*. New York: Publications of the Institute of French Studies, Columbia University, 1934.

Suleiman, Susan Rubin. *Subversive Intent: Gender, Politics and the Avant-Garde*. Cambridge, Mass.: Harvard University Press, 1990.

Sullerot, Évelyne. *Histoire et mythologie de l'amour: huit siècles d'écrits féminins*. Paris: Hachette, 1974.

Thébaud, Françoise. *Écrire l'histoire des femmes*. Fontenay/Saint Cloud: ENS Éditions, 1998.

Timmermans, Linda. *L'Accès des femmes à la culture (1598–1715): un débat d'idées de Saint-François de Sales à la marquise de Lambert*. Paris: Champion, 1993.

Trouille, Mary Seidman. *Sexual Politics in the Enlightenment: Women Writers Read Rousseau*. Albany: State University of New York, 1997.

Verdier, Gabrielle. «Figures de la conteuse dans les contes de fées féminins». *XVIIe siècle* 180 (juillet–septembre 1993), 481–99.

Vickers, Nancy. «Diana Described: Scattered Woman and Scattered Rhyme». *Critical Inquiry* 8, No. 2 (hiver 1981), 265–79.

Warner, Marina. *Fantastic Metamorphoses, Other Worlds: Ways of Telling the Self*. Oxford: Oxford University Press, 2002.

———. *From the Beast to the Blonde: On Fairy Tales and Their Tellers*. New York: Farrar, Straus and Giroux, 1994.

Wilwerth, Évelyne. *Visages de la littérature féminine*. Bruxelles: Pierre Mardaga, 1987.

Winn, Colette H., éd. *Protestations et revendications féminines: textes oubliés et inédits sur l'éducation féminine (XVIe–XVIIe siècle)*. Paris: Champion, 2002.

Winn, Colette H. et Donna Kuizenga, éd. *Women Writers in Pre-Revolutionary France: Strategies of Emancipation*. New York: Garland, 1997.

Woolf, Virginia. *A Room of One's Own*. 1929. New York: Harcourt, Brace & World, 1957.

Yaguello, Marina. *Les Mots et les femmes*. Paris: Payot, 1978.

Zipes, Jack. *Fairy Tale as Myth/Myth as Fairy Tale*. Lexington: University Press of Kentucky, 1994.

———. *Fairy Tales and the Art of Subversion: The Classical Genre for Children and the Process of Civilization*. 1983. Réimpr. New York: Routledge, 1991.

Zipes, Jack, éd. *The Great Fairy Tale Tradition: From Straparola and Basile to the Brothers Grimm*. New York: Norton Critical Edition, 2001.

Zuchetto, Gérard. *Terre des troubadours XIIe–XIIIe siècles: anthologie commentée*. Paris: Éditions de Paris, 1996.

Œuvres et ouvrages critiques

GERMAINE DE STAËL

Œuvres

Corinne ou l'Italie. Claudine Herrmann, éd. 2 vols. Paris: Des femmes, 1979.

Corinne ou l'Italie. Simone Balayé, éd. Paris: Gallimard, 1983.

Corinne ou l'Italie. Simone Balayé, éd. Paris: Champion, 2000.

De la littérature considérée dans ses rapports avec les institutions sociales. Paul van Tieghem, éd. Genève: Droz, 1959.

De la littérature. Gérard Gengembre et Jean Goldzink, éd. Paris: Garnier-Flammarion, 1991.

De la littérature considérée dans ses rapports avec les institutions sociales. Axel Blaeschke, éd. Paris: Classiques Garnier, 1998.

Delphine. Béatrice Didier, éd. 2 vols. Paris: Flammarion, 2000.

Delphine. Lucia Omacini et Simone Balayé, éd. Paris: Champion, 2004.

Œuvres complètes. 17 vols. Paris: Treuttel et Würtz, 1820–21. Genève: Slatkine Reprints, 1967.

Ouvrages critiques

Balayé, Simone. *Madame de Staël, écrire, lutter, vivre*. Genève: Droz, 1994.

———. *Madame de Staël, Lumières et liberté*. Paris: Klincksieck, 1979.

Balayé, Simone, éd. *L'éclat et le silence: «Corinne ou l'Italie» de Madame de Staël*. Paris: Champion, 1999.

Besser, Gretchen Rous. *Germaine de Staël Revisited*. New York: Twayne, 1994.

Bordas, Éric. «Mme de Staël ou le style, c'est l'homme». In *Madame de Staël, Corinne ou l'Italie: «l'ame se mêle à tout»*. Anne Amend-Söchting et al. Paris: SEDES, 1999. 209–23.

Didier, Béatrice. *Corinne ou l'Italie de Mme de Staël*. Paris: Gallimard, 1999.

———. *Madame de Staël*. Paris: Ellipses, 1999.

Gutwirth, Madelyn. *Madame de Staël, Novelist: The Emergence of the Artist as Woman*. Urbana: University of Illinois Press, 1978.

Gutwirth, Madelyn, Avriel Goldberger, et Karyn Szmurlo, éd. *Germaine de Staël: Crossing the Borders*. New Brunswick, N.J.: Rutgers University Press, 1991.

Hogsett, Charlotte. *The Literary Existence of Germaine de Staël*. Carbondale: Southern Illinois University Press, 1987.

Lévêque, Laure. *Corinne ou l'Italie de Madame de Staël: poétique et politique*. Paris: Éditions du Temps, 1999.

Lewis, Linda M. «Secular Sibyl and Divine Sophia: Staël's *Corinne* and Sand's *Consuelo*». In *Germaine de Staël, George Sand and the Victorian Woman Artist*. Columbia: University of Missouri Press, 2003. 13–63.

Louichon, Brigitte. «Madame de Staël et le roman sentimental». In *Madame de Staël, Corinne ou l'Italie: «l'âme se mêle à tout»*. Anne Amend-Söchting et al. Paris: SEDES, 1999. 41–50.

Marso, Lori Jo. «Theorizing Women's Desire: Staël's Corinne». In *(Un)Manly Citizens: Jean-Jacques Rousseau's and Germaine de Staël's Subversive Women*. Baltimore: Johns Hopkins University Press, 1999. 108–27.

Perchellet, Jean-Pierre, éd. *Madame de Staël: «Corinne ou l'Italie»*. Préf. de Simone Balayé. Paris: Klincksieck, 1999.

Planté, Christine. «De Corinne à Sapho: le conflit entre passion et création». In *Un deuil éclatant du bonheur: «Corinne ou l'Italie», Madame de Staël*. Jean-Pierre Perchellet, éd. Orléans: Paradigme, 1999. 155–69.

Szmurlo, Karyna, éd. *The Novel's Seductions: Staël's «Corinne» in Critical Inquiry*. Lewisburg: Bucknell University Press, 1999.

Vallois, Marie-Claire. *Fictions féminines: Mme de Staël et les voix de la Sibylle*. Saratoga, Calif.: Anma Libri, 1987.

GEORGE SAND

Œuvres

Histoire de ma vie. Martine Reid, éd. Paris: Gallimard, 2004.

Indiana. Pierre Salomon, éd. Paris: Garnier, 1962.

La Marquise, Metella, Lavinia, Mattea. Martine Reid, éd. Arles: Actes Sud, 2002.

Nouvelles (*La Marquise, Lavinia, Metella, Mattea, Pauline*). Ève Sourian, éd. Paris: Des femmes, 1986.

Œuvres autobiographiques. Georges Lubin, éd. 2 vols. Paris: Gallimard (Bibliothèque de la Pléiade), 1970–71.

Ouvrages critiques

Didier, Béatrice. *George Sand écrivain: «Un grand fleuve d'Amérique»*. Paris: Presses Universitaires de France, 1998.

Harlan, Elizabeth. *George Sand*. New Haven: Yale University Press, 2004. [Biographie.]

Miller, Nancy K. «Arachnologies: The Woman, the Text, and the Critic» et «Writing from the Pavilion: George Sand and the Novel of Female Pastoral». In *Subject to Change: Reading Feminist Writing*. New York: Columbia University Press, 1988. 77–101; 204–28.

Mistacco, Vicki. "*Une vieille histoire:* Citation and Innovation in Sand's *Lavinia*." In *George Sand, une écriture expérimentale*. S. Egron-Sparrow, C. Masson, M. Tranvouez, N. Buchet Ritchey, éd. Nouvelle Orléans: Presses Universitaires du Nouveau Monde, à paraître.

Mozet, Nicole. *George Sand écrivain de romans.* Saint-Cyr-sur-Loire: Christian Pirot, 1997.

Naginski, Isabelle Hoog. *George Sand: Writing for Her Life.* New Brunswick, N.J.: Rutgers University Press, 1991. Trad. *George Sand: l'écriture ou la vie.* Paris: Champion, 1999.

Rea, Annabelle M. «*Isidora:* An Enabling Exercise for *Histoire de ma vie?*» In *Le Chantier de George Sand/George Sand à l'étranger.* Actes du Xe Colloque International George Sand. Tivadar Gorilovics et Anna Szabó, éd. Debrecen: Kossuth Lajos Tudományegyetem, 1993. 155–61.

Rosner, Anna. «Clôture et ouverture: le refus du mariage dans *La Princesse de Clèves* de Mme de Lafayette et *Lavinia* de George Sand». In *Masculin/Féminin: Le XIXe siècle à l'épreuve du genre.* Chantal Bertrand-Jennings, éd. Toronto: Centre d'études du XIXe siècle Joseph Sablé, 1999. 105–20.

Schor, Naomi. *George Sand and Idealism.* New York: Columbia University Press, 1993.

MARCELINE DESBORDES-VALMORE

Œuvres

Marceline Desbordes-Valmore: textes choisis. Marc Bertrand, éd. Nîmes: HB Éditions, 2002.

Les Œuvres poétiques de Marceline Desbordes-Valmore. M. Bertrand, éd. 2 vols. Grenoble: Presses Universitaires de Grenoble, 1973.

Poésies. Préf. d'Yves Bonnefoy. Paris: Gallimard, 1983.

Ouvrages critiques

Ambrière, Francis. *Le Siècle des Valmore.* 2 vols. Paris: Seuil, 1987.

Bertrand, Marc. *Une Femme à l'écoute de son temps: Marceline Desbordes-Valmore.* Lyon: La Cigogne, 1997.

Boutin, Aimée. «Marceline Desbordes-Valmore and the Sorority of Poets». *Women in French Studies* 9 (2001), 165–80.

———. *Maternal Echoes: The Poetry of Marceline Desbordes-Valmore and Alphonse de Lamartine.* Newark: University of Delaware Press, 2001.

Danahy, Michael. «Marceline Desbordes-Valmore and the Engendered Canon». *Yale French Studies* 75 (1988), 129–47.

———. «Marceline Desbordes-Valmore et la fraternité des poètes». *Nineteenth-Century French Studies* 19, No. 3 (printemps 1991), 386–93.

Jasenas, Éliane. *Marceline Desbordes-Valmore devant la critique.* Genève: Droz, 1962.

———. *Le Poétique: Desbordes-Valmore et Nerval.* Paris: Jean-Pierre Delarge, 1975.

Johnson, Barbara. «Gender and Poetry: Charles Baudelaire and Marceline Desbordes-Valmore». In *Displacements: Women, Tradition, Literatures in French.* Joan DeJean et Nancy K. Miller, éd. Baltimore: Johns Hopkins University Press, 1991. 163–81.

Kaplan, Edward K. «The Voices of Marceline Desbordes-Valmore: Deference, Self-Assertion, Accountability». *French Forum* 22, No. 3 (septembre 1997), 261–77.

Moulin, Jeanine. *Marceline Desbordes-Valmore.* Paris: Seghers, 1955; éd. revue et mise au point, 1983.

Planté, Christine. «Ce qu'on entend dans la voix: notes à partir de Marceline Desbordes-Valmore». In *Penser la voix: Chant-communication-linguistique clinique-littérature-musique-peinture-psychanalyse-théâtre.* Gérard Dessons, éd. Poitiers: UFR Langues littératures, 1997. 87–105.

———. «Marceline Desbordes-Valmore: Le cri entre rhétorique et poésie». In *Écriture/Parole/Discours: littérature et rhétorique au XIXe siècle.* Alain Vaillant, éd. Saint-Étienne: Éditions Printer, 1997. 187–98.

———. «Marceline Desbordes-Valmore: ni poésie féminine, ni poésie féministe». *French Literature Series* 16 (1989), 78–93.

LOUISE ACKERMANN

Œuvres

Contes. Paris: Garnier Frères, 1855.

Le Déluge. Nice: Imprimerie Caisson & Mignon, 1876.

Œuvres de Louise Ackermann (*Ma Vie, Premières poésies, Poésies philosophiques*). Paris: Alphonse Lemerre, 1885.

Pensées d'une solitaire, précédées d'une autobiographie. Paris: Alphonse Lemerre, 1882.

Poésies (*Premières poésies, Poésies philosophiques*). Paris: Alphonse Lemerre, 1874.

Ouvrages critiques

Barbey d'Aurevilly, J. «*Poésies philosophiques,* par Madame Ackermann». *Le Constitutionnel,* 28 avril 1873. Réimpr. «Madame Ackermann». In *Les Poètes.* Paris: Alphonse Lemerre, 1893. 157–72.

Caro, E. «La Poésie philosophique dans les nouvelles écoles: un poète positiviste». *Revue des Deux Mondes* (15 mai 1874), 241–62.

Citoleux, Marc. «Mme Louise Ackermann». In *Dictionnaire de biographie française.* J. Balteau, M. Baroux, M. Prévost, éd. Paris: Librairie Letouzey et Ané, t. I, 1933.

———. *La Poésie philosophique au XIXe siècle, Mme Ackermann.* Paris: Plon-Nourrit, 1906. Genève: Slatkine Reprints, 1973.

Jenson, Deborah. «Gender and the Aesthetic of "le Mal": Louise Ackermann's *Poésies philosophiques,* 1871». *Nineteenth-Century French Studies* 23, Nos. 1–2 (automne–hiver 1994–95), 175–93.

———. «Louise Ackermann's Monstrous Nature». *Symposium* 53, No. 4 (hiver 2000), 234–48.

HÉLÈNE CIXOUS

Œuvres

Dedans. Paris: Grasset, 1969.

Le Troisième corps. Paris: Grasset, 1970.

Les Commencements. Paris: Grasset, 1970.

Neutre. Paris: Grasset, 1972.

Tombe. Paris: Seuil, 1973.

«Sorties». In *La Jeune née*. Catherine Clément et Hélène Cixous. Paris: Union Générale d'Éditions 10/18, 1975. 113–246.

«Le Rire de la Méduse». *L'Arc* 61 (1975), 39–54.

Souffles. Paris: Des femmes, 1975.

«Le Sexe ou la tête?» *Les Cahiers du GRIF* 13 (octobre 1976), 5–15. Repris dans *Les Cahiers du Grif: le Langage des femmes*. Bruxelles: Éditions Complexe, 1992. 85–93.

LA. Paris: Gallimard, 1976.

Portrait de Dora. Paris: Des femmes, 1976.

Angst. Paris: Des femmes, 1977.

«La Venue à l'écriture». In *La Venue à l'écriture*. Hélène Cixous, Madeleine Gagnon, Annie Leclerc. Paris: Union Générale d'Éditions, 1977. 9–62. Repris dans *Entre l'écriture*. 7–69.

Anankè. Paris: Des femmes, 1979.

Vivre l'orange. Paris: Des femmes, 1979.

Illa. Paris: Des femmes, 1980.

Limonade tout était si infini. Paris: Des femmes, 1982.

Le Livre de Promethea. Paris: Gallimard, 1983.

L'Histoire terrible mais inachevée de Norodom Sihanouk, roi du Cambodge. Paris: Théâtre du Soleil, 1985.

Entre l'écriture. Paris: Des femmes, 1986.

L'Indiade ou l'Inde de leurs rêves. Paris: Théâtre du Soleil, 1987.

Manne aux Mandelstams aux Mandelas. Paris: Des femmes, 1988.

«De la scène de l'Inconscient à la scène de l'Histoire». In *Hélène Cixous, chemins d'une écriture*. Françoise van Rossum-Guyon et Myriam Díaz-Diocaretz, éd. Saint-Denis: Presses Universitaires de Vincennes et Amsterdam: Rodopi, 1990. 16–34.

Déluge. Paris: Des femmes, 1992.

Three Steps on the Ladder of Writing. New York: Columbia University Press, 1993.

La Ville parjure ou le réveil des Erinyes. Paris: Théâtre du Soleil, 1994.

Hélène Cixous: photos de racines. Avec Mireille Calle-Gruber. Paris: Des femmes, 1994.

Or, Les lettres de mon père. Paris: Des femmes, 1997.

Stigmata: Escaping Texts. Londres: Routledge, 1998.

Voiles. Avec Jacques Derrida. Paris: Galilée, 1998.

Osnabrück. Paris: Des femmes, 1999.

Les rêveries de la femme sauvage, Scènes primitives. Paris: Galilée, 2000.
Le jour où je n'étais pas là. Paris: Galilée, 2000.
Rouen, la trentième nuit de mai '31. Paris: Galilée, 2001.
Benjamin à Montaigne, Il ne faut pas le dire. Paris: Galilée, 2001.
Portrait de Jacques Derrida en jeune saint juif. Paris: Galilée, 2001.
Manhattan, Lettres de la préhistoire. Paris: Galilée, 2002.
L'amour du loup et autres remords. Paris: Galilée, 2003.
Rêve je te dis. Paris: Galilée, 2003.
Selected Plays of Hélène Cixous. Eric Prenowitz, éd. Londres: Routledge, 2004.
Tours promises. Paris: Galilée, 2004.
L'Amour même, Dans la boîte aux lettres. Paris: Galilée, 2005.
Rencontre terrestre: Arcachon, Roosevelt Island, Parc Montsouris, Manhattan, Cuernavaca. Avec Frédéric-Yves Jeannet. Paris: Galilée, 2005.

Ouvrages critiques

Bray, Abigail. *Hélène Cixous: Writing and Sexual Difference*. Basingstoke, Hampshire: Palgrave Macmillan, 2004.
Calle, Mireille, Verena Andermatt Conley, et. al., éd. *Du féminin*. Sainte-Foy, Québec: Le Griffon d'argile, 1992.
Calle-Gruber, Mireille. *Du café à l'éternité: Hélène Cixous à l'œuvre*. Paris: Galilée, 2002.
Calle-Gruber, Mireille, éd. *Hélène Cixous, croisées d'une œuvre*. Paris: Galilée, 2000.
Conley, Verena Andermatt. *Hélène Cixous*. Toronto: University of Toronto Press, 1992.
———. *Hélène Cixous: Writing the Feminine*. Lincoln: University of Nebraska Press, 1984; éd. augm., 1991.
Derrida, Jacques. *Genèses, généalogies, genres et le génie: les secrets de l'archive*. Paris: Galilée, 2003.
Duren, Brian. «Cixous' Exorbitant Texts». *Sub-Stance* 32 (1981), 39–51.
Fitzgerald, Lara. *Mémoire Moire des Souvenirs/Remembering Memory*. Toronto: Les Films aux bords de l'abîme, 1997. [Film sur Cixous inspiré de *Photos de Racines*.]
Jones, Ann Rosalind. «Writing the Body: Toward an Understanding of *l'Écriture féminine*». *Feminist Studies* 7 (1981), 247–63.
Kamuf, Peggy. «To Give Place: Semi-Approaches to Hélène Cixous». *Yale French Studies* 87 (1995), 68–89.
Moi, Toril. «Hélène Cixous: An Imaginary Utopia». In *Sexual/Textual Politics*. Londres: Methuen, 1985. 102–26.
Penrod, Lynn Kettler. *Hélène Cixous*. New York: Twayne, 1996.
Rossum-Guyon, Françoise van et Myriam Díaz-Diocaretz, éd. *Hélène Cixous, chemins d'une écriture*. Saint-Denis: Presses Universitaires de Vincennes, 1990.
Sellers, Susan, éd. *The Hélène Cixous Reader*. Londres: Routledge, 1994.
Shiach, Morag. *Hélène Cixous: A Politics of Writing*. Londres: Routledge, 1991.

Stanton, Domna. «Difference on Trial: A Critique of the Maternal Metaphor in Cixous, Irigaray and Kristeva». In *The Poetics of Gender.* Nancy K. Miller, éd. New York: Columbia University Press, 1986. 157–82.

ANNA DE NOAILLES

Œuvres

Le Cœur innombrable. Paris: Calmann-Lévy, 1901.

L'Ombre des jours. Paris: Calmann-Lévy, 1902.

La Nouvelle Espérance. Paris: Calmann-Lévy, 1903.

Le Visage émerveillé. Paris: Calmann-Lévy, 1904.

La Domination. Paris: Calmann-Lévy, 1905.

Les Éblouissements. Paris: Calmann-Lévy, 1907.

«Saâdi et Le Jardin des Roses». In *De la Rive d'Europe à la Rive d'Asie.* Paris: Dorbon-Aîné, 1913. 79–103. (Réimpr. de Préface. Saâdi. *Le Jardin des Roses.* Trad. Franz Toussaint. Paris: A. Fayard, s.d. [1912?].)

Les Vivants et les morts. Paris: A. Fayard, 1913.

Les Forces éternelles. Paris: A. Fayard, 1921.

Les Innocentes ou la Sagesse des femmes. Paris: A. Fayard, 1923.

Poème de l'amour. Paris: A. Fayard, 1924.

L'Honneur de souffrir. Paris: Bernard Grasset, 1927.

Poèmes d'enfance. Paris: Bernard Grasset, 1928.

Exactitudes. Paris: Bernard Grasset, 1930.

Choix de poésies. Paris: Fasquelle, 1930; Paris: Bernard Grasset, 1979.

Le Livre de ma vie. Paris: Hachette, 1932; Paris: Mercure de France, 1976.

Derniers vers. Paris: Bernard Grasset, 1933.

Derniers vers et Poèmes d'enfance. Paris: Bernard Grasset, 1934.

Offrande. Choix et présentation par Philippe Giraudon. Paris: Orphée/La Différence, 1991.

Ouvrages critiques

Bargenda, Angela. *La Poésie d'Anna de Noailles.* Paris: L'Harmattan, 1995.

Broche, François. *Anna de Noailles: un mystère en pleine lumière.* Paris: Robert Laffont, 1989. [Biographie.]

Cocteau, Jean. *La Comtesse de Noailles Oui et Non.* Paris: Librairie Académique Perrin, 1963.

Engelking, Tama Lea. «Anna de Noailles Oui et Non: The Countess, the Critics and *la poésie féminine*». *Women's Studies* 23 (1994), 95–110.

Galli-Pellegrini, Rosa. «Le courage de le dire: les rêveries végétales dans la poésie d'Anna de Noailles». *Travaux de littérature* 9 (1996), 217–28.

Higonnet-Dugua, Élisabeth. *Anna de Noailles, Cœur innombrable: biographie-correspondance.* Paris: Éditions Michel de Maule, 1989.

La Rochefoucauld, Edmée de. *Anna de Noailles.* 1956. Réimpr. Paris: Mercure de France, 1976.

Mignot-Ogliastri, Claude. *Anna de Noailles, une amie de la Princesse Edmond de Polignac.* Paris: Méridiens Klincksieck, 1986. [Biographie.]

O'Brien, Mari H. «Muse de l'Angoisse: Anna de Noailles as Modernist Romantic». *Utah Foreign Language Review* (1997), 129–43.

———. «Passion, Power, Will, Desire: Gender Trespassing in the Poetry of Anna de Noailles». *Cincinnati Romance Review* 15 (1996), 97–105.

Perry, Catherine. «In the Wake of Decadence: Anna de Noailles' Revaluation of the Feminine». *L'Esprit Créateur* 37, No. 4 (hiver 1997), 94–105.

———. *Persephone Unbound: Dionysian Aesthetics in the Works of Anna de Noailles.* Lewisburg: Bucknell University Press, 2003.

———. «Retour au mythe païen dans l'œuvre d'Anna de Noailles». *Religiologiques* 15 (printemps 1997), 75–89.

RENÉE VIVIEN

Œuvres

Cendres et Poussières. Préf. de Hubert Juin. Paris: Régine Deforges, 1977.

La Dame à la louve. Paris: Lemerre, 1904; réimpr. Paris: Régine Deforges, 1977.

Album secret. Avec Natalie Barney et Eva Palmer. Jean-Paul Goujon, éd. Muizon: À l'écart, 1984.

Œuvre poétique complète de Renée Vivien, 1877–1909. Jean-Paul Goujon, éd. et préf. Paris: Régine Deforges, 1986.

Une femme m'apparut. Paris: Lemerre, 1904; réimpr. Paris: Régine Deforges, 1977.

Anne Boleyn. Muizon: À l'écart, 1909, 1982.

Lettres de Renée Vivien à Kérimé. Jean Leproux, éd. Aigues-Vives: HB Éditions, 1998.

Ouvrages critiques

Bartholomot Bessou, Marie-Ange. *L'Imaginaire du féminin dans l'œuvre de Renée Vivien, De mémoires en Mémoire.* Clermont-Ferrand: Presses Universitaires Blaise Pascal, 2004.

Benstock, Shari. *Women of the Left Bank: Paris, 1900–1940.* Austin: University of Texas Press, 1986.

Blankley, Elyse. «Return to Mytilène: Renée Vivien and the City of Women». In *Women Writers and the City: Essays in Feminist Literary Criticism.* Susan Merrill Squier, éd. Knoxville: University of Tennessee Press, 1984. 45–67.

Colette. «Renée Vivien». Abbeville: F. Paillart, 1928. Incorporé dans *Ces Plaisirs....* Paris: Ferenczi et fils, 1932; puis dans *Le Pur et l'impur* (éd. rev. et corrigée de *Ces Plaisirs...*). Paris: Aux Armes de France, 1941.

Engelking, Tama Lea. «Renée Vivien and the Ladies of the Lake». *Nineteenth-Century French Studies* 30, Nos. 3–4 (printemps–été 2002), 362–79.

———. «Renée Vivien's Sapphic Legacy: Remembering the "House of Muses"». *Atlantis* 18, Nos. 1–2 (automne–été 1992–93), 125–41.

Goujon, Jean-Paul. *Tes Blessures sont plus douces que leurs caresses: Vie de Renée Vivien.* Paris: Régine Deforges, 1986.

Gubar, Susan. «Sapphistries». *Signs* 10, No. 1 (automne 1984), 43–62.

Jay, Karla. *The Amazon and the Page: Natalie Clifford Barney and Renée Vivien.* Bloomington: Indiana University Press, 1988.

Lorenz, Paul. *Sapho 1900, Renée Vivien.* Paris: Julliard, 1977.

Marks, Elaine. «"Sapho 1900": Imaginary Renée Viviens and the Rear of the Belle Epoque». *Yale French Studies* 75 (1988), 175–89; repris dans *Displacements: Women, Tradition, Literatures in French.* Joan DeJean et Nancy K. Miller, éd. Baltimore: Johns Hopkins University Press, 1991. 211–27.

Perrin, Marie. *Renée Vivien, le corps exsangue: de l'anorexie à la création littéraire.* Paris: L'Harmattan, 2003.

Sanders, Virginie. *«Vertigineusement, j'allais vers les étoiles»: la poésie de Renée Vivien (1877–1909).* Amsterdam: Rodopi, 1991.

COLETTE

Œuvres

Claudine à l'école. Paris: Ollendorff, 1900.

Dialogues de bêtes. Paris: Mercure de France, 1904.

La Retraite sentimentale. Paris: Mercure de France, 1907.

Les Vrilles de la vigne. Paris: Éditions de la vie parisienne, 1908.

La Vagabonde. Paris: Ollendorff, 1911.

L'Envers du music-hall. Paris: Flammarion, 1913.

L'Entrave. Paris: Librairie des lettres, 1913.

Les Heures longues, 1914–1917. Paris: Arthème Fayard, 1917.

Chéri. Paris: Arthème Fayard, 1920.

La Maison de Claudine. Paris: J. Ferenczi et fils, 1922.

Le Blé en herbe. Paris: Flammarion, 1923.

La Femme cachée. Paris: Flammarion, 1924.

L'Enfant et les sortilèges. Musique de Maurice Ravel. Paris: Durand et Cie., 1925.

La Fin de Chéri. Paris: Flammarion, 1926.

La Naissance du jour. Paris: Flammarion, 1928.

La Seconde. Paris: Ferenczi et fils, 1929.

Sido ou les points cardinaux. Paris: Éditions Kra, 1929; *Sido* (éd. rev. et augm.). Paris: J. Ferenczi et fils, 1930.

Ces Plaisirs.... Paris: Ferenczi et fils, 1932. Titre changé en *Le Pur et l'impur*. Paris: Aux Armes de France, 1941.

La Chatte. Paris: Bernard Grasset, 1933.

Duo. Paris: Ferenczi et fils, 1934.

Mes Apprentissages. Paris: Ferenczi et fils, 1936.

Journal à rebours. Paris: Arthème Fayard, 1941.

Julie de Carneilhan. Paris: Arthème Fayard, 1941.

De ma fenêtre. Paris: Aux Armes de France, 1942.

Gigi et autres nouvelles. Lausanne: La Guilde du Livre, 1944.

L'Étoile Vesper. Genève: Éditions du Milieu du Monde, 1946.

Le Fanal bleu. Paris: Ferenczi et fils, 1949.

«Préface». *Œuvres complètes de Colette de l'Académie Goncourt*. Vol. 7. Paris: Le Fleuron, 1949. 7–8.

Œuvres. Claude Pichois, éd. 4 vols. Paris: Gallimard (Bibliothèque de la Pléiade), 1984, 1986, 1991, 2001.

Sido, Lettres à sa fille, précédé de Lettres inédites de Colette. Paris: Des femmes, 1984.

Colette, Romans-Récits-Souvenirs-Critiques dramatiques. 3 vols. Paris: Robert Laffont, 1989.

Sido. Présentation, transcription et notes par Maurice Delcroix. Paris: CNRS Éditions et Cadeilhan: Zulma, 1994. [Fac-similé et transcription du manuscrit de Colette.]

Ouvrages critiques

Beaumont, Germaine et André Parinaud. *Colette par elle-même*. Paris: Seuil, 1951.

Biolley-Godino, Marcelle. *L'Homme-objet chez Colette*. Paris: Klinksieck, 1972.

Dormann, Geneviève. *Amoureuse Colette*. Paris: Herscher, 1984; Paris: Albin Michel, 1986.

Eisinger, Erica et Mari Ward McCarty, éd. *Colette: The Woman, the Writer*. University Park: Pennsylvania State University Press, 1981.

Flieger, Jerry Aline. *Colette and the Fantom Subject of Autobiography*. Ithaca: Cornell University Press, 1992.

Francis, Claude et Fernande Gontier. *Colette*. Paris: Perrin, 1997. [Biographie.]

Huffer, Lynne R. *Another Colette: The Question of Gendered Writing*. Ann Arbor: University of Michigan Press, 1992.

Kristeva, Julia. *Le Génie féminin*. t. III, *Colette*. Paris: Fayard, 2002.

Lydon, Mary. «Myself and M/others». *SubStance* 32 (1981), 6–14.

Marks, Elaine. *Colette*. New Brunswick, N.J.: Rutgers University Press, 1960.

Pichois, Claude et Alain Brunet. *Colette*. Paris: Éditions de Fallois, 1999. [Biographie.]

Resch, Yannick. *Corps féminin, corps textuel*. Paris: Klincksieck, 1973.

Sarde, Michèle. *Colette libre et entravée*. Paris: Stock, 1978. [Biographie.]

Slawy-Sutton, Catherine. «Lies, Half-Truths, Considerable Secrets: Colette and Rewriting the Self». In *Redefining Autobiography in Twentieth-Century Women's Fiction.* Janice Morgan, Colette T. Hall et Carol Snyder, éd. New York: Garland, 1991. 23–44.

Stewart, Joan Hinde. *Colette.* Boston: Twayne, 1983; New York: Twayne (éd. mise à jour), 1996.

Thurman, Judith. *Secrets of the Flesh: A Life of Colette.* New York: Alfred A. Knopf, 1999.

Ward Jouve, Nicole. *Colette.* Bloomington: Indiana University Press, 1987.

NATHALIE SARRAUTE

Œuvres

Tropismes. Paris: Denoël, 1939; Paris: Minuit, 1957.

Portrait d'un inconnu. Paris: Robert Marin, 1948; Paris: Gallimard, 1956.

Martereau. Paris: Gallimard, 1953.

L'Ère du soupçon. Paris: Gallimard, 1956.

Le Planétarium. Paris: Gallimard, 1959.

Les Fruits d'or. Paris: Gallimard, 1963.

Entre la vie et la mort. Paris: Gallimard, 1968.

«Ce que je cherche à faire». In *Nouveau Roman: hier, aujourd'hui.* t. 2. Jean Ricardou et Françoise van Rossum-Guyon, éd. Paris: Union Générale d'Éditions, 1972. 25–40.

Vous les entendez? Paris: Gallimard, 1972.

«disent les imbéciles.» Paris: Gallimard, 1976.

L'Usage de la parole. Paris: Gallimard, 1980.

Enfance. Paris: Gallimard, 1983.

Paul Valéry et l'Enfant d'Éléphant suivi de *Flaubert le précurseur.* Paris: Gallimard, 1986. [Essais parus pour la première fois en 1947 et 1965, respectivement.]

Tu ne t'aimes pas. Paris: Gallimard, 1989.

Théâtre: Pour un oui pour un non, Elle est là, C'est beau, Isma, Le Mensonge, Le Silence. Paris: Gallimard, 1993.

Ici. Paris: Gallimard, 1995.

Œuvres complètes. Jean-Yves Tadié, éd., avec la collab. de Viviane Forrester, Ann Jefferson, Valerie Minogue et Arnaud Rykner. Paris: Gallimard (Bibliothèque de la Pléiade), 1996.

Ouvrez. Paris: Gallimard, 1997.

Ouvrages critiques

Benmussa, Simone. *Nathalie Sarraute: Qui êtes-vous?* Lyon: La Manufacture, 1987.

Besser, Gretchen Rous. *Nathalie Sarraute.* Boston: Twayne, 1979.

Bouchardeau, Huguette. *Nathalie Sarraute.* Paris: Flammarion, 2003. [Biographie.]

Boué, Rachel. *Nathalie Sarraute, La sensation en quête de parole*. Paris: L'Harmattan, 1997.

Brée, Germaine. «Experimental Novels? Yes, But Perhaps "Otherwise": Nathalie Sarraute, Monique Wittig». In *Breaking the Sequence: Women's Experimental Fiction*. Ellen G. Friedman et Miriam Fuchs, éd. Princeton, N.J.: Princeton University Press, 1989. 267–83.

Calle-Gruber, Mireille. «Nathalie Sarraute ou l'invention du tropisme en littérature». In *Femmes Frauen Women*. Françoise van Rossum-Guyon, éd. Amsterdam: Rodopi, 1990. 121–34.

Clayton, Alan J. «"Coucou... attrapez-moi..."». *Revue des sciences humaines* 93, No. 217 (janvier–mars 1990), 9–22.

Foutrier, Pascale. «*Enfance*, généalogie d'une écriture». *Critique* 656–657, «Nathalie Sarraute ou l'usage de l'écriture» (janvier–février 2002), 36–50.

Gleize, J. et A. Léoni, éd. *Nathalie Sarraute: un écrivain dans le siècle*. Aix-en-Provence: Publications de l'Université de Provence, 2000.

Gosselin-Noat, Monique. «"L'inter-dit" dans les "fictions" de N. Sarraute». In *Éthiques du tropisme: Nathalie Sarraute*. Pascale Foutrier, éd. Paris: L'Harmattan, 2000. 127–51.

Jefferson, Ann. *Nathalie Sarraute, Fiction and Theory: Questions of Difference*. Cambridge: Cambridge University Press, 2000.

Micha, René. *Nathalie Sarraute*. Paris: Éditions Universitaires, 1966.

Minogue, Valerie. *Nathalie Sarraute and the War of the Words*. Edimbourg: Edinburgh University Press, 1981.

Philips, John C. *Nathalie Sarraute: Metaphor, Fairy-Tale and the Feminine of the Text*. New York: Peter Lang, 1994.

Raffy, Sabine, éd. *Autour de Nathalie Sarraute*. Besançon: Annales de l'Université de Besançon, 1996.

Rykner, Arnaud. *Nathalie Sarraute*. Paris: Seuil, 1991; nouv. éd., 2002.

Temple, Ruth Z. *Nathalie Sarraute*. New York: Columbia University Press, 1968.

Tison-Braun, Micheline. *Nathalie Sarraute et la recherche de l'authenticité*. Paris: Gallimard, 1971.

MARGUERITE DURAS

Œuvres

Un Barrage contre le Pacifique. Paris: Gallimard, 1950.

Moderato Cantabile. Paris: Minuit, 1958.

Hiroshima mon amour, scénario et dialogues. Paris: Gallimard, 1960.

Le Ravissement de Lol V. Stein. Paris: Gallimard, 1964.

Le Vice-Consul. Paris: Gallimard, 1966.

Détruire, dit-elle. Paris: Minuit, 1969.

Nathalie Granger. Distr. Films Molière, 1972.

India Song, texte, théâtre, film. Paris: Gallimard, 1973.
India Song. Distr. Films Armorial, 1975.
Aurélia Steiner (Melbourne). Film Paris-Audiovisuels, 1979.
Aurélia Steiner (Vancouver). Films du Losange, 1979.
Les Yeux verts. Paris: *Cahiers du cinema*, Nos. 312–313, 1980.
L'Homme assis dans le couloir. Paris: Minuit, 1980.
La Maladie de la mort. Paris: Minuit, 1982.
Savannah Bay. Paris: Minuit, 1982. Deuxième éd. augm., 1983.
L'Amant. Paris: Minuit, 1984.
Œuvres cinématographiques. Édition vidéographique critique. Paris: Ministère des relations extérieures, Bureau d'animation culturelle, 1984.
La Douleur. Paris: P.O.L., 1985.
Emily L. Paris: Minuit, 1987.
La Vie matérielle. Paris: P.O.L., 1987.
La Pluie d'été. Paris: P.O.L., 1990.
L'Amant de la Chine du Nord. Paris: Gallimard, 1991.
Yann Andréa Steiner. Paris: P.O.L., 1992.
Écrire. Paris: Gallimard, 1993.
C'est tout. Paris: P.O.L., 1995.
La mer écrite. Paris: Marval, 1996.
Romans, cinéma, théâtre, un parcours 1943–1993. Paris: Gallimard, 1997.

Interviews publiées en livres

Les Lieux de Marguerite Duras. Avec Michelle Porte. Paris: Minuit, 1977.
Marguerite Duras à Montréal. Suzanne Lamy et André Roy, éd. Montréal: Éditions Spirale, 1981.
Les Parleuses. Avec Xavière Gauthier. Paris: Minuit, 1974.

Ouvrages critiques

Adler, Laure. *Marguerite Duras*. Paris: Gallimard, 1998. [Biographie.]
Ames, Sanford S. «Edging the Shadow: Duras from Hiroshima to Beaubourg». In *Remains to Be Seen: Essays on Marguerite Duras*. Sanford Scribner Ames, éd. New York: Peter Lang, 1988. 3–30.
Andréa, Yann. *M.D.* Paris: Minuit, 1983.
Armel, Aliette. «La force magique de l'ombre interne». In *Marguerite Duras*. (Colloque de Cerisy.) Alain Vircondelet, éd. Paris: Écriture, 1994. 11–24.
Bajomée, Danielle. *Duras ou la douleur*. Bruxelles: De Boeck Université, 1989.
Bajomée, Danielle et Ralph Heyndels, éd. *Écrire, dit-elle: Imaginaires de Marguerite Duras*. Bruxelles: Éditions de l'Université de Bruxelles, 1985.

Baker, Deborah Lesko. «Memory, Love, and Inaccessibility in *Hiroshima mon amour*». In *Marguerite Duras Lives On*. Janine Ricouart, éd. Lanham, Md.: University Press of America, 1998. 27–37.

Borgomano, Madeleine. *Duras: une lecture des fantasmes*. Petit Roeulx, Belgique: Cistre, 1985.

———. *L'Écriture filmique de Marguerite Duras*. Paris: Albatros, 1985.

Caruth, Cathy. «Literature and the Enactment of Memory (Duras, Resnais, *Hiroshima mon amour*)». In *Unclaimed Experience: Trauma, Narrative, and History*. Baltimore: Johns Hopkins University Press, 1996. 25–56.

Cohen, Susan D. *Women and Discourse in the Fiction of Marguerite Duras: Love, Legends, Language*. Amherst: University of Massachusetts Press, 1993.

Glassman, Deborah N. *Marguerite Duras: Fascinating Vision and Narrative Cure*. Madison, N.J.: Fairleigh Dickinson University Press, 1991.

Harvey, Robert et Hélène Volat. *Marguerite Duras: A Bio-Bibliography*. Westport, Conn.: Greenwood Press, 1997.

Higgins, Lynn. A. «Durasian (Pre)Occupations». *L'Esprit Créateur* 30, No. 2 (été 1990), 47–57.

Husserl-Kapit, Susan. «An Interview with Marguerite Duras». *Signs* 1, No. 2 (1975), 423–34.

Kristeva, Julia. «La Maladie de la douleur: Duras». In *Soleil noir: Dépression et mélancolie*. Paris: Gallimard, 1987. 227–65.

Lacan, Jacques. «Hommage fait à Marguerite Duras du ravissement de Lol V. Stein». *Cahiers Renaud-Barrault*, No. 52 (décembre 1965), 7–15. Réimpr. dans *Marguerite Duras*. Ouvrage collectif. Paris: Éditions Albatros, 1975. 93–99.

Lane, Nancy. «The Subject in/of History: *Hiroshima mon amour*». In *Literature and Film in the Historical Dimension*. John D. Simons, éd. Gainesville: University Press of Florida, 1994. 89–100.

Marini, Marcelle. «Fortune et infortune de l'œuvre durassienne». In *Marguerite Duras: Lectures plurielles*. Catherine Rodgers et Raynall Udris, éd. Amsterdam: Rodopi, 1998. 169–83.

———. *Territoires du féminin avec Marguerite Duras*. Paris: Minuit, 1977.

Mistacco, Vicki. «Marguerite Duras, ou les lectures illimitées». *Roman* 23 (juin 1988), 129–33.

———. «*Plus ça change...*: The Critical Reception of *Emily L.*» *French Review* 66, No. 1 (octobre 1992), 77–88.

Sankey, Margaret. «The Duras Phenomenon». *Australian Journal of French Studies* 34, No. 1 (1997), 60–76.

Schuster, Marilyn. R. *Marguerite Duras Revisited*. New York: Twayne, 1993.

Willis, Sharon. *Marguerite Duras: Writing on the Body*. Urbana: University of Illinois Press, 1987.

Wilson, Emma. «Duras mon amour: identité et mensonge». *Dalhousie French Studies* 50 (printemps 2000), 7–15.

JOYCE MANSOUR

Œuvres

Cris. Paris: Seghers, 1953.
Déchirures. Paris: Minuit, 1955.
Jules César. Paris: Seghers, 1958.
Les Gisants satisfaits. Paris: Jean-Jacques Pauvert, 1958.
Rapaces. Paris: Seghers, 1960.
Carré blanc. Paris: Le Soleil Noir, 1965.
Les Damnations. Paris: Georges Visat, 1966.
Le Bleu des fonds. Paris: Le Soleil Noir, 1968.
Phallus et momies. La Louvière: Daily Bul, 1969.
Ça. Paris: Le Soleil Noir, 1970.
Fleurs d'enclume. Turin: Éditions d'Art Fratelli Pozzo, 1970.
Histoires nocives. Paris: Gallimard, 1973.
Prédelle. Alechinsky à la ligne. Paris: Éditions Weber, 1973.
Pandémonium. La Nueva Foglio, 1976.
Faire signe au machiniste. Paris: Le Soleil Noir, 1977.
Flying Piranha (en collaboration avec Ted Joans). New York: Bola Press, 1978.
Le Grand jamais. Paris: Éditions Maeght, 1982.
Jasmin d'hiver. Montpellier: Fata Morgana, 1983.
Trous noirs. Bruxelles: La Pierre d'Alun, 1986.
Prose & poésie: œuvre complète. Arles: Actes Sud, 1991.

Ouvrages critiques

Barnet, Marie-Claire. *La femme cent sexes ou les vases communicants: Deharme, Mansour, Prassinos.* Berne: Peter Lang, 1998.

Bjørsnøs, Annlaug. *Jumelés par l'angoisse séparés par l'extase: une analyse de l'œuvre poétique de Joyce Mansour.* Oslo: Solum Forlag et Paris: Société Nouvelle Didier Érudition, 1998.

Conley, Katharine. *Automatic Woman: The Representation of Woman in Surrealism.* Lincoln: University of Nebraska Press, 1996.

Cottenet-Hage, Madeleine. «The Body Subversive: Corporeal Imagery in Carrington, Prassinos and Mansour». In *Surrealism and Women.* Mary Ann Caws, Rudolf E. Kuenzli et Gwen Raaberg, éd. Cambridge, Mass.: MIT Press, 1991. 76–95.

De Julio, Maryann. «Joyce Mansour and Egyptian Mythology». In *Surrealism and Women.* Mary Ann Caws, Rudolf E. Kuenzli et Gwen Raaberg, éd. Cambridge, Mass.: MIT Press, 1991. 114–22.

Gavronsky, Serge, introd. «Joyce Mansour (1928–1986): Eater of Man-Words». In *Screams*. Joyce Mansour. Serge Gavronsky, trad. Sausalito, Calif.: Post-Apollo Press, 1995. 1–11.

Matthews, J. H. *Joyce Mansour*. Amsterdam: Rodopi, 1985.

Missir, Marie-Laure. «Joyce Mansour, une "étrange demoiselle": naissance d'un mythe». In *Entre Nil et sable: écrivains d'Égypte d'expression française (1920–1960)*. Mark Kober, Irène Fenoglio et Daniel Lançon, éd. Paris: Centre national de documentation pédagogique, 1999. 215–28.

———. *Joyce Mansour, une étrange demoiselle*. Paris: Jean-Michel Place, 2005.

Preckshot, Judith. «Identity Crises: Joyce Mansour's Narratives». In *Surrealism and Women*. Mary Ann Caws, Rudolf E. Kuenzli et Gwen Raaberg, éd. Cambridge, Mass.: MIT Press, 1991. 96–113.

Stamelman, Richard. «"Le fauve parfum du plaisir", Poésie et éros chez Joyce Mansour». In *La Femme s'entête: la part du féminin dans le surréalisme*. Georgiana M. M. Colvile et Katharine Conley, éd. Paris: Lachenal & Ritter, 1998. 201–21.

MONIQUE WITTIG

Œuvres

L'Opoponax. Paris: Minuit, 1964.

Les Guérillères. Paris: Minuit, 1969.

Le Corps lesbien. Paris: Minuit, 1973.

Brouillon pour un dictionnaire des amantes. Avec Sande Zeig. Paris: Grasset, 1976.

Le Voyage sans fin. Paris: *Vlasta*, supplément au No. 4, 1985. Produite en 1984 aux États-Unis et en 1985 au Théâtre du Rond-Point à Paris avec la collaboration de Sande Zeig.

Virgile, non. Paris: Minuit, 1985.

The Straight Mind and Other Essays. Boston: Beacon Press, 1992.

Paris-la-politique et autres histoires. Paris: P.O.L., 1999.

La Pensée straight. Paris: Balland, 2001.

The Girl, film adapté d'une nouvelle de Wittig par Sande Zeig sur un scénario co-écrit par Wittig et Zeig, 2001. (Première mondiale au Festival International de Film à Toronto, 2000.)

Ouvrages critiques

Bartkowski, Frances. «Remembering and Inventing: Charlotte Perkins Gilman's *Herland* and Monique Wittig's *Les Guérillères*». In *Feminist Utopias*. Lincoln: University of Nebraska Press, 1989. 23–45.

Birkett, Jennifer. «*Sophie Ménade:* The Writing of Monique Wittig». In *French Erotic Fiction: Women's Desiring Writing, 1880–1990*. Alex Hughes et Kate Ince, éd. Oxford: Berg, 1996. 93–119.

Bourcier, Marie-Hélène et Suzette Robichon, éd. *Parce que les lesbiennes ne sont pas des femmes...: autour de l'œuvre politique, théorique et littéraire de Monique Wittig.* Paris: Éditions Gaies et Lesbiennes, 2002. (Actes du colloque des 16–17 juin 2001, Columbia University, Paris.)

Brée, Germaine. «Experimental Novels? Yes, But Perhaps "Otherwise": Nathalie Sarraute, Monique Wittig». In *Breaking the Sequence: Women's Experimental Fiction.* Ellen G. Friedman et Miriam Fuchs, éd. Princeton, N.J.: Princeton University Press, 1989. 267–83.

Burwell, Jennifer. «Acting Out "Lesbian": Monique Wittig and Immanent Critique». In *Notes on Nowhere: Feminism, Utopian Logic, and Social Transformation.* Minneapolis: University of Minnesota Press, 1997. 165–202.

Butler, Judith. «Monique Wittig: Bodily Disintegration and Fictive Sex». In *Gender Trouble: Feminism and the Subversion of Identity.* New York: Routledge, 1990. 111–28.

Crowder, Diane Griffin. «Amazons or Mothers? Monique Wittig, Hélène Cixous and Theories of Women's Writing». *Contemporary Literature* 24, No. 2 (1983), 117–44.

Duffy, Jean. «Women and Language in *Les Guérillères* by Monique Wittig». *Stanford French Review* 7, No. 3 (hiver 1983), 399–412.

Durand, Laura. «Heroic Feminism as Art». *Novel* 8, No. 1 (automne 1974), 71–77.

Écarnot, Catherine. *L'Écriture de Monique Wittig: à la couleur de Sappho.* Paris: L'Harmattan, 2002.

Fuss, Diana. «Monique Wittig's Anti-essentialist Materialism». In *Essentially Speaking: Feminism, Nature and Difference.* New York: Routledge, 1989. 39–53.

King, Adele. «Monique Wittig». In *French Women Novelists: Defining a Female Style.* New York: St. Martin's Press, 1989. 164–88.

Lanser, Susan Sniader. «Full Circle: *Les Guérillères*». In *Fictions of Authority: Women Writers and Narrative Voice.* Ithaca: Cornell University Press, 1992. 267–79.

Lindsay, Cecile. «Body/Language: French Feminist Utopias». *French Review* 60, No. 1 (octobre 1986), 46–55.

Parker, Alice. «Writing Against Writing and Other Disruptions in Recent French Lesbian Texts». In *Feminisms and Institutions: Dialogues on Feminist Theory.* Linda Kauffman, éd. Oxford: Basil Blackwell, 1989. 211–39.

Ostrovsky, Erika. *A Constant Journey: The Fiction of Monique Wittig.* Carbondale: Southern Illinois University Press, 1991.

———. «A Cosmogony of O: Monique Wittig's *Les Guérillères*». In *Twentieth-Century French Fiction.* George Stambolian, éd. New Brunswick, N.J.: Rutgers University Press, 1975. 241–51.

Shaktini, Namascar, éd. *On Monique Wittig: Theoretical, Political, and Literary Essays.* Urbana: University of Illinois Press, 2005.

Sherzer, Dina. «Dictionnaires/fictionnaires: anamorphoses lexicographiques et encyclopédiques». *French Review* 63, No. 4 (mars 1990), 642–51.

Spraggins, Mary Pringle. «Myth and Ms.: Entrapment and Liberation in Monique Wittig's *Les Guérillères*». *International Fiction Review* 3, No. 1 (janvier 1976), 47–51.

Vlasta 4 (1985). Numéro spécial sur Monique Wittig.

Wenzel, Hélène Vivienne. «The Text as Body/Politics: An Appreciation of Monique Wittig's Writing in Context». *Feminist Studies* 7, No. 2 (1981), 264–87.

CHANTAL CHAWAF

Œuvres

Retable, La Rêverie. Paris: Des femmes, 1974; réédition 2004.

«La Chair linguistique». *Nouvelles littéraires* No. 2534 (26 mai 1976), 18.

«L'Écriture». In *Chair chaude*. Paris: Mercure de France, 1976. 71–83.

Maternité. Paris: Stock, 1979.

«Est-ce que la littérature...?» *Sud* Nos. 37–38 (1980), 141–45.

Landes. Paris: Stock, 1980.

Crépusculaires. Paris: Ramsay, 1981.

La Vallée incarnate. Paris: Flammarion, 1984.

Elwina, le roman fée. Paris: Flammarion, 1985.

«Contre la fiction». *Roman* 18 (mars 1987), 47–64.

L'Intérieur des heures. Paris: Des femmes, 1987.

«Deux ou trois idées pour la survie de notre héros». *Roman* 23 (juin 1988), 26–35.

Fées de toujours. Paris: Plon, 1988.

Rédemption. Paris: Flammarion, 1989.

«Donner aux émotions leur écriture». *La Quinzaine littéraire* No. 532 (16–31 mai 1989), 10.

Le Corps et le verbe: La Langue en sens inverse. Paris: Presses de la Renaissance, 1992.

Vers la lumière. Paris: Des femmes, 1993.

Le Manteau noir. Paris: Flammarion, 1998.

Issa. Paris: Flammarion, 1999.

Marie de la Montluel [nom de jeune fille de Chantal Chawaf]. *Mélusine des détritus*. Monaco: Éditions du Rocher, 2002.

L'Ombre. Monaco: Éditions du Rocher, 2004.

L'Érotique des mots. Avec Régine Deforges. Monaco: Éditions du Rocher, 2004.

La Sanction. Paris: Des femmes, 2004.

Infra-Monde. Paris: Des femmes, 2005.

Sable noir. Monaco: Éditions du Rocher, 2005.

Ouvrages critiques

Bosshard, Marianne. *Chantal Chawaf*. Amsterdam: Rodopi, 1999.

———. «Chantal Chawaf: de l'eu-topie champêtre, intra-utérine et féerique à l'uchronie linguistique». In *Réécriture des mythes: l'utopie au féminin*. Joëlle Cauville et Metka Zupančič, éd. Amsterdam: Rodopi, 1997. 75–82.

———. «Chantal Chawaf: le magma maternel». *Revue Francophone* 9, No. 1 (printemps 1995), 27–38.

Powrie, Phil. «A Womb of One's Own: The Metaphor of the Womb-Room as a Reading-Effect in Texts by Contemporary French Women Writers». *Paragraph* 12, No. 3 (novembre 1989), 197–213.

Saigal, Monique. *L'écriture: lien de mère à fille chez Jeanne Hyvrard, Chantal Chawaf, et Annie Ernaux*. Amsterdam: Rodopi, 2000. 56–114.

ANDRÉE CHEDID

Œuvres

On the Trails of My Fancy. Le Caire: Horus, 1943.

Le Sommeil délivré. Paris: Flammarion, 1952.

Bérénice d'Égypte. Paris: Seuil, 1968.

L'Autre. Paris: Flammarion, 1969.

«Pour saluer Louise Labbé». *Les Pharaons* 44 (hiver 1972), 9. [Sonnet.]

Fêtes et Lubies. Paris: Flammarion, 1973. [Poèmes pour enfants.]

Nefertiti et le rêve d'Akhnaton. Paris: Flammarion, 1974.

Le Liban. Paris: Seuil, 1974. [Essai.]

Cérémonial de la violence. Paris: Flammarion, 1976.

Fraternité de la parole. Paris: Flammarion, 1976.

Les Corps et le temps suivi de *L'Étroite peau*. Paris: Flammarion, 1979.

Cavernes et soleils. Paris: Flammarion, 1979. [Poésie.]

Théâtre I (*Bérénice d'Égypte, Les Nombres, Le Montreur*). Paris: Flammarion, 1981.

Grammaire en fête. Romille: Folle Avoine, 1984. [Livre pour enfants.]

La Maison sans racines. Paris: Flammarion, 1985.

Textes pour un poème (1949–1970). Paris: G.L.M., 1987.

Mondes Miroirs Magies. Paris: Flammarion, 1988. [Nouvelles.]

L'Enfant multiple. Paris: Flammarion, 1989.

Poèmes pour un texte (1970–1991). Paris: Flammarion, 1991.

À la mort, à la vie. Paris: Flammarion, 1992.

Théâtre II (*Échec à la reine, Le Personnage*). Paris: Flammarion, 1993.

Rencontrer l'inespéré. Annie Salager et Jean-Pierre Spilmont, éd. Vénissieux: Paroles d'Aube, 1993. [Entretiens.]

Par-delà les mots. Paris: Flammarion, 1995.

Les Saisons de passage. Paris: Flammarion, 1996.

Lucy, la femme verticale. Paris: Flammarion, 1998. [Récit.]

Romans (*Le Sommeil délivré, Le Sixième jour, Le Survivant, L'Autre, La Cité fertile, Nefertiti et le rêve d'Akhnaton, Les Marches de sable, La Maison sans racines, L'Enfant multiple*). Préf. de Jean-Pierre Siméon. Paris: Flammarion, 1998.

Territoires du souffle. Paris: Flammarion, 1999.

Le Message. Paris: Flammarion, 2000.

Petite terre, vaste rêve. Paris: Fayard, 2002. [Nouvelles.]

Babel, Fable ou métaphore? Avec Louis Antoine Chedid. Paris: Éditions Z, 2002. [Récits.]

Rythmes. Paris: Gallimard, 2003.

Poursuites. Gravures et dessins de Xavier. Paris: Alternatives, 2004. [Poésie.]

Ouvrages critiques

Bishop, Michael. «Andrée Chedid». In *Contemporary French Women Poets*. Amsterdam: Rodopi, 1995. 17–35.

Boustani, Carmen, éd. *Aux frontières des deux genres: en hommage à Andrée Chedid*. Paris: Karthala, 2003.

Cochran, Judy, éd., introd. et trad. *Selected Poems of Andrée Chedid*. Lewiston, N.Y.: Edwin Mellen Press, 1995.

Harris, Nadia. «Andrée Chedid en chemin vers l'espace nu». *Women in French Studies*. Numéro spécial: *French and Francophone Women, 16th–21st Centuries: Essays on Literature, Culture and Society with Bibliographical and Media Resources* (2002). 259–71.

Izoard, Jacques. *Andrée Chedid*. Paris: Seghers (Poètes d'aujourd'hui), 1977; éd. rev. et augm, 2004.

Knapp, Bettina. *Andrée Chedid*. Amsterdam: Rodopi, 1984.

Linkhorn, Renée, éd., introd. et trad. *The Prose and Poetry of Andrée Chedid*. Birmingham, Ala.: Summa Publications, 1990.

Michel, Jacqueline, éd. *Andrée Chedid et son œuvre: une «quête de l'humanité»: actes du colloque de l'Université de Haïfa, 28–29 novembre 2001*. Paris: Publisud, 2003.

Stamelman, Richard. «"Le Visage Triomphant": The Poetry of Andrée Chedid». *L'Esprit Créateur* 32, No. 2 (été 1992), 31–42.

Sud 94/95 (1991). *Andrée Chedid Voix Multiple*. Textes réunis par Gabrielle Althen et Pierre Torreilles.

Trèves, Nicole. «Andrée Chedid et le geste exemplaire». *Dalhousie French Studies* 13 (automne–hiver 1987), 80–88.

Villani, Sergio, éd. *Andrée Chedid: chantiers de l'écrit*. Woodbridge, Ont.: Éditions Albion Press, 1996.

Crédits

L'éditeur a fait tout son possible pour obtenir les droits de reproduction. En cas d'erreur, veuillez contacter Vicki Mistacco aux bons soins de la Yale University Press. Les corrections seront incluses dans les éditions ultérieures. Pour les crédits photographiques, voir les légendes des photos. L'auteur tient à remercier chaleureusement les maisons d'édition, les ayants droit et les agences photographiques qui ont autorisé la reproduction des textes et des photos.

Hélène Cixous. «Le Rire de la Méduse.» © Hélène Cixous, 1975.
Anna de Noailles. *Le Cœur innombrable; Les Forces éternelles; L'Honneur de souffrir; Derniers vers.* © Éditions Bernard Grasset, 1901, 1921, 1927, 1933.
Colette. *Sido.* © Librairie Arthème Fayard et Hachette Littératures, 2004.
Nathalie Sarraute. *Tropismes* (extraits). © Les Éditions de Minuit, 1957.
Marguerite Duras. *Hiroshima mon amour* (extraits). © Gallimard, 1960.
Joyce Mansour. *Prose & poésie: Oeuvre complète;* «Phallus et momies» (extraits). © Joyce Mansour, 1991.
Joyce Mansour. *Cris* et *Rapaces* (extraits). © Seghers, 1975.
Monique Wittig. *Les Guérillères.* © Les Éditions de Minuit, 1969.
Monique Wittig et Sande Zeig. *Brouillon pour un dictionnaire des amantes* (extraits). © Éditions Bernard Grasset, 1976.
Chantal Chawaf. *Fées de toujours* (extraits). © Chantal Chawaf, 1988.
Andrée Chedid. *Fraternité de la parole* et *Poèmes pour un texte (1970–91)* (extraits). © Éditions Flammarion, 1976 et 1991.